Meike Faflik

Wirkung von Zielsetzung auf das Training sprachrezeptiven Handelns

Meike Faflik

WIRKUNG VON ZIELSETZUNG AUF DAS TRAINING SPRACHREZEPTIVEN HANDELNS

ibidem-Verlag
Stuttgart

Bibliografische Information der Deutschen Nationalbibliothek
Die Deutsche Nationalbibliothek verzeichnet diese Publikation in der Deutschen Nationalbibliografie; detaillierte bibliografische Daten sind im Internet über http://dnb.d-nb.de abrufbar.

Bibliographic information published by the Deutsche Nationalbibliothek
Die Deutsche Nationalbibliothek lists this publication in the Deutsche Nationalbibliografie; detailed bibliographic data are available in the Internet at http://dnb.d-nb.de.

Coverabbildung: © Gerd Altmann / PIXELIO.

Die vorliegende Arbeit wurde von der Pädagogischen Hochschule Weingarten als Dissertation angenommen. Tag der mündlichen Prüfung: 15. Juni 2012

∞
Gedruckt auf alterungsbeständigem, säurefreien Papier
Printed on acid-free paper

ISBN-13: 978-3-8382-0384-3

© *ibidem*-Verlag
Stuttgart 2012

Alle Rechte vorbehalten

Das Werk einschließlich aller seiner Teile ist urheberrechtlich geschützt. Jede Verwertung außerhalb der engen Grenzen des Urheberrechtsgesetzes ist ohne Zustimmung des Verlages unzulässig und strafbar. Dies gilt insbesondere für Vervielfältigungen, Übersetzungen, Mikroverfilmungen und elektronische Speicherformen sowie die Einspeicherung und Verarbeitung in elektronischen Systemen.

All rights reserved. No part of this publication may be reproduced, stored in or introduced into a retrieval system, or transmitted, in any form, or by any means (electronical, mechanical, photocopying, recording or otherwise) without the prior written permission of the publisher. Any person who does any unauthorized act in relation to this publication may be liable to criminal prosecution and civil claims for damages.

Printed in Germany

Inhaltsverzeichnis

1 EINLEITUNG UND ZIELSETZUNG DER ARBEIT 1

2 GRUNDLAGEN DER ZIELSETZUNGSTHEORIE 7
   2.1 Wirkmechanismen von Zielsetzung 7
   2.2 Rolle von Mediatoren und Moderatoren im Zielsetzungsprozess 8
      2.2.1 Mediatoren der Zielsetzung 9
         2.2.1.1 Zielmechanismen 10
         2.2.1.2 Strategien 14
      2.2.2 Moderatoren der Zielsetzung 15
         2.2.2.1 Zielbindung 16
         2.2.2.2 Selbstwirksamkeitserwartung 18
         2.2.2.3 Fähigkeit 20
         2.2.2.4 Aufgabenschwierigkeit und Zielschwierigkeit 24
         2.2.2.5 Feedback 29
   2.3 Anwendung von Zielsetzung 32
      2.3.1 Variationen in der Zielsetzungsmethode 33
         2.3.1.1 Selbst gesetzte Ziele 34
         2.3.1.2 Gemeinsam gesetzte Ziele 36
         2.3.1.3 Vorgegebene Ziele 40
      2.3.2 Variationen im Inhalt des Zieles 43
         2.3.2.1 Lernziele 44
         2.3.2.2 Leistungsziele 47
         2.3.2.3 Variation von Lern- und Leistungszielen 52
   2.4 Abgrenzung des Konstruktes Zielsetzung von verwandten Ansätzen 53
      2.4.1 Abgrenzung von Zielorientierung 54
      2.4.2 Abgrenzung von Instruktion 58

3 DAS TRAINING SPRACHREZEPTIVEN HANDELNS 63
   3.1 Sprachrezeptives Handeln 63
   3.2 Das De-Automatisierungs-Konzept als Ansatzpunkt für das Training sprachrezeptiven Handelns 65

3.3 Der Cognitive Apprenticeship-Ansatz als instruktionale
Grundlage des Trainings sprachrezeptiven Handelns 66
3.4 Die Lernumgebung CaiManOnLine© 68

4 MÖGLICHKEITEN DER ANWENDUNG VON ZIELSETZUNG IM TRAININGSKONTEXT 71

4.1 Mögliche Wirkungen von Zielsetzung im Trainingskontext 71
4.2 Anwendung von Zielsetzung in ähnlichen Kontexten 76
    4.2.1 Anwendung von Zielsetzung bei komplexen
        Lernaufgaben 77
    4.2.2 Anwendung von Zielsetzung bei Simulationen 81
    4.2.3 Anwendung von Zielsetzung im realen Lernkontext 83
4.3 Schlussfolgerungen aus der Anwendung von Zielsetzung
in vergleichbaren Kontexten 88

5 DAS TRAINING SPRACHREZEPTIVEN HANDELNS ALS KONTEXT FÜR ZIELSETZUNG 93

5.1 Das Training sprachrezeptiven Handelns als spezifischer
Anwendungskontext von Zielsetzung 93
    5.1.1 Inkongruenz von Lern- und Anwendungskontext 94
    5.1.2 Isoliertes mediales Training sprachrezeptiver
        Kommunikationsanteile 96
    5.1.3 Zielinstruktion als Variante der Aufgabeninstruktion 98
5.2 Ergebnisse aus Vorstudien: Selbst gesetzte Ziele beim
Training sprachrezeptiven Handelns 100
    5.2.1 Selbst gesetzte Ziele von Teilnehmern beim Training
        sprachrezeptiven Handelns 101
    5.2.2 Erkenntnisse aus den drei Vorstudien 105
5.3 Fazit aus der Betrachtung des Trainings sprachrezeptiven
Handelns als Kontext für Zielsetzung: Kriterien von Zielen
für das Training sprachrezeptiven Handelns 107

6 GESTALTUNG VON ZIELSETZUNG FÜR DAS TRAINING SPRACHREZEPTIVEN HANDELNS 109

6.1 Transferorientierte Zielsetzung für das Training
sprachrezeptiven Handelns 109

6.1.1 Implementation Intentions (Durchführungsintentionen) 113
   6.1.1.1 Durchführungsintentionen als theoretischer Ansatz 113
   6.1.1.2 Mögliche Effekte von Durchführungsintentionen 115
   6.1.1.3 Durchführungsintentionen als möglicher Ansatz
        für das Training sprachrezeptiven Handelns 120
6.1.2 Priming 121
   6.1.2.1 Grundzüge von Priming 122
   6.1.2.2 Priming als wissenschaftliche Technik 126
   6.1.2.3 Priming als möglicher Ansatz für das Training
        sprachrezeptiven Handelns 134
6.1.3 Nützlichkeitswert der Aufgabe für die Zukunft 136
   6.1.3.1 Theorieansätze zur Verbindung von Handlungen
        mit Zukunftszielen 137
   6.1.3.2 Effekte der Verbindung von Handlungen mit
        Zukunftszielen 142
   6.1.3.3 Experimentelle Verbindung von Handlungen mit
        Zukunftszielen 143
   6.1.3.4 Nützlichkeitsorientierte Zielsetzung als möglicher
        Ansatz für das Training sprachrezeptiven Handelns 147
6.2 Instruktionale Zielsetzung für das Training sprachrezeptiven
    Handelns 149
   6.2.1 Erfolgsfaktoren und Lernerfolg beim Training
       sprachrezeptiven Handelns 150
   6.2.2 Mögliche Wirkung einer lernschrittorientierten
       Zielsetzungsinstruktion 155
   6.2.3 Lernschritte beim Training mit CaiMan 161
   6.2.4 Lernschrittorientierte Zielsetzung als möglicher Ansatz
       für das Training sprachrezeptiven Handelns 164
6.3 Zusammenfassung: Zwei zu kontrastierende Zielsetzungs-
    ansätze für das Training sprachrezeptiven Handelns 166

7 FORSCHUNGSFRAGEN **169**
7.1 Wirkung von Zielsetzung auf ihre Mediatoren (Fragestellung 1) 171
7.2 Wirkung von Zielsetzung auf den Lernerfolg beim Training 176
   7.2.1 Wirkung von Zielsetzung auf den objektiven Lernerfolg
       (Fragestellung 2) 176

7.2.2 Wirkung von Zielsetzung auf den subjektiven Lernerfolg (Fragestellung 3) 179
7.3 Weitergehende Fragestellungen zu den zu kontrastierenden Zielsetzungen 180
7.3.1 Wirkung von Zielsetzung auf motivationale Variablen (Fragestellung 4) 181
7.3.2 Wirkung von Zielsetzung auf die empfundene Nützlichkeit der Aufgabe (Fragestellung 5) 188
7.4 Wirkung verschiedener Moderatoren auf die Effekte von Zielsetzung (Fragestellung 6) 189

8 UNTERSUCHUNG ZUR WIRKUNG VON ZIELSETZUNG AUF DAS TRAINING SPRACHREZEPTIVEN HANDELNS 193

8.1 Untersuchungsdesign 193
   8.1.1 Zielsetzungstreatment und Salienztreatment 195
   8.1.2 Untersuchungsinstrumente und Messverfahren 197
      8.1.2.1 Mediatoren der Zielsetzung 198
      8.1.2.2 Lernerfolg 201
      8.1.2.3 Kontrollvariablen Zielsetzungstreatments 204
      8.1.2.4 Moderatoren der Zielsetzung 206
      8.1.2.5 Personengebundene Faktoren 209
8.2 Stichprobenkonstruktion 211
8.3 Untersuchungsablauf 212

9 DARSTELLUNG DER ERGEBNISSE 217

9.1 Beschreibung der Stichprobe 217
9.2 Hinweise zu den Auswertungsverfahren 220
   9.2.1 Verfahren für die Fragestellungen 1, 2, 4 und 5 220
   9.2.2 Verfahren für die Fragestellung 3 223
   9.2.3 Verfahren für die Fragestellung 6 224
9.3 Ergebnisse zu den Fragestellungen 227
   9.3.1 Fragestellung 1 - Wirkung von Zielsetzungstreatment und Salienztreatment auf die Mediatoren von Zielsetzung 229
      9.3.1.1 Wirkung von Zielsetzung auf die Ausdauer 230
      9.3.1.2 Wirkung von Zielsetzung auf die Anstrengung 233
      9.3.1.3 Wirkung von Zielsetzung auf die Ausrichtung des Handelns 240

9.3.1.4 Zusammenfassung der Ergebnisse zur Fragestellung 1.243
9.3.2 Wirkung von Zielsetzungs- und Salienztreatment auf den Lernerfolg beim Training 244
 9.3.2.1 Fragestellung 2 - Wirkung von Zielsetzung auf den objektiven Lernerfolg beim Training 244
 9.3.2.2 Fragestellung 3 - Wirkung von Zielsetzung auf den subjektiven Lernerfolg beim Training 256
 9.3.2.3 Zusammenfassung der Ergebnisse zu den Fragestellungen 2 und 3 258
9.3.3 Weitergehende Fragestellungen zu den kontrastierten Zielsetzungen 259
 9.3.3.1 Fragestellung 4 - Wirkung von Zielsetzung auf motivationale Variablen 260
 9.3.3.2 Fragestellung 5 - Wirkung von Zielsetzung auf die empfundene Nützlichkeit der Aufgabe 268
 9.3.3.3 Zusammenfassung der Ergebnisse zu den Fragestellungen 4 und 5 271
9.3.4 Fragestellung 6 – Wirkung der Moderatoren auf die Effekte von Zielsetzung 272
 9.3.4.1 Wirkung von Fähigkeit auf die Effekte unterschiedlicher Zielarten 273
 9.3.4.2 Wirkung von Selbstwirksamkeitserwartung auf die Effekte unterschiedlicher Zielarten 277
 9.3.4.3 Wirkung von Aufgabenschwierigkeit auf die Effekte unterschiedlicher Zielarten 278
 9.3.4.4 Wirkung von Zielschwierigkeit auf die Effekte unterschiedlicher Zielarten 280
 9.3.4.5 Wirkung von Zielbindung auf die Effekte unterschiedlicher Zielarten 281
 9.3.4.6 Zusammenfassung der Ergebnisse zur Fragestellung 6 282
9.4 Weitere Befunde 283
9.4.1 Kategorien der Ziele in der Untersuchung 283
9.4.2 Einfluss von möglichen Störvariablen auf die Wirksamkeit von Zielsetzungs- und Salienztreatment 286
 9.4.2.1 Einfluss der Erfahrung auf den Lernerfolg 286
 9.4.2.2 Einfluss von Alter und Fachsemester auf den Lernerfolg 288

10 DISKUSSION **289**
    10.1 Wirkung von Zielsetzung auf ihre Mediatoren 290
    10.2 Wirkung von Zielsetzung auf den Lernerfolg 294
    10.3 Wirkung von Zielsetzung auf motivationale Variablen 297
    10.4 Wirkung von Zielsetzung auf die empfundene Nützlichkeit
         der Aufgabe 299
    10.5 Einfluss der Moderatoren auf die Wirkung von Zielsetzung 300

11 AUSBLICK **305**

LITERATURVERZEICHNIS **307**

ABBILDUNGSVERZEICHNIS **319**

TABELLENVERZEICHNIS **320**

ANHANG **321**

ZUSAMMENFASSUNG **342**

1 Einleitung und Zielsetzung der Arbeit

„Wer nicht weiß, welchen Hafen er ansteuern will,
hat nie günstigen Wind."
(Seneca, Epistulae morales ad Lucilium)[1]

Mit diesem Hinweis an seinen Briefpartner Lucilius deutet bereits der römische Stoiker Seneca die Relevanz von Zielen an. Ein Ziel kann eben jenen *Hafen* bedeuten, den es anzusteuern gilt, und kann insofern dabei helfen, etwaige *Winde* zu nutzen, um ans Ziel zu kommen. In Senecas Bild verbleibend wird eine Schiffsreise ohne ein festes Reiseziel dazu führen, dass das Schiff auf dem Meer dahin treibt, von den Wellen bald hierhin, bald dahin getragen.

Ähnlich wie dem Schiffsreisenden, der ziellos auf dem Meer treibt, geht es sicherlich manchem Lerner[2], der mit einer medialen Lernumgebung konfrontiert wird. Er muss sich zunächst orientieren, um erfolgreich lernen zu können, er muss die relevanten Wege, aber auch mögliche Irrwege kennen lernen. Vor allem aber sollte ihm das Ziel bewusst sein, das er mit seinem Handeln ansteuern möchte. Nur dann kann er die Lernumgebung wirklich sinnvoll für sein Lernen nutzen.

Die Lernumgebung, um die es dieser Arbeit geht, ist die Lernumgebung CaiManOnLine© (Henninger & Mandl, 2003). CaiManOnLine (im Folgenden: CaiMan) unterstützt das Training sprachrezeptiven Handelns. Sprachrezeptives Handeln beschreibt das Wahrnehmen und Verstehen dessen, was eine andere Person sprachlich ausdrückt (Herrmann, 1992, S. 296f.), und ist damit neben dem Sprechen (Sprachproduktion) der zweite Teil sprachlichen Handelns. Das sprachrezeptive Handeln ist in der Muttersprache automatisiert

---

[1] Olshausen, D.J.W. (1811). Übersetzung der sämmtlichen Briefe des L.A. Seneca. Erster Band. Kiel: Schmidt, S. 243. Originalzitat lat.: „Ignoranti quem portum petat nullus suus ventus est."
[2] Im Folgenden werden aus Gründen der besseren Lesbarkeit Begriffe wie *Gesprächspartner*, *Teilnehmer* oder *Lernender* in der maskulinen Form verwendet. Weibliche Personen sind selbstverständlich eingeschlossen.

und demzufolge introspektiv nicht unmittelbar zugänglich (Strube & Herrmann, 2006, S. 287). Allerdings ist es ein wichtiger Aspekt sprachlichen Handelns und sollte einwandfrei gelingen. Dies wird vor allem dann deutlich, wenn eine Person in einer bestimmten Situation nicht richtig verstanden wurde, Verwirrung herrscht, und vielleicht Missverständnisse oder Streit resultieren. Demzufolge ist es angebracht, Defizite im sprachrezeptiven Handeln zu beheben, beispielsweise die Tendenz, die Äußerungen anderer Personen zu missinterpretieren oder nur bestimmte Aspekte der Äußerungen wahrzunehmen. Die Automatisierung des sprachrezeptiven Handelns erschwert allerdings ein entsprechendes Training. Eine wichtige Voraussetzung ist es insofern zunächst, diese Automatisierung aufzuheben, das sprachrezeptive Handeln also zeitweise zu de-automatisieren (Henninger & Mandl, 2003, S. 54), um es dann im Folgenden modifizieren zu können. Diese Prozesse unterstützt die Lernumgebung CaiMan, die den Rahmen dieser Arbeit bildet.

Die Lernumgebung ist für das individuelle Training konzipiert und enthält Videosequenzen konflikthafter Gespräche. Ein Lerner hat die Trainingsaufgabe, die sprachlichen Äußerungen der Personen im Video zu analysieren und Begründungen für seine Analysen abzugeben. Dieses Handeln führt zu einer De-Automatisierung seines Sprachverstehens. Die automatisierten Prozesse sprachrezeptiven Handelns werden damit bewusster Reflexion zugänglich, können kritisch hinterfragt und gegebenenfalls modifiziert werden. Im weiteren Trainingsverlauf wird das auf diese Weise modifizierte sprachrezeptive Handeln dann re-automatisiert, und die neu trainierten Fähigkeiten stehen dem Lerner für künftige Gespräche zur Verfügung.

CaiMan ist Teil des Konstruktivistischen Kommunikations- und Verhaltenstrainings (KVT) (Henninger & Mandl, 2003, S. 55) und wird in diesem Rahmen schon seit Jahren erfolgreich für das Training sprachrezeptiven Handelns verwendet (z.B. Henninger & Mandl, 2006). Allerdings hängt der individuelle Erfolg beim Training mit CaiMan stark von der Motivation der Teilnehmer ab. Der deutliche Fokus des Trainings auf die sprachrezeptive Handlungsebene trifft nicht immer die Erwartungen der Trainingsteilnehmer, die häufig eher an den unmittelbar zugänglichen Gesprächstechniken (Sprachproduktion) orientiert sind. Und auch das selbständige Lernen mit der Lernumgebung fällt den Lernenden nicht immer leicht. Dies führt bisweilen zu Frustration und damit auch zu Defiziten in den lernbezogenen Motivationslagen.

Hierzu legen die eingangs zitierten Worte nahe, dem Umherirrenden einen Hafen zu nennen, den er ansteuern sollte. Prinzipiell ginge es darum, den Lerner beim Lernen mit CaiMan mit Zielen zu unterstützen, die ihm Orientierung in der Lernumgebung bieten. Hat der Lerner ein Ziel vor Augen, kann er seine Ressourcen auf dieses Ziel hin ausrichten und zielgerichtet trainieren.

Hiermit hängt die Zielsetzung der vorliegenden Dissertation mit dem Titel *Wirkung von Zielsetzung auf das Training sprachrezeptiven Handelns* zusammen. Es soll untersucht werden, wie das Training sprachrezeptiven Handelns durch Zielsetzung zu fördern wäre. Dabei sind sowohl die Motivationslage als auch der Lernerfolg der Teilnehmer bedeutsam. In früheren Forschungsarbeiten wurde bereits versucht, Motivation und Lernerfolg beim Training durch Feedback zu fördern (Pommer, 2000). Es wurde außerdem untersucht, inwiefern die individuelle Zielorientierung der Teilnehmer zu Motivation und Lernerfolgen beim Training sprachrezeptiven Handelns beiträgt (Linz, 2001).[3] Mit Zielsetzung beim Training sprachrezeptiven Handelns hat sich hingegen noch keine Arbeit auseinander gesetzt.

Einen viel versprechenden Ansatz zur Förderung der Motivation und des Lernerfolgs bietet die *Theory of Goal Setting and Task Performance* (im Folgenden: Zielsetzungstheorie) von Edwin Locke und Gary Latham (1990). Diese Zielsetzungstheorie postuliert einen motivationalen Einfluss eines gesetzten Ziels auf das Handeln, der beispielsweise in erhöhter Anstrengung und Ausdauer, letztlich aber auch in einer besseren Leistung[4] resultieren soll (Locke & Latham, 1990). Das gesetzte Ziel dient als Maßstab, an dem das eigene Handeln gemessen werden kann, Diskrepanzen festgestellt und diese im Handeln ausgeglichen werden können. Insofern könnte Zielsetzung ein solches Training sinnvoll ergänzen, bei dem ein hohes Maß an Motivation erforderlich ist, um den eigenen Lernprozess steuern zu können.

---

3 Die beiden Konstrukte Zielsetzung und Zielorientierung werden im Kapitel 2.4.1 voneinander abgegrenzt.
4 Im Folgenden wird der englische Begriff performance mit Leistung übersetzt.

Es sei bereits an dieser Stelle angesprochen, dass es kaum möglich sein wird, eine Intervention für das Training sprachrezeptiven Handelns zu konzipieren, die gänzlich auf Zielsetzung beruht. Zielsetzung in diesem Kontext wird immer auch Elemente von Instruktion enthalten, was sich allein schon daraus ergibt, dass neben einer Wirkung auf das Trainingsergebnis auch eine Wirkung von Zielsetzung auf Prozessvariablen intendiert ist. Einer Abgrenzung von Zielsetzung und Instruktion widmet sich das Kapitel 2.4.2 ausführlich. Der Fokus wird in dieser Arbeit dessen ungeachtet auf Zielsetzung im Sinne der Zielsetzungstheorie liegen.

Im Rahmen der Dissertation soll untersucht werden, inwiefern durch Zielsetzung Motivationslage und Lernerfolg beim Training sprachrezeptiven Handelns gefördert werden können. Es sollen Erkenntnisse dazu gewonnen werden, wie wirksame Zielinstruktionen gestaltet werden können. Außerdem soll die Wirkung von Zielsetzung auf das Training sprachrezeptiven Handelns experimentell untersucht werden.

Im theoretischen Teil der vorliegenden Arbeit werden zunächst einige *Grundlagen der Zielsetzungstheorie* beschrieben (Kapitel 2). Hierbei werden die Wirkmechanismen von Zielsetzung herausgestellt. Außerdem soll das Kapitel erläutern, mit welchen Methoden Ziele gesetzt werden können und wie die Inhalte von Zielen zu kategorisieren sind. In dem Kapitel soll außerdem Zielsetzung von zwei ähnlichen Konstrukten abgegrenzt werden, nämlich von der Zielorientierung und der Instruktion.

Bevor Möglichkeiten zur Anwendung der Zielsetzungstheorie beim Training sprachrezeptiven Handelns untersucht werden können, ist zu klären, was den Gegenstand *Training sprachrezeptiven Handelns* ausmacht. Im Kapitel 3 wird deshalb dieses Training mit seinen Zielen und Charakteristika zunächst skizziert.

Anschließend werden anhand relevanter Forschungsergebnisse *Möglichkeiten zur Anwendung von Zielsetzung im Trainingskontext* herausgearbeitet (Kapitel 4). In diesem Kapitel soll es darum gehen, einerseits herauszustellen, welche grundsätzlichen Effekte Zielsetzung im Trainingskontext zugeschrieben werden. Andererseits soll das Kapitel erste Hinweise dazu geben, in welcher Form und mit welchen Inhalten Ziele in einem Training gesetzt werden können. Hierzu werden Beispiele von Zielsetzung in ähnlichen Kontexten wie dem Training sprachrezeptiven Handelns analysiert.

Im anschließenden Kapitel wird *das Training sprachrezeptiven Handelns als Kontext für Zielsetzung* näher betrachtet (Kapitel 5). Hierbei wird das Training sprachrezeptiven Handelns als ein besonderer Kontext zur Anwendung von Zielsetzung beschrieben. Dabei sollen einige charakteristische Merkmale des Trainings herausgestellt werden, die bei einer Zielsetzungsintervention zu berücksichtigen sind. Außerdem werden einige Ergebnisse aus drei Vorstudien herangezogen, die Hinweise auf mögliche Ziele für das Training sprachrezeptiven Handelns geben.

Das folgende Kapitel widmet sich dann Fragen der *Gestaltung von Zielsetzung für das Training sprachrezeptiven Handelns* (Kapitel 6). Auf der Grundlage der Erkenntnisse der vorangegangenen Kapitel wird betrachtet, wie Ziele für das Training sprachrezeptiven Handelns gestaltet werden können. Hierzu werden weitere theoretische Ansätze zur Gestaltung von Zielsetzung herangezogen. Vor diesem Hintergrund werden schließlich Ziele für das Training sprachrezeptiven Handelns konzipiert.

Im Kapitel 7 werden, aufbauend auf den theoretischen Überlegungen des vorangegangenen Kapitels und unter Berücksichtigung der für das Training sprachrezeptiven Handelns konzipierten Ziele, die *Forschungsfragen* der vorliegenden Arbeit herausgestellt. Die Fragestellungen und Hypothesen beziehen sich primär auf die Wirkung von Zielsetzung auf Motivation und Lernerfolg beim Training sprachrezeptiven Handelns.

Die darauf folgenden Kapitel widmen sich der empirischen Untersuchung zur Wirkung von Zielsetzung auf das Training sprachrezeptiven Handelns. Im Rahmen eines Trainings mit CaiMan wird an einer Stichprobe von Lehramtsstudierenden die Wirkung der für das Training konzipierten Ziele auf Motivation und Lernerfolg untersucht. Zunächst wird die hierzu durchgeführte experimentelle Untersuchung mit ihrer Methodik vorgestellt (Kapitel 8). Anschließend werden die Ergebnisse der Untersuchung dargestellt (Kapitel 9). An diese Ergebnisdarstellung schließen sich eine Diskussion der Ergebnisse (Kapitel 10) sowie ein kurzer Ausblick (Kapitel 11) an.

2 Grundlagen der Zielsetzungstheorie

In diesem Kapitel werden zunächst die Wirkmechanismen von Zielsetzung skizziert (Kapitel 2.1). Dabei soll verdeutlicht werden, wie Zielsetzung nach der *Goal Setting Theory* von Locke und Latham (1990) grundsätzlich funktioniert.

Ein wesentlicher Faktor im Zielsetzungsprozess sind diverse Mediator- und Moderatorvariablen. Die Wirkung von Zielsetzung wird durch verschiedene Mediatorvariablen ermöglicht und durch unterschiedliche Moderatorvariablen verstärkt. Im Kapitel 2.2 werden einige Mediator- und Moderatorvariablen vorgestellt, die sich in vergangenen Untersuchungen als besonders einflussreich auf die Wirksamkeit von Zielsetzung herausgestellt haben.

Unterschiedliche theoretische wie auch empirische Forschungsarbeiten thematisieren außerdem Fragen zur praktischen Anwendung von Zielsetzung. Dabei wird einerseits betrachtet, auf welchem Weg ein Ziel gesetzt werden soll, eine andere kritische Entscheidung betrifft den Inhalt des gesetzten Ziels. Da beide Fragen für den Kontext dieser Arbeit, die Wirkung von Zielsetzung auf das Training sprachrezeptiven Handelns relevant sind, werden sie im Kapitel 2.3 behandelt, das sich allgemein mit der Anwendung von Zielsetzung beschäftigt.

Zum Abschluss des Kapitels zu den Grundlagen der Zielsetzungstheorie soll das Konstrukt Zielsetzung von mit ihm verwandten Ansätzen abgegrenzt werden, der Zielorientierung sowie der Instruktion (Kapitel 2.4).

2.1 Wirkmechanismen von Zielsetzung

Die Zielsetzungstheorie betrachtet Ziele als motivationale Einflussfaktoren des Handelns. Unter der Annahme, dass Ziele das Handeln unmittelbar regulieren, beschreibt die Zielsetzungstheorie einen Zusammenhang zwischen Zielsetzung und der auf das gesetzte Ziel folgenden Leistung. Das gesetzte Ziel führt zu zielgerichtetem Handeln, das die Leistung bei einer Vielzahl von Aufgaben zu fördern vermag. Ein Ziel wird in der Zielsetzungstheorie als „the aim or end of an action" (Locke & Latham, 1990, S. 7) definiert. Dieses Ergebnis versucht eine Person durch absichtsvolle, zielgerichtete Handlungen zu erreichen. Zielsetzung und gesetzte Ziele gelten dementsprechend als *kognitive* Quelle der Motivation.

Wie wirkt Zielsetzung? Gesetzte Ziele können das Handeln unmittelbar regulieren (Locke & Latham, 1990). Mittels expliziter Zielsetzung werden Diskrepanzen zwischen der aktuellen und der angestrebten Leistung (Ziel) erzeugt, die durch zielgerichtetes Handeln aufgehoben werden können. Ein Ziel legt insofern einen bestimmten Maßstab für das Handeln fest und wirkt darüber regulierend auf die Leistung. Die Zielsetzungstheoriebeschreibt drei grundsätzliche Effekte von Zielsetzung. Erstens erzeugt ein Ziel (Leistungs-) *Diskrepanzen* zwischen der aktuellen Leistung und der im Ziel formulierten (Locke & Latham, 2006, S. 87). Die proaktive *Leistungsdiskrepanz* resultiert zunächst in konstruktiver Unzufriedenheit mit der eigenen Leistung. Durch das Realisieren des Ziels wird diese Diskrepanz dann reaktiv reduziert (Bandura & Locke, 2003). Ein Ziel kann damit zweitens auch als *Standard zur Leistungsbewertung* dienen (Locke & Latham, 1990, S. 78). Drittens beeinflusst ein Ziel verschiedene *Mediator-* und *Moderatorvariablen* (zusammenfassend z.B.: Locke & Latham, 2002). Diese Variablen und deren Wirkung auf das Handeln werden im Folgenden skizziert.

2.2 Rolle von Mediatoren und Moderatoren im Zielsetzungsprozess

Zielsetzung entfaltet ihre Wirkung über verschiedene vermittelnde Variablen. Abbildung 1 zeigt einige Variablen, die im Kontext von Zielsetzung relevant sind.[5] Hierbei sind *Mediatorvariablen* und *Moderatorvariablen* zu unterscheiden *Mediatoren* sind die kausalen Mechanismen, über die Ziele die Performanz regulieren (Latham & Locke, 1991, S. 227), diejenigen Mechanismen, durch die Zielsetzung als unabhängige Variable ihre abhängigen Variablen

---

[5] Diese Mediator- und Moderatorvariablen von Zielsetzung werden häufig als vermittelnde Variablen von Zielsetzung beschrieben und untersucht. Andere Variablen wie Belohnungen, Kontext oder Persönlichkeit werden hier nicht weiter betrachtet, da sie für die Fragestellung der vorliegenden Arbeit nicht von Relevanz sind.

beeinflusst (Baron & Kenny, 1986). Ausdauer, Ausrichtung und Anstrengung, die in der Zielsetzungstheorie als Zielmechanismen bezeichnet werden (Locke & Latham, 2002), zählen zu diesen Mediatorvariablen. Ohne dass die Zielmechanismen ausgelöst werden, ist es faktisch schwer möglich, ein bestimmtes Ziel zu erreichen. *Moderatoren* hingegen beeinflussen die Stärke der Wirkung von Zielsetzung auf ihre abhängigen Variablen. Es zeigte sich in unterschiedlichen Studien, dass die Wirkung von Zielsetzung häufig von der individuellen Fähigkeit, der Ziel- oder Aufgabenschwierigkeit, der Selbstwirksamkeitserwartung und von der Zielbindung moderiert wird. Die verschiedenen vermittelnden Variablen werden in den folgenden Kapiteln eingehend erläutert.

Abbildung 1: Mediator- und Moderatorvariablen von Zielsetzung

Diese Mediatorvariablen und Moderatorvariablen werden sowohl bei der Konzeption von Zielen als auch bei der methodischen Planung einer Untersuchung zu berücksichtigen sein. Im Folgenden werden unterschiedliche Mediatoren (Kapitel 2.2.1) und Moderatoren (Kapitel 2.2.2) von Zielsetzung vorgestellt und beschrieben, die für die Untersuchung der Wirkung von Zielsetzung auf das Training sprachrezeptiven Handelns relevant sind.

2.2.1 Mediatoren der Zielsetzung

Im Hinblick auf die Wirkung von Zielsetzung sind zwei Arten von Mediatorvariablen von Bedeutung, einerseits drei Zielmechanismen (Kapitel 2.2.2.1), andererseits Aufgabenstrategien (Kapitel 2.2.2.2). Beide Arten von Mediatoren werden in diesem Kapitel skizziert. Am Ende eines jeden Abschnittes stellt eine kurze Zusammenfassung die Bedeutung der jeweiligen Variable im Kontext der vorliegenden Arbeit heraus.

2.2.1.1 Zielmechanismen

Als direktes Resultat von Zielsetzung werden drei automatisierte Zielmechanismen ausgelöst: Anstrengung, Ausdauer und Ausrichtung des Handelns (Locke & Latham, 1990). Anstrengung, Ausdauer und Ausrichtung des Handelns sind in der Zielsetzungstheorie als *Ziel*mechanismen ein ausschlaggebender Faktor für die Wirksamkeit von Zielsetzung. Diese drei Mechanismen beschreiben Latham und Locke (1991) auch als die drei Attribute von motiviertem Handeln. Sie ermöglichen es, ein Ziel zu erreichen. Gleichsam sind sie notwendige Bedingungen dafür, das Ziel zu erreichen.

Anstrengung (effort / energy expenditure / intensity)

Mit dem ersten Zielmechanismus wirkt ein Ziel darauf, dass eine Person ihre *Anstrengung* dem Schwierigkeitsgrad der Aufgabe bzw. des Ziels anpasst. Je nach Schwierigkeit eines Ziels führt dieses Ziel demnach zu höherer oder geringerer Anstrengung. Insofern kann Zielsetzung die investierte Anstrengung erhöhen (z.B. Locke, 1996; Locke, 1997; Locke & Latham, 2002). Diese größere Anstrengung führt letztlich zu einer besseren Leistung. Bei physischen Aufgaben ist die Anstrengung direkt an körperlichen Handlungen erkennbar und messbar (z.B. schwerere gestemmte Gewichte) (zusammenfassend: Locke & Latham, 1990, S. 88). Die aufgewendete Anstrengung bei einer Aufgabe wird durch Zielsetzung so lange aufrechterhalten, bis das entsprechende Ziel erreicht ist (Locke & Latham, 1990, S. 90).

Thompson, Meriac und Cope (2002) führten ein Experiment durch, bei dem 90 Studierende eine Internetrecherche durchführen sollten. In diesem Experiment untersuchten Thompson et al. auch explizit die Wirkung von Zielsetzung auf die Anstrengung, in Form von *intensity*. Intensity wurde operationalisiert als Anzahl von „Treffern" bei der Internetrecherche. Die Autoren konnten zeigen, dass Zielsetzung zu einer höheren Anzahl von Treffern führte, als eine Recherche ohne explizite Ziele. Jedoch waren weder die Treffer der Teilnehmer mit Zielsetzung noch die Ergebnisse der Kontrollgruppe besonders akkurat. Zusammengefasst erhöhte Zielsetzung also die Anstrengung, die aufgewendet wurde, um online zu recherchieren, hatte jedoch keinen Effekt auf die Qualität der Recherche.

Bandura und Cervone (1986) beschreiben die Verbindung zwischen Zielen und Anstrengung folgendermaßen: „When people commit themselves to explicit standards or goals, the perceived negative discrepancies between performance and the standard they seek to attain create self-dissatisfaction that serves as a motivational inducement for enhanced effort." (S. 92). Das Erzeugen einer solchen Diskrepanz ist, wie erwähnt, nach der Zielsetzungstheorie einer der Effekte von Zielsetzung. Ein Ziel könnte demnach quasi automatisch eine Diskrepanz erzeugen und würde, in Abhängigkeit von der Größe dieser Diskrepanz, notwendig in einer erhöhten Anstrengung resultierten. Bandura (1997) verdeutlicht in der *Social Cognitive Theory* (sozial-kognitive Theorie) die kognitive Variable in dieser Kette. Demnach können Ziele nur dann Anstrengung zur Zielerreichung auslösen, wenn durch einen Vergleich (*Cognitive Comparison*, S. 128) eine Diskrepanz zwischen dem Status quo und dem gesetzten Ziel auch bemerkt wird.

Ein Ziel lässt eine Diskrepanz zwischen der aktuellen Leistung und einer im Ziel formulierten Leistung erkennen. Hierzu muss einerseits die aktuelle Leistung, der Status quo, bekannt sein, andererseits muss das Ziel die erwünschte Leistung deutlich beschreiben. Die Anstrengung wird dann durch ein Ziel erhöht, wenn die Diskrepanz erkannt wird und die Situation und die eigenen Möglichkeiten es potentiell zulassen, durch erhöhte Anstrengung die erkannte Diskrepanz zu verringern. In diesem Fall führt ein Ziel zu einer höheren Anstrengung und damit auch potentiell zu einer besseren Leistung.

Ausdauer (persistence / duration)

Als zweiten Zielmechanismus beeinflusst ein Ziel die *Ausdauer* bei Aufgaben, die keine zeitliche Begrenzung beinhalten (Latham & Locke, 1991). Solche Aufgaben sind in experimentellen Studien zur Zielsetzung eher selten. Typischerweise enthält eine Untersuchung zu Zielsetzung eine Aufgabe, die in einer bestimmten Zeitspanne bearbeitet werden soll. Diese Zeitspanne ist experimentell vorgegeben und kontrolliert. In solchen Experimenten wird die Ausdauer nur dann eine Rolle spielen, wenn die vorgegebene Bearbeitungszeit für eine Aufgabe lang genug ist.

Dabei stehen nach Locke und Latham (2002) Zeit und Intensität der Anstrengung insofern im Ausgleich miteinander, als eine Person entweder in einer kürzeren Zeit schneller und intensiver arbeitet oder über einen längeren Zeitraum langsamer und weniger intensiv (S. 707; sinngemäße Übers. v. Verf.).

Eine hohe Ausdauer ist vor allem bei schwierigen Zielen von Bedeutung, da leichte Ziele häufig schon mit einer geringen Ausdauer erreichbar sind. Schwierige Ziele führen hingegen meist zu einer höheren Ausdauer als leichte Ziele, da sie nur mit mehr Aufwand zu erreichen sind: „[T]hey take longer to reach and may require overcoming more obstacles" (Locke, 1996, S. 120). In der Praxis ist die Wirkung von Zielsetzung auf die Ausdauer beispielsweise dann bedeutsam, wenn Lern- oder Trainingsaufgaben bearbeitet werden müssen. In einem solchen Kontext wird die Höhe der Ausdauer darüber entscheiden, wie gut die Lern- oder Trainingsergebnisse sind. Lernerfolge hängen auch von Geduld ab, und Lernprozesse erfordern es, sich über eine bestimmte Zeitspanne beharrlich mit einem Gegenstand auseinander zu setzen.

Die Ausdauer wird als Zielmechanismus vor allem dann relevant, wenn eine Aufgabe keine zeitliche Begrenzung enthält. Ein schwieriges Ziel kann in diesem Fall dazu führen, dass mehr Zeit in die Bearbeitung einer Aufgabe investiert wird. Gerade im Kontext eines Trainings ist die Ausdauer der Teilnehmer bedeutsam, da im Training schwierige Ziele in einem zwar zeitlich begrenzten, dennoch aber längeren Zeitraum, verfolgt werden.

Ausrichtung (direction)

Der dritte Zielmechanismus ist die Ausrichtung des Handelns. Durch ein gesetztes Ziel werden die eigenen Aktivitäten grundsätzlich in Richtung zielrelevanter Handlungen gelenkt, auf Kosten von Handlungen ohne Zielrelevanz. Das Handeln wird von dem Ziel, an dem Ziel *ausgerichtet*. Konkret wird die

Aufmerksamkeit auf das Ziel gelenkt. Handlungsschritte, die nicht zielrelevant sind, werden durch zielrelevantes Handeln abgelöst (Latham & Locke, 1991, S. 227; sinngemäße Übers. v. Verf.). Das Ziel gibt also eine bestimmte Richtung für das Verhalten vor. Motivation bezieht sich per definitionem unter anderem auf die Richtung (direction) von Verhalten (Keller, 1983, S. 389). Diese Richtung von Verhalten betrifft die Wahl von Verhaltensalternativen, „the choice of a particular behavior and the corresponding rejection of other possible behaviors" (Thompson et al., 2002, S. 151). In der Theorie motiviert Zielsetzung (als motivationaler Ansatz) also dazu, auf die Aufgabe bezogene Aktivitäten auszuführen.

Die Ausrichtung von Verhalten wird in der praktischen Anwendung von Zielsetzung faktisch nur selten separat als Mediator der Zielsetzung miterfasst. Dies mag in den geringen Kontrollmöglichkeiten dieser Variable begründet sein. Eine Ausrichtung von Verhalten auf zielrelevante Handlungen ist letztlich nur dann messbar, wenn die Zielsetzungssituation alternative Handlungen zulässt. Diese Bedingung ist gerade in Experimenten häufig nicht gegeben.

Im genannten Experiment zur Internetrecherche untersuchten Thompson et al. (2002) neben der Anstrengung allerdings auch die Ausrichtung von Verhalten. Die Ausrichtung des Handelns war operationalisiert als Abruf nicht-relevanter Internetseiten. Im Experiment konnte jedoch kein Einfluss von Zielsetzung auf die Anzahl aufgerufener nicht-zielrelevanter Internetseiten festgestellt werden. Die Autoren geben als mögliche Begründung hierfür an, dass im Experiment die Aufgabe nicht zeitlich begrenzt war und Teilnehmer möglicherweise Pausen in der Recherche mit dem Surfen im Internet verbracht haben.

Die Ausrichtung ist folglich nur in ganz bestimmten Situationen wirklich messbar, nämlich in solchen Situationen, in denen explizit Handlungsalternativen vorhanden sind. Bei der Bearbeitung von Aufgaben in experimentellen Laboruntersuchungen sind hingegen meist alternative Handlungsmöglichkeiten bewusst eliminiert. Hier sind dann keine Varianzen bei der Ausrichtung des Verhaltens erkennbar, wenngleich schon die

> Bearbeitung der Aufgabe im Sinne des gesetzten Ziels eine Ausrichtung von Verhalten ist. Sind Handlungsalternativen vorhanden, ist die Ausrichtung des Handelns am ehesten damit beschreibbar, dass auf die Aufgabe bezogene Handlungen ausgeführt werden.

2.2.1.2 Strategien

Ziele können des Weiteren das Entdecken und Verwenden *zielrelevanter Strategien* unterstützen, einen weiteren, allerdings indirekten, Mediator von Zielsetzung (Locke & Latham, 1990, S. 293). Im Gegensatz zu den drei motivationalen Zielsetzungsmechanismen handelt es sich bei *Strategien* um einen kognitiven Mediator der Beziehung zwischen Zielsetzung und Leistung (Latham, 2001). Strategien sind besonders dann relevant, wenn die drei Zielmechanismen, Ausdauer, Ausrichtung des Handelns und Anstrengung nicht ausreichen, um eine Aufgabe erfolgreich zu lösen. Dies gründet häufig darin, dass zielrelevantes Wissen oder zielrelevante Strategien fehlen, die zur Aufgabenbearbeitung notwendig wären: „If an employee lacks the knowledge or skill to perform a task, the mechanisms (mediators) explaining the influence of goal effectiveness on performance are not operative." (Latham, Borgogni & Petitta, 2008a, S. 387). In diesem Fall wird durch ein Ziel die Suche nach neuen Strategien oder die Veränderung vorhandener Strategien angeregt (Latham & Locke, 1991). Insofern beeinflussen Ziele die Handlung indirekt, indem sie zur Anregung und Anwendung aufgabenrelevanten Wissens und aufgabenrelevanter Strategien führen. Bessere Methoden oder Aufgabenstrategien können dann eine erfolgreiche Aufgabenbearbeitung ermöglichen, gleichzeitig aber auch die hierfür notwendige Anstrengung verringern (Locke & Latham, 1990, S. 95).

Locke und Latham (1990, S. 293f.) beschreiben in der Zielsetzungstheorie ausführlich die Beziehung zwischen Zielsetzung und den Effekten von Strategien. In ihrem Modell bedarf die Bearbeitung von Aufgaben der Anwendung von Strategien. Gespeicherte allgemeingültige Strategien (Stored Universal Plans – SUP's) beinhalten die drei Zielmechanismen, Ausrichtung, Anstrengung und Ausdauer und ermöglichen die Bearbeitung von einfachen oder bekannten Aufgaben. Sie sind meist automatisiert und werden bei der Bearbeitung einer jeden Aufgabe einfach aktiviert. Eine zweite Art von Strategien, abgespeicherte aufgabenspezifische Strategien (Stored Task Specific Plans – STSP's) sind in der Vergangenheit bei vergleichbaren Aufgaben gelernt und durch kontinuierliche Übung zu automatisierten aufgabenspezifischen Fähigkeiten entwickelt worden. STSP's werden vor allem in dem Fall relevant, in dem die Zielmechanismen, oder SUP's, versagen oder ihr Versagen antizipiert wird. Wenn die STSP's für eine bestimmte Aufgabe oder für das Erreichen eines bestimmten Ziels als nicht anwendbar bewertet werden, werden durch Forschen, kreatives Problemlösen oder Versuch und Irrtum neue aufgabenspezifische Strategien (New Task Specific Plans – TSP's) entwickelt (S. 299). Zielsetzung spielt insofern eine zentrale Rolle bei der Aktivierung oder Neuentwicklung von allgemeinen bzw. aufgabenspezifischen Strategien. Diese Strategien beeinflussen dann die folgende Leistung.

Zielmechanismen und Aufgabenstrategien sind wichtige Faktoren im Zielsetzungsprozess, da sie ausschlaggebend für die Wirkung von Zielsetzung auf die Leistung sind. Aufgabenstrategien sind vor allem bei solchen Aufgaben relevant, bei denen für eine erfolgreiche Bearbeitung die Zielmechanismen Ausdauer, Anstrengung und Ausrichtung des Handelns als nicht ausreichend erachtet werden. Im Kontext des Trainings sprachrezeptiven Handelns dürften Aufgabenstrategien jedoch nicht ausschlaggebend für den Lernerfolg, allgemeingültige Strategien hingegen von entscheidender Bedeutung sein.

Neben den Mediatoren sind in der Anwendung von Zielsetzung auch verschiedene Moderatorvariablen zu berücksichtigen. Diesen Moderatorvariablen widmet sich der folgende Abschnitt. In einer kurzen Zusammenfassung wird jeweils skizziert, welche Bedeutung die entsprechende Moderatorvariable für die vorliegende Arbeit hat.

2.2.2 Moderatoren der Zielsetzung

In der Theorie beeinflussen verschiedene Moderatoren die Wirksamkeit von Zielsetzung. Locke und Latham (2002) unterscheiden hierbei die Moderatoren Zielbindung (goal commitment), Bedeutung (importance), Selbstwirksamkeitserwartung (self-efficacy), Feedback (in Bezug auf die Zielerreichung) und Aufgabenkomplexität (task complexity). Locke (1997, S. 384ff.) nennt als Moderatoren von Zielsetzungseffekten zudem die Beteiligung an der Zielsetzung (subordinate participation in goal setting) sowie die Fähigkeit (ability). Latham und Locke (2007) beschreiben darüber hinaus situative Faktoren als weiteren Einflussfaktor auf Ziele. Viele dieser möglichen Moderatorvariablen werden auch im Rahmen des Trainings sprachrezeptiven Handelns relevant sein. Aus diesem Grund werden im Folgenden verschiedene Moderatoren von Zielsetzung diskutiert, Zielbindung (Kapitel 2.2.2.1), Selbstwirksamkeitserwartung (Kapitel 2.2.2.2), Fähigkeit (Kapitel 2.2.2.3), Aufgabenschwierigkeit und Zielschwierigkeit (Kapitel 2.2.2.4) sowie Feedback (Kapitel 2.2.2.5). Ein kurzer Abschnitt fasst jeweils die Bedeutung des potentiellen Moderators für den Kontext der vorliegenden Arbeit zusammen.

2.2.2.1 Zielbindung

Zielsetzung wirkt z.B. über den Moderator *Zielbindung* (engl. Goal Commitment) auf die Leistung. Zielbindung wird in der Zielsetzungstheorie definiert als die Bindung eines Menschen an ein Ziel, bzw. als sein Entschluss, ein Ziel zu erreichen, unabhängig davon, woher dieses Ziel stammt (Locke & Latham, 1990, S. 125; sinngemäße Übers. v. Verf.). Im Zielsetzungsprozess ist Zielbindung ein möglicher Moderator der Effekte von Zielen auf die Leistung.

Latham, Seijts und Crim (2008b) bezeichnen Zielbindung als das „sine qua non for goal setting" (S. 220). Ein Ziel kann im Grunde nur dann als Ziel gelten, wenn zumindest in einem gewissen Maße Zielbindung vorhanden ist. Das Ausmaß an Zielbindung ist letztlich dafür mitverantwortlich, wie stark Zielsetzung auf die Leistung wirkt. Fühlt sich eine Person nicht stark an ein Ziel gebunden wird sie beispielsweise nicht ihre ganze Anstrengung aufwenden, um das Ziel zu erreichen. Folglich wird ihre Leistung schlechter ausfallen als die einer Person mit hoher Zielbindung.

Eine (hohe) Bindung an ein Ziel ist insbesondere dann von entscheidender Bedeutung, wenn ein Ziel sowohl spezifisch als auch schwierig ist (Locke, 1996). Locke (1996) spricht an entsprechender Stelle von einer hohen Zielbindung dann, wenn ein Individuum erstens davon überzeugt ist, dass ein Ziel wichtig ist, und es zweitens davon überzeugt ist, dass das Ziel erreichbar ist oder zumindest Fortschritte in Richtung des Ziels möglich sind (S. 119; sinngemäße Übers. v. Verf.). Letzteres beschreibt die Selbstwirksamkeitserwartung (Locke & Latham, 2002), die an späterer Stelle als weiterer Moderator von Zielsetzung behandelt wird.

Klein, Wesson, Hollenbeck und Alge (1999) untersuchten in einer Metaanalyse von 74 Studien die Rolle von Zielbindung als entscheidendes Konstrukt im Zielsetzungsprozess. Als primäre Folge von Zielbindung beschreiben sie deren moderierende Funktion auf die Beziehung zwischen Zielschwierigkeit und Leistung. In der Praxis könne sich die moderierende Funktion von Zielbindung jedoch nur dann zeigen, wenn die Forschung es mit unterschiedlichen Stärken von Zielbindung und Zielschwierigkeit zu tun habe. Häufig fänden sich in der Forschung allerdings nur geringe Varianzen bezüglich der Stärke der Zielbindung und dem Grad an Zielschwierigkeit. Der Theorie entsprechend zeigte die durchgeführte Metaanalyse, dass die Zielbindung die Beziehung zwischen Zielschwierigkeit und Leistung moderiert. Die Autoren beschreiben den Moderatoreffekt wie folgt: Bei hoher Zielbindung ist die Beziehung zwischen Zielschwierigkeit und Leistung linear, bei geringer Zielbindung steht die Zielschwierigkeit dagegen gar nicht in Beziehung zur Leistung. Aufgrund der Funktion des Moderatoreffektes seien Interaktionseffekte zwischen der Zielschwierigkeit und der Leistung unter bestimmten Bedingungen auch schwer messbar: „Because of the uncrossed nature of this interaction, main effects rather than the interaction can be expected under certain operational conditions." (Klein et al., 1999, S. 885). Obwohl eine moderierende Wirkung der Zielbindung auf die Effekte von Zielschwierigkeit auf die Leistung also nur bei einer hohen Zielbindung messbar ist, ist die Beziehung zwischen Zielbindung und Leistung tendenziell positiv.

Seijts und Latham (2001) konnten in einer experimentellen Untersuchung ebenfalls nachweisen, dass Zielbindung und Leistung in einer positiven Beziehung zueinander stehen: Je höher die Zielbindung, desto besser war bei einer Aufgabe zur Erstellung von Stundenplänen auch die Leistung. (Die Untersuchung von Seijts und Latham wird im Kontext der Anwendung von Zielen mit unterschiedlichen Inhalten im Kapitel 2.3.2 ausführlich behandelt). Außerdem korrelierte die Zielbindung mit der Selbstwirksamkeitserwartung sowie mit der Entwicklung und Anwendung von Strategien. Eine solche Korrelation zwischen Selbstwirksamkeitserwartung und Zielbindung fanden auch Morin und Latham (2000) in einem anderen Kontext, nämlich bei der Anwendung von Zielsetzung bei einem Kommunikationstraining. Die Untersuchung von Morin und Latham wird in Kapitel 4.2.3, Anwendung von Zielsetzung im Lernkontext, weitergehend behandelt.

Zielbindung ist im Zielsetzungsprozessschon deshalb wichtig, weil ein Ziel eigentlich erst mit einem Mindestmaß an Zielbindung zu einem erklärten Ziel wird. Eine hohe Zielbindung ist vor allem in Verbindung mit der Zielschwierigkeit entscheidend für die Leistung bei einer Aufgabe. Bei hoher Zielbindung stehen Zielschwierigkeit und Leistung in einer linearen Beziehung, bei geringer Zielbindung ist keine solche Beziehung messbar. Für das Training sprachrezeptiven Handelns ist die Zielbindung folglich dann relevant, wenn ein schwieriges Ziel gesetzt wird, da sie in diesem Fall die Leistung moderieren kann.

2.2.2.2 Selbstwirksamkeitserwartung

Ziele können mittelbar einen weiteren Moderator beeinflussen, nämlich die *Selbstwirksamkeitserwartung* (Locke & Latham, 2002). Der Glaube an die eigene Wirksamkeit ist zentral für das Handeln (human agency), denn auf dem Glauben an das eigene Vermögen, die erwünschten Effekte zu erzielen, gründen die Wirkungen aller lenkenden und motivierenden Einflussfaktoren (Bandura & Locke, 2003). Selbstwirksamkeitserwartung erhöht z.B. die Zielbindung und kann insofern die Wirkung von Zielen auf die Leistung verbessern (Locke & Latham, 2002).

Außerdem wirkt die Selbstwirksamkeitserwartung auf die Auswahl von Zielen, und darüber auch auf die Leistung. Radosevich, Allyn und Yun (2007) untersuchten bei Studierenden über ein Semester hinweg die Effekte unter anderem von Selbstwirksamkeitserwartung und selbst gesetzten Zielen auf die Leistung. Sie konnten dabei zeigen, dass die Selbstwirksamkeitserwartung die Leistung (gemessen an den Gesamtnoten des Kurses) indirekt beeinflusste, nämlich über selbst gesetzte Ziele der Studierenden für den Kurs. Eine solche mögliche positive Wirkung von Selbstwirksamkeitserwartung auf selbst gesetzte Ziele beschreiben Latham und Locke (2006) folgendermaßen: „People with high self-efficacy set their goals high, because they are not satisfied with less." (S. 332).

In einer experimentellen Untersuchung konnten Seijts, Latham, Tasa und Latham (2004) auch einen mediierenden Effekt von Selbstwirksamkeitserwartung auf die Leistung nachweisen. In einer computerbasierten Simulation (Cellular Industry Business Game – CIBG) sollten die Untersuchungsteilnehmer, 170 Schüler einer Wirtschaftsschule, Entscheidungen über Geschäftsaktivitäten in der US-amerikanischen Mobilfunkbranche treffen. Nach jeder Entscheidung konnten sie weiterführende Informationen abrufen (z.B. über neue Technologien oder Kunden). Es wurden im Experiment Lernziele, Leistungsziele und „Gib-dein-Bestes"-Ziele gesetzt (vgl. zu den verschiedenen Zielinhalten Kapitel 2.3.2 dieser Arbeit). Während des Experiments wurde die Selbstwirksamkeitserwartung der Teilnehmer zu drei Zeitpunkten anhand ihrer Ergebniserwartung gemessen. Es zeigte sich, dass Lernziele zu einer besseren Leistung führten als „Gib-dein-Bestes"-Ziele und Leistungsziele. Außerdem wurde der Einfluss von Selbstwirksamkeitserwartung auf die Leistung untersucht. Die Ergebnisse deuteten an, dass Selbstwirksamkeitserwartung zum ersten Messzeitpunkt die Beziehung zwischen dem aufgetragenen Lernziel und der Leistung vollständig mediierte. Im weiteren Verlauf des Experiments wurde der Effekt von Selbstwirksamkeitserwartung auf die Leistung zusätzlich durch die Suche nach aufgabenrelevanten Informationen mediiert. Die Selbstwirksamkeitserwartung einer Person ist also als vermittelnde Variable von Zielsetzung auf die Leistung (hier Leistung in der Simulation) von Bedeutung für den Zielsetzungsprozess.

Locke und Latham (1990, S. 24), Latham und Locke (1991) sowie Locke (1996) erwähnen auch einen direkten Effekt von Selbstwirksamkeitserwartung auf die Leistung, spezifizieren diesen Effekt allerdings nicht weiter.

Die Verbindung von Zielsetzung, Selbstwirksamkeitserwartung und Leistung wurde vorwiegend in Bezug auf gewisse Arten von Zielen und gewisse Zielsetzungsmethoden untersucht. In der beschriebenen Studie von Seijts et al. (2004) wurde die Selbstwirksamkeitserwartung als Resultat auf ein *Lernziel* untersucht, das *aufgetragen* wurde. In diesem Kontext wird Selbstwirksamkeitserwartung als Mediator der Zielsetzung weitergehend diskutiert werden (vgl. Kapitel 2.3.2.1 in dieser Arbeit).

Selbstwirksamkeitserwartung kann als Moderator die Zielbindung und insofern mittelbar die Leistung fördern. Außerdem ist sie von zentraler Bedeutung für die Wahl eigener Ziele, und sie hat einen direkten Einfluss auf die Leistung. In der vorliegenden Arbeit ist die Wirkung von Selbstwirksamkeitserwartung vor allem im Hinblick auf die Bindung an Trainingsziele für das Training sprachrezeptiven Handelns sowie hinsichtlich ihrer direkten Wirkung auf die Leistung von Bedeutung. Von der Selbstwirksamkeitserwartung ist eine positive Wirkung auf die Zielbindung anzunehmen, die Form des direkten positiven Effekts von Selbstwirksamkeitserwartung auf die Leistung ist nicht präzise zu bestimmen.

2.2.2.3 Fähigkeit

Ein weiterer Moderator von Zielsetzung auf die Leistung ist die Fähigkeit. Wenngleich von der Fähigkeit, in Verbindung mit der Selbstwirksamkeitserwartung, ein direkter Effekt auf die Leistung zu erwarten ist, moderiert sie unter Umständen auch die Wirkung von Zielsetzung auf die Leistung (Latham & Locke, 1991; Locke, 1997). Die moderierende Funktion von kognitiven Fähigkeiten im Zielsetzungsprozess beschreiben Latham et al. (2008b). Bei einer Stundenplanerstellungs-Aufgabe führten unterschiedlich schwierige Lernziele zu einer unterschiedlich guten Leistung. Je schwieriger das gesetzte Lernziel war, desto besser war auch die Leistung. Es zeigte sich, dass die kognitive Fähigkeit die Beziehung zwischen Lernziel und Leistung moderierte. Das gesetzte Ziel förderte die Leistung von Personen mit geringen Fähigkeiten stärker als die Leistung von Personen mit höherer kognitiver Fähigkeit. Das Setzen eines Lernziels[6] hat demnach eine stärkere Wirkung auf die Leistung, wenn die Fähigkeiten einer Person gering sind. Für Leistungsziele, die ihren Fokus auf das Ergebnis einer Aufgabe richten, ist die Wirkung diametral entgegengesetzt, wie Seijts und Crim (2009) bei einer weiteren Stundenplan-Aufgabe zeigen konnten. Bei der Aufgabe verfolgten 105 Studierende entweder ein Lernziel, das von ihnen verlangte, Strategien zu finden, oder ein Leistungsziel, bei dem sie eine bestimmte Anzahl von Stundenplänen erstellen sollten. Die Bedingungen unterschieden sich nicht in Bezug auf ihre Leistung. Allerdings zeigte sich ein Interaktionseffekt zwischen der Zielart und den kognitiven Fähigkeiten. Studenten mit hohen kognitiven Fähigkeiten profitierten von einem Leistungsziel stärker als Studierende mit geringen kognitiven Fähigkeiten. Ein Lernziel erwies sich bei Studierenden mit geringen Fähigkeiten hingegen tendenziell als geeigneter als bei Studierenden mit hohen Fähigkeiten. Diese Tendenz wurde jedoch nicht signifikant. Je nach *Art* des gesetzten Ziels steht die Höhe der Fähigkeit also eher positiv oder eher negativ mit der Höhe der Leistung in Verbindung.

Locke und Latham (1990, S. 208) beschreiben die Beziehung zwischen Fähigkeit und Leistung unter Berücksichtigung der Ziel*schwierigkeit*. Bei leicht zu erreichenden Zielen unterscheide sich die Leistung von Personen mit hohen Fähigkeiten nicht merklich von der Leistung von Personen mit geringen Fähigkeiten. Bei schwer zu erreichenden Zielen hingegen seien Personen mit hohen Fähigkeiten Personen mit niedrigen Fähigkeiten in Bezug auf die Leistung überlegen. Wie im Kapitel 2.3.2 noch zu klären sein wird, sind Leistungsziele meist mit einer höheren Zielschwierigkeit assoziiert als Lernziele. Insofern stützen sich die Forschungsergebnisse zur Wirkung der Fähigkeit bei unterschiedlichen Zielarten und bei unterschiedlich hoher Zielschwierigkeit gegenseitig.

Kanfer und Ackerman (1989) stellen in diesem Kontext ein Modell vor, das bestimmte *Charakteristika* einer Aufgabe mit kognitiven Fähigkeiten, Motivation (Ausdauer und Anstrengung) und der Leistung bei einer Aufgabe verbin-

---

[6] Hierbei hat allerdings die Art des gesetzten Ziels einen großen Einfluss, wie im Kapitel 2.3.2 erläutert werden wird. Bei einer anderen Art von Ziel würde der Effekt hier relativiert werden.

det. Entsprechend ihren Ausführungen ist der Zusammenhang zwischen motivationalen Variablen, kognitiven Fähigkeiten und der Leistung bei einer Aufgabe von verschiedenen Faktoren abhängig. Ein wichtiger Faktor im Modell sind Charakteristika einer Aufgabe. So können Aufgaben beispielsweise danach unterschieden werden, ob die Höhe der (zusätzlich) in die Aufgabe investierten Ressourcen die Leistung beeinflusst. Ist dies nicht der Fall, wie bei Aufgaben, die die Autoren als *resource-limited* bezeichnen, so führt eine höhere Aufmerksamkeit oder Anstrengung bei der Aufgabenbearbeitung nicht zu entscheidenden Veränderungen hinsichtlich der Leistung. Bei so genannten *ressourcenabhängigen* (*resource-dependent*) Aufgaben hingegen führt eine Veränderung der investierten Ressourcen auch zu einer Veränderung der Leistung. Hierbei ist die individuelle kognitive Fähigkeit ausschlaggebend. Diese Fähigkeit geht mit einer bestimmten Kapazität an Ressourcen einher, die einer Person grundsätzlich zur Bearbeitung einer Aufgabe zur Verfügung stehen. Eine Aufgabe, die zusätzlicher Ressourcen bedarf (resource-dependent) erfordert insofern auch eine höhere Fähigkeit einer Person. Für unterschiedliche Phasen des Fähigkeitserwerbs beschreiben Kanfer und Ackerman nun unterschiedliche Fähigkeiten, die notwendig sind. In einer ersten Phase des Fähigkeitserwerbs ist eine allgemeine Intelligenz (general intelligence) vonnöten, in einer anschließenden zweiten Phase benötigt der Lerner eine schnelle Auffassungsgabe (perceptual speed) und in einer letzten Phase psychomotorische Fähigkeiten (psychomotor abilities). Durch motivationale Prozesse wird nun beeinflusst, in welchem Umfang Kapazitäten aufgewendet werden bzw. wie die Aufmerksamkeit eingeteilt wird. Wenn die Bearbeitung einer Aufgabe zusätzliche Kapazitäten erfordert, können mehr Ressourcen in die Aufgabe investiert werden, wenn hingegen die Anforderungen der Aufgabe sinken, kann die Aufmerksamkeit anderen Aufgaben zugewendet werden.

In drei Experimenten untersuchten Kanfer und Ackerman (1989) anschließend den Effekt eines Ziels, das während der ersten Phase des Fähigkeitserwerbs gesetzt wird. Bei der Aufgabe im Experiment handelte es sich um eine Computersimulation zur Flugsicherung (Air traffic controller, ATC). Die Experimente wurden mit Rekruten der Luftwaffe (322 in Experiment 1, 568 in Experiment 3) bzw. mit Auszubildenden der Luftwaffe (144 in Experiment 2) durchgeführt. Insgesamt konnten die Autoren ihr allgemeines Modell mit den drei Experimenten bestätigen. Im dritten Experiment variierten die Autoren unterschiedliche Anforderungen der Aufgabe in Bezug auf die Informationsverarbeitung. Die Aufgabe enthielt entweder einen Aufgabenteil zu deklarativem Wissen, mit dem die aufmerksamkeitsrelevanten Anforderungen der Aufgabe reduziert werden sollten (die Teilnehmer sollten zunächst die Regeln der Aufgabe lernen) oder einen Aufgabenteil zu prozeduralem Wissen (die Teilnehmer sollten die Computertastatur bedienen lernen). Teilnehmer beider Bedingungen erhielten im Anschluss entweder ein spezifisches und schwieriges Leistungsziel oder kein Ziel. Es zeigte sich, dass nach einem prozeduralen Training Zielsetzung einen negativen Einfluss auf die Leistung hatte, insbesondere für Teilnehmer mit geringen Fähigkeiten. Nach einem deklarativen Training hingegen, bei dem zusätzliche Anforderungen der Aufgabe verringert wurden, profitieren Personen mit geringen Fähigkeiten mehr von einer Zielsetzungsintervention als Personen mit hohen Fähigkeiten. Abhängig von den Merkmalen der Aufgabe fördern bei Zielsetzung also hohe respektive geringe Fähigkeiten die Leistung bei einer Aufgabe.

Moderierende Effekte der Fähigkeit sind auf unterschiedlichen Ebenen relevant. Je nach Art des Ziels können hohe Fähigkeiten entweder mit einer geringeren Leistung einhergehen als geringe Fähigkeiten (Lernziel) oder alternativ mit einer höheren Leistung (Leistungsziel). Dementsprechend ist eine hohe Fähigkeit auch besonders bei schwierig zu erreichenden Zielen förderlich für die Leistung. Sie ist außerdem bei solchen Aufgaben entscheidend, die ressourcenabhängig sind, bei denen also zusätzlich investierte Ressourcen wie Aufmerksamkeit oder Anstrengung entscheidend zum Ergebnis der Aufgabenbearbeitung beitragen. Für das Training sprachrezeptiven Handelns ist eine hohe Fähigkeit potentiell relevant, da die Trainingsaufgabe vom Teilnehmer Aufmerksamkeit und Anstrengung erfordert. Die Fähigkeit eines Teilnehmers könnte insofern (möglicherweise abhängig von der Art des gesetzten Trainingsziels) entscheidend zu seinem Lernerfolg beitragen.

2.2.2.4 Aufgabenschwierigkeit und Zielschwierigkeit

Latham und Locke (1991) definieren Schwierigkeit (difficulty) als „a concept of relationship; it pertains to the relationship between a person and a task or goal" (S. 214). Auffällig ist bei dieser Definition, dass die Begriffe *Aufgabe* und *Ziel* synonym verwendet werden. Locke und Latham (1990) liefern in der Zielsetzungstheorie eine Erklärung für diese synonyme Verwendung der beiden Begriffe. Sie beschreiben dort eine *schwierige Aufgabe* als einen bestimmten Arbeitsvorgang (piece of work), der schwer auszuführen ist (S. 25). Die Aufgabe ist z.B. deshalb schwierig für eine Person, weil ihre Bearbeitung ein hohes Maß an Fähigkeiten und Wissen erfordert oder weil die Person sich bei der Aufgabenbearbeitung stark anstrengen muss. Ein Ziel ist nun in der Zielsetzungstheorie, wie in Kapitel 2.1 beschrieben, *end* oder auch *object* einer Handlung. Inhalt eines Ziels könnte z.B. die erfolgreiche Fertigstellung einer Aufgabe sein (Locke & Latham, 1990, S. 25), die gegebenenfalls ein hohes Maß an Fähigkeiten und Wissen erfordert. Karakowsky und Mann (2008) stellen demzufolge heraus, dass sowohl die empfundene Aufgabenschwierigkeit als auch die empfundene Zielschwierigkeit einen Einfluss auf die Wirkung von Zielsetzung auf die Leistung haben. Die beiden Konstrukte seien quasi synonyme Bezeichnungen für dieselbe Begebenheit, was Karakowsky und Mann an ihrem Ergebnis verdeutlichen: „Task achievement can be viewed as synonymous with goal achievement [...]" (Karakowsky & Mann, 2008, S. 264).

Theoretisch besteht jedoch ein Unterschied zwischen Aufgabenschwierigkeit und Zielschwierigkeit. *Zielschwierigkeit* meint „a certain level of task proficiency measured against a standard" (Locke & Latham, 1990, S. 26), *Aufgabenschwierigkeit* hingegen beziehe sich schlicht auf die Aufgabe, „the nature of the work to be accomplished" (Locke & Latham, 1990, S. 26). Zielschwierigkeit beinhaltet demnach einen bestimmten Gütemaßstab, die Aufgabenschwierigkeit beschreibt die Beschaffenheit einer Aufgabe. Im Folgenden werden die beiden Konzepte als mögliche Moderatoren von Zielsetzung separat betrachtet.

Zielschwierigkeit

Die Zielsetzungstheorie nimmt eine lineare Beziehung zwischen *Zielschwierigkeit* und Leistung an (Locke & Latham, 1990, S. 27).[7] Diese Annahme wurde bereits von vielen Studien bestätigt (Latham & Locke, 1991). Die Zielschwierigkeit wird mitunter auch als ausschlaggebender Faktor für den Erfolg eines Ziels betrachtet, als „crucial to success" (Hattie & Jaeger, 1998, S. 112). Ein schwieriges Ziel (difficult goal oder hard goal) führt zu größerer Anstrengung und Ausdauer als ein leichtes Ziel (easy goal), wenn es von einer Person akzeptiert wird (Locke & Latham, 1990, S. 29; sinngemäße Übers. v. Verf.). Bei einer Person, die adäquates Wissen und adäquate Fähigkeiten besitzt, besteht außerdem eine lineare Relation zwischen dem Schwierigkeitsgrad des Ziels, den die Person zu setzen bereit ist, und ihrer folgenden Leistung (im Beruf) (Latham & Locke, 2006): „The more difficult the goal, the greater the achievement." [Hervorhebungen v. Verf. entfernt] (Locke, 1996, S. 118).

Diese Verbindung zwischen Zielschwierigkeit und der Leistung konnten Latham et al. (2008b) in der bereits erwähnten Untersuchung anhand der Erstellung von Stundenplänen als einer komplexen Aufgabe experimentell nachweisen.[8] In der Untersuchung zeigte sich, dass die Leistung von der Schwierigkeit eines gesetzten Lernziels abhing. Je höher die Zielschwierigkeit, desto besser war auch die Leistung der Teilnehmer. Die Beziehung zwischen Ziel und Leistung wurde in der Untersuchung zudem von der kognitiven Fähigkeit der Teilnehmer moderiert. Ein schwieriges Lernziel förderte die Leistung stärker bei geringen Fähigkeiten als bei hohen Fähigkeiten.

Tendenziell fördert also ein sehr schwieriges Ziel die Leistung besonders stark. Allerdings kann ein *zu* schwieriges Ziel sich wiederum negativ auf die Leistung auswirken, wie aus einer Forschungsarbeit von Drach-Zahavy und

---

[7] Locke und Latham (1990, S. 27) beschreiben zwar, dass die lineare Funktion von Zielschwierigkeit und Leistung sich abschwächen würde („levels off"), wenn bei sehr schwierigen Zielen die Grenzen der eigenen Fähigkeit erreicht seien, sie stellen die Funktion jedoch grafisch als linear dar (S. 28).
[8] Die Erstellung von Stundenplänen (class scheduling task) gilt als komplexe Aufgabe, die den Erwerb von aufgabenrelevanten Strategien erfordert. Als solche wird sie häufig in Zielsetzungsstudien verwendet (Seijts & Crim, 2009); siehe zur Stundenplanaufgabe in Studien auch Kapitel 4.2.1.

Erez (2002) hervorgeht. Die Autoren untersuchten die Annahme, dass die empfundene Zielschwierigkeit auch einen negativen Effekt auf die Leistung bei einer komplexen Aufgabe haben kann. Schwierige Ziele könnten die Ressourcen einer Person übersteigen und Stress erzeugen. Dieser Stress würde dann individuell entweder als Herausforderung oder als Bedrohung interpretiert und könnte im letzteren Fall auch negative Effekte auf die Leistung haben. Die Autoren untersuchten die Beziehung zwischen Zielsetzung und Stress bei einer komplexen Aufgabe, einer Computersimulation zum Aktienmarkt. In der Untersuchung bestätigte sich die Annahme, dass Ziele tatsächlich Stress erzeugen können. Dasselbe Ausmaß an Zielschwierigkeit führte je nach Bewertung des Stresses als Herausforderung oder Bedrohung zu unterschiedlich guter Leistung. Eine Herausforderungssituation förderte die Leistung bei der komplexen Aufgabe, eine Bedrohungssituation behinderte sie. Zielschwierigkeit und Leistung stehen demzufolge nur dann in einer positiven linearen Beziehung, wenn die Schwierigkeit des Ziels nicht zu einer Bedrohungssituation führt. Wird das schwierige Ziel allerdings als Herausforderung interpretiert, fördert es die Leistung. In einer Längsschnittstudie von Wiese und Freund (2005) erwies sich die Zielschwierigkeit zudem als Moderator auf die Beziehung zwischen Zielerreichung und Zufriedenheit. Wurden persönliche Ziele als schwer erreichbar empfunden, stand der Fortschritt in Bezug auf die Zielerreichung in viel engerer Beziehung mit dem subjektiven Wohlbefinden als bei einem als weniger schwierig empfundenen persönlichen Ziel.

Die Zielschwierigkeit steht in einer linearen Beziehung zur Leistung. Mit der Schwierigkeit eines gesetzten Ziels steigt auch die Leistung bei einer Aufgabe. Wird das Ziel aufgrund seiner Schwierigkeit als Herausforderung, und nicht als Bedrohung, empfunden, hat dies einen positiven Effekt auf die Leistung bei einer Aufgabe. Auch beim Training sprachrezeptiven Handelns ist demnach ein positiver linearer Einfluss der Zielschwierigkeit auf das Trainingsergebnis bzw. den Lernerfolg, wahrscheinlich.

Aufgabenschwierigkeit/Aufgabenkomplexität

Die Aufgabenschwierigkeit ist beispielsweise im Lernkontext bedeutsam, wenn Lernende sich selbst Ziele setzen sollen. Horvath, Herleman und McKie (2006) untersuchten unter anderem die Beziehung zwischen Aufgabenschwierigkeit und Interesse und den selbst gesetzten Zielen von Studierenden. Hierfür wurden 592 Studierende darum gebeten, für bis zu fünf Universitätskurse im aktuellen Semester ihre Leistungsziele in Bezug auf im Kurs angestrebte Noten zu nennen. Zudem wurden für jeden Kurs das Interesse an den Kursinhalten sowie die Aufgabenschwierigkeit (in Form der Schwierigkeit des Kurses, des Dozenten sowie des Fachgebietes) erhoben. In Hinsicht auf die Aufgabenschwierigkeit ergab die Untersuchung, dass die empfundene Aufgabenschwierigkeit sich auf die selbst gesetzten Ziele der Studierenden auswirkte. Tendenziell setzten Studierende schwierige Ziele vor allem für interessante Kurse, hingegen setzten sie leichtere Ziele, wenn sie Kurse als schwierig empfanden. Dies ist insofern problematisch, als die Zielsetzungstheorie, wie beschrieben, eine lineare Beziehung zwischen Zielschwierigkeit und Leistung annimmt. Wird eine Aufgabe als sehr schwierig bewertet, und wird dementsprechend ein leichtes Ziel für die Aufgabe gesetzt, ist als Konsequenz auch die Leistung eher gering.

Li, Lee und Solmon (2007) beschreiben noch eine weitere Problematik, die aus subjektiven Annahmen über die Aufgabenschwierigkeit resultieren kann. Die Autoren untersuchten bei Schülern einer achten Klasse die Rolle der Aufgabenschwierigkeit unter anderem hinsichtlich Annahmen über die eigene Fähigkeit (self-perceptions of ability). Für die Untersuchung wählten die Autoren als Aufgabe einen Fähigkeitstest. Bei der Untersuchung zeigte sich, dass diejenigen Schüler, die die Aufgabe als schwierig empfanden, auch ihre Fähigkeiten als geringer einschätzten, ein geringeres Interesse an der Aufgabe zeigten und im Test schlechter abschnitten als Schüler, die die Aufgabe als leichter bewerteten. Annahmen über die eigene Fähigkeit hatten einen negativen Einfluss auf die empfundene Aufgabenschwierigkeit. Die Aufgabenschwierigkeit ist folglich auch gebunden an Annahmen über die eigene Fähigkeit.

Bandura (1997, S. 83) stellt demgemäß heraus, dass für neue und komplexe Aufgaben die subjektive Schwierigkeit einerseits aus bestimmten Merkmalen der Aufgabe (der objektiven Aufgabenkomplexität), andererseits aber auch aus der wahrgenommenen Ähnlichkeit zu bekannten Aufgaben resultiert. Die subjektive Schwierigkeit einer Aufgabe ist dementsprechend auch ein unsicheres Maß, da sie zwei Bewertungsmaßstäbe beinhalten kann, eine objektive Bewertung der Aufgabe einerseits, andererseits aber auch die Selbstwirksamkeitserwartung einer Person (Locke & Latham, 1990, S. 75). Demgemäß raten Locke und Latham (1990, S. 349) davon ab, eine subjektive Bewertung der Aufgabenschwierigkeit in Zielsetzungsuntersuchungen zu integrieren.

Locke und Latham (2002) behandeln folglich auch nicht subjektive *Aufgabenschwierigkeit* (task difficulty), sondern *Aufgabenkomplexität* (task complexity) als Moderator von Zielsetzung auf die Leistung. Komplexe Aufgaben erfordern die Automatisierung von komplexeren Fähigkeiten und Strategien. Damit hängen die Leistung und insofern auch die Wirkung von Zielsetzung bei komplexen Aufgaben stark davon ab, inwiefern angemessene Strategien zur Aufgabenbearbeitung entdeckt werden. Eine komplexe Aufgabe kann also nur dann erfolgreich bearbeitet werden, wenn Aufgabenstrategien gefunden werden.[9] Dementsprechend ist nach Locke und Latham (2002) die Wirkung von Zielsetzung bei komplexen Aufgaben auch meist geringer als bei einfachen Aufgaben. In einem neueren Artikel weisen Latham und Locke (2007) jedoch darauf hin, dass sich dieser Unterschied in der Effektstärke zwischen einfachen und komplexen Aufgaben relativiere, wenn eine Person das relevante Wissen und die notwendigen Fähigkeiten besitzt, um komplexe Aufgaben zu bearbeiten.

Beide Variablen, Zielschwierigkeit wie auch Aufgabenschwierigkeit können folglich die Wirkung von Zielsetzung auf die Leistung moderieren. Die Zielschwierigkeit steht in einer linearen Beziehung zur Leistung. Die

---

[9] Wird eine komplexe Aufgabe definiert als eine Aufgabe, bei der komplexe Fähigkeiten und Strategien entwickelt und automatisiert werden müssen, können für experimentelle Untersuchungen Aufgaben entworfen werden, die den Kriterien einer komplexen Aufgabe entsprechen. Hiermit beschäftigt sich Kapitel 5.1.1.

> *Aufgabenschwierigkeit ist gebunden an Annahmen über die eigene Fähigkeit und beeinflusst die Leistung eher indirekt, vermittelt über die Schwierigkeit der in Folge selbst gesetzten Ziele. Die Effekte von Aufgabenschwierigkeit bei vorgegebenen Zielen sind indessen nicht geklärt. Für die Aufgabenkomplexität, die in manchen Studien alternativ zur Aufgabenschwierigkeit erhoben wird, ist der Zusammenhang mit der Leistung nicht linear. Hingegen hängt die Leistung bei komplexen Aufgaben davon ab, wie hoch die Fähigkeiten sind und inwiefern für die Aufgabenbearbeitung notwendige Strategien entdeckt und implementiert werden.*

2.2.2.5 Feedback

Auch Feedback moderiert die Effekte von Zielsetzung auf die Leistung (Latham & Locke, 1991; Locke, 1997). Locke und Latham (2002, S. 708) beschreiben als wichtige Bedingung dafür, dass ein Ziel effektiv ist, ein zusammenfassendes Feedback, das den Fortschritt in Beziehung auf dieses Ziel anzeigt. Denn ist die eigene Leistung nicht erkennbar, wird es schwierig oder gar unmöglich, die eigene Handlung anders auszurichten, die Anstrengung zu regulieren oder die Strategien zu ändern, um das Ziel dennoch zu erreichen. Wird Zielsetzung jedoch durch Feedback ergänzt, erhöht dies die Effektivität von Zielsetzung in Bezug auf die Leistung. Locke (1996) beschreibt die Bedeutung von Feedback im Kontext von Zielsetzung daher folgendermaßen: „Goal setting is most effective when there is feedback showing progress in relation to the goal." [Hervorhebungen v. Verf. entfernt] (S. 120).

Erez (1977) untersucht in einem wissenschaftlichen Beitrag mit gleichnamigem Titel Feedback als notwendige Bedingung in der Beziehung zwischen Zielsetzung und Leistung. In mehreren experimentellen Studien habe sich bereits gezeigt, dass retrospektives Wissen um die eigene Leistung bei einer Aufgabe für sich keinen Effekt auf das zukünftige Handeln hat, sondern nur in Verbindung mit Zielen, die den Effekt von Feedback auf die Leistung mediieren. Die Autorin stellt in ihrem Artikel nun die Frage, inwieweit Zielsetzung wiederum ohne aufgabenbezogene Rückmeldung funktioniert, „whether [knowledge] is a *necessary* condition [for goal setting]" (Erez, 1977, S. 624). Diese Frage untersuchte sie mit einer experimentellen Studie. In dieser Studie sollten 86 Studierende zwei Listen mit Nummern miteinander vergleichen und Unterschiede finden (clerical aptitude test). Die Leistung wurde anhand der Anzahl der gefundenen Unterschiede erhoben. Die Studierenden wurden zufällig einer Versuchsgruppe mit *Knowledge of Score (KS)* oder einer Kontrollgruppe ohne KS zugeteilt. Sie bearbeiteten die Aufgabe in zwei Teilen. Nach dem ersten Teil erhielten die Studierenden der Versuchsgruppe Informationen darüber, wie sie bislang im Vergleich mit anderen abgeschnitten hatten. Die Teilnehmer beider Bedingungen erhielten anschließend einen Fragebogen, in dem sie Ziele in Bezug auf ihre Leistung für den zweiten Teil des Experiments angeben sollten. Im Ergebnis zeigte sich, dass Teilnehmer mit KS den Teilnehmern der Kontrollgruppe hinsichtlich ihrer Leistung überlegen waren. Erez zieht aus den Ergebnissen der Studie den Schluss, dass KS eine notwendige Bedingung für Effekte von Zielsetzung auf die Leistung ist. Wenngleich sich in folgenden Studien zeigte, dass Feedback die Effekte von Zielsetzung auf die Leistung nicht mediiert, sondern moderiert, ist Feedback doch fraglos ein wichtiger Moderator von Zielsetzung.

Verschiedene Forschungen fokussierten die Merkmale von besonders effektivem Feedback. Earley (1988) untersuchte beispielsweise die Wirkung von computergeneriertem Feedback und Vertrauen in das bereitgestellte Feedback auf die Leistung bei einer Aufgabe. Die Untersuchung fand über einen Zeitraum von drei Wochen mit 60 Angestellten eines Zeitschriftenverlags statt. Die Angestellten sollten täglich das Ziel anstreben, telefonisch 20 Abonnements abzuschließen. Nach der ersten Woche erhielten alle Angestellten ein Feedback in Bezug auf ihre Tagesziele der vergangenen Woche. Dieses Feedback war entweder allgemein und enthielt z.B. lediglich die Information, dass das Ziel übertroffen wurde, oder es war spezifischer und beschrieb auch die tatsächliche Leistung sowie deren Relation zum Ziel. Außerdem wurde in der Untersuchung die Quelle des Feedbacks variiert. Die Angestellten erhielten ihr Feedback entweder von ihrem Vorgesetzten oder sie konnten es am Computer selbst generieren. Die Untersuchung ergab, dass die Quelle des Feedbacks und die Genauigkeit (specificity) des Feedbacks die Leistung direkt beeinflussten. Selbst erzeugtes Feedback führte zu einer besseren Leistung als Feedback durch den Vorgesetzten. Außerdem hatten Personen mit spezifischem Feedback eine bessere Leistung als Personen mit generellem Feedback. Die Quelle des Feedbacks beeinflusste in der Untersuchung zudem das Vertrauen in das Feedback. Diejenigen Angestellten, die ihr Feedback selbst erzeugen konnten, hatten ein höheres Vertrauen in die Richtigkeit ihres Feedbacks als Angestellte, deren Feedback durch ihren Vorgesetzten übermittelt wurde. Zusammengefasst zeigt die Untersuchung von Earley wiederum die generelle Bedeutsamkeit von Feedback im Zielsetzungsprozess auf, differenziert jedoch die Wirksamkeit von Feedback nach Genauigkeit und Quelle.

Earley, Northcraft, Lee und Lituchy (1990) variierten in einer experimentellen Untersuchung ebenfalls die Genauigkeit von Feedback, zusätzlich aber auch dessen Fokus. Bei einer Computersimulation zum Aktienmarkt variierten sie *Prozessfeedback* (process feedback; generell oder spezifisch) und *Ergebnisfeedback* (outcome feedback; generell oder spezifisch). Ergebnisfeedback bezog sich z.B. auf in der Simulation erreichte Aktienwerte, Prozessfeedback enthielt Kommentare zur Brauchbarkeit der aus einer Datenbank in der Simulation abgerufenen Informationen sowie eine Aufzeichnung über in der Simulation getroffene Entscheidungen, z.B. in Bezug auf den Kauf von Aktien. Spezifisches Ergebnisfeedback enthielt konkrete Zahlen, generelles Ergebnisfeedback nur ein allgemeines Statement zu Gewinnen oder Verlusten. Das Prozessfeedback lieferte dem Teilnehmer *entweder als generelles Feedback* allgemeine Hinweise, etwa dass die ausgewählte Information nicht hilfreich ist, oder als *spezifisches Feedback* zusätzliche ausführlichere Erläuterungen zum Hinweis. Zudem erhielten die Teilnehmer entweder ein *generelles* oder ein *spezifisches herausforderndes Ziel*. Die Untersuchung zeigte, dass ein spezifisches Ziel in Interaktion mit einem spezifischen Ergebnisfeedback oder einem spezifischen Prozessfeedback einen stärkeren positiven Effekt auf die Leistung hat als generelle Ziele oder generelles Feedback. Prozessfeedback in Zusammenhang mit Zielsetzung hatte tendenziell einen stärkeren Effekt auf die Qualität der Aufgabenstrategien und der Informationssuche als Ergebnisfeedback. Ergebnisfeedback in Verbindung mit Zielsetzung hingegen förderte die Anstrengung sowie das Selbstvertrauen. Die moderierende Wirkung von Feedback hängt demgemäß nicht nur von Quelle und Präzision des Feedbacks ab, sondern auch von dessen Fokus (Prozess oder Ergebnis).

Feedback kann also, wie sich gezeigt hat, die Wirkung von Zielsetzung auf die Leistung moderieren. Gleichermaßen beschreiben Hattie und Timperley (2007) allerdings auch einen gegenläufigen Effekt, indem sie Zielsetzung als wichtiges Element von Feedback beschreiben: „[T]he main purpose of feedback is to reduce discrepancies between current understandings and performance and a goal." (S. 86) Dementsprechend hat ein gesetztes Ziel auch einen Einfluss auf die Wirksamkeit von anschließendem Feedback. Die Autoren führen an anderer Stelle aus, dass Feedback nur dann zur Verringerung der Diskrepanz zwischen erwünschter und aktueller Leistung beitragen kann, wenn das Ziel sehr gut definiert ist. Als Moderatorvariable trägt Feedback bei einem gesetzten Ziel dann dazu bei, dass dieses Ziel erreicht werden kann.

Feedback erhöht die Wirksamkeit von Zielsetzung, indem es die eigene Leistung expliziert und den Zielfortschritt anzeigt. Dabei erwies sich in vergangenen Studien besonders spezifisches Feedback im Hinblick auf die Leistung als wirksam. Gleichsam war auch die Quelle des Feedbacks ein bedeutender Faktor für seine Wirkung auf die folgende Leistung. Feedback bedarf allerdings sehr präziser Zielsetzung, um motivierend wirken zu können. Das Training sprachrezeptiven Handelns beinhaltet, wie im Kapitel 3 zu zeigen sein wird, eine Expertenlösung, mit der eine Art Feedback erzeugt werden kann. In einer früheren Studie hat sich auch eine zusätzliche explizite Rückmeldung als hilfreiche Ergänzung für das Training erwiesen (Pommer, 2000). Da der Fokus der vorliegenden Arbeit jedoch auf der Wirkung von Zielsetzung liegt, werden Variationen von zusätzlichem Feedback für das Training hier nicht weiter betrachtet.

2.3 Anwendung von Zielsetzung

Hinsichtlich der Anwendung von Zielsetzung, das heißt in Bezug auf das *Setzen von Zielen*, sind einige grundsätzliche Entscheidungen zu treffen. Eine dieser Entscheidungen betrifft die Wahl einer bestimmten Zielsetzungsmethode. Diese Methode selbst kann unter Umständen die Wirkung von Zielsetzung moderieren. Aus diesem Grund sollen im Kapitel (2.3.1) verschiedene

Zielsetzungsmethoden diskutiert werden. Des Weiteren ist bei der Anwendung von Zielsetzung bedeutsam, welche Inhalte das gesetzte Ziel hat. Zwar kann ein Ziel inhaltlich im Grunde beliebig ausgestaltet sein, es können jedoch zwei grundlegende Themen von Zielen ausgemacht werden, die häufig diskutiert und in Zielsetzungsstudien auf ihre Wirkung untersucht werden. Diese werden im Kapitel 2.3.2 beschrieben. Am Ende eines jeden Abschnittes erfolgt eine kurze Zusammenfassung, in der für die vorliegende Arbeit wesentliche Erkenntnisse aus dem Abschnitt zusammengefasst werden.

2.3.1 Variationen in der Zielsetzungsmethode

Für das Setzen von Zielen sind drei Möglichkeiten denkbar, die Latham und Locke (2006) als *Zielsetzungsmethoden* bezeichnen. Erstens können Ziele von einer Person für sich selbst bestimmt werden, zweitens können sie ihr von einem Anderen aufgetragen oder drittens gemeinsam mit einer anderen Person oder mehreren anderen Personen bestimmt werden (Locke & Latham, 1990, S. 46). Im Alltag setzen wir uns häufig selbst Ziele und streben diese handelnd an. Ein Beispiel ist das Ziel, beim Sport die zu laufende Kilometerzahl auf einen bestimmten Wert zu steigern. Aufgetragene Ziele sind uns beispielsweise aus der Ausbildung oder dem Berufsleben bekannt. Ziele geben in diesem Fall bestimmte Ergebnisse vor, die zu erreichen sind. Auch das gemeinsame Setzen von Zielen ist geläufig. Kinder machen sich gemeinsam mit ihren Eltern Gedanken darüber, welche Schulnoten im laufenden Schuljahr erreicht werden sollten, ein Angestellter bestimmt gemeinsam mit seinem Vorgesetzten seine Weiterbildungsziele im Beruf. Wir verfolgen also selbst gesetzte Ziele, vorgegebene Ziele aber auch gemeinsam gesetzte Ziele. Aus der Perspektive Desjenigen, der Ziele setzen möchte, sind gleichsam diese drei Möglichkeiten der Zielsetzung denkbar. Eine andere Person kann instruiert werden, sich selbst Ziele zu setzen, ihr können Ziele aufgetragen werden oder Ziele können gemeinsam mit ihr bestimmt werden.

Die Zielsetzungstheorie beschreibt zusätzlich zu den drei genannten Zielsetzungsmethoden eine experimentelle *No-Goal-Bedingung*, also eine Bedingung, in der keine bestimmten Ziele gesetzt werden, sondern eine Person lediglich dazu angehalten ist, eine Aufgabe zu bearbeiten (Locke & Latham,

1990, S. 29f.). Außerdem werden eventuell Ziele mit einer unspezifischen Zielschwierigkeit gesetzt, oder eine Person wird dazu aufgefordert, ihr Bestes zu tun („Do your best goal" oder *„Gib-dein-Bestes"-Ziel*). Diese beiden Variationen sind jedoch nicht Zielsetzungsmethoden im eigentlichen Sinne, und sie resultieren fast durchgängig in einer schlechteren Leistung als spezifische und schwierige Ziele (Locke & Latham, 1990, S. 29).

Nach der Zielsetzungstheorie erhöht ein Ziel die Leistung grundsätzlich, unabhängig davon, ob es einer Person aufgetragen, von ihr selbst oder gemeinschaftlich gesetzt wurde (Latham & Locke, 2007). Einige, vor allem ältere, Untersuchungen betonen darüber hinaus aber auch Effekte von Zielsetzung, die aus der Zielsetzungsmethode resultieren. Diese werden im Folgenden für selbst gesetzte (Kapitel 2.3.1.1), gemeinsam gesetzte (Kapitel 2.3.1.2) vorgegebene Ziele (Kapitel 2.3.1.3) skizziert.

2.3.1.1 Selbst gesetzte Ziele

In der Zielsetzungstheorie gilt das Setzen eigener Ziele als mögliche Zielsetzungsmethode. In der wissenschaftlichen Literatur zu Zielsetzung ist die Bedeutung selbst gesetzter Ziele allerdings marginal. Im beruflichen Kontext sind selbst gesetzte Ziele von geringerer Relevanz als vorgegebene oder gemeinsam gesetzte Ziele. Für die Person jedoch, die sich selbst Ziele setzt, sind sie, z.B. im Hinblick auf ihr Autonomieerleben, relevant.

Selbst gesetzte Ziele sind mit hoher Autonomie hinsichtlich ihrer Ausgestaltung assoziiert. Ein Ziel kann dann als autonom bezeichnet werden, wenn es persönliche Interessen oder Werte reflektiert (Koestner, 2008). Sheldon und Elliot (1998) untersuchten in drei Studien selbst gesetzte Ziele hinsichtlich ihrer Autonomie. Unter der Annahme, dass auch selbst gesetzte Ziele nicht zwangsläufig persönlich sind, also autonom und eigenständig (self-integrated), erfassten die Autoren in der ersten Studie bei 128 Studierenden persönliche Ziele sowie die Gründe dafür, diese Ziele anzustreben. Außerdem gaben die Studierenden an, wie erfolgreich sie in der letzten Zeit bei der Durchführung ihrer Bestreben waren. Es zeigte sich in der Studie, dass dieser Erfolg stark mit dem Grad der Autonomie der Ziele korrelierte. Bei autonomen Zielen war die Zielerreichung höher als bei weniger autonomen Zielen. In einer zweiten Studie wählten 141 Studierende aus einer Liste acht Ziele aus, die ihrem aktuellen Leistungsinteresse am besten entsprechen sollten, und begründeten diese Ziele. Außerdem bestimmten sie die Anstrengung, die sie bereit wären, zum Erreichen dieser Ziele aufzuwenden. Acht Wochen später sollten die Studierenden angeben, wie viel Anstrengung sie zu diesem Zeitpunkt wirklich zur Zielerreichung aufwendeten. Am Ende des Semesters bewerteten die Studierenden, inwieweit sie ihre Ziele erreicht hatten. Auch in dieser Studie hing die Autonomie der Ziele mit dem Erreichen dieser Ziele zusammen. Über den Verlauf der Untersuchung wurden die Ziele eher erreicht, die aus autonomen Gründen verfolgt wurden. Die Anstrengung erwies sich zudem als ein Mediator der Effekte autonomer Ziele. In einer dritten Studie sollten 82 Studierende fünf *persönliche Projekte für den kommenden Monat* zusammenstellen. Bei einem Gespräch mit einem Versuchsleiter entwickelten die Studierenden für jedes der fünf Projekte messbare Resultate und bestimmten für jedes der Projekte ein wahrscheinliches Ergebnis. Außerdem gaben sie für jedes der Projekte ihre Zielbindung an, und machten im Verlauf des Semesters Angaben über die Anstrengung, die sie in die Zielerreichung investiert hatten, sowie über den Fortschritt hinsichtlich der Zielerreichung. In dieser Studie zeigte sich, dass autonome Ziele zu erhöhter Anstrengung führten und diese Anstrengung wiederum zur Zielerreichung führt.

Ein selbst gesetztes Ziel kann also als autonomes Ziel empfunden werden. In diesem Fall geht es unter Umständen mit stärkerer Zielbindung und Anstrengung einher und wird mit einer größeren Wahrscheinlichkeit erreicht als ein nicht als autonom erlebtes Ziel. Die erlebte Autonomie persönlicher Ziele beeinflusst das Erreichen der Ziele insofern positiv. Sheldon und Elliot (1998) resümieren aus ihren Untersuchungen, dass Ziele dann die größte Wirkung haben, wenn sie den natürlichen Interessen oder Werten einer Person entsprechen. Die Ergebnisse der Untersuchung zeigen demzufolge einen Vorteil selbst gesetzter Ziele auf. Denn über diese Methode ist es möglich, relativ autonome Ziele zu realisieren.

Wird ein Ziel selbst gesetzt, kann es demgemäß so gewählt werden, dass es von persönlicher Relevanz ist. Die autonome Motivation kann dann dazu führen, dass mehr Anstrengung aufgewendet wird, um das Ziel zu erreichen. Ein autonomes Ziel besitzt außerdem wenig Konfliktpotenzial (Koestner, 2008). Auch führt ein Fortschritt hinsichtlich der Zielerreichung vor allem dann zu positiven Gefühlen, wenn mit diesem Fortschritt intrinsische psychologische Bedürfnisse befriedigt werden.

> *Das Setzen eigener Ziele erscheint vor allem in Kontexten sinnvoll, in denen zu befürchten ist, dass gemeinsam gesetzte oder vorgegebene Ziele zu inneren Konflikten führen könnten. Sind Ziele autonom, das heißt entsprechen sie den eigenen Bedürfnissen oder Werten einer Person, können sie mit erhöhter Zielbindung, vermehrter Anstrengung und, konsequenterweise, mit einer hohen Leistung einhergehen. Das Setzen eigener Ziele ist jedoch in der Praxis oft nicht zweckmäßig. Eine offene Aufforderung zum Setzen eigener Ziele wird zu einem großen Spektrum an gesetzten Zielen führen. Bei einer großen Varianz in Inhalt und Schwierigkeit der selbst gesetzten Ziele verlieren diese an Vergleichbarkeit, so dass sie etwa für Forschungszwecke wenig zweckdienlich sein dürften. Bei der Anwendung von Zielsetzung als Mittel zur Steigerung der Leistung im beruflichen Kontext oder zur Förderung von Lernergebnissen sind gemeinsam gesetzte oder vorgegebene Ziele außerdem dann eher praktikabel als selbst gesetzte Ziele, wenn bereits bekannt ist, welche Zielinhalte und Zielschwierigkeiten die Lösung von Aufgaben oder die Leistung besonders gut fördern.*

2.3.1.2 Gemeinsam gesetzte Ziele

Gemeinsam gesetzte Ziele werden meist als Alternative zu vorgegebenen Zielen diskutiert. Im Vergleich zu vorgegebenen Zielen kann eine Beteiligung an der Zielsetzung z.B. mit einer höheren Selbstwirksamkeitserwartung einhergehen. Dies jedenfalls ergab eine experimentelle Studie von Latham, Winters und Locke (1994), die kognitive Vorteile einer Beteiligung an Entscheidungsfindungen (Participative decision making) untersuchte. Bei einer Aufgabe zur Erstellung von Stundenplänen wurden bei 53 Studierenden vorgegebene und gemeinsam gesetzte Ziele variiert, außerdem wurden Aufgabenstrategien entweder individuell oder gemeinsam formuliert. Es zeigte sich in der Untersuchung, dass die Beteiligung an der Formulierung von Zielen keinen Einfluss auf die Leistung bei der Aufgabe hatte. Allerdings erhöhte die Beteiligung an der Zielsetzung die *Selbstwirksamkeitserwartung* der Studierenden. Zudem war bei denjenigen Studierenden die *Zielbindung* höher, die sich an der Zielsetzung beteiligen konnten. Latham et al. bezeichnen den Effekt der Beteiligung an der Zielsetzung auf die Selbstwirksamkeitserwartung als unerwartet, vor allem, da vorherige Studien keine vergleichbaren Effekte der Beteiligung an der Zielsetzung fanden.

In einer früheren Studie konnten von einer Beteiligung an der Zielsetzung auch positive Effekte auf die Leistung festgestellt werden. Latham und Yukl (1975) untersuchten in einer Felduntersuchung die Wirkung von vorgegebenen Zielen, gemeinsam gesetzten Zielen und „Gib-dein-Bestes"-Zielen bei Holzfäller-Crews. Hierzu zogen sie zwei Stichproben von Holzfäller-Crews, die sich letztendlich hinsichtlich ihres Bildungsniveaus unterschieden (ungebildete Holzfäller vs. Holzfäller mit einem höheren Bildungsniveau). In beiden Stichproben wurden die Crews zufällig einer der drei Zielsetzungsbedingungen zugeordnet. In der Bedingung mit „Gib-dein-Bestes"-Zielen wurden über einen Zeitraum von acht Wochen wöchentlich Informationen bezüglich der Leistung erhoben. Die Holzfäller erhielten die Information, dass diese Ergebnisse mit denen anderer Crews verglichen werden würden, und sie aus diesem Grund ihr Bestes tun sollten. In der Bedingung mit gemeinsam gesetzten Zielen wurden die Crews darum gebeten, ein spezifisches Produktionsziel hinsichtlich der pro Woche abgeholzten Fläche festzulegen. Der Hersteller schritt nur in den Zielsetzungsprozess ein, wenn das gesetzte Ziel zu leicht oder zu schwer war, und hielt die Gruppe in diesem Fall dazu an, ein schwieriges, aber erreichbares Ziel zu wählen. In der Bedingung mit vorgegebenen Zielen wurde den Holzfäller-Crews ein spezifisches schwieriges Ziel vorgegeben. Das Feldexperiment zeigte, dass für die Stichprobe mit ungebildeten Holzfällern ein gemeinsam gesetztes Ziel zu einer höheren Produktivität führte, als ein vorgegebenes Ziel oder die Aufforderung, das Beste zu geben. Die gemeinsam gesetzten Ziele waren schwieriger als die vorgegebenen Ziele und auch der Grad der Zielerreichung war bei gemeinsam gesetzten Zielen höher als bei vorgegebenen Zielen. Die Autoren erklären die Überlegenheit gemeinsam gesetzter Ziele gegenüber den anderen Zielsetzungsmethoden damit, dass die Beteiligung am Zielsetzungsprozess in spezifischen schwierigen Zielen resultierte, die von den Holzfällern akzeptiert wurden. Insofern wäre letztlich auch die *Schwierigkeit* der gemeinsam gesetzten Ziele für die bessere Wirkung von gemeinsam gesetzten Zielen verantwortlich. In der Stichprobe der Holzfäller mit höherem Bildungsniveau zeigten sich keine Unterschiede hinsichtlich der Zielsetzungsmethode. Latham und Yukl erklären dies unter anderem mit Problemen in der Umsetzung der Zielsetzungsintervention in den Holzfäller-Crews dieser Stichprobe.

Auf die *Schwierigkeit* der Ziele führen auch Latham, Mitchell und Dossett (1978) die besseren Ergebnisse von gemeinsamer Zielsetzung gegenüber vorgegebenen Zielen in ihrer Untersuchung zurück. In zwei Studien wurden Ingenieuren bzw. Wissenschaftlern bei ihrer Personalbeurteilung entweder spezifische Verhaltensziele gesetzt oder sie wurden an der Zielsetzung beteiligt. Als zweite unabhängige Variable variierten Latham et al. die Belohnungen (incentives), die durch gutes Verhalten zu erhalten sein würden (private Anerkennung, öffentliche Anerkennung oder monetäre Belohnung). In der ersten Studie wurden an einer Stichprobe von 76 Ingenieuren bzw. Wissenschaftlern die Effekte von gemeinsamer Zielsetzung gegenüber vorgegebener Zielsetzung auf Zielschwierigkeit sowie Zielakzeptanz untersucht. Hierbei zeigte sich zunächst, dass Personen in der Bedingung mit gemeinsam gesetzten Zielen im Vergleich zu Personen mit vorgegebenen Zielen *schwierigere Ziele* setzten. Subjektiv bewerteten die Mitarbeiter in den beiden Zielsetzungsbedingungen die Zielschwierigkeit allerdings nicht unterschiedlich hoch. Auch in Bezug auf die Zielakzeptanz unterschieden sich die Bedingungen mit vorgegebenen und gemeinsam gesetzten Zielen nicht signifikant. In einer zweiten Studie untersuchten Latham et al. an 132 Ingenieuren bzw. Wissenschaftlern die Effekte unterschiedlicher Zielsetzungsmethoden und Belohnungen auf die Leistung im Beruf. Hierzu wurde das Design der ersten Studie um eine „Gib-dein-Bestes"-Bedingung sowie eine Kontrollgruppe erweitert. Im Ergebnis zeigten sich Effekte von Zielsetzung auf die Leistung.[10] Im Vergleich

---

[10] Die Autoren fanden auch Effekte von Belohnungen. Da jedoch keine Interaktionseffekte von Zielsetzung und Belohnungen entdeckt wurden, sind die Effekte der Belohnungen nicht von Relevanz für die vorliegende Arbeit.

zur Kontrollgruppe und zu der Bedingung mit „Gib-dein-Bestes"-Zielen war die *Leistung* bei der Gruppe mit gemeinsam gesetzten Zielen besser. Zwischen den anderen Bedingungen waren keine signifikanten Unterschiede in Bezug auf die Leistung messbar. Außerdem korrelierte in der Untersuchung die Zielschwierigkeit wiederum signifikant mit der Leistung.

Gemeinsam gesetzte Ziele führten in der Forschung von Latham et al. (1978) also zu einer höheren Zielschwierigkeit als vorgegebene Ziele. Gleichsam war die Leistung bei gemeinsam gesetzten Zielen besonders hoch. Die Beteiligung an der Zielsetzung führte insofern zu schwierigeren Zielen und damit auch zu einer besseren Leistung (vgl. Kapitel 2.2.2.4).

Ein ähnliches Ergebnis zeigte sich in einer experimentellen Untersuchung von Latham und Saari (1979). An der Untersuchung nahmen 90 Studierende teil. Ihnen wurde ein Ziel vorgegeben, gemeinsam mit ihnen gesetzt, oder sie sollten ihr Bestes geben („Gib-dein-Bestes"-Ziel). Außerdem wurde variiert, wie der Versuchsleiter sich während der Instruktion gegenüber den Studenten verhielt, unterstützend (z.B. freundliche Begrüßung, ermutigende Worte) oder nicht unterstützend (z.B. auf die Uhr schauen, auf Zeitnot hinweisen). Im Anschluss an die Zielsetzung bearbeiteten die Teilnehmer eine Brainstorming-Aufgabe, bei der sie Ideen für die Verwendung von Holz entwickeln sollten. Die Studierenden in den drei Zielsetzungsbedingungen unterschieden sich nicht signifikant in ihrer subjektiven Bewertung der Zielschwierigkeit oder in der Akzeptanz der Ziele. Allerdings setzten diejenigen Studierenden schwierigere Ziele, und bewerteten diese Ziele auch als schwieriger, die vom Versuchsleiter ein unterstützendes Verhalten erfahren hatten. Auch in diesem Experiment führte die Beteiligung an der Zielsetzung zu einer, im Vergleich zu vorgegebenen Zielen oder „Gib-dein-Bestes"-Zielen, *besseren Leistung*. In der Bedingung mit gemeinsam gesetzten Zielen wurden außerdem mehr Nachfragen zur Aufgabe gestellt als bei vorgegebenen Zielen. Insofern weisen die Autoren darauf hin, dass die Beteiligung an der Zielsetzung auch zu einem besseren *Verständnis der Aufgabe* führen könnte, was direkt die Leistung beeinflussen würde.

Karakowsky und Mann (2008) beschreiben darüber hinaus anhand von verschiedenen Untersuchungen einen theoretischen Zusammenhang zwischen der Zielsetzungsmethode und resultierenden *Kausalattributionen*. Werden Ziele gemeinsam gesetzt, ist die Erwartung, ein Ziel zu erreichen, besonders hoch, denn die Beteiligung an der Zielsetzung resultiert in einer subjektiv geringeren Zielschwierigkeit als vorgegebene Ziele. Eine Beteiligung an der Zielsetzung macht damit auch internale Attributionen von Misserfolg wahrscheinlich. Diese Kausalattributionen sind aufgrund ihres Einflusses auf die zukünftige Leistung potenziell bedeutsam. Für die vorliegende Untersuchung sind sie jedoch von untergeordneter Bedeutung und werden daher nicht weiter betrachtet.

Das gemeinsame Setzen von Zielen führt gegenüber vorgegebenen Zielen also zu einem höheren Schwierigkeitsgrad der Ziele. Entsprechend der im Kapitel 2.2.2 beschriebenen linearen Beziehung zwischen Zielschwierigkeit und Leistung führen die schwierigeren gemeinsam gesetzten Ziele auch zu einer besseren Leistung. Außerdem kann das gemeinsame Setzen von Zielen, wie die Ergebnisse unterschiedlicher Untersuchungen zeigen, das Aufgabenverständnis verbessern und die Zielbindung fördern.

Gerade das zuletzt genannte Resultat, eine höhere Zielbindung wird allerdings auch als Effekt von vorgegebenen Zielen diskutiert, wie im Folgenden zu zeigen sein wird.

2.3.1.3 Vorgegebene Ziele

Locke und Latham weisen in der Zielsetzungstheorie auf eine hohe Selbstwirksamkeitserwartung als weiteren positiven Effekt von aufgetragenen Zielen hin. Die Selbstwirksamkeitserwartung könne ansteigen, *bevor* überhaupt zielrelevantes Handeln realisiert werde. Locke und Latham (1990) erklären dies mit dem Pygmalion-Effekt: „Assigned goals appear to convey normative information to the individual by suggesting or specifying what level of performance the individual could be expected to attain." (S. 72). Für eine Person wird ein Ziel mit einer bestimmten Schwierigkeit vorgegeben. Offenbar trauen ihr Andere also zu, dieses Ziel zu erreichen. Es wird Vertrauen in sie gesetzt

(Locke, 1997). Aus dieser Einsicht heraus steigt auch ihre eigene Erwartung daran, das Ziel erreichen zu können. Auf diese Weise kann ein aufgetragenes Ziel die *Selbstwirksamkeitserwartung* erhöhen. Die Selbstwirksamkeitserwartung kann dann quasi als sich selbst erfüllende Prophezeiung die Leistung fördern (Latham, 2007).

Kernan und Lord (1988) beschreiben zudem eine höhere *Zielbindung* als Resultat vorgegebener Ziele gegenüber gemeinsam gesetzter Ziele, was den im vorherigen Abschnitt berichteten Ergebnissen von Latham et al. (1994) zunächst zu widersprechen scheint, die eine hohe Zielbindung gerade als Resultat der Beteiligung am Zielsetzungsprozess beschrieben. In einer Untersuchung von Kernan und Lord zu Effekten von Zielsetzung (gemeinsam gesetzt oder aufgetragen) und Feedback bearbeiteten 80 Studierende eine Büroaufgabe, bei der sie die tägliche Arbeitszeit für fiktive Angestellte einer Firma berechnen sollten. Die Aufgabe bestand aus mehreren Durchläufen. Im ersten Durchlauf fand das Treatment statt, das heißt, den Teilnehmern wurden Ziele vorgegeben oder sie setzten gemeinsam mit dem Versuchsleiter schwierige Ziele. Für den zweiten und dritten Durchlauf setzten sich alle Teilnehmer eigene Ziele. Während allen Durchläufen wurden Erwartungen bezüglich der Zielerreichung, die Zielakzeptanz, sowie die investierte Anstrengung (subjektiv) und die Fähigkeit erhoben. Im Anschluss an jeden Durchlauf erhielten alle Teilnehmer ein Feedback in Bezug auf ihre Leistung in Form der Anzahl richtig berechneter Stundenzettel. Die Ergebnisse der Untersuchung zeigen, dass Teilnehmer mit vorgegebenen Zielen zu allen Messzeitpunkten stärker an ihr Ziel gebunden waren als Teilnehmer, die an der Zielsetzung beteiligt waren. Hinsichtlich der investierten Anstrengung oder der Leistung bei der Aufgabe unterschieden sich die Bedingungen allerdings nicht signifikant. Insofern ist in dieser Untersuchung die höhere *Zielbindung*, die mit diesen Zielen einhergeht ein positives Resultat vorgegebener Ziele. Die Autoren erklären dieses Ergebnis unter anderem mit der hohen angenommenen *Legitimität* der die Ziele setzenden Person, da in der Untersuchung gemeinsame Ziele auf der Basis von (angeblich) in Vorstudien entwickelten Leistungsnormen gesetzt wurden.

Vorgegebene Ziele können zudem die dispositionale *Zielorientierung*[11] kompensieren. Prinzipiell wirkt sich die dispositionale Zielorientierung darauf aus, welche Ziele eine Person für sich setzt (Brett & VandeWalle, 1999). Der Inhalt dieser selbst gesetzten Ziele wiederum beeinflusst die folgende Leistung. Als Disposition nimmt die Zielorientierung relativ zeitstabil und relativ situationsunabhängig Einfluss auf die Ziele, die eine Person für sich setzt. In unterschiedlichen Situationen sind jedoch unterschiedliche Zielorientierungen erfolgreich. Bei einem Wettkampf ist beispielsweise eine Orientierung an Leistungszielen durchaus angebracht, beim Lernen jedoch möglicherweise eher hinderlich. Durch vorgegebene Ziele können nun bestimmte dispositionale Zielorientierungen sozusagen überschrieben, und ihre Effekte neutralisiert werden: „[A]ssigned goals neutralize goal orientation effects" (Locke & Latham, 2002, S. 713). Damit können in einer bestimmten Situation adäquate Ziele vorgegeben werden, die einer möglicherweise unpassenden Zielorientierung entgegenwirken. In einem Kontext, in dem eine bestimmte Zielorientierung objektiv hinderlich ist, können vorgegebene Ziele damit gegenüber selbst gesetzten oder gemeinsam gesetzten Zielen vorteilhaft sein.

Vorgegebene Ziele können ein Vertrauen des Anderen in die eigenen Fähigkeiten transportieren und damit die Selbstwirksamkeitserwartung erhöhen. Zudem zeigte sich, dass vorgegebene Ziele unter Umständen auch im Vergleich zu gemeinsam gesetzten Zielen mit einer höheren Zielbindung einhergehen können. Vorgegebene Ziele können zudem mit dem Ziel gesetzt werden, die Leistung auch bei einer in der gegebenen Situation inadäquaten Zielorientierung zu fördern. Im Kontext der vorliegenden Arbeit sind vorgegebene Ziele vor allem insofern relevant, als die Wirkung von Zielsetzung auf das Training sprachrezeptiven Handelns empirisch untersucht werden soll. Ein hierzu entwickeltes Ziel soll den Teilnehmern vorgegeben werden, um seine Wirkung empirisch überprüfen zu können.

---

[11] Zielorientierung ist ein Konstrukt, das mit Zielsetzung in Verbindung steht, jedoch einen langfristigen Fokus hat; die beiden Konstrukte werden in Kapitel 2.4.1 voneinander abgegrenzt.

Bei der Anwendung von Zielsetzung ist neben einer Entscheidung bezüglich der Zielsetzungsmethode außerdem die Frage zu klären, welchen Inhalt das Ziel haben soll, das gesetzt wird. Mit dieser Frage beschäftigt sich der folgende Abschnitt.

2.3.2 Variationen im Inhalt des Zieles

In der Zielsetzungstheorie umfasst Ziel als Überbegriff diverse unterschiedliche Begriffe: „We use the term *goal* as the generic concept that encompasses the essential meaning of terms such as intention, task, deadline, purpose, aim, end, and objective."[Hervorhebung im Original] (Locke & Latham, 1990, S. 2). Insofern kann ein Ziel auch eine Vielzahl möglicher Inhalte haben.

In Theorie und Praxis werden allerdings meist zwei Arten von Zielen unterschieden, von denen das eine die Aufmerksamkeit auf einen Prozess, das andere die Aufmerksamkeit auf das Ergebnis dieses Prozesses legt. In der Literatur werden diese beiden Zielarten unterschiedlich bezeichnet, z.B. als

Learning goals vs. *outcome goals* (Seijts & Latham, 2001; Winters & Latham, 1996).

Mastery goals vs. *performance goals* (Darnon, Butera & Harackiewicz, 2007; Senko & Harackiewicz, 2005a, 2005b; Kozlowski et al., 2001).

Learning goals vs. *performance goals* (Elliott & Dweck, 1988; Seijts & Crim, 2009).

Lernziele vs. *Leistungsziele* (Oettingen & Gollwitzer, 2000).

Im Folgenden werden die beiden Zielarten als *Lernziel* bzw. als *Leistungsziel* bezeichnet. Von einigen Autoren werden Leistungsziele weiter unterteilt in

Performance-avoidance goals vs. *performance approach goals* (Elliot, Shell, Bouas Henry & Maier, 2005; Senko & Harackiewicz, 2005b; Harackiewicz, Barron, Pintrich, Elliot & Thrash, 2002).

Der Zielinhalt hat Auswirkungen auf die handelnde Person, die ein entsprechendes Ziel verfolgt. Eine Person mit einem Lernziel strebt danach, ihre eigene Kompetenz zu erhöhen (Dweck & Leggett, 1988). Sie fokussiert den

Prozess, der zur Zielerreichung führt und die Entwicklung von Strategien oder die Ausbildung von Fähigkeiten einschließt. Leistungsziele richten dagegen die Aufmerksamkeit einer Person darauf, ihre Fähigkeiten zu demonstrieren, nicht nur, aber auch im Vergleich mit anderen: „[I]ndividuals are concerned with gaining favorable judgments of their competence" (Dweck & Leggett, 1988, S. 256).

Die Frage, welcher Zielinhalt zu den besseren Ergebnissen führt, ist nicht pauschal zu beantworten. Je nach Kontext und Fragestellung wurden in Experimenten oder Feldstudien Ziele mit unterschiedlichen Inhalten erfolgreicher implementiert. Meist hing der Erfolg eines bestimmten Ziels von diversen weiteren Faktoren ab, wie dem Kontext der Untersuchung oder dem verwendeten Aufgabenmaterial. In den Forschungsergebnissen zeichnen sich hinsichtlich der Wirkung von Lern- bzw. Leistungszielen jedoch bestimmte Tendenzen ab.

Im Folgenden werden die Inhalte von Lernzielen (Kapitel 2.3.2.1) und Leistungszielen (Kapitel 2.3.2.2) sowie deren Wirkungen skizziert. Anschließend wird die Möglichkeit diskutiert, Lern- und Leistungsziele zu verbinden (Kapitel 2.3.2.3). Jeder Abschnitt endet mit einer kurzen Zusammenfassung, die die wichtigsten Erkenntnisse unterstreicht.

2.3.2.1 Lernziele

Locke und Latham (2002) beschreiben ein Lernziel als ein Ziel, das die Entwicklung von Strategien oder Ideen fokussiert: „A *learning goal* refers to the number of ideas or strategies one acquires or develops to accomplish the task effectively." [Hervorhebung im Original] (S. 706). Die Wirksamkeit eines Lernziels gründet dementsprechend darin, dass es dazu beiträgt, aufgabenrelevantes Wissen und aufgabenbezogenen Strategien zu generieren, die notwendig sind, um zielgerichtet zu handeln. In diesem Kontext wirkt ein Lernziel besonders stark auf den Aufgabenprozess.

Demgemäß empfehlen Latham und Locke (2006), dann anspruchsvolle Lernziele zu definieren, wenn Wissen oder Fähigkeiten fehlen, die erforderlich wären, um das (Leistungs-)Ziel einer Aufgabe zu erreichen. Lernziele führen in diesem Fall dazu, dass bestimmte Wege der Zielerreichung entdeckt werden, die eine Lösung der Aufgabe ermöglichen.

Lernziele sind damit also vor allem bei neuen und komplexen Aufgaben wirksam. Winters und Latham (1996) konnten diese Verbindung zwischen Lernzielen und einem hohen Komplexitätsgrad einer Aufgabe empirisch nachweisen. Bei einem Experiment zur Stundenplanerstellung wurden Leistungsziele (outcome goal), Lernziele (learning goal) und die Aufforderung, das Beste zu tun, variiert. Außerdem wurden unterschiedlich komplexe Aufgaben gestellt (einfache Aufgabe vs. komplexe Aufgabe). An der Untersuchung nahmen 114 Studierende teil. Im Ergebnis produzierten bei einer einfachen Aufgabe Studierende mit Leistungszielen mehr korrekte Stundenpläne als Studierende mit „Gib-dein-Bestes"-Zielen. Zwischen Leistungszielen und Lernzielen war der Leistungsunterschied nicht signifikant. Bei komplexen Aufgaben zeigten Teilnehmer mit Lernzielen hingegen eine bessere *Leistung* als Teilnehmer mit den beiden anderen Zielarten. Studierende mit Lernzielen hatten außerdem eine höhere *Selbstwirksamkeitserwartung* als Studierende mit „Gib-dein-Bestes"-Zielen und verwendeten bei der komplexen Aufgabe eine größere Anzahl effektiver *Aufgabenstrategien* als Studierende mit Leistungszielen oder mit „Gib-dein-Bestes"-Zielen. Die Untersuchung bestätigt die Theorie dahingehend, dass Lernziele gerade bei komplexen Aufgaben die Leistung fördern können. Zudem können Lernziele eine positive Wirkung auf die Selbstwirksamkeitserwartung sowie die Anwendung von effektiven Aufgabenstrategien haben.

Mit einer komplexen Aufgabe konnten auch Seijts et al. (2004) in der bereits im Kapitel 2.2.2 beschriebenen experimentellen Untersuchung mit der Simulation CIBG Effekte von Lernzielen nachweisen. Es zeigte sich, dass Lernziele zu einer besseren *Leistung* führten als andere Ziele („Gib-dein-Bestes", Leistungsziel). Ausschlaggebend für die Wirkung des Lernziels waren in dieser Untersuchung zwei Faktoren, wie eine Pfadanalyse zeigte: Die Effekte des Lernziels auf die Leistung wurden einerseits von der Selbstwirksamkeitserwartung mediiert, andererseits mediierte eine aufgabenbezogene Informationssuche die Effekte von Selbstwirksamkeitserwartung auf die Leistung.

Lernziele können also in Verbindung mit Selbstwirksamkeitserwartung sowie der Verwendung aufgabenbezogener Strategien auch die Leistung fördern.

Ähnliche Effekte zeigten sich in einer Studie von Seijts und Latham (2001). An einer Aufgabe zur Erstellung von Stundenplänen nahmen 96 Studierende teil. Variiert wurden sechs Zielinstruktionen („Gib-dein-Bestes"-Leistungsziel, „Gib-dein-Bestes"-Lernziel, distales Leistungsziel, distales Lernziel, distales Leistungsziel in Verbindung mit proximalen Zielen, distales Lernziel in Verbindung mit proximalen Zielen). Distale Ziele sind Ziele, deren fokussiertes Ergebnis im Gegensatz zu proximalen Zielen in weiterer Distanz liegt (vgl. auch Kapitel 6.1). Die Leistungsziele (outcome goals) bezogen sich in diesem Zusammenhang auf die Anzahl korrekt erstellter Stundenpläne, Lernziele (learning goals) fokussierten die Anzahl der für die Stundenplanerstellung gefundenen Strategien. Im Ergebnis ging ein spezifisches schwieriges Lernziel mit einer besseren Leistung einher als ein „Gib-dein-Bestes"-Lernziel, und war in Bezug auf die Leistung auch einem spezifischen schwierigen Leistungsziel überlegen. Zudem hatten Studierende mit einem Lernziel eine höhere *Zielbindung* als Studierende mit Leistungszielen, und sie wendeten mehr *Aufgabenstrategien* an als Studierende mit anderen Zielsetzungen. Außerdem stieg die *Selbstwirksamkeitserwartung* von Studierenden mit einem Lernziel im Verlauf des Experiments. Eine Mediatoranalyse zeigte, dass die Beziehung von Selbstwirksamkeitserwartung und Leistung durch die Entwicklung von Aufgabenstrategien mediiert wurde. Wenn aufgabenrelevante Strategien noch nicht bekannt sind, können spezifische schwierige Lernziele folglich die Selbstwirksamkeitserwartung fördern und über das Entdecken und Implementieren von Aufgabenstrategien zu einer besseren Leistung führen als Leistungsziele oder „Gib-dein-Bestes"-Ziele.

Vermittelt über die Aufgabenstrategien kann ein Lernziel zudem die *Zufriedenheit* bei einer Aufgabe erhöhen. Latham und Brown (2006) führten eine Feldstudie mit 125 MBA-Studierenden durch, in der sie die Wirkung von Zielsetzung auf die Selbstwirksamkeitserwartung der Studierenden, auf ihre Zufriedenheit mit dem MBA-Studium und auf ihre Leistung im MBA-Studium untersuchten. Sie setzten vier Arten von Zielen, ein distales Leistungsziel, ein distales plus proximales Leistungsziel, ein Lernziel sowie ein „Gib-dein-

Bestes"-Ziel. Die Ergebnisse der Untersuchung zeigten unter anderem, dass die Zufriedenheit der Studierenden zwar nicht signifikant mit ihrer Leistung im MBA-Studium zusammenhing, Lernziele allerdings in einer höheren *Zufriedenheit* resultierten als die Aufforderung, das Beste zu tun. Zudem hatten Studierende mit Lernzielen oder „Gib-dein-Bestes"-Zielen eine höhere *Selbstwirksamkeitserwartung* als Studierende mit distalen Leistungszielen. Die Autoren erklären die Ergebnisse in Bezug auf das Lernziel so, dass dieses Ziel die Aufmerksamkeit der Studierenden darauf gelenkt habe, mit den Herausforderungen des Studiums umzugehen, was wiederum die Zufriedenheit gefördert habe.

> *Lernziele beeinflussen die Leistung oft nicht direkt, vielmehr fördern sie unterschiedliche Variablen, die für den Lernprozess bei einer (komplexen) Aufgabe günstig sind. Ein Lernziel geht beispielsweise meist mit einer höheren Zielbindung einher als andere Ziele. Es kann außerdem zur Entwicklung oder Verwendung bestimmter aufgabenbezogener Strategien führen und damit Lernprozesse unterstützen, die notwendig sind, um eine Aufgabe zu verstehen bzw. um sie zu bearbeiten. Zudem kann ein Lernziel in diesem Prozess auch die aufgabenbezogene Selbstwirksamkeitserwartung fördern. Über die Entwicklung und Verwendung von Aufgabenstrategien hat ein Lernziel auch positive Effekte auf die Leistung.*

2.3.2.2 Leistungsziele

Locke und Latham (2002, S. 706) fassen unter dem Begriff *Leistungsziel* solche Ziele zusammen, die sich auf einen bestimmten Punktwert, eine bestimmte Menge oder ein bestimmtes Ausmaß beziehen, die bei einer Aufgabe erlangt werden sollen. Ein solches Leistungsziel fokussiert also das Ergebnis einer Aufgabe und ist typischerweise quantifizierbar, das heißt, Fortschritte in Bezug auf das Ziel können entsprechend in bestimmten Zahlenwerten ausgedrückt und gemessen werden.

Leistungsziele resultieren als spezifische schwierige Ziele nach der Zielsetzungstheorie in einer besseren Leistung als „Gib-dein-Bestes"-Ziele oder keine Ziele (Locke & Latham, 1990, S. 29). In verschiedenen Untersuchungen führten Leistungsziele aber auch zu einer besseren Leistung als Lernziele (z.B. Senko & Harackiewicz, 2005a). Diese stärkeren Effekte von Leistungszielen gegenüber Lernzielen auf die Leistung erklären Senko und Harackiewicz (2005a) beispielsweise damit, dass Lernziele vager erscheinen als Leistungsziele und zudem flexibler sind. Ein Leistungsziel erscheint auch aufgrund seiner typischerweise quantitativen Inhalte schwieriger als ein Lernziel. Wie in Kapitel 2.2.2.4 beschrieben, geht eine höhere Zielschwierigkeit üblicherweise mit einer besseren Leistung einher.

Senko und Harackiewicz (2005a) untersuchten in einem Experiment mit 50 Studierenden die Hypothese, dass letztlich die empfundene Zielschwierigkeit ausschlaggebend für die Effekte von Leistungszielen auf die Leistung ist. Bei einem Wortsuch-Spiel (Boggle Puzzle) fanden Teilnehmer mit einem Leistungsziel (performance-approach goal) mehr Wörter als Teilnehmer mit einem Lernziel (mastery goal). Gleichzeitig empfanden diese Teilnehmer allerdings auch mehr *Leistungsdruck* bei der Aufgabe und bewerteten die Aufgabe als schwieriger als Teilenehmer mit einem Lernziel. Die Hypothese, dass die empfundene *Zielschwierigkeit* die Leistung mediiert, konnte in diesem Experiment jedoch nicht bestätigt werden. In einem Folgeexperiment untersuchten Senko und Harackiewicz an einer Stichprobe von 79 Studierenden dieselbe Hypothese, integrierten jedoch eine weitere Bedingung mit einem schwierigen Lernziel. Alle Studierenden mit einem Lernziel erhielten die Instruktion, Aufgabenstrategien beherrschen zu lernen, die allen Teilnehmern zuvor mündlich vorgestellt worden waren. Teilnehmer mit einem schwierigen Lernziel erhielten zudem die Information, dass das von ihnen zu verfolgende Ziel als schwierig eingeschätzt wird. Im Ergebnis hatten Teilnehmer mit einem Leistungsziel sowie Teilnehmer mit dem nun schwierigen Lernziel eine bessere Leistung als Teilnehmer mit dem regulären Lernziel. Zwischen Leistungsziel und schwierigem Lernziel konnten keine signifikanten Unterschiede nachgewiesen werden. Zudem bewerteten Teilnehmer mit dem schwierigen Lernziel und Teilnehmer mit dem Leistungsziel ihre Ziele als schwieriger als Teilnehmer mit einem regulären Lernziel. Auch in dieser Studie ergab eine Mediatoranalyse allerdings, dass die empfundene Zielschwierigkeit nicht die Effekte von Zielsetzung auf die Leistung mediierte. Allerdings verdeutlicht die

Untersuchung, dass nicht unbedingt die Art des Ziels, Lernziel oder Leistungsziel, sondern deren Schwierigkeit Leistungsunterschiede erklären kann. Leistungsziele sind gegenüber Lernzielen also meist die schwierigeren Ziele oder sie werden zumindest typischerweise als schwieriger eingeschätzt. Ein schwieriges Ziel fördert nach der Zielsetzungstheorie die Anstrengung und damit auch die *Leistung* bei einer Aufgabe.

Allerdings wird ein Leistungsziel nur dann die Leistung positiv beeinflussen können, wenn die betreffende Aufgabe simpel ist bzw. wenn das Erlernen von Strategien kein wesentliches Element der Aufgabenbearbeitung ist (Winters & Latham, 1996). Außerdem kann ein Leistungsziel sich auch negativ auf die Aufgabenbearbeitung auswirken. Ein Leistungsziel kann z.B. die intrinsische Motivation untergraben (Rawthorne & Elliot, 1999), den Leistungsdruck erhöhen (Senko & Harackiewicz, 2005a), die Selbstwirksamkeitserwartung senken (Seijts & Latham, 2001) oder bei als gering bewerteter eigener Fähigkeit quasi in gelernter Hilflosigkeit resultieren (Elliot & Dweck, 1988). Leistungsziele können also in bestimmten Situationen und bei bestimmten Aufgaben auch negative Effekte haben. Insofern können Leistungsziele einerseits die mit ihnen angestrebten Effekte erzeugen, das heißt zu einer höheren Leistung bei einer Aufgabe führen. Andererseits können sie aber auch unerwünschte Ergebnisse hervorrufen. Um diese unterschiedlichen Effekte von Leistungszielen einordnen zu können, ist eine Ausdifferenzierung der Ziele in *Annäherungsleistungsziele* und *Vermeidungsleistungsziele* (performance-approach goals bzw. performance-avoidance goals; Harackiewicz et al., 2002) möglicherweise unerlässlich.

Leistungsziele beinhalten grundsätzlich ein bestimmtes zu erreichendes Ergebnis einer Aufgabe. Dieses Ergebnis ist z.B. als bestimmte Anzahl definiert oder als bestimmtes messbares Verhalten, und beschreibt insofern das gewünschte Resultat einer Handlung. Leistungsziele können allerdings sowohl positiv als auch negativ formuliert sein. Ein Ziel kann eine bestimmte Handlung oder ein bestimmtes Ergebnis bestimmten, dem sich eine Person annähern soll (Annäherungsleistungsziel), gleichsam kann es aber auch bestimmen, was zu vermeiden ist (Vermeidungsleistungsziel) (Harackiewicz et al., 2002). Annäherungsleistungsziele gehen meist mit positiven leistungsbezogenen Effekten einher und fördern z.B. auch nach anfänglichem Versagen eine höhere Leistung, Vermeidungsleistungsziele hingegen haben meist negative Ergebnisse. Derartige Unterschiede zwischen Annäherungszielen und Vermeidungszielen wurden bereits in unterschiedlichen Experimenten nachgewiesen.

Lench und Levine (2008) untersuchten beispielsweise in zwei Experimenten den Unterschied von Vermeidungszielen und Annäherungszielen auf die Persistenz bei einer Aufgabe. In beiden Experimenten sollten die Teilnehmer drei Anagramme bearbeiten. Das erste Anagramm war nicht lösbar, die anderen beiden konnten gelöst werden. Im ersten Experiment wurden von den Teilnehmern, 82 Studierenden, die eigenen Ziele in Bezug auf die Aufgabe erhoben (Vermeidungs- oder Annäherungsziel). Im zweiten Experiment wurden für 100 Studierende Vermeidungsziele („Versuche, nicht zu versagen") und Annäherungsziele („Versuche, erfolgreich zu sein") experimentell variiert. Lench und Levine konnten zeigen, dass Studierende mit Vermeidungszielen nach Versagen eine höhere Persistenz (also Beharrlichkeit) hatten als Studierende mit Annäherungsleistungszielen. Dieser Unterschied wurde allerdings nur im zweiten Experiment signifikant. Als Fazit sehen die Autoren Personen mit Annäherungsleistungszielen als kompetenter bei der Entscheidung, wann sie sich nach einem Versagen zurück ziehen sollten als Personen mit Vermeidungsleistungszielen.

Elliot und Harackiewicz (1996) untersuchten in zwei Experimenten die unterschiedlichen Effekte von Annäherungs- und Vermeidungsleistungszielen auf die intrinsische Motivation. Im ersten Experiment sollten 54 Studierende ein Worträtsel lösen (Nina puzzle, bei dem auf einer Zeichnung das Wort Nina mehrmals versteckt ist und eingekreist werden muss). Hierbei sollten sie eins von vier Zielen verfolgen. Teilnehmer mit einem *Annäherungsleistungsziel* wurden in der Instruktion auf die Möglichkeit hingewiesen, bei der Aufgabe zu zeigen, dass sie gut im Lösen von Rätseln sind. Die Instruktion für das *Vermeidungsleistungsziel* enthielt den Hinweis, dass die Teilnehmer mit der Leistung bei der Aufgabe zeigen könnten, dass sie nicht schlecht im Lösen von Rätseln sind. Teilnehmer mit einem *neutralen Leistungsziel* erhielten lediglich die Information, dass es Ziel des Experiments sei, Studierende hinsichtlich ihrer Fähigkeiten in Bezug auf Worträtsel zu vergleichen. Für Teilnehmer mit einem *Lernziel* wurde als Ziel des Projekts beschrieben, dass Daten hinsichtlich der Reaktion von Studierenden auf Worträtsel erhoben werden sollten. Die Ergebnisse der Untersuchung zeigen, dass die Aufgabe bei einem Annäherungsleistungsziel eher als positive Herausforderung bewertet wurde als bei einem Vermeidungsleistungsziel. Teilnehmer mit einem Annäherungsleistungsziel hatten außerdem mehr Spaß bei den Rätseln als Teilnehmer mit einem Vermeidungsleistungsziel. In einem zweiten Experiment wurde mit derselben Aufgabe untersucht, inwiefern eine minimalistischere Zielinstruktion dieselben Ergebnisse hervorbringen könnte wie die Zielinstruktion des ersten Experiments. Am zweiten Experiment nahmen 92 Studierende teil, die eins von drei Zielen verfolgen sollten (Vermeidungsleistungsziel, Annäherungsleistungsziel, Lernziel). Alle Studierenden mit einem der beiden Leistungsziele wurden darüber informiert, dass es das Ziel der Untersuchung sei, Studierende in Bezug auf ihre Fähigkeit beim Lösen von Rätseln zu vergleichen. Das Annäherungsleistungsziel wies die Studierenden zudem darauf hin, dass sie mit besonders vielen gelösten Rätseln demonstrieren könnten, dass sie gute Fähigkeiten haben. Studierende mit Vermeidungsleistungszielen wurden darauf hingewiesen, dass sie mit einer im Vergleich zur Mehrheit der Studierenden schlechteren Leistung (weniger gefundene Wörter) zeigen würden, dass sie schlechte Fähigkeiten im Lösen von Rätseln haben. Das Lernziel entsprach dem Lernziel aus dem vorherigen Experiment. Auch im zweiten Experiment hatten Studierende mit Annäherungsleistungszielen mehr Spaß an der Aufgabe als Studierende mit Vermeidungsleistungszielen. Insgesamt konnten Elliot und Harackiewicz (1996) mit ihrer Untersuchung also zeigen, dass nur Vermeidungsleistungsziele die intrinsische Motivation untergraben (englisch: undermine).

Wenn sie schwierig sind oder als schwierig bewertet werden, fördern Leistungsziele die Leistung bei einer Aufgabe. Sie können jedoch auch negative Effekte haben und z.B. intrinsischer Motivation entgegenwirken oder den Leistungsdruck fördern. Hierbei ist es relevant, ob ein Annäherungsleistungsziel oder ein Vermeidungsleistungsziel gesetzt wird, denn unerwünschte Effekte von Leistungszielen wie z.B. weniger Spaß an ei-

> ner Aufgabe oder eine Persistenz bei Versagen gründen meist darauf, dass diese Ziele negative Ergebnisse hervorheben, die es zu vermeiden gilt (Vermeidungsleistungsziel), anstatt erwünschte Ergebnisse zu betonen, die erreicht werden sollen (Annäherungsleistungsziel).

2.3.2.3 Variation von Lern- und Leistungszielen

Offenbar können sowohl Lern- als auch Leistungsziele positive Wirkungen entfalten. Leistungsziele erhöhen bei einfachen oder bei bereits bekannten Aufgaben die Leistung. Lernziele begünstigen (vermittelt durch Selbstwirksamkeitserwartung, Interesse und Zielbindung oder das Finden von Aufgabenstrategien) hingegen die Bewältigung von schwierigen, komplexen oder unbekannten Aufgaben. Gleichsam können beide Arten von Zielinhalten auch eher negative Effekte auf den Aufgabenprozess oder das Aufgabenergebnis haben. Ein zu einfaches Lernziel hat keine Effekte auf die Anstrengung und kann in der Konsequenz auch die Leistung nicht fördern. Ein Leistungsziel kann bei einer zu schwierigen oder bei einer unbekannten Aufgabe die Leistung nicht fördern und führt möglicherweise, in Abhängigkeit von seinem Inhalt, zu negativen Konsequenzen wie z.B. verringertem Spaß an der Aufgabe.

Harackiewicz et al. (2002) erörtern in diesem Zusammenhang eine *Multi-Ziel-Perspektive* als mögliche Überarbeitung der Zielsetzungstheorie. Annäherungsleistungsziele sagten häufig zwar die tatsächliche Leistung voraus, seien aber nicht verbunden mit Aufgabeninteresse. Lernziele seien dagegen mit Interesse an der Aufgabe assoziiert, hätten meist aber keinen signifikanten Effekt auf die Leistung. Die Autoren erachten jedoch beide Zielinhalte als anwendbar im Bildungskontext, mit günstigen Effekten für den Lernenden. Es sei zudem vorstellbar, dass Lernende auch mehrere Ziele verfolgen. Harackiewicz et al. stellen vier Muster vor, die in Forschungen identifiziert wurden, und die Vorteile einer multiplen Zielperspektive gegenüber der Konzentration auf ein Ziel verdeutlichen. Ein *additives Zielmuster* (additive goal pattern) spricht Lernzielen und Annäherungs-Leistungszielen voneinander unabhängige positive Effekte auf ein bestimmtes Lernergebnis zu. Ein *interaktives Zielmuster* (interactive goal pattern) beschreibt eine Interaktion von Lernzielen und Annäherungs-Leistungszielen und einen Effekt dieser Interaktion auf ein Lernergebnis. Ein *spezialisiertes Zielmuster* (specialized goal pattern) beinhaltet eine Wirkung von Lernzielen und Annäherungs-Leistungszielen auf unterschiedliche Ergebnisse. Zum Beispiel fördert ersteres Ziel das Interesse, letzteres die Noten. Ein *selektives Zielmuster* (selective goal pattern) basiert darauf dass in unterschiedlichen Situationen verschiedene Ziele günstiger sind und dass eine Person sich auf das Ziel konzentriert, das ihr in der aktuellen Situation am wichtigsten erscheint. Zu diesen multiplen Zielen und Zielmustern wird künftige Forschung weitere Erkenntnisse bringen.

Praktisch sind die beiden Zielinhalte Lernen und Leistung nicht nur separat zu betrachten, sondern auch in Verbindung miteinander. Mit multiplen Zielen werden die positiven Effekte von Lernzielen und Leistungszielen kombiniert. Forschungsergebnisse zu multiplen Zielen können möglicherweise zu neuen aufschlussreichen Erkenntnissen zur Wirkung von Zielsetzung führen, gehen jedoch über den Kontext dieser Arbeit hinaus.

2.4 Abgrenzung des Konstruktes Zielsetzung von verwandten Ansätzen

In diesem Abschnitt soll das Konstrukt Zielsetzung von zwei mit ihm verwandten Ansätzen theoretisch abgegrenzt werden.

Das erste Konstrukt, von dem Zielsetzung abzugrenzen ist, ist die *Zielorientierung*. Die Begriffe Zielsetzung und Zielorientierung werden vor allem in empirischen Arbeiten nicht immer trennscharf verwendet. In theoretischer Hinsicht allerdings können Zielsetzung und Zielorientierung ziemlich präzise unterschieden werden. Dieser Unterschied zwischen Zielsetzung und Zielorientierung soll im Kapitel 2.4.1 skizziert werden.

Ein zweiter Ansatz, von dem Zielsetzung abzugrenzen ist, ist der Ansatz von *Instruktion*. Die Abgrenzung von Instruktion ist für die vorliegende Arbeit insofern wichtig, als Zielsetzung in einem Lernkontext angewendet werden soll. Erfolgt Lernen nicht spontan sondern geplant, und wird Lernen von außen initiiert, beinhaltet es immer auch Instruktionen. Instruktionen beinhalten ihrerseits mitunter Ziele. Aus diesem Grund ist fraglich, inwiefern im Kontext vorliegender Arbeit bei einer Zielsetzungsintervention innerhalb des Trainings sprachrezeptiven Handelns Ziele und Instruktionen wirklich scharf zu trennen sind. Im Hinblick auf die Intention dieser Arbeit, die *Wirkung von Zielsetzung auf das Training sprachrezeptiven Handelns* zu untersuchen, ist eine Differenzierung von Zielsetzung und Instruktion jedoch unabdingbar. Im Kapitel 2.4.2 wird demgemäß der Versuch unternommen, Zielsetzung präzise von Instruktion abzugrenzen.

Jedem Abschnitt folgt eine kurze Zusammenfassung der wesentlichen Inhalte.

2.4.1 Abgrenzung von Zielorientierung

Die beiden Konstrukte Zielsetzung und Zielorientierung werden in Literatur und Forschung an vielen Stellen nicht hinreichend differenziert. So führten beispielsweise Steele-Johnson, Beauregard, Hoover und Schmidt (2000) eine Untersuchung zu *Goal orientation and task demand effects on motivation, affect, and performance* durch, die Zielorientierung wurde in der Untersuchung jedoch explizit erzeugt. Valle et al. (2003) untersuchten auf der anderen Seite *Multiple goals, motivation and academic learning*, erhoben in ihrer Studie jedoch unterschiedliche Zielorientierungen. Theoretisch sind die beiden Konstrukte Zielsetzung und Zielorientierung jedoch deutlich voneinander abzugrenzen, obgleich es Verbindungen zwischen ihnen gibt.

Zielorientierung beschreibt zunächst, im Gegensatz zu einem konkreten Ziel, das gesetzt wird, ein dispositionales, also zeitlich überdauerndes und relativ *stabiles* Merkmal (Button, Mathieu & Zajac, 1996). Die individuelle Zielorientierung resultiert im Grunde aus theoretischen Annahmen über die Veränderbarkeit von Intelligenz (Dweck, 1986, Dweck & Leggett, 1988). Intelligenz wird von einer Person entweder eher als feststehend oder als veränderbar verstanden (Dweck & Leggett, 1988). Solche impliziten Annahmen über die Intelligenz prägen das Verhalten in Leistungssituationen, denn aus den subjektiven Annahmen über Intelligenz ergibt sich die Tendenz zu einer Orientierung an bestimmten Zielen (Dweck, 1986). Wird Intelligenz als feststehend (fixed) verstanden, als etwas, das nicht aktiv verändert werden kann, löst eine Leistungssituation zwei mögliche Verhaltensweisen aus: Ist das Vertrauen in die eigenen Fähigkeiten hoch, führt eine Leistungssituation zum Bestreben, die Herausforderung anzunehmen und die Situation zu meistern. Ist das Vertrauen in die eigenen Fähigkeiten in dieser Situation jedoch gering, führt die Annahme von Intelligenz als feststehendem Merkmal zu maladaptivem Verhalten, das heißt zu einer Vermeidung der Herausforderung und zu einer geringen Ausdauer. Wird Intelligenz hingegen als formbar verstanden, resultiert eine Leistungssituation, unabhängig vom Vertrauen in die eigenen Fähigkeiten, in dem Bestreben, die Situation zu meistern. Aus den beiden impliziten Theorien erfolgen also zwei verschiedene Interpretationen einer Leistungssituation, die ihr einen unterschiedlichen Nutzen zusprechen. Wird Intelligenz als feste Eigenschaft verstanden, kann eine Leistungssituation dazu dienen, positive Urteile über die eigene Intelligenz zu erlangen (*Leistungszielorientierung*). Wird Intelligenz hingegen als formbar verstanden, enthält eine Leistungssituation die Chance, die eigenen Fähigkeiten zu verbessern (*Lernzielorientierung*).

Die individuelle Zielorientierung hängt z.B. mit der Lernmotivation zusammen (Colquitt & Simmering, 1998), sie kann das Interesse an einem Gegenstand beeinflussen (Senko & Harackiewicz, 2005b)[12] und die Reaktionen auf negatives Feedback (Cron, Slocum, VandeWalle & Fu, 2005). Die dispositionale Zielorientierung wirkt außerdem auf die Selbstwirksamkeitserwartung (Bell & Kozlowski, 2002) und kann den Einfluss von unterschiedlichen Zielen auf den Spaß an einer Aufgabe moderieren (Harackiewicz & Elliot, 1993). Außerdem zeigte sich bei einer Simulation ein Zusammenhang zwischen Zielorientierung und metakognitiven Handlungen (Ford, Smith, Weissbein, Gully & Salas, 1998).

---

[12] Die Autoren beschreiben als Ergebnis einer Studie einen Effekt von Lernzielen auf das Interesse an einem Kurs. Da die Lernziele jedoch nicht gesetzt, sondern anhand von Skalen erhoben wurden, entsprechen die untersuchten Ziele eher einer tendenziellen Zielorientierung.

Die *Wirkung* unterschiedlicher Zielorientierungen unterscheidet sich insofern nicht stark von der Wirkung unterschiedlicher Ziele oder Zielsetzungsmethoden. Der entscheidende Unterschied zwischen Zielorientierung und Zielsetzung gründet in *zeitlichen* Aspekten, wie im Folgenden erläutert wird.

Die Zielorientierung prägt das Handeln in Situationen, in denen keine oder wenige Hinweise darauf gegeben sind, dass ein bestimmtes anderes Verhalten erforderlich ist (Button et al., 1996). Mit entsprechenden situativen Hinweisen verliert dementsprechend die dispositionale Zielorientierung an Relevanz für das aktuelle Handeln. Derartige situative Hinweise, die bestimmte Ziele salient (also hervortretend bzw. bedeutsam) werden lassen oder bestimmte Zielorientierungen nahe legen, kann die Gestaltung eines Kontextes (z.B. einer Lernumgebung – Ames, 1992) liefern, sie können jedoch auch über Ziele in die Situation integriert werden. Eine bestimmte Zielorientierung ist demzufolge immer schon zeitlich *vor* einer Zielsetzungsintervention gegeben und kann die Wahl von Zielen oder deren Schwierigkeit beeinflussen, wenn die Situation die Möglichkeit zur Entscheidung über zu verfolgende Ziele zulässt.

Die Zielorientierung beeinflusst also die Wahl von Zielen. Brett und VandeWalle (1999) konnten beispielsweise in einem Training zeigen, dass Personen mit einer Lernzielorientierung (learning goal orientation) dazu neigen, ein Lernziel auszuwählen, während beispielsweise Personen mit einer Vermeidungsleistungszielorientierung (performance-avoid goal orientation) eher Vermeidungsleistungsziele wählten. Die Ergebnisse einer Studie von Elliot und Sheldon (1997) geben außerdem Anlass zu der Annahme, dass das Motiv, Versagen zu vermeiden, die Wahl von Vermeidungsleistungszielen fördert. Die Zielorientierung beeinflusst die Leistung dementsprechend nicht direkt, sondern dann, wenn der Kontext es zulässt, über die vermittelnde Variable *gesetztes Ziel*.

Zielorientierung ist zeitstabiler als Zielsetzung, Zielsetzung ist jedoch tendenziell der stärkere Prädiktor für das Handeln (vgl. Seijts et al., 2004). Demgemäß zeigten auch verschiedene Untersuchungen, dass gesetzte Ziele den Effekt einer dispositionalen Zielorientierung auf die Leistung mediieren (Brett & VandeWalle, 1999; VandeWalle, Brown, Cron & Slocum, 1999). Wird ein

Ziel vorgegeben, spielt die dispositionale Zielorientierung im Folgenden eine eher untergeordnete Rolle. Die Zielorientierung kann jedoch die Wirkung eines Zieles erhöhen, wenn das vorgegebene Ziel zur Zielorientierung passt. Andererseits ist es möglich, über starke Kontexte oder experimentelle Manipulationen die dispositionale Zielorientierung gewissermaßen zu überschreiben, so dass solche Situationen auch in Zielen und Handlungen resultieren können, die eigentlich unüblich für eine Person sind (Pintrich, 2000).

Wie bereits skizziert, gibt es unterschiedliche Arten von Zielorientierungen. Bei diesen Zielorientierungen werden, wie beim Zielinhalt, in erster Instanz zwei verschiedene Ausprägungen unterschieden, eine *Lernzielorientierung* (learning goal orientation – LGO) und eine *Leistungszielorientierung* (performance goal orientation – PGO), die voneinander unabhängig sind (z.B. Button et al, 1996). Verschiedene Forschungen ergaben jedoch die Notwendigkeit, die Leistungszielorientierung weiter zu differenzieren, z.B. in eine Orientierung, sich zu beweisen (performance goal *prove*) und eine Orientierung, genau dies zu vermeiden (performance goal *avoid*) (Attenweiler & Moore, 2006). In einer neueren Veröffentlichung werden alternativ sogar vier Faktoren der Zielorientierung differenziert, Lernzielorientierung (mastery), Arbeitsleistungsvermeidungsorientierung (performance-work-avoidance), Arbeitsvermeidungsorientierung (work avoidance) und Lern-Leistungsorientierung (mastery performance). (Kolić-Vehovec, Rončević & Bajšanski, 2008). Letztlich stehen verschiedene Modelle zur Differenzierung von Zielorientierungen und diverse Messinstrumente zur Erfassung von Zielorientierung zur Verfügung (z.B. eine Metaanalyse von Hafsteinsson, Donovan & Breland, 2007). In wissenschaftlichen Untersuchungen resultiert Zielorientierung demgemäß in ähnlich vielfältigen Ergebnissen wie Zielsetzung. Für die vorliegende Arbeit ist in diesem Zusammenhang jedoch vor allem die Abgrenzung des Konstruktes Zielorientierung von der Zielsetzung relevant.

Die Zielorientierung ist eine dispositionale Orientierung an bestimmten Zielen. In Situationen ohne explizite Zielsetzung oder andere konkrete Hinweise prägt sie das Handeln einer Person bzw. ihre selbst gesetzten Ziele. Ähnlich wie gesetzte Ziele kann die Zielorientierung in entspre-

chenden Situationen unterschiedliche Ergebnisse wie z.B. Lernen oder Leistung akzentuieren. Und wie die Zielsetzung, so ist auch die Zielorientierung in unterschiedliche Ausprägungen zu differenzieren. Die Zielorientierung einer Person besteht zwar längerfristiger als ein gesetztes Ziel, steuert das Handeln jedoch nicht zwangsläufig. Zielsetzung ist im Allgemeinen der dominante Faktor, daher wird bei Zielsetzung die dispositionale Zielorientierung zu einem schwächeren Prädiktor des Handelns.

2.4.2 Abgrenzung von Instruktion

In der pädagogischen Psychologie, die das Lehren und Lernen zum Gegenstand hat, steht weniger der Begriff *Zielsetzung* als vielmehr der Begriff *Instruktion* im Mittelpunkt von Interventionen. *Instruktion* als „außengesteuerte[...] Optimierung der Lehrsituation" (Hasselhorn & Gold, 2009, S. 218) ist vom Begriff her ein Ansatz, eine andere Person zu belehren, sie zu unterweisen oder ihr Wissen zu vermitteln, sie anzuleiten oder ihr Richtlinien zu geben (Ewert & Thomas, 1996, S. 91f.). Insbesondere die letztgenannte Funktion einer Instruktion, die Vermittlung von Richtlinien, ist mit der Funktion eines Ziels, Diskrepanzen zwischen der eigenen Leistung und einer im Ziel festgelegten Leistung zu erzeugen (Bandura & Locke, 2003) in Beziehung zu bringen. Das Ziel zeigt Diskrepanzen zur aktuellen Leistung auf, gilt gleichzeitig aber auch als Maßstab, an dem die eigene Leistung auszurichten ist. In der Instruktionspsychologie hat ein (Lehr-)Ziel die Funktion, einerseits einen Lehr-Lern-Prozess inhaltlich zu steuern und andererseits Erkenntnisse über das Ausmaß zu liefern, indem das bestimmte Ziel erreicht worden ist (Klauer & Leutner, 2007, S. 26). Aus pädagogisch-psychologischer Sicht ist Zielsetzung ein Bestandteil der *metakognitiven Kontrolle* des Lernens. Zeitlich vor dem eigentlichen Lernen ist eine Planung des Lernprozesses notwendig. Hierzu gehören auch die Analyse der Aufgabe und das Setzen von Zielen (Schiefele & Pekrun, 1996, S. 262). Die Komponenten der *internen Lernsteuerung* Metakognition, Kognition, Motivation sowie Volition (S. 270f.) beinhalten zudem auch die durch ein gesetztes Ziel beeinflussten Mechanismen Ausdauer, Anstrengung und Ausrichtung des Handelns, die nach der Zielsetzungstheorie als Mediatoren der Zielsetzung *unmittelbar* die zielgerichtete Handlung bestimmen.

Im Kontext von Lernprozessen liegt ein Unterschied zwischen Zielsetzung und Instruktion im Zeitpunkt ihres Einwirkens. *Zielsetzung* erfordert eine Intervention zeitlich *vor* dem Handeln. Durch Zielsetzung wird ein Ziel gesetzt, das durch das folgende Handeln angestrebt werden kann. Die durch das Ziel aufgezeigte Diskrepanz zwischen der aktuellen und der im Ziel formulierten Performanz wird zu einem dem Ziel entsprechenden Handeln (Lernen oder Leistung) führen. Für den Zeitpunkt einer *Instruktion* beim Lehren und Lernen gilt dies nur teilweise. *Vor* dem Lernprozess wird das Lernziel des Prozesses bestimmt. An diesem Lernziel ausgerichtet wird instruiert. Jedoch ist ein Lehr-Lernprozess als ein kreisförmiger Prozess zu verstehen (Klauer & Leutner, 2007, S. 26f.). Das bedeutet, dass hier nicht von einem einfachen Modell *Instruktion* ▶ *Lernprozess* ▶ *Ergebnis* auszugehen ist. Mittels einer Lern-Zielinstruktion wird zwar das Soll als Ergebnis eines Lernprozesses festgesetzt. Jedoch ist keineswegs davon auszugehen, dass eine Instruktion automatisch zu dem erwünschten Ergebnis führt. Ist das Ergebnis nach einem Lernprozess noch nicht erreicht, ist eine erneute Instruktion erforderlich. Demnach sind im Zeitverlauf vielleicht wiederholt Instruktionen notwendig. Während Zielsetzung im Sinne der Zielsetzungstheorie *im Vorfeld* eines Lernprozesses erfolgt, ist Instruktion sowohl vor als auch *während* des Lernens erforderlich.

Ein zweiter entscheidender Unterschied zwischen Zielsetzung und Instruktion liegt im Fokus der jeweiligen Intervention. Zielsetzung nach der Zielsetzungstheorie dient der *Initiierung* einer bestimmten Handlung, die zu einem bestimmten Ergebnis führen soll und ist insofern eher *ergebnisorientiert*. Ein Ziel führt insofern dazu, dass ein bestimmter Lernprozess begonnen und mit einem bestimmten Ergebnis beendet wird. Eine Instruktion fördert und steuert diesen Lern*prozess* und ist damit tendenziell prozessorientiert. Eine instruktionale Intervention wirkt demgemäß traditionell auf den Lernprozess, eine Zielsetzungsintervention auf das Ergebnis des Lernprozesses. Instruktion und Zielsetzung stehen somit in einer engen Verbindung miteinander.

Aus diesem Grund ist eine Zielsetzungsintervention im Hinblick auf das Training sprachrezeptiven Handelns praktisch nicht strikt von Instruktionen für das Training zu trennen. Wenngleich das Training sprachrezeptiven Handelns mit einem durch die Zielsetzungstheorie geprägten Ziel gefördert werden soll, ist diese Intervention bereits aufgrund des Anwendungskontextes, eines Lernkontextes, instruktional aufgeladen. Zielsetzung kann zwar zur Förderung des Lernens in einer medialen Lernumgebung herangezogen werden. Allerdings sind in diesem Kontext zur Förderung von Motivation und Lernergebnis sicherlich auch instruktionale Elemente relevant, mittels derer nicht nur das *Ergebnis* des Lernens gefördert, sondern der gesamte Lern*prozess* gesteuert wird.

Eine solche Steuerung des Lernprozesses ist gerade im Kontext des selbstgesteuerten medial unterstützten Lernens relevant. Fischer, Mandl und Todorova (2010) fassen in einer theoretischen Arbeit zum Lehren und Lernen mit neuen Medien den Idealfall des Lernens in medialen Lernumgebungen folgendermaßen zusammen:

> Im Idealfall steckt sich der Lernende selbst Ziele, aktiviert sein Vorwissen, sucht sich entsprechende Lernressourcen in den Hypermedia-Seiten der Lernumgebung, die er dann in seiner eigenen Geschwindigkeit bearbeitet. Er verfügt über Kontrollstrategien, um seinen Lernprozess zu regulieren: Dabei überwacht und beurteilt er seinen eigenen Lernfortschritt, passt sich flexibel an die sich verändernden Anforderungen des Lernmaterials an und prüft immer wieder, inwieweit er die Inhalte verstanden hat. Er verfügt über Strategien, die ihm helfen, Motivation und Konzentration über einen längeren Zeitraum hinweg aufrecht zu erhalten. (Fischer et al., 2010, S. 758).

Die Autoren weisen im selben Artikel allerdings auch darauf hin, dass dieser Idealfall kaum der Realität entspricht, dass Lernende vielmehr nicht selten in hypermedialen Lernumgebungen desorientiert sind, sich überfordert fühlen und mit einer „Strategie des unreflektierten Datensammelns" (Fischer et al., 2010, S. 758) reagieren, die kaum zu den gewünschten Lernergebnissen führt. In einer Lernumgebung, die zum selbstgesteuerten Lernen anregen soll, benötigt der Lernende wohl mehr als eine einmalige Zielsetzungsintervention. Dementsprechend sehen Fischer et al. auch die *Entwicklung instruk-*

tionaler Modelle (S. 753) für das Lernen mit neuen Medien als eine zentrale Aufgabe. Im Gegensatz zu Zielsetzung, die typischerweise einmalig zu Beginn einer Aufgabe erfolgt, wird mit verschiedenen instruktionalen Methoden der Lernende so lange unterstützt, bis er seinen Lernprozess selbst steuern kann.

> *Wie auch Zielsetzung kann eine Instruktion einem Lerner Richtlinien für seinen Lernprozess aufzeigen, und wie auch bei einem gesetzten Ziel bedarf der Lernende auf die Instruktion folgend Ausdauer, Anstrengung und einer Ausrichtung des Handelns. Im Gegensatz zu Zielsetzung zielen Instruktionen allerdings nicht primär auf das Ergebnis einer Aufgabenbearbeitung, sondern auf die Steuerung des Arbeitsprozesses. Während ein Ziel nach der Zielsetzungstheorie prinzipiell die Leistung jeder Person in jeder Situation fördern kann, sind Instruktionen vor allem dann relevant, wenn ein Lernprozess von einem Lernenden (noch) nicht selbständig vollzogen werden kann Im Kontext der vorliegenden Arbeit wird untersucht, inwiefern das Training sprachrezeptiven Handelns mit einer durch die Zielsetzungstheorie geprägten Zielintervention zu fördern ist. In diesem Kontext sind Zielsetzung und Instruktion jedoch nicht strikt zu trennen. Eine Zielsetzungsintervention muss voraussichtlich in einem bestimmten Ausmaß instruktional aufgeladen sein, um ein solches Training zu fördern.*

Lernprozesse können sowohl mit Instruktionen als auch mit Zielsetzung unterstützt werden. Der Fokus dieser Arbeit liegt allerdings auf der Wirkung von *Zielsetzung* für das Training sprachrezeptiven Handelns. Um die Relevanz der Zielsetzungstheorie für die Gestaltung von Zielen für dieses Training verdeutlichen zu können, soll das Training sprachrezeptiven Handelns im folgenden Abschnitt skizziert werden. Im Kapitel 6 wird das Training sprachrezeptiven Handelns dann weitergehend als Kontext für Zielsetzung betrachtet.

3 Das Training sprachrezeptiven Handelns

Dieser Abschnitt erläutert zunächst sprachrezeptives Handeln (Kapitel 3.1). Anschließend werden das De-Automatisierungs-Konzept als Ansatzpunkt zur Förderung sprachrezeptiven Handelns (Kapitel 3.2) sowie der Cognitive Apprenticeship-Ansatz als eine instruktionale Grundlage des Trainings (Kapitel 3.3) beschrieben. Beide Ansätze sind für die Anwendung von Zielsetzung beim Training sprachrezeptiven Handelns von Relevanz. Im Kapitel 3.4 wird die Lernumgebung CaiMan skizziert, die als *Cognitive Tool* (Henninger & Mandl, 2003, S. 71) dem Training sprachrezeptiven Handelns dient und insofern den Rahmen für Zielsetzung beim Training sprachrezeptiven Handelns darstellen wird.

3.1 Sprachrezeptives Handeln

Sprachrezeptives Handeln ist neben dem Sprechen, der Sprachproduktion, eine von zwei Komponenten sprachlichen Handelns. Lehrangebote und Weiterbildungen in Themen wie Sprecherziehung, Gesprächsführung oder Rhetorik zeugen von einem hohen Stellenwert des sprachproduktiven Handelns. Für ein Gespräch ist jedoch nicht nur das eigentliche Sprechen wichtig, sondern auch das Wahrnehmen und Verstehen der Äußerungen der anderen Person, das heißt die Sprachrezeption (Herrmann, 1992). Der typische Kontext sprachlichen Handelns ist ein Gespräch zwischen zwei oder mehreren Personen. Ein solches Gespräch beinhaltet in der Regel mehrere Gesprächsbeiträge, die nacheinander gegeben werden. In einem idealen Gesprächsverlauf erweitert oder ergänzt jede Äußerung eines Gesprächspartners eine vorherige Äußerung, oder nimmt zumindest auf diese Bezug. In der Theorie bilden dementsprechend „[d]ie Erzeugung *und* das Aufnehmen, Verarbeiten und Nutzen gesprochener Äußerungen [...] zusammen die beiden, strikt aufeinander bezogenen Hauptbestandteile menschlicher Kommunikation" (Herrmann, 1992, S. 283f.). Sprachrezeption als Sprachverstehen ist demgemäß diejenige Komponente sprachlichen Handelns, die es ermöglicht, mit verbaler, paraverbaler oder nonverbaler Sprache angemessen auf einen

Vorredner zu reagieren. Erst diese Komponente sprachlichen Handelns, das adäquate Verstehen von Äußerungen, ermöglicht einen flüssigen und konsequenten Gesprächsverlauf, in dem wirkliche Kommunikation zwischen mindestens zwei Personen stattfindet. Allerdings deutet sich hier bereits an, dass Fehler in der Bedeutungszuweisung, also im sprachrezeptiven Handeln, den weiteren Gesprächsverlauf stark beeinträchtigen, ihn stören oder sogar hemmen können.

Eine fehlerhafte Bedeutungszuweisung (die Bedeutung des Gesagten wird falsch oder nicht vollständig verstanden) ist besonders deshalb problematisch, weil sie im Prozess des sprachlichen Handelns nicht unmittelbar bewusst wird. Zwar kann sich eine fehlerhafte Bedeutungszuweisung im Gespräch beispielsweise daran zeigen, dass eine anschließende eigene Äußerung zu unerwarteten Reaktionen des Gesprächspartners führt. Oft wird ein solcher Fehler in der Dekodierung von Äußerungen jedoch gar nicht unmittelbar erkannt, da das sprachrezeptive Handeln, wie beschrieben, automatisiert ist (Strube & Herrmann, 2006).

Die Automatisierung sprachrezeptiven Handelns ermöglicht einerseits ein scheinbar müheloses Verständnis sprachlicher Äußerungen im Alltag. Andererseits führt diese Automatisierung auch dazu, dass sprachrezeptives Handelns für kommunikative Trainingsmaßnahmen schwer zugänglich ist. So sind auch typische Fehler bei der Bedeutungszuweisung nicht ohne weiteres zu erkennen und zu verbessern.

Ein Training des sprachrezeptiven Handelns muss also von der Tatsache ausgehen, dass dem Trainingsteilnehmer sein eigenes Sprachverstehen zunächst gar nicht bewusst ist. Für ein Training muss das Sprachverstehens daher zunächst bewusst gemacht werden. Ein Ansatz hierfür bietet das De-Automatisierungs-Konzept, das im folgenden Kapitel skizziert wird.

3.2 Das De-Automatisierungs-Konzept als Ansatzpunkt für das Training sprachrezeptiven Handelns

Das De-Automatisierungs-Konzept von Henninger und Mandl (2003) berücksichtigt die Tatsache, dass Sprachproduktion und Sprachrezeption weitgehend automatisiert stattfinden und dementsprechend kaum bewusst sind. Eine Veränderung sprachrezeptiven Handelns erfordert es jedoch, dass das sprachrezeptive Handeln bewusst wird. Nur wenn es bewusst ist, kann es auch bewusst verändert werden. Für ein Training ist es insofern notwendig, die Automatisierung des sprachrezeptiven Handelns zeitweise aufzuheben, das sprachrezeptive Handeln also zu de-automatisieren (Henninger & Mandl, 2003, S. 54). Gelangen die automatisierten Prozesse sprachrezeptiven Handelns ins Bewusstsein, können sie kritisch hinterfragt und gegebenenfalls modifiziert werden. Das auf diese Weise modifizierte sprachrezeptive Handeln muss dann im weiteren Training wiederholt angewendet und so re-automatisiert werden, um für künftiges sprachrezeptives Handeln zur Verfügung zu stehen.

Das De-Automatisierungs-Konzept ist in dem so genannten konstruktivistischen Kommunikations- und Verhaltenstraining (KVT) umgesetzt, das die Förderung von sprachproduktiven wie auch sprachrezeptiven Fähigkeiten zum Ziel hat. Das Training sprachrezeptiven Handelns ist im KVT zwischen zwei primär an sprachproduktivem Handeln orientierten Präsenzphasen eingebettet (Henninger & Mandl, 2003, S. 55). In den beiden Präsenzphasen werden die Teilnehmer mit unterschiedlichen praktischen Übungen dabei unterstützt, sich ihres sprachlichen Handelns bewusst zu werden sowie dieses primär *sprachproduktive* Handeln zu reflektieren. In der sprachrezeptiven Trainingsphase werden das Bewusstwerden und die Reflexion des *sprachrezeptiven* Handelns mit der multimedialen Lernumgebung CaiManOnLine unterstützt, die im Kapitel 3.4 beschrieben wird. Zuvor wird der Cognitive Apprenticeship-Ansatz als instruktionale Grundlage des Trainings sprachrezeptiven Handelns skizziert.

3.3 Der Cognitive Apprenticeship-Ansatz als instruktionale Grundlage des Trainings sprachrezeptiven Handelns

Sprachrezeptives Handeln wurde bereits in den vorherigen Abschnitten als eher schwieriger Trainingsgegenstand beschrieben. Dass das Sprachverstehen automatisiert und schwer zugänglich ist, macht es entsprechend schwer trainierbar. Zur De-Automatisierung des sprachrezeptiven Handelns wurde im vorherigen Kapitel ein Ansatz von Henninger & Mandl (2003) vorgestellt. Das De-Automatisierungs-Konzept gibt Hinweise darauf, wie das sprachrezeptive Handeln dem Bewusstsein zugänglich werden kann und damit potentiell veränderbar wird. Zur Frage, wie das sprachrezeptive Handeln zu fördern ist, gibt der Ansatz des Cognitive Apprenticeship Anregungen. Dieser Ansatz stellt auch eine instruktionale Grundlage für die Lernumgebung CaiMan dar, die im folgenden Kapitel 3.4 beschrieben werden wird.

Der Cognitive Apprenticeship-Ansatz von Collins, Brown und Newman (1989) gründet auf der Annahme, dass für den Erwerb komplexerer Fähigkeiten ein konventioneller Schul(buch)-Unterricht eher ungeeignet ist. Fähigkeiten, die beispielsweise in sozialen Interaktionen erforderlich sind, wurden und werden traditionell informell gelernt. Mit didaktischen Methoden werden zwar auch Fähigkeiten adressiert, der Fähigkeitserwerb bleibt jedoch häufig auf einer oberflächlichen Ebene und berührt beispielsweise Problemlösefähigkeiten kaum: „[C]onceptual and problem-solving knowledge acquired in school remains largely unintegrated or inert for many students. In some cases, knowledge remains bound to surface features of problems as they appear in textbooks and class presentations." (Collins et al, 1989, S. 455). Für den Erwerb von Fähigkeiten sind nach Collins et al. kognitive und metakognitive Strategien jedoch zentral, denn diese ermöglichen die Ausbildung von Expertise.

Traditionell wurden Fähigkeiten durch Beobachtung, Unterstützung und Übung entwickelt. Ein Lehrling beobachtete seinen Meister wiederholt dabei, wie er eine bestimmte Handlung ausführte. Im zweiten Schritt führte der Lehrling diese Handlung selbst mit Unterstützung des Meisters aus. Mit zunehmender Übung des Lehrlings konnte der Meister seine Unterstützung dann reduzieren. In einem solchen Prozess entwickelte ein Lehrling durch Beobachtung ein konzeptuelles Modell der auszuführenden Handlung (Collins et al., 1989).

Der Cognitive Apprenticeship-Ansatzgründet auf dieser traditionellen Meisterlehre, wendet ihre Grundsätze allerdings auf den kognitiven Bereich an: Während die zu erwerbenden Fähigkeiten in der Meisterlehre traditionell auf beobachtbaren Handlungen gründen, fokussiert der Cognitive Apprenticeship, das heißt die *kognitive* Meisterlehre, komplexere kognitive und metakognitive Fähigkeiten. Dem Lernenden sind die internalen kognitiven Prozesse zu vermitteln, die einem Experten die Bearbeitung komplexer Aufgaben ermöglichen. Hierzu sind diese Prozesse zu externalisieren: „Applying apprenticeship methods to largely cognitive skills requires the externalization of processes that are usually carried out internally." (Collins et al., 1989, S. 457). Demgemäß beschreiben Collins et al. es auch als eine wichtige Aufgabe von Lehrmethoden, implizite (englisch: tacit) Prozesse zugänglich zu machen.

Lernende sollen die Möglichkeit erhalten, Expertenstrategien im Anwendungskontext zu beobachten, sie anzuwenden, oder in einem bestimmten Kontext selbst Expertenstrategien zu entdecken oder zu erfinden (Collins et al., 1989, S. 481; sinngemäße Übers. v. Verf.). Die Autoren beschreiben verschiedene Strategien, mit denen ein solches Lernen unterstützt werden kann. Zunächst gehören hierzu, in Anlehnung an die traditionelle Meisterlehre, die Methoden Modeling, Coaching und Scaffolding. *Modeling* meint, dass ein Experte eine Aufgabe so ausführt, dass ein Lerner die dabei beteiligten Prozesse beobachten und auf deren Basis ein konzeptuelles Modell dafür entwickeln kann, die Aufgabe selbst auszuführen. Bei kognitiven Prozessen ist es dazu notwendig, diese Prozesse zu externalisieren. Beim *Coaching* hingegen ist es der Experte, der den Lerner beim Ausführen der Aufgabe beobachtet und ihn beispielsweise durch Hinweise oder Feedbackunterstützt. *Scaffolding* beschreibt jegliche verbale oder auch physikalische Unterstützung, die der Lehrende dem Lernenden zukommen lässt, und die er im Verlauf der Zeit sukzessive reduziert (*Fading*), wenn der Lerner die Aufgabe eigenständiger bearbeiten kann (Collins et al., 1989).

Weitere instruktionale Unterstützung erhält der Lernende durch die Methoden *Artikulation* und *Reflexion*. Beide Methoden sollen dem Lerner laut Collins et al. (1989) Zugang zu seinen eigenen Problemlösestrategien ermöglichen: „[A]rticulation and reflection [...] are methods designed to help students both focus their observations of expert problem solving and gain conscious access to (and control of) their own problem-solving strategies" (S. 481). Mit *Artikulation* sind alle diejenigen Methoden gemeint, die einen Lernenden darin unterstützen, sein Wissen, seine Schlussfolgerungen oder seine Problemlösungsprozesse zu artikulieren. *Reflexion* beinhaltet, dass der Lernende seine eigenen Problemlöseprozesse mit denen eines Experten oder einer anderen Person vergleicht. Die hierbei notwendige Fähigkeit, sich selbst zu überwachen und gegebenenfalls zu korrigieren, kann nach Collins et al. beispielsweise durch die Technik des *abstracted replay* gefördert werden. Collins et al. (1989) beschreiben deren Funktion folgendermaßen: „Abstracted replay attempts to focus students' observations and comparisons directly on the determining features of both their own and an expert's performance [...]" (S. 458). Zum Hervorheben dieser entscheidenden Merkmale der eigenen Performanz und der eines Experten empfehlen die Autoren unter anderem die Verwendung von Computern oder Videoaufnahmen.

Cognitive Apprenticeship fokussiert zusammengefasst also die Entwicklung komplexer kognitiver Fähigkeiten mit den Prinzipien *Modeling*, *Coaching*, *Scaffolding* sowie *Fading*. Die Externalisierung der eigenen Problemlösestrategien wird durch verschiedene Methoden zur *Artikulation* ermöglicht, die *Reflexion* zum korrigierenden Vergleich der eigenen Strategien mit den externalisierten Strategien eines Experten kann z.B. mittels *abstracted replay* unterstützt werden.

Zentrale Elemente des Cognitive Apprenticeships sind in der Lernumgebung CaiMan enthalten, die zum Training sprachrezeptiven Handelns konzipiert ist (Henninger & Mandl, 2003, S. 71). Diese Lernumgebung und ihre Elemente werden im folgenden Abschnitt vorgestellt.

3.4 Die Lernumgebung CaiManOnLine©

Im Training sprachrezeptiven Handelns lernen die Teilnehmer, sprachliche Äußerungen präzise zu analysieren. Den Theorieansatz für die Sprachanalyse bildet das Organonmodell von Bühler (1965, S. 24f.), das drei Aspekte oder Funktionen einer sprachlichen Äußerung unterscheidet, Ausdruck, Appell und Darstellung. Eine Sprachäußerung hat nach Bühler erstens eine *Inhaltsfunktion*, da sie sich auf bestimmte Gegenstände und Sachverhalte bezieht. Zweitens hat eine Äußerung eine *Ausdrucksfunktion*, denn sie drückt die Befindlichkeit (oder *Innerlichkeit*, S. 28) des Sprechers aus. Die dritte Funktion einer Sprachäußerung ist eine *Appellfunktion*, da der Sprecher mit seiner Äußerung Einfluss auf den Hörer nimmt und „dessen äußeres oder inneres Verhalten [...] steuert" (Bühler, 1965, S. 28). Auf der Grundlage dieser drei Funktionen von Sprache übt der Teilnehmer im Training sprachrezeptiven Handelns, Sprachäußerungen differenziert zu analysieren, um letztlich dabei seine „Fähigkeit zu verbessern, möglichst präzise zu verstehen, was [ein] Gesprächspartner gemeint haben könnte" (Henninger & Mandl, 2003, S. 30).

Im Training sprachrezeptiven Handelns werden über die Lernumgebung CaiMan (Henninger & Mandl, 2003) Videosequenzen konflikthafter Gespräche präsentiert. Abbildung 2 zeigt einen Screenshot von CaiMan.

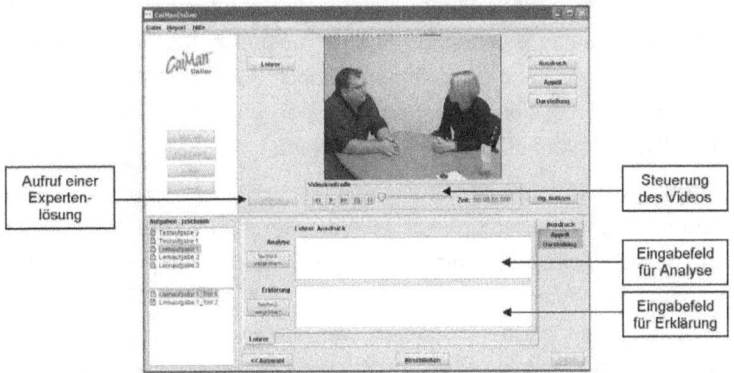

Abbildung 2: Die Lernumgebung CaiMan

Der Teilnehmer analysiert die sprachlichen Äußerungen der beiden Gesprächspartner nacheinander gemäß den drei Funktionen der Sprache nach Bühler, und hinterlegt sowohl seine Analysen als auch Erklärungen für die Analysen schriftlich in Eingabefeldern (siehe Abb. 2). Durch das Verfassen von Erklärungen verbalisiert der Teilnehmer seine eigenen Verstehens- und Analyseprozesse beim sprachrezeptiven Handeln. Auf diese Weise gelangt das automatisierte sprachrezeptive Handeln in das Bewusstsein (Henninger & Mandl, 2006). Das eigene Sprachverstehen wird de-automatisiert und die Analysen und Erklärungen stehen dem Teilnehmer nun für die Reflexion der eigenen Interpretationsmuster beim Sprachverstehen zur Verfügung.

Reflexion ist ein zentraler Wirkmechanismus des Trainings sprachrezeptiven Handelns. Sie erlaubt es generell, vor einer Handlung Handlungsabläufe zu antizipieren, während des Handelns diese Abläufe zu optimieren und die Handlung anschließend zu bewerten (Henninger, Mandl & Law, 2001). Beim Training sprachrezeptiven Handelns kann der Teilnehmer durch Reflexion seine eigenen sprachrezeptiven Handlungsmuster überdenken, und in der Folge Handlungsalternativen einüben. Beim Training mit CaiMan wird die Reflexion dadurch ermöglicht, dass der Teilnehmer seine eigenen Analysen und Erklärungen für diese Analysen externalisiert, das heißt in diesem Fall, sie in Eingabefelder tippt. Unterstützt wird Reflexion dadurch, dass dem Teilnehmer in der Lernumgebung eine alternative Analyse und eine alternative Erklärung zur Verfügung stehen (der so genannte Experte bzw. die Expertenlösung), mit der er seine eigenen, im System gespeicherten, Analysen und Erklärungen abgleichen kann (Henninger & Mandl, 2003, S. 75). Neue Handlungsmuster können bei den folgenden Analysen und Erklärungen ausprobiert und im Trainingsverlauf re-automatisiert werden.

Dieses Training mit CaiMan ist der Kontext, in dem im Rahmen der vorliegenden Untersuchung Zielsetzung angewendet werden und auf ihre Wirkung untersucht werden soll. Bevor die Wirkung von Zielsetzung speziell beim Training sprachrezeptiven Handelns betrachtet wird, soll im folgenden Abschnitt allerdings zunächst herausgestellt werden, wie und mit welcher Wirkung Zielsetzung im Trainingskontext überhaupt sinnvoll angewendet werden kann.

4 Möglichkeiten der Anwendung von Zielsetzung im Trainingskontext

Im Kapitel 2 wurden der grundsätzliche Wirkmechanismus von Zielsetzung und verschiedene wirksame Moderatoren und Mediatoren im Zielsetzungsprozess vorgestellt. Außerdem enthielt das Kapitel verschiedene allgemeine Überlegungen zur Anwendung von Zielsetzung. Im vorherigen Kapitel (Kapitel 3) wurde das Training sprachrezeptiven Handelns als der spezifische Trainingskontext skizziert, innerhalb dessen im Rahmen der vorliegenden Dissertation Zielsetzung angewendet werden soll.

Dieses Kapitel widmet sich nun der Frage, wie Zielsetzung überhaupt im Trainingskontext angewendet werden kann. Zunächst werden hierzu im Kapitel 4.1 mögliche Wirkungen von Zielsetzung im Trainingskontext betrachtet: Was kann und soll Zielsetzung in einem Training eigentlich leisten? Und zu welchen Zwecken wird Zielsetzung in Trainings eingesetzt?

Anschließend sollen konkrete Hinweise zur Anwendung von Zielsetzung im Trainingskontext gewonnen werden. Hierzu werden im Kapitel 4.2 Beispiele zur Anwendung von Zielsetzung in ähnlichen Kontexten herangezogen. Aus den Beispielen zur Anwendung von Zielsetzung werden im Kapitel 4.3 Schlussfolgerungen für die Anwendung von Zielsetzung beim Training sprachrezeptiven Handelns gezogen.

4.1 Mögliche Wirkungen von Zielsetzung im Trainingskontext

Im ersten Kapitel wurden einige typische Wirkungen von Zielsetzung herausgestellt, die auch im Kontext eines Trainings relevant sein können. Wie im Kapitel 2.2.1 erläutert, wirkt Zielsetzung grundsätzlich mittels verschiedener Mediatoren. Ausdauer, Anstrengung und Ausrichtung des Handelns sind auch im Kontext eines Trainings wichtige Ergebnisse einer Intervention. Eine hohe Ausdauer oder auch Beharrlichkeit ist letztlich in jeder Situation notwendig, in der Ergebnisse nicht schnell herbeizuführen sind, sondern wo eine Aufgabe es erfordert, ein gewisses Ausmaß an Zeit und Energie für sie aufzubringen. Eine solche Situation ist auch ein Lernprozess. Lernen funktioniert nur dann erfolgreich, wenn eine Person sich Zeit dafür nimmt, zu verstehen. Entscheidungen über die Ausdauer, die für das Lernen aufgewendet werden sollen, die Anstrengung, die investiert wird oder die Ausrichtung des Handelns (vgl. Kapitel 2.2.1.1) sind damit wichtige Elemente eines Trainings.

Die große Bedeutung der *Ausdauer* für das Lernergebnis konnten Fisher und Ford (1998) in einer Studie verdeutlichen. In dieser Studie wird zwar namentlich *Anstrengung* untersucht, diese beinhaltet jedoch neben mentaler Anstrengung auch eine Maßzahl für die Time on Task, die auch Rückschlüsse auf die *Ausdauer* zulässt.[13] In der experimentellen Untersuchung bearbeiteten 121 Studierende eine Lernaufgabe, in der sie multiple Regressionen für die Vorhersage von Aktienwerten verwenden sollten. Die Anstrengung wurde einerseits mit der für die Aufgabe aufgewendeten Zeit (Time on Task) und andererseits mit einer Skala zur Höhe mentaler Anstrengung, unabhängig von der Aufgabe, gemessen. Die Lernergebnisse wurden als Ergebnis bei einem Multiple-Choice-Wissenstest sowie in Bezug auf die mit Hilfe der multiplen Regressionsanalyse prognostizierten Aktienpreise erhoben. In der Untersuchung zeigte sich unter anderem, dass die für die Aufgabe aufgewendete Zeit ein Prädiktor für den Lernerfolg in Bezug auf das erworbene Wissen, allerdings nicht für die erfolgreiche Anwendung dieses Wissens war. Die mentale Anstrengung hatte ebenfalls einen Einfluss auf das Lernergebnis beim Wissenstest, sie hatte zudem aber auch Einfluss auf die Lernergebnisse in Bezug auf die Anwendung des Wissens. In der Diskussion ihrer Ergebnisse empfehlen Fisher und Ford, bei leistungsorientierten Lernenden[14], die tendenziell weniger Anstrengung für eine Lernaufgabe aufwenden und infolgedessen hinsichtlich traditionellen wissensbasierten Lernens weniger gute Ergebnisse liefern, die Anstrengungsbereitschaft anzuregen. Die Studie akzen-

---

[13] In der vorliegenden Untersuchung gilt die Time on Task als Maß für die Ausdauer, nicht als Indikator für Anstrengung. Der reinen Zeitdauer einer Aufgabe ist hier nicht die Anstrengungsbereitschaft beziehungsweise die aufgewendete Anstrengung zu entnehmen.

[14] Die Autoren fanden zudem einen Effekt der Zielorientierung auf die Leistung. Da diese jedoch konzeptionell von Zielsetzung zu unterscheiden ist, wird an dieser Stelle von einer Erläuterung der Operationalisierung und Messung von Zielorientierung abgesehen.

tuiert somit das Ausmaß aufgewendeter Lern-Zeit als einen wichtigen Erfolgsfaktor für Lernprozesse.

Ähnliches gilt für die *Anstrengung*, die ein Lernender bereit ist, in sein Lernen zu investieren. Das Ausmaß an investierter Anstrengung wird letztlich über die Qualität der Performanz des Lerners (mit-)entscheiden. Der Lernende trifft selbst Entscheidungen bezüglich seiner Investition von Ressourcen. Eine solche Ressource kann wie beschrieben, die eigene Zeit sein (Fisher & Ford, 1998), andere wichtige Entscheidungen betreffen aber auch Faktoren wie z.B. Aufmerksamkeit und Konzentration. Ein Lernender entscheidet selbst, ob er wirklich alle vorhandenen Ressourcen in einen Lernprozess investiert oder ob er Ressourcen spart und insofern sprichwörtlich *auf Sparflamme* lernt. Die Höhe der Anstrengung und die Quantität bzw. Qualität der Performanz stehen im Falle von geringen Fähigkeiten und leichten Aufgaben miteinander in Verbindung (vgl. Kapitel 2.2). Das heißt, die Höhe der Anstrengung beeinflusst die Performanz. Sind Fähigkeiten hingegen in hohem Maß vorhanden, ist eine Aufgabe im Zweifelsfall auch mit weniger Anstrengung zu meistern. Gerade im Lernkontext haben hohe Anstrengungsbereitschaft beziehungsweise ein hohes Maß an aufgewendeter Anstrengung also eine wichtige Funktion.

Den Stellenwert von Anstrengung für den Lernprozess verdeutlichen auch Hidi und Harackiewicz (2000). Sie erklären in einem theoretischen Artikel schwache akademische Leistung einerseits mit zu geringen Fähigkeiten und andererseits mit zu geringer Anstrengung. Die individuellen Fähigkeiten sind nicht direkt beeinflussbar, die Anstrengung kann jedoch beeinflusst werden. Hidi und Harackiewicz betrachten das schulische Lernen eher aus der Perspektive von Zielorientierung, verdeutlichen aber auch die große Bedeutung externer Interventionen bei einem Mangel an Interesse, intrinsischer Motivation oder Lernzielen. Eine Möglichkeit für eine solche Intervention wäre ein gesetztes Ziel, das potentiell die in den Lernprozess investierte Anstrengung erhöhen und damit die Performanz fördern kann.

Neben Ausdauer und Anstrengung ist die Entwicklung oder Entdeckung von *Aufgabenstrategien* für die Bearbeitung einer bestimmten Aufgabe eine weitere Mediatorvariable von Zielsetzung (vgl. Kapitel 2.2.1.2). Zielsetzung kann zu Aufgabenstrategien führen, die es dann ermöglichen, auch neuartige Aufgaben erfolgreich zu bewältigen. Im Lernkontext sind die gestellten Aufgaben zumindest in Teilen unbekannt. Das heißt, dem Lerner sind für die Bearbeitung einer solchen Aufgabe möglicherweise noch keine Aufgabenstrategien bekannt. Gegebenenfalls müssen geeignete Strategien auch zunächst aus dem Gedächtnis hervorgerufen werden. Zielsetzung kann bei solchen Aufgaben über den Mediator Aufgabenstrategien die Lern- oder Trainingsergebnisse fördern.

In unterschiedlichen Theorie- und Forschungsarbeiten wird Zielsetzung auch in Verbindung mit einem *Lerntransfer* gesehen. Burke und Hutchins (2007) fassen in einem Review verschiedene Faktoren zusammen, die den Trainingstransfer beeinflussen. Hierbei erwähnen sie auch verschiedene Untersuchungen, die einen positiven Einfluss von Lernzielen auf den Trainingstransfer zeigen konnten. Als eine Verbindung zwischen Lernzielen und Transfer nennen Burke und Hutchins die Mediatorvariablen Aufmerksamkeit, Anstrengung und Ausrichtung des Handelns sowie Strategien, die als Ergebnis von Zielsetzung entwickelt werden. Ein solches durch Zielsetzung angeregtes motiviertes Verhalten beschreiben die Autoren als notwendig für den Lerntransfer. Gegenfurtner, Veermans, Festner und Gruber (2009) untersuchten in einer Theoriearbeit auch eine *Motivation zum Transfer* (*motivation to transfer*). Diese kann bereits während eines Trainings entstehen, und anschließend den Transfer von im Training gelernten Fähigkeiten und erworbenem Wissen positiv beeinflussen. Ziele bieten die Möglichkeit, eine solche Motivation zum Transfer zu unterstützen. Mesmer-Magnus und Viswesvaran (2007) untersuchten in eine Metaanalyse 61 Studien, in denen vor einem Training unterschiedliche Arten von Zielen gesetzt wurden. Als einen Effekt von Zielen auf die Performanz beschreiben die Autoren, dass Ziele besonders bei komplexeren Lerninhalten (*higher levels of learning*) bzw. bei kognitivem Lernen eine starke Wirkung haben. Daraus resultierend beschreiben Mesmer-Magnus und Viswesvaran als ein Ergebnis der Untersuchung auch ein Potential von Lernzielen, den Transfer von erworbenem Wissen oder gelernten Fähigkeiten zu unterstützen.

Zielsetzung kann also positive Effekte haben, die über ein Training hinausgehen und den Transfer der Trainingsinhalte betreffen. Mesmer-Magnus und Viswesvaran (2007) fanden in ihrer Metaanalyse jedoch noch weitere Effekte von Zielen im Kontext eines Trainings. Die Autoren untersuchten Ziele als eine Bedingung für *maximale Performanz* in einem Training, einer von zwei möglichen Ausprägungen von Performanz. Anders als *typische Performanz* werde maximale Performanz in solchen Situationen angeregt, in denen Individuen dazu ermutigt und motiviert würden, ihre Anstrengung zu maximieren, und in denen bekannt sei, dass die eigene Performanz auch bewertet werde. Eine Bedingung für maximale Performanz sei außerdem, dass vor einem Training ein Ziel gesetzt würde, welches dann die Anstrengung ausrichten und motivierend wirken könnte. In der Metaanalyse von Mesmer-Magnus und Viswesvaran zeigten sich verschiedene Effekte von Zielen auf die untersuchten Trainings. Zum Beispiel gingen vor dem Training gesetzte Ziele bei unterschiedlichen Lernaufgaben, *kognitiven, fertigkeitsbezogenen* wie auch *affektiven*, grundsätzlich mit einer besseren Performanz nach dem Training einher, unabhängig von der Art der Ziele. Leistungsbezogene Ziele unterstützten das erworbene deklarative Wissen, lernorientierte Ziele führten zu besserem kognitivem sowie fertigkeitsbezogenem Lernen. Außerdem konnten lernorientierte Ziele die *Selbstwirksamkeitserwartung* nach dem Training unterstützen, und förderten eine *positive Einstellung* dem Training gegenüber.

Positive Effekte von Zielsetzung im Trainingskontext können weiterhin aus dem Inhalt des für das Training gesetzten Ziels resultieren (vgl. Kapitel 2.3.2). Dabei sind verschiedene Effekte als relevant für ein Training anzusehen. So wurde verdeutlicht, dass ein Lernziel beispielsweise mit einer besonders hohen *Zielbindung* assoziiert ist, die Entwicklung und Anwendung von *Aufgabenstrategien* unterstützen, sowie die *Selbstwirksamkeitserwartung* erhöhen, und damit Lernprozess und Lernergebnis fördern kann.

Im Trainingsbereich sind also prinzipiell positive Effekte von Zielsetzung zu erwarten, die sich teilweise aus der Wirkung von Zielsetzung über Mediatorvariablen ergeben, teilweise aber auch mit anderen Faktoren zusammen hängen. Zu beachten ist jedoch, dass die hier genannten Effekte von Zielsetzung in unterschiedlichen Forschungsarbeiten mit ganz verschiedenen Untersuchungszielen, verwendeten Aufgaben, Stichproben und Forschungskontexten gefunden wurden, von denen wenige Ähnlichkeit mit dem Training sprachrezeptiven Handelns aufweisen. Um Klarheit darüber zu erlangen, wie Zielsetzung speziell beim Training sprachrezeptiven Handeln eingesetzt werden kann, und welche Effekte aus einem für das Training gesetzten Ziel zu erwarten sind, sollen im Folgenden Beispiele zur Anwendung von Zielsetzung in Kontexten betrachtet werden, die dem Kontext *Training sprachrezeptiven Handelns* ähneln. Diese systematische Betrachtung von Forschungsergebnissen soll einerseits konkretere Hinweise auf wahrscheinliche Wirkungen von Zielsetzung, andererseits aber auch auf eine adäquate Gestaltung von Zielen für das Training sprachrezeptiven Handelns liefern.

4.2 Anwendung von Zielsetzung in ähnlichen Kontexten

Eine Vielzahl von Studien zur Zielsetzung wurde experimentell mit Aufgaben durchgeführt, die für die jeweilige Untersuchung so konstruiert worden waren, dass problemlos wirksame, spezifische und schwierige Ziele für die verwendete Aufgabe formuliert werden konnten. Eine typische Aufgabe in einer Zielsetzungsstudie ist aus dem Grund einfach und wenig komplex (*straightforward*; Latham, 2007, S. 177), weil der Fokus der Studie auf der Motivation der Teilnehmer liegt, nicht auf der Aufgabe selbst. Die Aufgaben werden so gewählt, dass die Teilnehmer ausreichende Fähigkeiten mitbringen, um einerseits die Aufgabe bearbeiten zu können und um sich andererseits als Folge von Zielsetzung sowie daraus resultierender Motivation, z.B. in Form erhöhter Anstrengung, verbessern zu können. Solche *wenig komplexen* oder *unkomplizierten* Aufgabenstellungen, die in Experimenten zur Zielsetzung verwendet wurden, sind z.B. *Word Puzzles* (Aufgabe: Aus 4x4 Buchstaben so viele Begriffe wie möglich bilden) (Manderlink & Harackiewicz, 1984) oder *Brainstorming* (Aufgabe: Verwendungsmöglichkeiten für ein Objekt aus dem Alltag finden) (Lee & Bobko, 1994; Locke, Frederick, Lee & Bobko, 1984; White, Kjelgaard & Harkins, 1995). Auch die Herstellung von Spielzeug (Latham & Seijts, 1999) oder eine Rechercheaufgabe im Internet (Thompson et al., 2002) sollten je nach Teilnehmergruppe verhältnismäßig leicht zu bewältigen sein.

Derartige Aufgaben sind zwar typisch für Untersuchungen zur Zielsetzung, allerdings sind sie kaum mit dem Training sprachrezeptiven Handelns vergleichbar. Zielsetzung wurde jedoch auch in Kontexten erfolgreich verwendet, die dem Training sprachrezeptiven Handelns stärker ähneln. In diesem Zusammenhang sind drei Anwendungskontexte von Zielsetzung relevant. *Komplexe Lernaufgaben* erfordern von der sie bearbeitenden Person, dass sie während der Aufgabenbearbeitung dazu lernt. Bei *Simulationen* soll der Wissenserwerb während der Bearbeitung der Simulation nicht nur die Bewältigung der Simulation, sondern auch die Bearbeitung von Aufgaben im Anschluss an die Simulation fördern. Und *reale Lernkontexte* unterscheiden sich primär inhaltlich vom Training sprachrezeptiven Handeln, fokussieren jedoch ebenfalls das Lernen von Wissen oder Fähigkeiten, die im Anschluss an das Training anzuwenden sind. Im Folgenden werden demgemäß Beispiele zur Anwendung von Zielsetzung bei komplexen Lernaufgaben (Kapitel 4.2.1) bei Simulationen (Kapitel 4.2.2) sowie in realen Lernkontexten vorgestellt (Kapitel 4.2.3).

4.2.1 Anwendung von Zielsetzung bei komplexen Lernaufgaben

Einige Forschungsarbeiten fokussieren die Wirkung von Zielsetzung bei komplexen Aufgaben.[15] In der Literatur wird als eine solche *komplexe* Aufgabe typischerweise die Erstellung von Stundenplänen beschrieben (z.B. Latham et al., 2008b; Latham et al., 1994; Seijts & Crim, 2009; Seijts & Latham, 2001; Winters & Latham, 1996). Dieser Aufgabentyp wurde auch in Experimenten zur Zielorientierung verwendet (z.B. eine computerbasierte Version bei Mangos & Steele-Johnson, 2001; Steele-Johnson et al., 2000).

Unter Berücksichtigung verschiedener Kriterien (zum Beispiel soll jeder Stundenplan fünf verschiedene Kurse an einem Tag enthalten – Latham et al., 2008b) sollen in einer bestimmten Zeitspanne Stundenpläne erstellt werden. Mit Lernzielen wird im Experiment die Aufmerksamkeit auf das Finden und Anwenden von Strategien gelenkt, Leistungsziele beinhalten dagegen eine

---

[15] Siehe zu Aufgabenkomplexität als Merkmal einer Aufgabe sowie als Moderator von Zielsetzung Kapitel 2.2.2.4.

bestimmte Anzahl von produzierten Stundenplänen. Stundenplanaufgaben gelten als komplexe Aufgaben, da sie im Gegensatz zu den zuvor beschriebenen einfachen typischen Zielsetzungsaufgaben gerade nicht allein mit einer höheren Anstrengung oder Ausdauer bzw. mit einer stärkeren Ausrichtung des Handelns zu bewältigen sind. In einer Forschung zu Interaktionseffekten von kognitiver Fähigkeit und verschiedenen Zielarten diskutieren Seijts und Crim (2009) verschiedene Gründe, aus denen sich eine Stundenplanaufgabe für ihre Forschung eignet. Dabei nennen sie unter anderem den Grund, dass eine hohe Leistung bei der Stundenplanaufgabe die Anwendung von Aufgabenstrategien erfordert, da Anstrengung oder Ausdauer für eine Steigerung der Leistung nicht ausreichend seien.

In der betreffenden Untersuchung von Seijts und Crim (2009) mit einer Stundenplanaufgabe verfolgten 105 Studierende entweder ein schwieriges Leistungsziel (challenging performance goal) oder ein schwieriges Lernziel (challenging learning goal). Die Teilnehmer sollten in zwei Durchgängen von je 12 Minuten verschiedene Stundenpläne für die Universität mit fünf nicht redundanten Kursen erstellen. Teilnehmer mit einem Lernziel sollten dabei mindestens vier unterschiedliche Aufgabenstrategien finden und anwenden. Teilnehmer mit einem Leistungsziel sollten mindestens 11 Stundenpläne erstellen. Die kognitive Fähigkeit der Teilnehmer wurde vor Beginn der Aufgabe mit einem Fähigkeitstest (Wonderlic Aptitude Test) erhoben. Die Auswertung der Untersuchung ergab eine signifikante Interaktion zwischen Zielart und kognitiver Fähigkeit der Teilnehmer. Bei Teilnehmern mit hoher kognitiver Fähigkeit führte ein Leistungsziel zu einer besseren Leistung als ein Lernziel. Entgegengesetzte Effekte für Teilnehmer mit geringer kognitiver Fähigkeit, d.h. eine bessere Leistung als Resultat eines Lernziels im Vergleich zu einem Leistungsziel, waren nur tendenziell vorhanden, wurden jedoch nicht signifikant. Seijts und Crim konnten mit ihrer Untersuchung demzufolge zeigen, dass Lernziele und Leistungsziele (entsprechend den kognitiven Fähigkeiten einer Person unterschiedlich starke) Effekte auf die Leistung bei einer Aufgabe haben können, die den Erwerb von Strategien erfordert.

Bei einer komplexen Aufgabe konnte die Leistung von Personen mit einer eher hohen kognitiven Fähigkeit also durch das Setzen eines Leistungsziels gefördert werden, das ein bestimmtes Aufgabenergebnis fokussierte. Lernziele hatten dagegen keine signifikanten Effekte auf die Leistung bei der Aufgabe. Zu beachten ist, dass bei diesem Experiment Leistungsziele und Lernziele beide ein quantitatives Maß enthalten. Das Leistungsziel beschreibt 11 zu erstellende Stundenpläne als normativen Richtwert, das Lernziel vier Strategien, die entdeckt und angewendet werden sollen.

Mit ähnlichen Zielinhalten arbeiteten Seijts und Latham (2001) in einer bereits im Kapitel 2.3.2.1 skizzierten Untersuchung. Bei einer Stundenplanaufgabe untersuchten sie den Einfluss von distalen Lernzielen gegenüber Leistungszielen (outcome goals), für sich stehend sowie in Kombination mit proximalen Zielen. Die Instruktion für ein *„Gib-dein-Bestes"-Leistungsziel* enthielt als Ziel eine möglichst hohe Anzahl richtig erstellter Stundenpläne, machte jedoch keine Vorgaben über eine Mindestanzahl. Ein entsprechendes *„Gib-dein-Bestes"-Lernziel* fokussierte die Entwicklung von möglichst vielen Strategien für die Aufgabenbearbeitung, erneut ohne die Vorgabe einer bestimmten Anzahl. Das *distale Leistungsziel* forderte in drei Durchgängen der Aufgabe eine Gesamtanzahl von mindestens 10 korrekten erstellten Stundenplänen. Das *distale Leistungsziel mit proximalen Unterzielen* definierte zusätzlich zu den 10 Stundenplänen als Gesamtanzahl auch die Anzahl von Stundenplänen, die pro Durchgang erstellt werden sollte. Teilnehmer mit einem distalen Lernziel wurden dazu aufgefordert, vier Shortcuts oder Strategien für die Erstellung von Stundenplänen zu finden und anzuwenden. In der Bedingung *distales Lernziel mit proximalen Unterzielen* war das Ziel der vier Shortcuts wiederum auf die drei Durchgänge aufgeteilt. Die Studie ergab, dass ein „Gib-dein-Bestes"-Leistungsziel zu einer höheren Zahl korrekter produzierter Stundenpläne führte als ein spezifisches schwieriges *Leistungs*ziel. Eine konkrete Vorgabe der Anzahl zu erstellender Stundenpläne führte insofern nicht zu einer besseren Leistung bei der Aufgabe. Demgegenüber resultierte ein spezifisches schwieriges *Lern*ziel in einer besseren Leistung als ein *„Gib-dein-Bestes"*-Lernziel. Dieses spezifische schwierige Lernziel war in der Untersuchung im Hinblick auf die erzielte Leistung außerdem einem spezifischen schwierigen Leistungsziel überlegen. Ein „Gib-dein-Bestes"-*Leistungs*ziel führte zudem zu einer besseren Leistung als ein „Gib-dein-Bestes"-*Lern*ziel.

Das Setzen von proximalen Zielen resultierte in keiner der beiden Bedingungen in einer besseren Leistung als das distale Ziel allein.

In der Untersuchung von Seijts und Latham (2001) erwies sich bei einer komplexen Aufgabe zusammengefasst also ein spezifisches schwieriges Lernziel gegenüber einem Leistungsziel im Hinblick auf die Leistung als überlegen. Zudem konnte ein „Gib-dein-Bestes" Ziel mit einem Fokus auf dem Aufgabenergebnis die Leistung besser fördern als ein vergleichbares Ziel mit einem Fokus auf der Anzahl erworbener Strategien, was die Autoren mit einer höheren empfundenen Spezifität des „Gib-dein-Bestes"-Leistungsziels erklären.

Solche Untersuchungen mit Stundenplan-Aufgaben vergleichen also typischerweise quantifizierte Leistungsziele (Anzahl produzierter Stundenpläne) und quantifizierte Lernziele (eine bestimmte Anzahl gefundener und angewendeter Strategien). Lernziele haben bei diesen komplexen Aufgaben ihren Fokus zwar auf Strategien, die zur besseren Bewältigung der Aufgabe gelernt werden sollen. Jedoch liegt auch das Lernziel nicht einfach in dem Lernen von Strategien, sondern ist mit einer bestimmten quantitativen Maßzahl belegt. Ein ähnlicher Strategiebezug von Lernzielen findet sich auch in anderen Studien (Latham & Brown, 2006; Latham et al., 2008b; Seijts et al., 2004; Senko & Harackiewicz, 2005a; Winters & Latham, 1996). Das Setzen von Lernzielen führt in diesen Studien üblicherweise zu einer erhöhten Anzahl entdeckter und verwendeter Strategien als das Setzen von Leistungszielen.

Eine häufig in Zielsetzungsuntersuchungen verwendete komplexe Lernaufgabe ist die Erstellung von Stundenplänen. Bei einer solchen Aufgabe wurden in vergangenen Studien sowohl Leistungsziele als auch quantifizierte Lernziele erfolgreich verwendet. Schwierige Leistungsziele fokussierten dabei typischerweise eine bestimmte Anzahl erstellter Stundenpläne, Lernziele erforderten vom Teilnehmer das Finden, und Verwenden, einer bestimmten Anzahl von Aufgabenstrategien. Dabei ist es möglich, objektiv nützliche Strategien zu bestimmen, mit der die vom Teilnehmer gefundenen Strategien zu vergleichen sind. Für das Training sprachrezeptiven Handelns ist ein Ziel, das den Fokus auf den Erwerb oder die Anwendung einer bestimmten Anzahl von Strategien lenkt, jedoch wenig sinnvoll. Denn das Training hat einen anderen Zweck, die Förderung des Sprachverstehens (vgl. Kapitel 3), und Zielsetzung soll beim Training die Motivation der Teilnehmer fördern, nicht jedoch das Trainingsziel verändern.

4.2.2 Anwendung von Zielsetzung bei Simulationen

Eine andere Art von Lernaufgaben sind Simulationen, die in verschiedenen Kontexten und mit unterschiedlichen Zielstellungen Lernprozesse anregen und unterstützen können. Bell und Kozlowski (2002) verwendeten in einer Zielsetzungsstudie beispielsweise eine Radar-Simulation im Kontext der Marine (TANDEM – Tactical Naval Decision Making System; siehe auch Ford et al., 1998; Kozlowski et al., 2001). Kanfer und Ackerman (1989) forschten mit einer Simulation für Fluglotsen (ATC, vgl. Kapitel 2.2.2.3). Typischerweise haben die für Zielsetzungsuntersuchungen verwendeten Simulationen ihren Ursprung jedoch eher in der (Markt-)Wirtschaft, und simulieren z.B. Prozesse einer Organisation (Bandura & Wood, 1989), einen ganzen Industriezweig (CIBG: Seijts et al., 2004; vgl. Kapitel 2.2.2.2) oder auch Prozesse der Marktwirtschaft (Simulation zum Aktienhandel: Earley, Connolly & Lee, 1989; Earley et al., 1990). Zielsetzung bezieht sich bei diesen Simulationsaufgaben beispielsweise auf die in der Simulation erzielten Marktanteile (Seijts et al., 2004), auf den im Spiel erreichten Profit (Earley et al., 1990) oder auf die Anzahl der im Spiel richtig getroffenen Entscheidungen (Kozlowski et al., 2001). Die in der Simulation von den Teilnehmern erbrachte Leistung ist z.B. als Höhe der erzielten Marktanteile definiert (Seijts et al., 2004) oder als Anzahl richtiger oder falscher Entscheidungen in der Simulation (Bell & Kozlowski, 2002).

Kozlowski et al. (2001) untersuchten die Wirkung von Lern- und Leistungszielen sowie von einer Lern- oder Leistungszielorientierung auf die Trainingsergebnisse bei einer komplexen Computersimulation (TANDEM), bei der die Teilnehmer Entscheidungen bezüglich der Reaktion auf verschiedene auf einem Radarschirm erscheinende Objekte treffen mussten (*clear or shoot*). Das

Experiment bestand aus vier Durchgängen an zwei aufeinander folgenden Tagen, in denen jeweils eine Einführung gegeben wurde. Experimentell wurden Lern- und Leistungsziele manipuliert. Die Autoren geben zwar nicht ihre originalen Instruktionen an, beschreiben jedoch ausführlich die Inhalte dieser Instruktionen. Teilnehmer mit *Leistungszielen* wurden vor der Aufgabe darüber informiert, dass es ihre Aufgabe sei, während der Studie die höchstmögliche Leistung zu zeigen. Ihnen wurde nahe gelegt, dass es wichtig sei, bestimmte Punktzahlen zu erreichen und die Anzahl falscher Entscheidungen zu minimieren. Sie wurden außerdem instruiert, ihre auf dem Monitor angezeigte kumulierte Punktzahl als Indikator für ihre Leistung in Bezug auf das Ziel zu beobachten. Teilnehmer mit *Lernzielen* wurden darauf hingewiesen, dass ihr Ziel darin liege, zu lernen, zu verstehen und die Simulation zu meistern. Sie sollten Fehler als Gelegenheit sehen, etwas zu lernen, und ihre Punkte insofern als diagnostisches Feedback nutzen. Außerdem wurde ihnen nahe gelegt, sich auf die Lernziele zu konzentrieren und sie als Anleitung zu nehmen, um zu lernen, zu üben und ihre Fähigkeiten zu entwickeln. Den Teilnehmern wurde geraten, ihre Punkte als Feedback zu verstehen, das ihnen dabei hilft, etwas über das Spiel zu lernen. Die Autoren nahmen einen positiven Effekt von Leistungszielen auf den Erwerb von deklarativem Wissen an, außerdem einen positiven Effekt von Lernzielen auf kohärente Wissensstrukturen sowie auf die Selbstwirksamkeitserwartung. Die experimentelle Untersuchung ergab, der Hypothese entsprechend, positive Effekte von Lernzielen auf kohärente Wissensstrukturen, als Indikator einer konsistenten Organisation des Wissens. Zudem förderten Lernziele in Verbindung mit einer Lernzielorientierung und der Leistung bei der Simulation (Punktzahl) die Selbstwirksamkeitserwartung der Teilnehmer. Leistungsziele hatten hingegen keinen Effekt auf das erworbene deklarative Wissen oder die Leistung bei der Simulation.

In Simulationen haben Lernziele also meist positive Effekte auf den Wissenserwerb, außerdem fördern sie die messbare Leistung, die sich aus der Zielsetzung der Simulation ergibt. Allerdings werden diese Aufgaben typischerweise nicht bei realen Trainings verwendet, sondern im experimentellen Kontext. Und auch die gesetzten Ziele fokussieren im Allge-

meinen Ergebnisse in der Simulation, jedoch keine über die Simulation hinausgehenden Lernergebnisse. Damit unterscheiden sich die Anwendungsbeispiele von Zielsetzung bei Simulationen deutlich vom Training sprachrezeptiven Handelns. Dieser Unterschied wird in Kapitel 4.3 weiter diskutiert.

4.2.3 Anwendung von Zielsetzung im realen Lernkontext

In unterschiedlichen Forschungsarbeiten wurde Zielsetzung auch erfolgreich im realen Lernkontext angewendet. Dabei sind drei Untersuchungen hervorzuheben, bei denen Zielsetzung einerseits im Kontext eines Trainings verbaler sprachlicher Fähigkeiten (Brown & Latham, 2006; Morin & Latham, 2000) und andererseits zur Förderung des Lernens bei einer kognitiven Aufgabe angewendet wurde (Darnon et al., 2007).

Brown und Latham (2006) konnten im Kontext eines MBA-Studiengangs Effekte von Zielsetzung auf die Effektivität im Studium nachweisen, die sich allerdings nur in Verbindung mit einem Training verbaler Selbstanleitung (verbal self-guidance, VSG) ergaben. An der experimentellen Untersuchung nahmen 126 MBA-Studierende im ersten Semester teil. Im Rahmen des Studiums waren die Studierenden in hinsichtlich Geschlecht, vorheriger Hochschulabschlüsse und Nationalität vergleichbare Arbeitsgruppen aufgeteilt worden. Diese Arbeitsgruppen mit fünf bis sechs Mitgliedern sollten in Projekten verschiedene für Organisationen typische Aufgaben erledigen (z.B. Consulting, Datenanalyse, Ergebnispräsentationen). Die Projekte gingen zu mindestens 40 Prozent in die Kursnote ein. In diesem Kontext wurde ein Teil der Studierenden (N=62) aufgefordert, sich ein Ziel zu setzen. Im Vorfeld der Untersuchung waren von Lehrenden sowie einem höheren Jahrgang MBA-Studierender Beispiele und erforderliche Fähigkeiten für effektive oder ineffektive Gruppenarbeit sowie für soziales Verhalten zusammengetragen worden, die zu einer guten beziehungsweise schlechten Leistung in Bezug auf den im Studium erreichten Notendurchschnitt (GPA) führten. Aus diesen Verhaltensweisen wurde eine Skala zur Verhaltensbeobachtung (Behavioral Observational Scale, BOS) entwickelt. Das selbst gesetzte Ziel der Teilnehmer in der Zielsetzungsbedingung sollte sich auf eine individuell zu erreichende Punktzahl auf dieser BOS beziehen. In der Untersuchung wurde außerdem experimentell variiert, ob die Studierenden zuvor ein Training in verbaler Selbstanleitung erhielten ($N=60$). Das Training selbst bestand aus drei 90-minütigen Sitzungen, in denen die Studierenden negative und damit dysfunktionale Selbstbeurteilungen (self-statements) identifizieren und sie durch positive Selbstbeurteilungen ersetzen lernten. Teilnehmer ohne Training in verbaler Selbstanleitung nahmen alternativ an einer Simulation teil. Ergebnisvariablen der Untersuchung waren der Notendurchschnitt der Studierenden sowie ihre sozialen Fähigkeiten (interpersonal skills), die nach Angabe der Autoren bei einem MBA-Studium typischerweise einen Einfluss auf den Notendurchschnitt haben. Im Ergebnis konnten Brown und Latham zwar keinen Haupteffekt[16] von Zielsetzung auf Ergebnisvariablen des Trainings nachweisen, allerdings zeigten sich Interaktionseffekte von Zielsetzung und Training in verbaler Selbstanleitung auf die Ergebnisvariablen. Studierende mit Zielsetzung und VSG hatten gegenüber allen anderen Studierenden den höchsten Notendurchschnitt sowie die höchsten Werte auf der BOS. Der Notendurchschnitt korrelierte zudem, wie erwartet, mit den sozialen Fähigkeiten. Die Autoren erklären die Effekte von Zielsetzung in Verbindung mit VSG damit, dass für eine hohe Leistung bei der aktuellen Aufgabe neben Zielsetzung, die die Teilnehmer motivierte, auch soziale Kompetenzen nötig waren, die das VSG förderte.

Mit einer BOS arbeiteten auch Morin und Latham (2000) im Rahmen eines Kommunikationstrainings. Sie untersuchten in einem explorativen Feldexperiment in einer Zellstoff- und Papierfabrik die Wirkung von Zielsetzung und mentalem Training (mental practice) auf die Selbstwirksamkeitserwartung und den Transfer von Kommunikationsfähigkeiten auf das Arbeitsfeld. Die Teilnehmer an der Untersuchung, 41 Angestellte (supervisors, process engineers) der Fabrik, hatten im Vorfeld des Experiments ein Training in sozialen Kommunikationsfähigkeiten erhalten, ihnen fehlte es jedoch an Selbstver-

---

[16] *Haupteffekt* bezeichnet einen direkten Effekt einer bestimmten unabhängigen Variablen auf eine abhängige Variable, ein *Interaktionseffekt* beschreibt einen Effekt auf eine abhängige Variable, der aus dem Zusammenwirken von mehreren unabhängigen Variablen resultiert.

trauen, diese Fähigkeiten im Arbeitsfeld auch wirklich anzuwenden. In einem eintägigen Kurs wurden die Kommunikationsfähigkeiten deshalb mit Vorträgen, Gruppendiskussionen, Videopräsentationen und Rollenspielen aufgearbeitet. Anschließend wurde das Wissen der Teilnehmer über zehn im Kurs gelernte Kommunikationsfähigkeiten erfasst, und die Teilnehmer machten Angaben über ihre Selbstwirksamkeitserwartung (z.B. „When I engage in a business communication with others at the Mill, I am capable of strictly focusing on the situation we are discussing."). Außerdem bewerteten zwei Kollegen *(peers)* die Kommunikationsfähigkeiten der Teilnehmer auf einer BOS zur Anwendung der Kommunikationsfähigkeiten im Arbeitskontext (z.B. „Shows appreciation for ideas and participation."). Im Experiment selbst wurden zum einen Zielsetzung und zum anderen ein mentales Training experimentell variiert. Die Teilnehmer erhielten (a) Zielsetzung, (b) ein mentales Training, (c) Zielsetzung und mentales Training oder (d) kein Treatment. Das *Zielsetzungstreatment* bestand aus einer Nachbesprechung der zehn im Kurs gelernten Verhaltensweisen sowie einer Besprechung der Punkte auf der BOS. Zudem wurde die Bedeutung von Zielsetzung besprochen, und die Teilnehmer setzten sich öffentlich ein Ziel in Bezug auf eine von ihnen auf der BOS angestrebte Punktzahl. Teilnehmer mit *mentalem Training* (mental practice) besprachen erneut die zehn im Kurs gelernten Verhaltensweisen und diskutierten die BOS. In einer auditiv dargebotenen mentalen Übung sollten sich die Teilnehmer sich selbst und ihr Verhalten in einem Gespräch mit einer anderen Person vorstellen („You are sitting comfortably in your chair [...] The person you are waiting for is now coming toward the room ... Slowly stand up and welcome that person with a smile [...]"). Sie wurden dazu angehalten, dieses Verhalten so gut wie möglich bei der Arbeit anzuwenden. Teilnehmer mit *Zielsetzung und mentalem Training* besprachen zusätzlich im Anschluss an die Zielsetzung ihr Ziel mit den anderen Teilnehmern derselben Zielsetzungsbedingung. Für Teilnehmer in den entsprechenden Bedingungen wurden Zielsetzung bzw. VSG in einem zweiwöchigen Rhythmus insgesamt viermal angewendet. Im Anschluss an das Experiment wurde erneut die Selbstwirksamkeitserwartung der Teilnehmer in Bezug auf die Anwendung der Kommunikationsfähigkeiten bei der Arbeit gemessen. Dabei zeigte sich ein positiver Effekt von mentalem Training auf die Selbstwirksamkeitserwartung. Die Teilnehmer beider Bedingungen mit mentalem Training hatten eine höhere Selbstwirksamkeitserwartung bezüglich der Anwendung der gelernten Verhaltensweisen als die Teilnehmer ohne mentales Training. Auch wurde im Anschluss an die Intervention erneut das Kommunikationsverhalten der Teilnehmer anhand der BOS erhoben. Ein Vorher-Nachher-Vergleich ergab bei Teilnehmern mit mentalem Training sowie bei Teilnehmern mit mentalem Training und Zielsetzung eine positive Veränderung im Kommunikationsverhalten. Bei Teilnehmern, die nur Zielsetzung als Treatment erhalten hatten, und bei Teilnehmern der Kontrollbedingung veränderte sich das Kommunikationsverhalten nicht signifikant. Zielsetzung hatte in dieser Studie also zwar positive Effekte auf das beobachtbare *Kommunikationsverhalten* (gemessen an der BOS), allerdings nur in Verbindung mit mentalem Training. Zielsetzung ohne zusätzliches mentales Training hatte hingegen keinen Effekt auf den Transfer der Trainingsinhalte. Die Autoren geben für letzteres Ergebnis zwei Erklärungen. Einerseits war das eintägige Training möglicherweise nicht ausreichend, um das Vertrauen für die Anwendung des gelernten Kommunikationsverhaltens zu stärken. Andererseits enthielt auch das mentale Training implizit Zielsetzung, da sich die Teilnehmer dabei vorstellen sollten, wie sie das in der BOS beschriebene Verhalten ausführten (Morin & Latham, 2000).

In einem Experiment von Darnon et al. (2007) zu Zielen in sozialen Interaktionen wurde Zielsetzung in einem Lernkontext unmittelbar auf ein bestimmtes *Lernergebnis* bezogen. 78 Psychologiestudierende sollten im Experiment einen Text über Sozialpsychologie lesen und anschließend in einem Multiple-Choice Test Fragen zum Textverständnis beantworten. Die Teilnehmer arbeiteten dabei vermeintlich mit einem Partner zusammen, mit dem sie über einen Computer interagierten. Dabei wurden Zielsetzung (Lernziel, Leistungsziel, keine Instruktion) sowie eine Zustimmung des vermeintlichen Partners (Übereinstimmung, keine Übereinstimmung) experimentell variiert. Alle Teilnehmer erhielten die generelle Instruktion für die Aufgabe, den Text in zufällig ausgewählten Zweiergruppen zu lesen. Einigen Teilnehmern wurden zudem Lern- oder Leistungsziele für die Aufgabe gesetzt. Teilnehmer mit *Lernzielen* wurden darauf hingewiesen, dass es Ziel der Aufgabe sei, neues nützliches Wissen zu erwerben, die im Text beschriebenen Experimente und entwickelten Ideen zu verstehen und neue Konzepte zu entdecken. Das Ziel sei es, zu lernen. Teilnehmer mit *Leistungszielen* erhielten die Information, dass es wichtig sei, gute Ergebnisse beim anschließenden Test zu erzielen, ihre Fähigkeiten unter Beweis zu stellen und ihre Kompetenzen zu demonstrieren. Ihre Performanz würde im Anschluss bewertet, und es sei von Bedeutung, dabei eine möglichst gute Bewertung zu erhalten. Teilnehmer ohne explizite Zielsetzung erhielten keine weitere Instruktion. Bei der Aufgabe las jeder Teilnehmer einen Text am Computerbildschirm, der vier Abschnitte enthielt. Zu jedem Textabschnitt wurde eine offene Frage gestellt, die der Teilnehmer zunächst selbst beantworten sollte. Seine Antwort sendete er dann seinem (fiktiven) Partner zu, der seine eigene Antwort mitteilte. An dieser Stelle wurde im Experiment die Zustimmung des Partners experimentell manipuliert. In der Bedingung *Disagreement* stimmte der Partner drei von vier Antworten nicht zu, lieferte aber für seine falsche Antwort eine plausible Erklärung. In der Bedingung *Agreement* stimmte der Partner allen Antworten zu. Jeder Teilnehmer hatte danach die Möglichkeit, eine neue Antwort an seinen Partner zu schicken, den Textabschnitt erneut zu lesen, oder mit dem nächsten Abschnitt zu beginnen. Im Ergebnis hatten weder Zielsetzung noch die Zustimmung des Partners einen direkten Effekt auf das Lernergebnis, jedoch zeigte sich ein Interaktionseffekt beider Variablen sowohl auf die Punktzahl im Test direkt im Anschluss an das Experiment als auch bei einem Folgetest nach ein bis zwei Wochen. Stimmte der Partner der Antwort nicht zu, führten Lernziele gemessen an den Ergebnissen im Multiple-Choice Test zu besserem Lernen als Leistungsziele oder keine Instruktion. Bei Zustimmung des Partners unterschieden sich die drei Zielsetzungsbedingungen nicht signifikant hinsichtlich ihres Lernens. Bei der Studie zeigte sich außerdem, dass bei fehlender Zustimmung des Partners mehr Teilnehmer den Textabschnitt erneut lasen als nach einer Zustimmung. Außerdem schickten sie nach einer Nichtübereinstimmung häufiger weitere Antworten an ihren Partner als nach einer Übereinstimmung. Bei Zustimmung unterschieden sich die Teilnehmer in den unterschiedlichen Zielbedingungen allerdings nicht signifikant hinsichtlich der Häufigkeit, in der sie den Text erneut lasen oder dem Partner erneut antworteten. Auch in dieser Untersuchung konnten mit Lernzielen also Lerneffekte gefördert werden, allerdings erwiesen sich Lernziele nur bei Diskrepanzen zwischen der eigenen Antwort und der Antwort eines fiktiven Partners gegenüber den anderen Zielsetzungsbedingungen als effektive Methode.

> *Wie die dargestellten Beispiele zeigen, kann Zielsetzung unter bestimmten Bedingungen auch ein reales Training fördern. In Verbindung mit verbaler Selbstanleitung förderte Zielsetzung das Kommunikationsverhalten von MBA-Studierenden. In Kombination mit einem mentalen Training konnte Zielsetzung außerdem den Transfer von gelerntem Kommunikationsverhalten auf den Arbeitsplatz unterstützen. Ferner erwies sich das Setzen eines Lernziels in einem Experiment zum Textverständnis, vermittelt durch einen adäquaten Umgang mit Diskrepanzen, als hilfreich für das Lernen. Die Parallelen dieser Anwendungsbeispiele von Zielsetzung bei realen Lernaufgaben zum Training sprachrezeptiven Handelns werden im folgenden Kapitel 4.3 herausgestellt und diskutiert.*

4.3 Schlussfolgerungen aus der Anwendung von Zielsetzung in vergleichbaren Kontexten

Zu Beginn von Kapitel 4.2 wurden einige typische Aufgaben genannt, die in Zielsetzungsstudien verwendet wurden, z.B. ein Brainstorming zur Verwendung von Alltagsgegenständen. Diese, als *unkompliziert* geltenden Aufgaben, ähneln sich darin, dass das *Ergebnis* der Aufgabenbearbeitung mit dem *Endziel* der Aufgabenbearbeitung identisch ist. Werden bei einer Brainstorming-Aufgabe beispielsweise sechs Verwendungsmöglichkeiten für einen Türhaken gefunden, ist das *Ergebnis* der Aufgabe eine Art von Liste, auf der die sechs Verwendungsmöglichkeiten aufgezählt sind. Dieses Aufgabenergebnis entspricht dem *Ziel* der Aufgabe, so viele Verwendungsmöglichkeiten für einen Türhaken wie möglich zu finden. Ein gesetztes Ziel fördert motiviertes Handeln bei der Bearbeitung solcher *unkomplizierter* Aufgaben und unterstützt somit zugleich sowohl Endziel als auch Ergebnis der Aufgabe.

In diesem Kapitel wurden jedoch auch Untersuchungen vorgestellt, in denen Ziele bei Aufgaben gesetzt wurden, die dem Training sprachrezeptiven Handelns stärker ähneln. Zielsetzung wurde beispielsweise in verschiedenen Untersuchungen bei der Bearbeitung von *komplexen Aufgaben* angewendet, die den Erwerb von neuem Wissen oder die Entwicklung und Anwendung von Strategien erforderten (Kapitel 4.2.1), und insofern eher Parallelen zum Training sprachrezeptiven Handelns aufweisen, das seinerseits Lernprozesse beinhaltet. Auch bei diesen Aufgaben entsprechen sich allerdings Ziel und Ergebnis der Aufgabe. Selbst die bei der Aufgabe gelernten Strategien haben ihren Nutzen einzig in der effektiveren Erstellung von Stundenplänen und sind über die Aufgabe hinaus kaum anwendbar. Aufgabenziel und Lernziel sind bei derartigen Aufgaben also quasi identisch.

Im Trainings-Kontext ist eine solche Identität von Aufgabenziel und Lernziel nicht immer gegeben. Ein Lernprozess beinhaltet mitunter verschiedene Ergebnisse, die nicht mit dem eigentlichen Lernziel identisch sind, jedoch notwendige Voraussetzungen dafür sind, dass das spätere Lernziel erreicht werden kann. Im Mathematikunterricht ist beispielsweise die erfolgreiche Addition von Zahlen im Bereich von eins bis fünf nicht identisch mit dem Ziel der mathematischen Schulausbildung, jedoch notwendige Voraussetzung für weitere Lernschritte. In einem solchen Kontext ist fraglich, worauf sich ein gesetztes Ziel beziehen soll. Auf die Addition von Zahlen zwischen eins und fünf? Oder auf die dahinter stehenden Prozesse (also z.B. das für das weitere Lernen notwendige Verständnis der verwendeten Rechenarten), die das eigentliche Ziel des Lernprozesses sind? Bereits bei derartigen Aufgaben scheint die Anwendung von Zielsetzung also nicht unproblematisch.

Künstling (2007) weist bei einem Vergleich von Zielsetzung im organisationspsychologischen Kontext und im pädagogisch-psychologischen Kontext dementsprechend darauf hin, dass „[d]ie abhängige Variable in organisationspsychologischen Studien [...] in der Zielerreichung selbst [bestünde]" (Künstling, 2007, S. 49). Bei pädagogisch-psychologischen Untersuchungen sei die abhängige Variable hingegen „nicht die Leistung während der Zielerreichung selbst [...], sondern der anschließend gemessene Lernerfolg in Form von deklarativ-konzeptuellem Wissenserwerb oder die Problemlöseleistung bei anschließenden Wissensanwendungs- und Transferaufgaben" (Künstling, 2007, S. 50). Der Kontext der Untersuchung von Künstling (Selbstreguliertentdeckendes Lernen durch Experimentieren) unterscheidet sich wiederum stark vom Training sprachrezeptiven Handelns, denn bei letzterem wird nicht auf messbare Ergebnisse bei einem Wissenstest oder bei Transferaufgaben hingearbeitet. Dennoch verdeutlicht diese Untersuchung, dass die abhängige Variable von Zielsetzung nicht das Ergebnis der Bearbeitung einer Aufgabe sein muss, sondern dass Zielsetzung auch darüber hinaus gehende Faktoren fokussieren kann.[17]

Im Kapitel 4.2.2 wurde die Anwendung von Zielsetzung bei Aufgaben dargestellt, bei denen das Aufgabenziel nicht mit dem Lernziel identisch ist. *Simulationen* dienen bestimmten übergeordneten Lernzielen, für die sie Mittel zum Zweck sind. In den genannten Simulationen bezog sich Zielsetzung allerdings z.B. auf erzielte Marktanteile in der Simulation (Seijts et al., 2004), auf den im Spiel erreichten Profit (Earley et al., 1990) oder auf die im Spiel erreichte Anzahl richtiger Entscheidungen (Kozlowski et al., 2001), nicht jedoch auf die hinter der Simulation stehenden Lernprozesse, die das eigentliche Ziel einer Simulation sind. Solche Lernergebnisse waren in den genannten Anwendungsbeispielen meist von keiner oder von untergeordneter Bedeutung. Die Simulationen wurden außerdem vor allem in Laborexperimenten verwendet. Insofern waren sie auch eher Teil der Forschungs*methodik* als *Gegenstand* der Forschung. Zielsetzung wirkt in solchen Laborstudien eher als Instruktion zur Aufgabenbearbeitung denn als Mittel zur Förderung des Lernens. Zusammengefasst liefern die Anwendungsbeispiele von Zielsetzung in Simulationen vor allem deshalb wenige Hinweise für die Anwendung von Zielsetzung im Trainingskontext, weil Zielsetzung bei Simulationen nicht in einem realen Training sondern im Labor angewendet wurde.

Im Kapitel 4.2.3 wurden jedoch auch einige Beispiele beschrieben, bei denen Zielsetzung in einem *realen Training* angewendet wurde. Zwei der vorgestellten Untersuchungen weisen auch bezüglich ihres Kontextes Ähnlichkeit mit dem Training sprachrezeptiven Handelns auf, denn beide fanden im Rahmen eines Kommunikationstrainings statt. Die andere beschriebene Untersuchung fokussierte, wenngleich sie im experimentellen Rahmen stattfand, Lerneffekte

---

[17] Dieser Gedanke wird im Kapitel 5.1.1 (Inkongruenz von Lern- und Anwendungskontext) im Hinblick auf Merkmale des Trainings sprachrezeptiven Handelns wieder aufgegriffen werden.

bei einer kognitiven Aufgabe, und zielte auf ein höheres Textverständnis. Konkrete Hinweise zur adäquaten Gestaltung von Zielen für das Training sprachrezeptiven Handelns sind allerdings auch diese Untersuchungen bzw. Trainings nicht zu entnehmen, wie im Folgenden erläutert wird.

Die genannte Untersuchung von Brown und Latham (2006) enthielt zwar soziale Fähigkeiten, Zielsetzung bezog sich hier allerdings nicht auf den Erwerb komplexer sozialer Fähigkeiten, sondern auf beobachtbares Verhalten, wie z.B. „bei Gruppentreffen aufpassen", „Fristen einhalten" oder „sich für Gruppentreffen vorbereiten". Die Änderungen, die im Training sprachrezeptiven Handelns bewirkt werden sollen, basieren hingegen auf kognitiven Prozessen.

Auch in der Studie von Morin und Latham (2000) bezog sich Zielsetzung nicht auf das Erlernen oder Optimieren von Fähigkeiten, sondern auf die *Anwendung* beziehungsweise auf den *Transfer* bereits vorhandener Fähigkeiten. Insofern wurde mit Zielen im Hinblick auf die BOS letztlich die Anwendung bereits vorhandener Fähigkeiten im Beruf gefördert. Wenngleich die Untersuchung also im Kontext eines Kommunikationstrainings stattfand, war der Kontext der Studie nicht ein *Lern*kontext, sondern ein *Transfer*kontext.

Bei der Studie von Darnon et al. (2007) wurde Zielsetzung hingegen zur Förderung des Lernens angewendet. Allerdings enthielt die Zielsetzungsinstruktion in dieser Studie den eigentlichen Arbeitsauftrag der Studierenden. Denn ohne die Information aus der Instruktion („Lies den Text, um die Inhalte zu verstehen" / „Lies den Text, um den Test gut zu bestehen") scheint die Arbeitsaufgabe unvollständig. Durch Zielsetzung wird erst verständlich, wozu der zu lesende Text dienen soll. Dies wird durch eine Anmerkung der Autoren deutlich, die darauf hinweisen, dass die Ergebnisse von Teilnehmern ohne Zielsetzung nahezu denen von Teilnehmern mit Leistungszielsetzung entsprechen (Darnon et al., 2007). Möglicherweise führte das Lesen des Textes ohne konkreten Arbeitsauftrag dazu, dass die Teilnehmer die Aufgabe als Vorbereitung auf einen anschließenden Test interpretierten.

Die diskutierten Anwendungsbeispiele von Zielsetzung in vergleichbaren Kontexten liefern insgesamt also kaum Hinweise für eine geeignete Gestaltung von Zielen für das Training sprachrezeptiven Handelns. Zudem sind die meisten dargestellten Interventionen jeweils auf eine einmalige Zielsetzung reduziert. Für den Kontext *Training sprachrezeptiven Handelns* bzw. für das Ziel der Intervention, die Förderung von Motivation und Lernerfolg, sind allerdings bei der Konzeption einer Zielsetzungsintervention, wie beschrieben, eventuell auch instruktionale Elemente zu berücksichtigen (vgl. Kapitel 2.4.2).

Vor dem Hintergrund der Ergebnisse dieses Kapitels soll eine genauere Betrachtung des Trainings sprachrezeptiven Handelns als Kontext für Zielsetzung klären, worauf bei der Konzeption einer Zielsetzungsintervention für das Training sprachrezeptiven Handelns zu achten ist. Im folgenden Kapitel 5 werden deshalb die Besonderheiten des Trainings für die Anwendung von Zielsetzung herausgearbeitet. Außerdem werden die Ergebnisse aus drei explorativen Vorstudien skizziert, mit denen Hinweise zur adäquaten Gestaltung von Zielsetzung für das Training sprachrezeptiven Handelns gewonnen werden sollten.

5 Das Training sprachrezeptiven Handelns als Kontext für Zielsetzung

In der vorliegenden Dissertation soll die Wirkung von Zielsetzung im Kontext des Trainings sprachrezeptiven Handelns untersucht werden. In Kapitel 3 wurden die Grundlagen des Trainings sprachrezeptiven Handelns bereits skizziert. In diesem Kapitel soll das Training sprachrezeptiven Handelns nun weitergehender als ein Kontext für Zielsetzung betrachtet werden. Hierzu werden unter Berücksichtigung des Ziels der vorliegenden Arbeit zunächst die Besonderheiten des Trainings sprachrezeptiven Handelns in Hinblick auf die Anwendung von Zielsetzung herausgestellt (Kapitel 5.1). Daran anschließend werden im Kapitel 5.2 Ergebnisse aus einigen Vorstudien zu selbst gesetzten Zielen beim Training sprachrezeptiven Handelns zusammengefasst. Am Ende des Kapitels werden auf Grundlage der Kapitel 5.1 und 5.2 einige Kriterien von Zielen für das Training sprachrezeptives Handeln herausgearbeitet (Kapitel 5.3), die als eine Grundlage zur Gestaltung von Zielen für das Training sprachrezeptiven Handelns dienen sollen (vgl. Kapitel 6).

5.1 Das Training sprachrezeptiven Handelns als spezifischer Anwendungskontext von Zielsetzung

Im vorherigen Kapitel wurde betrachtet, welche Effekte Zielsetzung im Trainingskontext generell haben könnte (Kapitel 4.1). In diesem Zusammenhang wurde auch beschrieben, wie Zielsetzung zuvor in vergleichbaren Kontexten angewendet wurde (Kapitel 4.2). Diverse erfolgreiche Anwendungsbeispiele von Zielsetzung lassen auch für das Training sprachrezeptiven Handelns eine positive Wirkung von Zielsetzung erwarten. Die geschilderten Beispiele können jedoch nur begrenzt Hinweise dazu geben, wie Zielsetzung für das Training sprachrezeptiven Handelns formuliert werden sollte und wie die Trainingsteilnehmer optimal instruiert werden können. Dies ist vor allem mit einigen Charakteristika des Trainings zu begründen, die aus dem Konzept des Trainings sprachrezeptiven Handelns sowie dessen Realisierung in der Lernumgebung CaiMan resultieren. Diese Charakteristika müssen für die Anwendung von Zielsetzung in Betracht gezogen werden und sollen daher im Folgenden erläutert werden.

Zunächst ist hierbei die Tatsache zu berücksichtigen, dass der Lernkontext nicht dem Kontext der Anwendung des Gelernten entspricht (Kapitel 5.1.1). Diese *Inkongruenz von Lern- und Anwendungskontext* ist üblich für Lern- oder Trainingsmaßnahmen, nicht jedoch für die Anwendung von Zielsetzung. Eine weitere Eigenheit des Trainings betrifft seine Einbettung in das KVT (vgl. Kapitel 3). Das Training sprachrezeptiven Handelns findet eigentlich als Teil eines Kommunikationstrainings mit sowohl sprachrezeptiven als auch sprachproduktiven Anteilen statt. In den sprachproduktiven Trainingsphasen des KVT werden Gruppenübungen durchgeführt, innerhalb derer kommuniziert wird. Die sprachrezeptive Trainingsphase hingegen besteht aus Einzelsitzungen mit einer medialen Lernumgebung. Die Teilnehmer trainieren ihr Sprachverstehen, indem sie am Computer Videoaufzeichnungen eines konflikthaften Gesprächs analysieren und ihre eigenen Analysen reflektieren. Implikationen eines solchermaßen *isolierten medialen Trainings sprachrezeptiver Kommunikationsanteile* für die Anwendung von Zielsetzung werden im Kapitel 5.1.2 diskutiert. Die spezifische Aufgabenstellung ist ein weiteres Element des Trainings, das für die Anwendung von Zielsetzung zu beachten ist. Das Training sprachrezeptiven Handelns enthält sowohl ein Trainingsziel, präziseres Sprachverstehen, als auch eine Aufgabeninstruktion, die Analyse konflikthafter Gespräche in Form von Videoaufnahmen in CaiMan (vgl. Kapitel 3.4). Die Bedeutung dieser *Aufgabeninstruktion* für die Anwendung von Zielsetzung beim Training sprachrezeptiven Handelns wird im Kapitel 5.1.3 diskutiert.

5.1.1 Inkongruenz von Lern- und Anwendungskontext

Wie auch andere Trainingskontexte ist das Training sprachrezeptiven Handelns dadurch gekennzeichnet, dass Lern- und Anwendungskontext nicht identisch sind. Innerhalb des Trainings werden sprachrezeptive Fähigkeiten trainiert. Das Ziel des Trainings ist jedoch nicht die erfolgreiche Sprachanalyse während des Trainings, sondern die Befähigung, in späteren Kommunikationssituationen Sprachäußerungen adäquat und präzise analysieren zu können.

Zielsetzung fokussiert typischerweise das unmittelbar an die Zielinstruktion anschließende Handeln. Das gesetzte Ziel soll motivierend auf dieses Handeln wirken und damit die Performanz fördern, beispielsweise vermittelt über eine als Ergebnis der Zielsetzung höhere Ausdauer. Zielsetzung hat bei den unterschiedlichsten Aufgaben positive Effekte auf vielfältige Ergebnisvariablen. Was die typischen Anwendungen von Zielsetzung aber verbindet, ist die Funktion der gesetzten Ziele: Sie sollen die aktuell zu absolvierende Aufgabe unterstützen, indem sie die Qualität von Prozessvariablenoder das Ergebnis der Aufgabe fördern. Am Beispiel von Zielsetzung bei der Erstellung von Stundenplänen hat das gesetzte Lernziel positive Effekte auf die Quantität oder auch die Qualität der erstellten Stundenpläne, über den Erwerb und die Anwendung von Aufgabenstrategien. Im Aufgabenverlauf gelernte Strategien beziehen sich dazu direkt auf diese Aufgabe, nämlich auf die Erstellung von Stundenplänen, und haben im Grunde keine weitere darüber hinaus gehende Funktion. Zielsetzung fördert damit also eine spezifische Handlung und deren unmittelbare Ergebnisse. Im vorliegenden Beispiel fördert sie die Verwendung von Strategien, die zu einer besseren Leistung bei der aktuellen Aufgabe der Stundenplanerstellung führt.

Ein solches Ziel könnte das Handeln während des Trainings sprachrezeptiven Handelns unterstützen, indem es z.B. die Anzahl der im Video analysierten Sprachäußerungen fokussierte. Zielsetzung würde auf diese Weise möglicherweise die Quantität der Analysen erhöhen, analog wäre es auch denkbar, mit einem Ziel die zu den Analysen verfassten Erklärungen zu akzentuieren.

Beim Training sprachrezeptiven Handelns ist die Funktion des Gelernten allerdings weiter zu fassen. Das trainierte adäquatere Sprachverstehen ist zwar auch im weiteren Trainingsverlauf nutzbringend, das Training soll die sprachrezeptiven Fähigkeiten jedoch zur Anwendung in realen Gesprächen im Anschluss an das Training fördern. Damit hat das Training sprachrezeptiven Handelns eine über die Analyse von Sprachäußerungen mit CaiMan hinausgehende Funktion, nämlich die nachhaltige Verbesserung des eigenen Sprachverstehens.

Für das Training sprachrezeptiven Handelns könnten sich Ziele folglich auf zwei Aspekte beziehen, zum einen auf den Prozess des Trainings, zum anderen auf das Handeln im Anschluss an das Training, das durch das Training sprachrezeptiven Handelns gefördert wird. Zu letzterem Zweck könnte Zielsetzung beispielsweise einen bestimmten Kontext fokussieren, in dem die trainierten sprachrezeptiven Fähigkeiten künftig von Nutzen sein werden. Beide Aspekte, sowohl der Trainingsprozess als auch die antizipierte Anwendungsmöglichkeit des im Training Gelernten, sind für das Training, z.B. für Motivation oder Selbstwirksamkeitserwartung in Bezug auf das Sprachverstehen, als potentiell wichtig zu erachten (Schunk, 1990 bzw. Husman & Lens, 1999).

5.1.2 Isoliertes mediales Training sprachrezeptiver Kommunikationsanteile

Wie in Kapitel 3.3 beschrieben ist das Training sprachrezeptiven Handelns in ein ganzes Ausbildungskonzept, das KVT, eingebettet. Das KVT dient der Förderung verschiedener „Grundfertigkeiten der personenzentrierten Kommunikation" (Henninger & Mandl, 2003, S. 80). Sprachrezeptives Handelns ist neben sprachproduktivem Handeln nur ein Teil dieser Grundfertigkeiten. Der sprachproduktive Teil des Trainings hat einen deutlichen Akzent auf der Anwendung der Trainingsinhalte und ist mit Elementen wie Übungen zum *Alter Ego* oder zu *Nähe und Distanz* (siehe zu Übungen im KVT: Henninger & Mandl, 2003, S. 88ff.) für die Teilnehmer sicher insgesamt fassbarer und gewissermaßen anschaulicher als das Training sprachrezeptiven Handelns. Insofern dürfte der sprachproduktive Teil auch eher den Erwartungen einer Person entsprechen, die in Erwägung zieht, an einem Kommunikationstraining teilzunehmen, um besser kommunizieren zu lernen.

Der andere Teil von Kommunikation, das sprachrezeptive Handeln, rückt einen Teil der kommunikativen Fähigkeiten in den Fokus, der schwerer zugänglich ist. Das Sprachverstehen hat in Gesprächen eine ebenso große Bedeutung wie das Sprechen (Herrmann, 1992), und ein Teilnehmer kann im Training sprachrezeptiven Handelns über den Vergleich seiner Analysen und Erklärungen mit der Expertenlösung sein Sprachverstehen sukzessive verbessern. Allerdings sind seine Fortschritte im sprachrezeptiven Handeln in Gesprächen nicht unmittelbar erkennbar.

Zudem ist die methodische Gestaltung des Trainings sprachrezeptiven Handelns für ein Kommunikationstraining zunächst eher ungewöhnlich. Das Training sprachrezeptiven Handelns findet, wie erwähnt, in Einzelsitzungen am Computer mit einer zuvor unbekannten Lernumgebung statt (vgl. Kapitel 3). Während des Trainings ist zwar ein Coach anwesend, es ist jedoch keine Interaktion mit diesem Coach vorgesehen. Darüber hinaus beinhaltet das Training sprachrezeptiven Handelns mehrere längere Sitzungen, die scheinbar redundante Inhalte haben. In jeder dieser Sitzungen soll erneut ein Gespräch analysiert werden, die Personen im Video sind dieselben wie zuvor, und wie in der vorherigen Sitzung sollen Analysen und Erklärungen für die Äußerungen der Personen verfasst werden.

In bisherigen Studien zum KVT wurde noch nicht geklärt, wie sich Methodik, Form und Inhalt des Trainings sprachrezeptiven Handelns auf die Motivation der Teilnehmer am KVT auswirken. Gewiss ist jedoch, dass dieses Training hohe Anforderungen an die Motivation der Teilnehmer, aber auch an ihre Selbstlernkompetenz stellt. Der Lernprozess beim Training erfordert eine hohe Persistenz sowie die Bereitschaft, neu gelernte bzw. umgelernte sprachrezeptive Fähigkeiten kognitiv so zu verarbeiten, dass sie im Anschluss an das Training für künftige Gespräche bereit stehen. Eine zu geringe Ausdauer oder unstrukturiertes Arbeiten mit CaiMan könnten dazu führen, dass notwendige Lernschritte nicht vollzogen werden und die Lernerfolge eher gering ausfallen. Dies wird sicherlich dann besonders relevant, wenn das Training sprachrezeptiven Handelns nicht nur eine andere Form hat als der sprachproduktive Trainingsteil, sondern von diesem gelöst wird, um es experimentell untersuchen zu können.

Zielsetzung könnte das Training sprachrezeptiven Handelns unterstützen, indem sie die Motivation der Teilnehmer und ihre Ausdauer beim Training erhöht sowie ein strukturiertes Lernen mit CaiMan fördert. Dies ist insbesondere aus dem Grund geboten, da das Training sprachrezeptiven Handelns mit einer medialen Lernumgebung stattfindet, und Trainingserfolge stark davon abhängen, wie strukturiert ein Teilnehmer mit CaiMan lernt und inwieweit er Reflexionsangebote der Lernumgebung annimmt.

5.1.3 Zielinstruktion als Variante der Aufgabeninstruktion

Die Lernumgebung CaiMan unterstützt die Reflexion des eigenen sprachrezeptiven Handelns und bietet einem Trainingsteilnehmer die Möglichkeit, seine Analysemechanismen für Sprachäußerungen zu überdenken und gegebenenfalls auch zu verändern (Henninger & Mandl, 2003, S. 68). Durch das Training wird das eigene Sprachverstehen, wie in Kapitel 3.2 beschrieben, zunächst de-automatisiert. Der Teilnehmer erhält Zugang zu seinen Interpretationsprozessen, kann diese prüfen und gegebenenfalls modifizieren. Diese modifizierten Prozesse werden im weiteren Verlauf des Trainings dann reautomatisiert.

Die De-Automatisierung des eigenen Sprachverstehens wird in der Lernumgebung CaiMan mithilfe von bereitgestellten Videosequenzen konflikthafter Gespräche ermöglicht. Die Aufgabe des Trainingsteilnehmers ist es, in diesen Videosequenzen die Gespräche der beteiligten Personen zu analysieren (Henninger & Mandl, 2003, S. 72) und die eigenen Analysen zu erklären. Die Instruktion für die Aufgabe ist dementsprechend klar formuliert. Der Teilnehmer soll die Gesprächsäußerungen im Video nach den drei Funktionen der Sprache (vgl. Kapitel 3.4) präzise analysieren und seine Analysen erklären. Dies ermöglicht es ihm letztlich, sein eigenes sprachrezeptives Handeln zu reflektieren und zu modifizieren. Dem Teilnehmer ist außerdem das übergeordnete Ziel des Trainings bekannt, das darin liegt, die eigenen sprachrezeptiven Fähigkeiten zu verbessern.

Die vorliegende Arbeit untersucht Möglichkeiten, in diesem Training durch eine Zielsetzungsintervention die Motivation der Trainingsteilnehmer zu fördern. Dabei ist es wichtig, bei der Konzeption eines Ziels für das Training sprachrezeptiven Handelns, die bereits bestehende Aufgabeninstruktion zu berücksichtigen. Einerseits könnte diese Instruktion mittels Zielsetzung sinnvoll ergänzt werden. Andererseits könnte Zielsetzung den Fokus der Teilnehmer verschieben. Für beide Alternativen muss ein gesetztes Ziel für das Training sprachrezeptiven Handelns vor allem stärker wirken als die ursprüngliche Aufgabeninstruktion. Notwendig ist also ein offenkundiges Ziel, das über die Aufgabeninstruktion hinaus geht und solche Prozesse anregt, die die Aufgabeninstruktion möglicherweise nicht bei allen Teilnehmern anzuregen vermag.

Für die Anwendung von Zielsetzung beim Training sprachrezeptiven Handelns ist zunächst relevant, dass in einem Ziel prinzipiell zwei unterschiedliche Kontexte fokussiert werden können, der Lernkontext, aber auch der Anwendungskontext (vgl. Kapitel 5.1.1). Dementsprechend könnten Ziele auch das Handeln nach Abschluss des Trainings hervorheben. Gleichermaßen ist für die Gestaltung von Zielen für das Training sprachrezeptiven Handelns wichtig, dass sie in einem ausdauernden und strukturierten Lernen mit der Lernumgebung CaiMan resultieren oder ein solches Lernen unterstützen (vgl. Kapitel 5.1.2). Weiterhin ist bei der Anwendung von Zielsetzung für das Training die Aufgabeninstruktion zu berücksichtigen, die durch Zielsetzung entweder sinnvoll ergänzt oder ersetzt werden könnte (vgl. Kapitel 5.1.3).

Auf der Grundlage der vorangegangenen Ausführungen ist in Hinblick auf die Konzeption einer Zielsetzung für das Training sprachrezeptiven Handelns ein weiterer Punkt relevant. Wie beschrieben enthält das Training sprachrezeptiven Handelns von sich aus schon eine Aufgabeninstruktion. Diese Aufgabeninstruktion könnte für die Teilnehmer bereits als Ziel im Sinne der Zielsetzungstheorie wirken, denn die Verbesserung sprachrezeptiven Handelns hat ja selbst Zielcharakter. Fraglich ist insofern, ob die Teilnehmer in der Aufgabeninstruktion ein anzustrebendes Ziel sehen oder ob sie im Training ganz andere Ziele verfolgen. Um Antworten auf diese Fragen zu finden und Hinweise auf Ziele zu erhalten, die sich Teilnehmer selbst für das Training setzen, wurden drei eher explorative Vorstudien zur Zielsetzung beim Training sprachrezeptiven Handelns durchgeführt. Die wichtigsten Erkenntnisse aus diesen Studien hinsichtlich der Ziele der Teilnehmer werden im Folgenden geschildert.

5.2 Ergebnisse aus Vorstudien: Selbst gesetzte Ziele beim Training sprachrezeptiven Handelns

In mehreren Vorstudien sollten erste Erkenntnisse zu Zielsetzung beim Training sprachrezeptiven Handelns gewonnen werden. Dabei wurden in zwei Vorstudien einerseits die Ziele erhoben, die Trainingsteilnehmer sich nach einer entsprechenden Instruktion selbst für das Training setzen. Andererseits wurde betrachtet, welche Ziele Trainingsteilnehmer im Training verfolgen, wenn sie nicht vor Trainingsbeginn dazu aufgefordert werden, ihre Ziele für das Training explizit zu nennen. In einer dritten Vorstudie sollten darüber hinaus Hinweise dazu gewonnen werden, ob die Teilnehmer während des Trainings ihre Ziele verändern und am Training adjustieren.

Die beiden ersten Vorstudien fanden im Wintersemester 2008/2009 mit 24 Teilnehmern[18] an der Pädagogischen Hochschule Weingarten sowie im Sommersemester 2009 mit 11 Teilnehmern[19] an der LMU München statt. Die dritte Vorstudie wurde im Wintersemester 2009/2010 an der Pädagogischen Hochschule Weingarten mit 33 Teilnehmern[20] durchgeführt. Alle drei Studien waren in KVT-Kurse eingebettet, die auch das Training sprachrezeptiven Handelns mit CaiMan enthielten.

In den drei Vorstudien fand das Training sprachrezeptiven Handelns jeweils in insgesamt fünf Sitzungen zu fünf verschiedenen Terminen statt. Zwei Testsitzungen rahmten das Training ein, und in drei Lernsitzungen konnten die

---

[18] 23 Studierende und eine wissenschaftliche Mitarbeiterin, Alter M = 22.33, SD = 2,792; Geschlecht ♀19, ♂5).
[19] 11 Studierende, Alter M = 23,00, SD = 1,414; Geschlecht ♀7, ♂2, k. A. 2.
[20] 33 Studierende, Alter M = 23,16, SD = 4,648; Geschlecht ♀26, ♂5, k. A. 2.

Teilnehmer ihr Sprachverstehen trainieren. Diese Lernsitzungen waren damit auch der adäquate Zeitpunkt für eine Zielsetzungsintervention beim Training sprachrezeptiven Handelns.

Bei den ersten beiden Vorstudien wurden vor jeder der drei Lernsitzungen einige Teilnehmer darum gebeten, ein persönliches Ziel für die aktuelle Lernsitzung mit CaiMan zu formulieren, andere Trainingsteilnehmer sollten im Anschluss an die dritte Lernsitzung die Ziele nennen, die sie zuvor im Training verfolgt hatten. In der dritten Vorstudie wurden alle Teilnehmer vor der ersten sowie vor der dritten Lernsitzung darum gebeten, ein Ziel für das Training zu formulieren.

Im Folgenden werden die Ziele betrachtet und kategorisiert, die sich die Teilnehmer in den Vorstudien für das Training gesetzt haben (Kapitel 5.2.1). Anschließend werden die Erkenntnisse aus den Vorstudien zusammengefasst (Kapitel 5.2.2), um Hinweise auf mögliche sinnvolle Ziele für das Training sprachrezeptiven Handelns zu erhalten.

5.2.1 Selbst gesetzte Ziele von Teilnehmern beim Training sprachrezeptiven Handelns

Es werden nun zunächst die Ziele beschrieben, die die Trainingsteilnehmer sich vor jeder der drei Lernsitzungen selbst setzten (Vorstudien 1 und 2). Anschließend werden die Ziele betrachtet, die die Teilnehmer im Anschluss an das Training beschrieben (Vorstudien 1 und 2), und schließlich die Ziele, die von den Teilnehmern vor der ersten und vor der dritten Lernsitzung gesetzt wurden (Vorstudie 3). Die selbst gesetzten Ziele werden jeweils kategorisiert. Tabellen mit den von den Teilnehmern beschriebenen Zielen sind Anhang A dieser Arbeit zu entnehmen.

Selbst gesetzte Ziele – Erhebungszeitpunkte vor jeder der drei Lernsitzungen

In der ersten Vorstudie formulierten sechs Trainingsteilnehmer vor jeder der drei Lernsitzungen eigene Ziele für das Training, in der zweiten Vorstudie nannten vier Teilnehmer zu den gleichen Zeitpunkten im Training eigene Ziele.[21] Die generelle Instruktion für das Training mit CaiMan war es, zu lernen, das von den Personen im Video Gesagte präzise zu analysieren. In beiden Vorstudien erhielten alle Teilnehmer diese Instruktion mündlich, in schriftlicher Form stand sie ihnen nicht zur Verfügung.

In der ersten Vorstudie bezogen sich 13 von 18 selbst gesetzten Zielen (sechs Teilnehmer, drei Zielsetzungszeitpunkte) auf die Aufgabenstellung (Analyse von Äußerungen im Video, Erklärung der Analysen; Verbesserung bei Analysen und Erklärungen oder bei einzelnen Aspekten). Zwei Teilnehmer nannten außerdem den Vergleich des Geschriebenen mit der in der Lernumgebung bereitgestellten Expertenlösung als Ziel der aktuellen Sitzung. Lediglich drei Ziele bezogen sich nicht auf die Aufgabenstellung, sondern fokussierten eine schnellere Aufgabenbearbeitung. Eine Tabelle der selbst gesetzten Ziele der ersten Vorstudie befindet sich im Anhang A.1, Buchstaben A bis F

In der zweiten Vorstudie entsprachen fünf der 11 selbstgesetzten Ziele (vier Teilnehmer, drei Zielsetzungszeitpunkte, Anhang A.1, Buchstaben G bis J) in etwa der Aufgabenstellung. Ein Ziel enthielt den Abgleich der eigenen Eingaben mit der Expertenlösung. Drei selbst gesetzte Ziele gingen über die Aufgabe hinaus und fokussierten das eigene Sprachverstehen im Alltag. Ein genanntes Ziel bestand in einer schnelleren Aufgabenbearbeitung. Ein Teilnehmer gab zum zweiten Zeitpunkt an, kein Ziel zu haben, anschließend brach er das Training ab. Einige Teilnehmer mit der Aufforderung, sich selbst Ziele zu setzen, wählten diese Ziele somit mit Bezug auf die bereits vorhandene instruktionale Vorgabe des Trainings bzw. mit direktem Aufgabenbezug.

Aufgrund der sehr kleinen Stichproben wurden die verschiedenen Kategorien von Zielen in diesen beiden Vorstudien nicht weitergehend auf ihre Wirkung hin untersucht.

---

[21] „Sie haben nun die Möglichkeit, mit CaiManOnline© zu trainieren. Welches Ziel möchten Sie für die heutige Sitzung mit dem Training mit CaiMan verfolgen? Bitte formulieren Sie ihr Ziel so präzise wie möglich."

Selbst gesetzte Ziele – Erhebungszeitpunkt nach der dritten Lernsitzung

Nach der letzten Lernsitzung wurden in der ersten Vorstudie sechs Teilnehmer darum gebeten, ihre Ziele für das Training ex-post zu beschreiben, in der zweiten Vorstudie formulierten vier Teilnehmer ihre Ziele für das Training im Anschluss an die dritte Lernsitzung.[22]

In der ersten Vorstudie entsprachen drei der selbst gesetzten Ziele (6 Teilnehmer, ein Zeitpunkt) in etwa der instruktionalen Vorgabe des Trainings. Zwei Ziele beschrieben einen Transfer des Gelernten in den Alltag (z.B. „in kommenden, realen Gesprächssituationen auf das Verhalten meines Gegenübers achten"), ein Ziel war unspezifisch. Eine Tabelle der ex-post erfassten selbst gesetzten Ziele der ersten Vorstudie findet sich im Anhang A.2, Buchstaben A bis F.

In der zweiten Vorstudie bezogen sich drei der selbst gesetzten Ziele (4 Teilnehmer, ein Zeitpunkt) auf den Transfer des Gelernten (z.B. „Menschen in Kommunikationssituationen besser zu verstehen"), ein Ziel war nah an der Instruktion formuliert (Anhang A.2, Buchstaben G bis J).

Einige Trainingsteilnehmer formulierten auf die Zielsetzungsaufforderung hin also ein Ziel, das den Transfer des Gelernten beinhaltete. Andere Teilnehmer nannten kein solches transferorientiertes Ziel. Möglicherweise wurde durch die Formulierung der Instruktion *("Welches Ziel möchten Sie für die heutige Sitzung mit dem Training mit CaiMan verfolgen? Bitte formulieren Sie ihr Ziel so präzise wie möglich.")* bei einigen Teilnehmern ein Transferziel salient, bei anderen ein auf die Sitzung bezogenes Lernziel.

Die Zielsetzungsinstruktion führte also bei verschiedenen Teilnehmern zu Zielen mit unterschiedlichen Inhalten. Die formulierten Ziele sind größtenteils allerdings wenig spezifisch, wenn nicht sogar trivial. Das Ziel eines Teilnehmers, „Ausdruck + Appell + Darstellung richtig zuzuordnen" beschreibt beispielsweise zwar einen Teilaspekt der Aufgabe beim Training sprachrezepti-

---

[22] „Sie hatten in den vergangenen Wochen die Möglichkeit, mit CaiManOnline© zu trainieren. Welches Ziel haben Sie in den Sitzungen mit CaiMan verfolgt? Bitte formulieren Sie ihr Ziel so präzise wie möglich. Wenn Sie in den drei Sitzungen jeweils unterschiedliche Ziele verfolgt haben, gliedern Sie diese bitte auf."

ven Handelns, allerdings scheint es kaum geeignet dafür, im Trainingsverlauf Prozessvariablen wie Ausdauer oder Anstrengung anzuregen.

Die Stichproben in beiden Vorstudien waren allerdings sehr klein. Insofern sind die selbst gesetzten Ziele aus den Vorstudien vermutlich wenig aussagekräftig für Zielsetzung beim Training sprachrezeptiven Handelns. Aus diesem Grund wurde eine weitere Vorstudie durchgeführt, bei der die Ziele aller Teilnehmer erfasst und kategorisiert werden sollten.

Selbst gesetzte Ziele – Erhebungszeitpunkte vor der ersten und dritten Lernsitzung

Bei der dritten Vorstudie wurden von 33 Teilnehmern eines KVT-Trainings vor der ersten und vor der dritten Lernsitzung die eigenen Ziele für das Training erfasst. Mit dieser Vorstudie sollte einerseits untersucht werden, ob die Teilnehmer auch mit einer etwas offeneren Zielinstruktion sowohl auf das Training bezogene Ziele als auch Transferziele für das Training setzen.[23] Andererseits sollten Erkenntnisse dazu gewonnen werden, ob sich die genannten Ziele von der ersten zur dritten Lernsitzung qualitativ verändern und welche Möglichkeiten die Teilnehmer zum Transfer des Gelernten sehen. Eine Tabelle der Kategorien selbst gesetzter Ziele der dritten Vorstudie zum ersten Messzeitpunkt befindet sich im Anhang A.3.

Die selbst gesetzten Ziele der Teilnehmer wurden pro Erhebungszeitpunkt kategorisiert. Von den 33 selbst gesetzten Zielen zum Messzeitpunkt 1 (Lernsitzung 1) bezogen sich 11 Ziele auf ein besseres Sprachverstehen im eigenen Gespräch. Sechs Ziele fokussierten das bessere Verstehen von realen Gesprächen in der Beobachterrolle. Die entsprechenden Trainingsteilnehmer sahen offenbar das Ziel des Trainings vordergründig darin, mit den neu geübten Fähigkeiten auch im Alltag Sprache besser analysieren zu können. Sieben selbst gesetzte Ziele beschrieben ebenfalls den Transfer der im Training geübten sprachlichen Fähigkeiten. Hierbei lag der Fokus der Ziele jedoch auf der Kommunikation in eigenen Gesprächen sowie speziell in Konfliktgesprä-

---

[23] „Sie haben heute die Möglichkeit, mit CaiManOnline© Ihr Sprachverstehen zu trainieren. Wir würden gerne wissen, welches Ziel Sie mit dem Training mit CaiManOnline© verfolgen. Bitte beschreiben Sie im Folgenden Ihr Ziel."

chen. Zwei Teilnehmer sahen ihr Ziel darin, die aktuelle Trainingsaufgabe gut zu bearbeiten. Vier Ziele waren diesen Kategorien nicht eindeutig zuzuordnen. Und drei weitere Teilnehmer verzichteten darauf, schriftlich ein Ziel zu formulieren.

Mehr als die Hälfte der zum ersten Zeitpunkt selbst gesetzten Ziele fokussierten damit die Anwendung der Trainingsinhalte nach dem Training. Nur zwei Ziele bezogen sich auf die Aufgabe.

In den selbst gesetzten Zielen zum Zeitpunkt 2 vor der dritten Lernsitzung hat jedoch die erfolgreiche Aufgabenbearbeitung einen größeren Stellenwert. Eine Tabelle der Kategorien selbst gesetzter Ziele der dritten Vorstudie zum zweiten Messzeitpunkt befindet sich im Anhang A.4. Von den selbst gesetzten Zielen zum Zeitpunkt 2 beziehen sich fünf Ziele auf die Aufgabe und deren erfolgreiche Bearbeitung. Fünf weitere Ziele fokussieren eigene Gespräche, in denen der Teilnehmer sein Gegenüber besser verstehen möchte, fünf Teilnehmer wollen als Beobachter besser verstehen. Sieben Teilnehmer sehen auch zum zweiten Messzeitpunkt das Ziel des Trainings darin, bessere (Konflikt-)Gespräche führen zu können. Drei Teilnehmer beziehen sich im Ziel auf das sprachrezeptive Handeln, das sie trainieren wollen. Drei Ziele sind nicht zuzuordnen, fünf Teilnehmer gaben kein Ziel an.

Der Fokus vieler Teilnehmer liegt zum zweiten Messzeitpunkt also nicht mehr auf dem Transfer der Trainingsinhalte, sondern hat sich in Richtung einer bestmöglichen Bearbeitung der Aufgabe (dem Training mit CaiMan) verschoben. Auch die Anzahl von Teilnehmern ohne Formulierung eigener Ziele hat sich zu diesem Zeitpunkt erhöht.

5.2.2 Erkenntnisse aus den drei Vorstudien

In den ersten beiden Vorstudien variierten die selbst gesetzten Ziele hinsichtlich ihres Inhaltes sowie hinsichtlich ihrer Präzision. Es zeigte sich in diesen beiden Vorstudienaußerdem, dass die Teilnehmer auch ex-post Ziele nennen konnten, die sie mit dem Training verfolgt hatten. Inwiefern diese Ziele den Teilnehmern während des gesamten Trainingsverlaufs bewusst waren, oder ob sie vielleicht nur durch die Zielsetzungsinstruktion im Anschluss an die Lernsitzungen salient wurden, ist allerdings nicht zu bestimmen.

Die vor der Sitzung selbst gesetzten Ziele und die ex-post angegebenen eigenen Ziele unterschieden sich nicht qualitativ. Allerdings setzten vor der Lernsitzung vergleichsweise viele Teilnehmer ein auf den *Lernprozess* bezogenes Ziel. Nach dem Training stand bei den formulierten Zielen der *Transfer* der Trainingsinhalte sehr viel mehr im Vordergrund.

Bezüglich der selbst gesetzten Ziele für das Training sprachrezeptiven Handelns sind den Vorstudien zusammengefasst zwei Kategorien von Zielen zu entnehmen, unter die die meisten gesetzten Ziele fallen. Einerseits beziehen sich Ziele von Trainingsteilnehmern auf die Aufgabe bzw. den Lernprozess mit CaiMan. Andererseits haben Ziele der Teilnehmer die Anwendung sprachrezeptiver (teilweise auch sprachproduktiver) Fähigkeiten zum Inhalt.

Viele selbst gesetzte Ziele sind inhaltlich recht unspezifisch. Ein gesetztes Ziel, wie z.B. das Ziel „genauer analysieren" (Anhang A.1) bietet wenig Anhaltspunkte für zielgerichtetes Verhalten. Das Ziel „Ich möchte mich in Sachen Kommunikation und Sprachanalyse im Vergleich zum letzten mal verbessern" (Anhang A.1) wirkt auf den ersten Blick wie ein angemessenes Ziel für das Training sprachrezeptiven Handelns. Genauer betrachtet kann jedoch auch dieses Ziel kaum Anhaltspunkte für zielgerichtetes Handeln liefern. Ein explizit auf verbesserte Fähigkeiten ausgerichtetes Ziel ist beispielsweise das ex-post erfasste Ziel „bessere Fähigkeiten beim Zuhören. Verstehen, was der andere wirklich sagen will" (Anhang A.2). Das Ziel definiert einen angestrebten Zustand, bringt ihn aber nicht mit dem Training in Verbindung, denn es bleibt offen, wie dieser Zustand im Training aktiv angestrebt werden kann.

In der dritten Vorstudie wurden an einer größeren Stichprobe eigene Ziele für die Lernsitzungen beim Training sprachrezeptiven Handelns erfasst. Zusammenfassend beziehen sich die Ziele auch in dieser Studie entweder auf den Transfer der Trainingsinhalte oder auf die Aufgabenbearbeitung. Auffallend an dieser Studie ist, dass sich die Ziele der Teilnehmer vom ersten zum zweiten Messzeitpunkt verschieben. Die Zielqualitäten (Aufgabe oder Transfer) bleiben zwar bestehen, sie werden jedoch zu den unterschiedlichen Messzeitpunkten mit unterschiedlicher Häufigkeit gesetzt. Zum zweiten Messzeitpunkt setzen mehr Teilnehmer auf die Aufgabe bezogene Ziele als zum ersten Messzeitpunkt.

In dieser dritten Vorstudie wurden allerdings einige potentielle Störvariablen nicht kontrolliert, da das Training sprachrezeptiven Handelns operativ von Tutorinnen des KVT durchgeführt wurde. Die Sitzungen wurden von unterschiedlichen Tutorinnen betreut, und es ist denkbar, dass Teilnehmer im Verlauf des Trainings von der in der jeweiligen Sitzung anwesenden Tutorin neben den Zielsetzungsinstruktionen weitere Aufgabeninstruktionen erhielten und ihre Ziele diesbezüglich anpassten. Es ist also nicht definitiv zu klären, warum sich die Ziele der Teilnehmer im Verlauf des Trainings verändert haben.

5.3 Fazit aus der Betrachtung des Trainings sprachrezeptiven Handelns als Kontext für Zielsetzung: Kriterien von Zielen für das Training sprachrezeptiven Handelns

In diesem Kapitel wurden einige Besonderheiten des Trainings sprachrezeptiven Handelns herausgestellt, die bei der Konzeption von Zielen zu berücksichtigen sind. Ziele könnten beim Training sprachrezeptiven Handelns zwei Inhalte haben, einerseits das Training selbst, andererseits aber auch einen Anwendungskontext (Kapitel 5.1.1). Ungeachtet seines Inhaltes sollte ein adäquates Ziel für das Training sprachrezeptiven Handelns auch auf den Trainingsprozess wirken (Kapitel 5.1.2) und dabei z.B. die Ausdauer oder ein strukturiertes Arbeiten fördern. Ein Kriterium für ein Ziel beim Training sprachrezeptiven Handelns ist zudem, dass es die Aufgabeninstruktion entweder ergänzt oder aber eine deutliche Alternative zur Aufgabeninstruktion darstellt (5.1.3). Aus den dargestellten Vorstudien ergaben sich analog zwei Zielinhalte für das Training sprachrezeptiven Handelns (Kapitel 5.2.2), ein eher transferbezogenes Ziel sowie ein eher aufgabenbezogenes Ziel. Es wurde allerdings in diesen Vorstudien auch deutlich, dass die von den Teilnehmern selbst gesetzten transferbezogenen Ziele meist keinen Bezug zum Training hatten, die aufgabenbezogenen Ziele hingegen größtenteils sehr unspezifisch waren.

Hieraus ergeben sich einige Kriterien für ein zu konzipierendes Ziel für das Training sprachrezeptiven Handelns. Die folgende Tabelle 1 fasst diese Kriterien im Überblick zusammen.

Kriterien von möglichen Zielen für das Training sprachrezeptiven Handelns	
Fokus des Ziels	Anwendungskontext oder Aufgabenkontext
Relation zur Aufgabeninstruktion	Ergänzung oder Alternative
Trainingsbezug gegeben durch	z.B. Trainingsbezogene Hinweise, Verweis auf Training
Wirkung auf Trainingsprozess	z.B. Ausdauer, Anstrengung, Strukturiertes Trainieren

Tabelle 1: Kriterien von möglichen Zielen für das Training sprachrezeptiven Handelns

Der Fokus eines Ziels für das Training sprachrezeptiven Handelns kann entweder auf dem Anwendungskontext oder auf der Aufgabe selbst liegen. Dabei kann das Ziel die Aufgabeninstruktion ergänzen oder ersetzen. Auf jeden Fall sollte das Ziel allerdings in Bezug zum Training stehen, um Effekte auf das Handeln im Training zu erzeugen, das heißt, es müsste Verweise auf das Training enthalten. Das Ziel sollte so auf den Trainingsprozess wirken, dass es z.B. Ausdauer und Anstrengung beim Training fördert oder dabei hilft, strukturiert zu trainieren.

Auf dieser Basis sollen Ziele für das Training sprachrezeptiven Handelns konzipiert werden. Im folgenden Kapitel werden theoretische Möglichkeiten für solche Ziele herausgearbeitet.

6 Gestaltung von Zielsetzung für das Training sprachrezeptiven Handelns

Im vorherigen Kapitel wurden aus charakteristischen Merkmalen des Trainings sprachrezeptiven Handelns und den Ergebnissen aus drei Vorstudien zu selbst gesetzten Zielen beim Training sprachrezeptiven Handelns einige Kriterien für mögliche Zielen für das Training sprachrezeptiven Handelns herausgestellt. Auf dieser Grundlage sollen nun geeignete Ziele für das Training sprachrezeptiven Handelns konzipiert werden.

Es hat sich im vorherigen Kapitel gezeigt, dass grundsätzlich zwei Arten von Zielen für das Training sprachrezeptiven Handelns anwendbar wären, ein auf den *Lernprozess* bezogenes Ziel und ein auf den *Transfer* bezogenes Ziel. Diese beiden Möglichkeiten zur Zielsetzung für das Training sprachrezeptiven Handelns werden im Folgenden weiter ausgeführt. Konkret werden Möglichkeiten dazu diskutiert, das Training sprachrezeptiven Handelns über transferorientierte Ziele (Kapitel 6.1) bzw. über instruktionale Zielsetzung (Kapitel 6.2) zu fördern. Zum Abschluss des Kapitels werden die für das Training sprachrezeptiven Handelns ausgewählten Ansätze zusammenfassend kontrastiert (Kapitel 6.3).

6.1 Transferorientierte Zielsetzung für das Training sprachrezeptiven Handelns

Im Kapitel 5 wurde als ein mögliches Ziel für das Training ein *transferorientiertes Ziel* herausgestellt, das heißt ein Ziel, das seinen Fokus weniger auf dem aktuellen Training sprachrezeptiven Handelns mit CaiMan als auf der Anwendung des im Training Gelernten hat. Das Training zielt auf eine Verbesserung der sprachrezeptiven Fähigkeiten der Teilnehmer, die es diesen nach Abschluss des Trainings ermöglichen werden, andere Personen adäquater zu verstehen (vgl. Kapitel 5.1.1). Dies legt die Möglichkeit nahe, das

Training mit Zielsetzung derart zu fördern, dass die Motivation der Teilnehmer aus einer längerfristigen Perspektive bzw. aus der antizipierten Chance heraus entsteht, das im Training Gelernte in der Zukunft verwenden zu können. Demgemäß wäre ein *transferorientiertes* Ziel eine denkbare Fördermöglichkeit für das Training sprachrezeptiven Handelns.

In den meisten Untersuchungen bezieht sich Zielsetzung auf *unmittelbar* folgende Handlungen, deren Qualität durch das gesetzte Ziel verändert werden soll. Einige Forschungsarbeiten verglichen jedoch auch Ziele mit einer unterschiedlich weiten Perspektive hinsichtlich ihrer Effekte auf die Leistung oder auf vermittelnde Variablen der Zielsetzung: Distale Ziele (distal goals, long-term goals) und proximale Ziele (short-term goals, proximal goals, subgoals). Diese Ziele werden Im Folgenden unter den Begriffen distal und proximal zusammengefasst. Beide Ziele bestimmen ein zu erreichendes Ergebnis, der Fokus des distalen Ziels liegt allerdings etwas weiter in der Zukunft als der Fokus des proximalen Ziels, das häufig ein Unterziel des distalen Ziels darstellt.

Es erwies sich in verschiedenen Untersuchungen als besonders Erfolg versprechend, sowohl proximale als auch distale Ziele zu setzen (Latham & Seijts, 1999; Weldon & Yun, 2000). Locke und Latham (1990, S. 58) begründen den Vorteil proximaler Ziele mit Bezug auf Bandura (1986) damit, dass sie realer erscheinen mögen als distale Ziele und dadurch Aufschub (procrastination) verhindern können. Ferne Ziele hingegen sind flexibler und können bei Bedarf an veränderte Anforderungen angepasst werden. Wenn sie zu entfernt erscheinen, können sie jedoch als unrealistisch empfunden werden und als nicht wertvoll genug erscheinen, um ihnen akute Aufmerksamkeit zuzuwenden. Bandura (2001) begründet in der Social Cognitive Theory eine möglicherweise geringere Wirkung von distalen Zielen damit, dass diese Ziele durch konkurrierende aktuelle Anreize gefährdet seien. Proximale Unterziele beeinflussten die Handlungen im Hier und Jetzt, distale Unterziele hingegen seien zu weit entfernt, um ausreichend Anreize für das aktuelle Handeln zu liefern. Insofern empfiehlt Bandura (2001) für Fortschritte hinsichtlich langfristiger Bestrebungen, diese mit proximalen Zielen zu verbinden, die das aktuelle Handeln besser lenken könnten.

Die *Entfernung* von Zielen bezieht sich in diesem Kontext darauf, für welchen zeitlichen Rahmen Ziele gesetzt werden. Latham und Seijts (1999) setzten in einer Studie als distales Ziel beispielsweise einen bestimmten Geldbetrag, der bei der Spielzeugproduktion über den Zeitraum von 10 Sitzungen erworben werden sollte. Ein proximales Ziel beinhaltete hingegen den Geldbetrag, der in einer Sitzung erworben werden sollte. In einer Studie von Weldon und Yun (2000) wurde Zielsetzung bei Inspektoren von Pflegeheimen angewendet. Vom Gesundheitsministerium angestellte Pfleger formulierten im Team als distales Ziel einen bestimmten Genauigkeitsgrad, den sie mit ihren Berichten nach sechs bis neun Monaten erreichen wollten. In einer Bedingung mit zusätzlichen proximalen Zielen wurden außerdem ein oder zwei Zwischenschritte zum distalen Ziel formuliert. In beiden Untersuchungen unterstützte das proximale Ziel also als Zwischenschritt das Erreichen des fernen Ziels.

Auch beim Training sprachrezeptiven Handelns, könnte ein distales Ziel dementsprechend *additiv* zur *proximalen* Instruktion des Trainings gesetzt werden, und könnte beim Training sprachrezeptiven Handelns das Handeln *nach* dem Training, also die *Anwendung* des Gelernten im eigenen Leben, den *Transfer* fokussieren. Ein derartiges Ziel hätte für das Training sprachrezeptiven Handelns einen potenziell großen Nutzen, der sich aus den Eigenschaften sprachrezeptiven Handelns (Kapitel 3.1) sowie dem Förderansatz des Trainings (Kapitel 3.2) folgendermaßen ergibt. Aufgrund der Automatisierung des sprachrezeptiven Handelns und der daraus resultierenden Unbewusstheit der eigenen Verstehens- und Interpretationsprozesse findet das Training unabhängig von realen eigenen Kommunikationssituationen statt. Nach empirischen Erkenntnissen sollte Lernen allerdings möglichst nah am späteren Anwendungsfeld des Gelernten und mit möglichst authentischem Lernmaterial stattfinden (Reinmann & Mandl, 2006). Lernen sollte zu Handlungswissen beitragen bzw. Handlungskompetenzen fördern und problemorientiert sein. Es bedarf dann authentischer Probleme, anhand derer gelernt wird. Beim Training mit CaiMan reflektiert der Lernende sein sprachrezeptives Handeln allerdings nicht in einer natürlichen Handlungssituation, sondern mittels einer Videoaufnahme, die eine solche Handlungssituation stellvertretend abbildet (Henninger & Mandl, 2003, S. 70). Es wäre zu vermuten, dass die Integration von Videos mit geringerer Authentizität (der Lernende ist nicht selbst Teil des Gesprächs im Video) sich gegenüber authentischen eigenen Gesprächen negativ auf das Lernen auswirkt. Eine Studie konnte jedoch zeigen, dass für das sprachrezeptive Training Videos mit mittlerer Authentizität ausreichend sind (Henninger, Mandl, Pommer & Linz, 1999) und es insofern angemessen ist, beim Training sprachrezeptiven Handelns mit Videoaufnahmen von Gesprächen anderer Personen zu arbeiten.

Allerdings fehlt dem Trainingsteilnehmer durch nur mäßig authentische Videoaufnahmen möglicherweise der Bezug zum natürlichen Anwendungsbereich, zu eigenen Erfahrungen und Alltagssituationen. Es besteht im Prozess des Umlernens noch keine konkrete greifbare Situation zur Anwendung; diese ist erst im Anschluss an das Training gegeben. Die Instruktion des Trainings bezieht sich analog primär auf das Handeln beim Training, nicht auf das hinter dem Training liegende Lernziel. Tatsächlich geht es beim Training sprachrezeptiven Handelns aber nur vordergründig darum, ein Video zu analysieren. Das eigentliche Ziel des Trainings ist es vielmehr, das eigene Sprachverstehen zu verbessern, um *künftige* Kommunikationssituationen besser meistern zu können. Für eine Instruktion wäre ein solches Lernziel jedoch zu abstrakt. Dementsprechend kann ein solches Ziel auch nicht Gegenstand der Aufgabeninstruktion des Trainings mit CaiMan sein.

Allerdings wäre damit ein Fokus auf künftigen Kommunikationssituationen ein möglicher Inhalt für Ziele beim Training sprachrezeptiven Handelns. Ein solcher *Blick* in die Zukunft könnte auf folgende Weise für die Teilnehmer die Relevanz des Trainings mit CaiMan verdeutlichen: *Gute sprachrezeptive Fähigkeiten werden in zukünftigen kritischen Gesprächen eine unbestreitbar wichtige Funktion haben. Eine Förderung der eigenen sprachrezeptiven Fähigkeiten ist mithilfe des Trainings mit CaiMan möglich.* Damit könnte das Training sprachrezeptiven Handelns über seine zukunftsgerichtete Funktion für Beruf und Alltag der Teilnehmer eine größere (aktuelle) Bedeutung erhalten. Zugleich würde durch ein auf die Zukunft bezogenes Ziel die Bedeutung des Trainings für das Erreichen des eigentlichen Trainingsziels *besseres Sprachverstehen in zukünftigen eigenen Gesprächen* erhöht.

Die Zielsetzungstheoriefokussiert Ziele für direkt anschließende Handlungen. Sie sieht daher keine Transferziele vor, wenngleich das im Ziel beschriebene Ergebnis, wie dargestellt, unterschiedlich weit (distal) oder nah (proximal) am Zeitpunkt der Zielsetzung liegen kann. Für theoretische Hinweise zur Gestaltung von transferorientierten Zielen für das Training sprachrezeptiven Handelns werden aus diesem Grund andere Theorien herangezogen. Zu diesen Theorien zählt zunächst die Verbindung von Zielen mit Durchführungsintentionen (Kapitel 6.1.1). Hierbei werden Ziele kognitiv mit bestimmten zukunftsgerichteten Situationen verknüpft, in denen zielgerichtetes Handeln angestrebt wird. Eine zweite Möglichkeit, Ziele mit einem Transferbezug zu versehen, ist Priming, das Erzeugen oder Aktivieren eines unbewussten (Transfer-) Ziels (Kapitel 6.1.2). Ein dritter Ansatz betrachtet die Instrumentalität einer bestimmten Handlung für ein daraus resultierendes Ergebnis (Kapitel 6.1.3). Diese Ansätze und ihre Implikationen für mögliche Zielsetzungen für das Training sprachrezeptiven Handelns werden im Folgenden beschrieben. Am Ende eines jeden Abschnittes wird die entsprechende Theorie als möglicher Ansatz für das Training sprachrezeptiven Handelns diskutiert.

6.1.1 Implementation Intentions (Durchführungsintentionen)

Ein zukunftsgerichteter Ansatz für Zielsetzung ist die Verbindung von Zielen mit *Implementation Intentions* (Durchführungsintentionen). Im Folgenden werden Durchführungsintentionen zunächst als Ansatz vorgestellt (Kapitel 6.1.1.1), anschließend werden einige mögliche Effekte von Durchführungsintentionen anhand von empirischen Forschungsergebnissen dargestellt (Kapitel 6.1.1.2). Am Schluss des Abschnittes werden Durchführungsintentionen als möglicher Ansatz für das Training sprachrezeptiven Handelns diskutiert (Kapitel 6.1.1.3).

6.1.1.1 Durchführungsintentionen als theoretischer Ansatz

Durchführungsintentionen verknüpfen antizipierte kritische Situationen mit einem bestimmten zielgerichteten Verhalten (Gollwitzer, 1999, S. 493; Übers. v. Verf.). Es ist also ein anzustrebendes Ziel vorhanden, das mit bestimmten

Handlungen zu verfolgen wäre. An dieses Ziel wird eine Intention geknüpft, in einer ganz bestimmten Situation dem Ziel entsprechend zu handeln. Durchführungsintentionen können so letztendlich dazu führen, dass die Implementation eines Ziels automatisiert wird: „Implementation intentions delegate the control of goal-directed responses to anticipated situational cues, which (when actually encountered) elicit these responses automatically." (Gollwitzer, 1999, S. 493). In einer entsprechenden Situation muss eine zielgerichtete Handlung demzufolge nicht länger bewusst und mit Anstrengung eingeleitet werden, da situative Hinweise automatisch zielgerichtetes Handeln einleiten.

[A]ction initiation is no longer consciously and effortfully controlled but has been placed under the direct control of the specified environmental cues. We therefore speak of strategic automaticity when a conscious act of will delegates the control of one's actions to anticipated inner or external events. (Gollwitzer & Schaal, 1998, S. 124).

Durchführungsintentionen haben vor allem in solchen Situationen eine positive Wirkung, in denen Intentionen, ein Ziel zu verfolgen, ohne externe Unterstützung schwierig umzusetzen sind. Ein Ziel wird z.B. nicht weiter verfolgt, weil sich von außen Schwierigkeiten ergeben, Zielkonflikte entstehen, oder weil die Zielbindung zu gering ist. In diesen oder ähnlichen Situationen können zuvor formulierte Durchführungsintentionen möglicherweise dabei helfen, auch unangenehme Ziele quasi automatisch weiter zu verfolgen (Moskowitz, Li & Kirk, 2004).

Die Rolle von Durchführungsintentionen im Zielsetzungsprozess verdeutlicht auch das Rubikon-Modell der Handlungsphasen von Heckhausen und Gollwitzer (1987; zusammenfassend auch Rheinberg, 2000). Nach dem Rubikon-Modell werden Ziele in einem Prozess verfolgt, der sich aus vier Phasen zusammensetzt, zwei Motivations- und zwei Volitionsphasen. In einer ersten *Motivationsphase,* auch *prädezisionalen Phase,* wird ein bestimmter Wunsch wahrgenommen und auf seine Realisierbarkeit hin kritisch beurteilt. An diese Motivationsphase schließen sich zwei *Volitionsphasen* an, in denen alle inneren Prozesse auf das Ziel und dessen Erreichen ausgerichtet werden. In einer *präaktionalen* Volitionsphase werden zunächst Vorsätze gebildet, die dann in einer *aktionalen* Volitionsphase gegen konkurrierende Handlungstendenzen verteidigt und umgesetzt werden. An die Volitionsphase schließt eine zweite *Motivationsphase* an, in der die Zielerreichung kritisch reflektiert wird (Rheinberg, 2000, S. 178f.). Zielintentionen sind im Rubikon-Modell der prädezisionalen Phase einzuordnen. Damit eine Zielintention wirklich realisiert werden kann, ist allerdings mehr nötig als eine Intention, nämlich der Wille, das Ziel auch bei etwaigen Hindernissen weiter zu verfolgen. In der *präaktionalen* Phase können zur Unterstützung des Zielstrebens auch Durchführungsintentionen gebildet werden, in denen festgelegt wird, in welchen Situationen zielgerichtete Handlungsschritte ausgeführt werden sollen (Brandstätter, Heimbeck, Malzacher & Frese, 2003).

6.1.1.2 Mögliche Effekte von Durchführungsintentionen

Brandstätter et al. (2003) testeten das Rubikon-Modell und die Wirkung von Durchführungsintentionen im Kontext von Weiterbildungen. Für die Untersuchung wurden aus einem größeren Datensatz einer Längsschnittstudie 134 Personen ausgewählt, die entweder spontan Pläne für ihren beruflichen Werdegang nennen konnten oder die angaben, bereits über Weiterbildung nachgedacht zu haben, die allerdings zum Messzeitpunkt nicht an einer Weiterbildung teilnahmen. In einer ersten Phase der Untersuchung wurde bestimmt, inwiefern die Teilnehmer bereits eine Zielintention gebildet hatten, sich weiterzubilden. Hierzu wurden die Teilnehmer in einem Interview darum gebeten, auf einer Skala von 'I am thinking of doing so' bis 'I have already started to do so' ihre Pläne für eine Weiterbildung näher zu bestimmen. Die Teilnehmer machten zudem Angaben zu ihren Durchführungsintentionen, das heißt Angaben darüber, inwiefern sie bereits einen bestimmten Zeitpunkt oder einen exakten Ort festgelegt hatten, an dem sie ihr Ziel, sich weiterzubilden, verfolgen wollten. Zwei Jahre später wurde in einer zweiten Phase der Untersuchung erhoben, inwiefern die Teilnehmer erfolgreich eine berufliche Weiterbildung gestartet hatten. Die Untersuchung ergab, dass Zielintentionen sowohl einen direkten Einfluss auf die Einleitung von Handlungen hatten (Übergang zwischen präaktionaler und aktionaler Volitionsphase), als auch einen, etwas stärkeren, indirekten Einfluss, vermittelt über das Bilden von Durchführungsintentionen. Die Autoren resümieren, dass Teilnehmer mit einer Zielintention, die Durchführungsintentionen enthielt, erfolgreicher dabei waren, eine berufliche Weiterbildung zu beginnen. Daher empfehlen sie als Resultat ihrer Untersuchung, Personen, die zielbezogene Handlungen ausführen möchten, dazu anzuleiten, Durchführungsintentionen zu bilden.

Durchführungsintentionen wurden in unterschiedlichen Forschungsarbeiten hinsichtlich ihrer Wirkung untersucht. Gollwitzer und Brandstätter (1997) ließen beispielsweise 111 Studierende persönliche Ziele formulieren und anstreben. Jeder Teilnehmer sollte ein persönliches Ziel nennen, das ihm einfach erreichbar erschien, sowie ein schwieriges Ziel. Kriterium für die Ziele war, dass sie bereits zuvor vorhanden gewesen waren und dass sie innerhalb der folgenden Weihnachtsferien realisiert (engl.: to implement) werden könnten. Die Teilnehmer formulierten ihre Ziele schriftlich und spezifizierten sie hinsichtlich verschiedener Merkmale. Sie machten zum Beispiel Angaben darüber, wie lange sie ein bestimmtes Ziel bereits anstrebten und wie nahe sie daran waren, es zu verwirklichen. Zuletzt sollten die Teilnehmer angeben, ob sie für ihre Ziele bereits bestimmte Zeiten, Orte oder Situationen bestimmt hatten, in denen sie dem Ziel entsprechend handeln würden (*'When I encounter the situational context y, I will perform behavior z!'*) (Gollwitzer & Brandstätter, 1997, S. 188). Teilnehmer, die bereits Intentionen zur Implementation der Ziele formuliert hatten, sollten in eigenen Worten die geplanten Handlungen und die entsprechenden Kontexte beschreiben. Im Anschluss an die Weihnachtsferien erhielten die Studierenden einen weiteren Fragebogen, auf dem sie für jedes Ziel angeben sollten, ob sie es bereits erreicht oder noch nicht erreicht hatten. Die von den Studierenden genannten Ziele bezogen sich auf das Studium, auf den Alltag oder auf soziale Themen. Durchführungsintentionen wurden für schwierige und einfache Ziele etwa gleich häufig beschrieben. Als Ergebnis der Studie zeigte sich, dass ohne Durchführungsintentionen nur 22 Prozent der schwierigen Ziele erreicht wurden, mit Durchführungsintentionen hingegen 62 Prozent der schwierigen Ziele. Bei den leichten Zielen wurden ohne Durchführungsintentionen 78 Prozent der Ziele erreicht, mit Durchführungsintentionen 84 Prozent der Ziele. Durchführungsintentionen konnten also gerade bei schwierigen Zielen die Zielerreichung fördern.

In einer zweiten Studie setzten Gollwitzer und Brandstätter (1997) kurz vor Weihnachten für 86 Studierende das Ziel, einen lebhaften Bericht darüber zu verfassen, wie sie den Heiligabend verbracht haben, und diesen anschließend noch innerhalb der Weihnachtsferien an die Forscher zurück zu schicken. Die Hälfte der Teilnehmer wurde darum gebeten, Durchführungsintentionen darüber zu bilden, wann sie das Ziel realisieren, also den Bericht zu schreiben planten. Im Ergebnis zeigte sich, dass 71 Prozent der Teilnehmer mit Durchführungsintentionen ihr Ziel erreicht, das heißt ihren Bericht in den Weihnachtstagen verfasst und zurück geschickt hatten. Im Gegensatz dazu erreichten nur 32 Prozent der Teilnehmer der Kontrollgruppe das Ziel. 83 Prozent der Teilnehmer mit Durchführungsintentionen realisierten ihr Ziel außerdem an genau dem Tag, den sie bereits im Vorfeld hierzu bestimmt hatten.

Koestner, Lekes, Powers und Chicoinde (2002) untersuchten in zwei Studien den Effekt von Durchführungsintentionen sowie den Effekt der Selbstkonkordanz (d.h. des Grads der Übereinstimmung von Zielen mit persönlichen Interessen und Werten, self-concordance) auf den Zielfortschritt. In der ersten Studie wurde bei 106 Studierenden der Fortschritt hinsichtlich ihrer Wochenendziele untersucht. Alle Teilnehmer wurden im Vorfeld darum gebeten, in einem Fragebogen ihre Ziele für das Wochenende aufzulisten und die Selbstkonkordanz dieser Ziele zu bewerten. Studierende in einer Versuchsgruppe wurden zudem aufgefordert, Durchführungsintentionen für ihre Ziele zu bilden. Am Ende des Wochenendes sollten alle Teilnehmer auf einer Skala den Fortschritt bezüglich ihrer Wochenendziele angeben. Die Studie zeigte positive Effekte von Selbstkonkordanz und Durchführungsintentionen auf den Zielfortschritt. Eine starke Übereinstimmung der Ziele mit persönlichen Interessen und Werten förderte die Zielerreichung. Außerdem waren diejenigen Teilnehmer erfolgreicher bei der Realisierung ihrer Ziele, die zuvor Durchführungsintentionen für ihre Ziele gebildet hatten. Es ergab sich zudem ein Interaktionseffekt von Durchführungsintentionen und Selbstkonkordanz auf den Fortschritt hinsichtlich der Zielerreichung. In der Versuchsgruppe mit Durchführungsintentionen standen Selbstkonkordanz der Ziele und Zielerreichung in positivem Zusammenhang, in der Kontrollgruppe war ein solcher Zusammenhang nicht messbar. Durchführungsintentionen erwiesen sich in der Studie also im Zusammenhang mit einer hohen Selbstkonkordanz von Zielen als besonders wirksam für einen Fortschritt bei der Zielerreichung.

In der zweiten Studie von Koestner et al. (2002) wurde der Kontext der Ziele verändert. 61 Studierende sollten in der ersten Januarwoche drei gute Vorsätze auflisten, die sie sich für das neue Jahr vorgenommen hatten und für jeden der guten Vorsätze das Schwierigkeitslevel bestimmen. Die Teilnehmer wurden drei Bedingungen zugeteilt: Studierende in einer *Implementations*-Bedingung sollten für die Vorsätze Durchführungsintentionen bilden, Studierende in einer *Selbstreflexions*-Bedingung waren hingegen aufgefordert, schriftlich darüber zu reflektieren, warum sie ihre Vorsätze verfolgten. Dabei sollten sie persönlich bedeutsame Gründe für jeden Vorsatz sowie die positiven Folgen angeben, die für sie aus der Zielerreichung resultieren würden. Teilnehmer in der Kontrollbedingung erhielten kein Treatment. Nach zwei Wochen wurden Selbstwirksamkeitserwartung, Zielbindung sowie die Selbstkonkordanz der Ziele erhoben, und nach einem Monat waren die Teilnehmer aufgefordert, ihren Fortschritt im Hinblick auf ihre Vorsätze zu bewerten. Die Studie ergab, dass Teilnehmer der beiden Versuchsgruppen ihre Vorsätze als weniger schwierig bewerteten als Teilnehmer in der Kontrollgruppe. Außerdem zeigte die Untersuchung einen Effekt der Treatments auf die Selbstkonkordanz der Ziele. Teilnehmer mit Selbstreflexion bewerteten ihre Ziele als autonomer als Teilnehmer mit Durchführungsintentionen oder Teilnehmer der Kontrollgruppe. Die Bedingungen unterschieden sich allerdings nicht im Hinblick auf das tatsächliche Erreichen der Vorsätze, Durchführungsintentionen konnten in dieser Studie also nicht die Zielerreichung fördern. Die Autoren erklären dieses Ergebnis damit, dass Teilnehmer aus der Kontrollgruppe ebenfalls Durchführungsintentionen für ihre Vorsätze für das neue Jahr formuliert haben könnten. Durchführungsintentionen können auch spontan gebildet werden, und gerade bei Vorsätzen für das neue Jahr wäre es wahrscheinlich, dass in Anbetracht der Schwierigkeit der Ziele Durchführungsintentionen gebildet würden.

In verschiedenen Untersuchungen konnte hingegen ein Effekt von Durchführungsintentionen auf persönliche Ziele, beispielsweise auf Wochenendziele oder Jahresziele, aber auch auf die Aufgabenbearbeitung (z.B. Brandstätter, Lengfelder & Gollwitzer, 2001) bestätigt werden.

Brandstätter et al. (2001, Studie 3) untersuchten beispielsweise im Hinblick auf die Aufgabenbearbeitung, wie Durchführungsintentionen bei einer dualen Aufgabenstellung (dual task paradigm) mit hoher kognitiver Belastung (cognitive load) wirken. 68 Studierende sollten zwei unterschiedliche Aufgaben auf jeweils zwei Computerbildschirmen bearbeiten. Die primäre Aufgabe enthielt bedeutungslose Silben, zu denen die Teilnehmer entweder frei assoziieren oder die sie laut wiederholen und auswendig lernen sollten. Bei der zweiten Aufgabe sollten die Teilnehmer so schnell wie möglich einen Knopf drücken, sobald eine Zahl, nicht hingegen ein Buchstabe, auf dem zweiten Bildschirm erschien. Die Hälfte der Teilnehmer sollte eine Durchführungsintention dafür bilden, bei einer bestimmten kritischen, von ihnen aus einem Kartenstapel gezogenen, Zahl besonders schnell zu reagieren. Die anderen Teilnehmer sollten sich mit einer bestimmten (kritischen) Zahl vertraut machen, indem sie sie mehrmals aufschrieben. Als abhängige Variable wurde die Reaktionszeit auf die kritische Zahl sowie auf nicht kritische Zahlen erhoben. Es zeigte sich in der Studie, dass Durchführungsintentionen gegenüber der Bedingung, in der sich die Teilnehmer mit der kritischen Zahl vertraut machten, im Hinblick auf die kritische Zahl zu einer schnelleren Reaktionszeit führten. Gleichzeitig war die Reaktionszeit bei nicht kritischen Zahlen bei beiden Bedingungen nicht signifikant unterschiedlich. In dem Experiment zeigte sich zudem, dass die beiden Bedingungen sich nicht hinsichtlich der Leistung in der primären Aufgabe unterschieden. Durchführungsintentionen konnten in der Untersuchung also das intendierte zielgerichtete Handeln fördern, ohne andere, nicht direkt zielgerichtete, Handlungen zu stören. Die Ergebnisse von Brandstätter et al. stammen allerdings aus einem Laborexperiment mit künstlich erzeugten Aufgaben. Inwiefern ähnliche Ergebnisse auch aus der Bearbeitung von Aufgaben unter weniger künstlichen Bedingungen zu erwarten sind, bliebe zu untersuchen.

6.1.1.3 Durchführungsintentionen als möglicher Ansatz für das Training sprachrezeptiven Handelns

Durchführungsintentionen fokussieren bestimmte Handlungen in naher oder ferner Zukunft. Sie könnten beim Training sprachrezeptiven Handelns den Fokus der Teilnehmer auf die Anwendung der sprachrezeptiven Fähigkeiten in einem zukünftigen kritischen Gespräch lenken. Eine *beispielhafte (Ziel-) Instruktion* für das Training sprachrezeptiven Handelns könnte folgendermaßen lauten: "*Ziel des Trainings sprachrezeptiven Handelns ist es, dass du in kritischen Situationen begründet, reflektiert und rational dein Gegenüber verstehen kannst.*"

Durchführungsintentionen könnten das Ziel beispielsweise wie folgt fördern: „Damit ein solches Ziel erreicht wird, sind Handlungen notwendig, die anhand von drei Dimensionen beschrieben werden können. Eine Dimension betrifft die Zeit, die andere den Ort und die dritte die Art von Handlung, die mit dem situativen Kontext (Zeit, Ort) verbunden wird. [...] Bitte bestimme nun einen Ort und eine Zeit, zu der du versuchen willst, dein Gegenüber begründet, reflektiert und rational zu verstehen." (In Anlehnung an Gollwitzer & Brandstätter, 1997, S. 188).

Eine solche oder ähnliche Zielinstruktion mit Durchführungsintentionen wäre für das Training sprachrezeptiven Handelns sicher denkbar. Es ist jedoch zu beachten, dass ein derartiger Fokus auf der Ausführung einer Handlung in einem bestimmten Kontext das zielrelevante Handeln vollends auf die Zeit nach dem Training verschöbe. Im vorherigen Kapitel wurde als ein Kriterium für ein wirksames Ziel für das Training sprachrezeptiven Handelns herausgearbeitet, dass es einen Bezug zu diesem Training selbst haben sollte. Eine wirksame Intervention für das Training sprachrezeptiven Handelns sollte bereits während des Trainings Effekte haben, und z.B. die Ausdauer beim Training oder ein strukturiertes Lernen fördern. Es ist fraglich, inwiefern Durchführungsintentionen, die vor dem Training für das Handeln nach dem Training gebildet werden, hierfür von Relevanz sein können. Bezieht sich der Inhalt der Durchführungsintentionen auf das Gesprächsverhalten im Anschluss an das Training, sind höchstens marginale Effekte auf das Training selbst zu erwarten, da Durchführungsintentionen das Handeln konditional mit situativen

Bedingungen außerhalb des Trainings verknüpfen. Der Effekt von Durchführungsintentionen auf zukünftiges zielrelevantes Handeln ginge zudem über den Rahmen der experimentellen Untersuchung zur Wirkung von Zielsetzung beim Training sprachrezeptiven Handelns hinaus. Würden Durchführungsintentionen hingegen zielrelevantes Handeln während des Trainings fokussieren, unterschieden sie sich kaum von einem aufgabenbezogenen Ziel. Damit wären sie auch nicht mehr als *transferorientierte* Ziele zu kategorisieren, und wären insofern keine Option dafür, das Training durch einen Transferbezug zu fördern. Als Fazit wären Durchführungsintentionen in Verbindung mit Zielen also zwar ein denkbarer Ansatz zur Förderung der *Anwendung* von zielrelevantem Handeln, nicht jedoch für dessen *Training*.

Die folgende Tabelle 2 fasst die Merkmale von Durchführungsintentionen als möglichen Ansatz für das Training sprachrezeptiven Handelns zusammen.

Kriterien von möglichen Zielen für das Training sprachrezeptiven Handelns - Durchführungsintentionen -	
Fokus des Ziels	Anwendungskontext
Relation zur Aufgabeninstruktion	Alternative
Trainingsbezug gegeben durch	?
Wirkung auf Trainingsprozess	?

Tabelle 2: Kriterien von möglichen Zielen für das Training sprachrezeptiven Handelns – Durchführungsintentionen

Wie Tabelle 2 verdeutlicht, genügt ein Ziel mit Durchführungsintentionen nicht den zuvor herausgearbeiteten Kriterien für ein wirksames Ziel für das Training sprachrezeptiven Handelns, da ein Trainingsbezug nicht vorgesehen ist, und damit auch keine Wirkung auf Prozessvariablen des Trainings angenommen werden kann.

6.1.2 Priming

Eine weitere Option, Zielsetzung mit einer Transferorientierung zu verbinden, ist das so genannte *Priming*. Im Folgenden sollen zunächst die Grundzüge von Priming skizziert werden (6.1.2.1). Im Anschluss werden einige Experimente vorgestellt, in denen Priming erfolgreich angewendet wurde (Kapitel 6.1.2.2). Am Ende des Kapitels wird Priming als ein möglicher Ansatz für das Training sprachrezeptiven Handelns diskutiert (6.1.2.3).

6.1.2.1 Grundzüge von Priming

Hintergrund von Priming ist die Erkenntnis, dass Individuen nicht nur bewusst Ziele anstreben, sondern auch nicht bewusste Ziele verfolgen. Eine bewusste Intention scheint demnach nicht notwendig für zielgerichtetes Verhalten (Custers & Aarts, 2007), und es ist denkbar, dass Ziele auch ohne bewusste Entscheidung verfolgt werden (Bargh & Ferguson, 2000). In diesem Zusammenhang beschreibt ein Modell von Bargh, das *Auto-Motiv-Modell*, die Möglichkeit, dass Ziele automatisch durch die Umgebung ausgelöst werden können (Chartrand & Bargh, 2002). Das Modell gründet auf der Annahme, dass Ziele auf dieselbe Art und Weise im Gedächtnis gespeichert sind wie z.B. Stereotype. Ebenso wie Stereotype müssten damit auch Zielrepräsentationen durch relevante Stimuli der Umgebung automatisch aktiviert werden können. Wird ein bestimmtes Ziel in einer bestimmten Situation wiederholt aktiviert, wird die entsprechende Zielrepräsentation im Verlauf der Zeit automatisch mental mit dieser Situation verbunden. Letztendlich kann das Ziel so in der entsprechenden Situation unbewusst aktiviert werden. Unbewusste Ziele können also ohne willentliche Intention oder Anstrengung aktiviert werden, und sie können zudem ähnliche Effekte auslösen wie bewusst verfolgte Ziele (Bargh, Gollwitzer, Lee-Chai, Barndollar & Trötschel, 2001; Stajkovic, Locke & Blair, 2006). Sie können beispielsweise positiv auf die Verarbeitung von Informationen wirken, auf die Speicherung von Informationen im Gedächtnis, auf das Sozialverhalten, aber auch auf die Bearbeitung einer Aufgabe, die Selbstwirksamkeitserwartung oder die Selbstevaluation (zusammenfassend Bargh & Ferguson, 2000). Die Effekte unbewusster Ziele können außerdem von denselben Moderatoren beeinflusst werden, wie die Effekte bewusster Ziele (Latham, 2007). Dennoch besteht ein entscheidender Unterschied zwischen unbewussten und bewussten Zielen: Nicht bewusst bzw. automatisch verfolgte Ziele erfordern, im Gegensatz zu intentionalem Zielstreben, keine zusätzliche Kapazität oder Volition, um zu wirken (Förster, Liberman & Friedman, 2007).

Über Priming werden unbewusst Ziele erzeugt. Dies kann auf unterschiedliche Arten geschehen. Shah (2005) beschreibt in einem Review zur automatischen Zielverfolgung z.B. ein *instrumentelles Priming* von Zielen. Für eine Person sind bestimmte Situationen, bestimmte andere Menschen oder auch ein bestimmtes Verhalten möglicherweise besonders hilfreich, um Ziele zu erreichen. Mit der Zeit, wenn diese Situationen, Personen oder Verhaltensweisen häufiger mit der Erreichung von Zielen in Verbindung gebracht wurden, können sie mit Zielen assoziiert und damit Mittler für das Erreichen dieser Ziele (*attainment means*) werden. Je höher die wahrgenommene *funktionale Verbindung* zwischen den Mittlern und der Zielerreichung, desto stärker sind auch die Assoziationen zwischen Situation, Person oder Verhalten (als Mittler) und einem bestimmten Ziel. Bei sehr starken Assoziationen können Mittler Ziele automatisch aktivieren. Wäre eine Person von mehreren Mittlern für ein bestimmtes Ziel umgeben, könnte dieses Ziel aller Wahrscheinlichkeit nach automatisch in den Fokus ihrer Aufmerksamkeit rücken.

Eine wichtige Quelle für das Priming von Zielen sind auch wichtige Bezugspersonen (*significant others*) (Shah, 2005). Eine solche wichtige Bezugsperson kann beeinflussen, welche Ziele ein Individuum verfolgt. Je wichtiger die andere Person für das Individuum ist, desto eher wird es die Ziele dieser anderen Person erwägen, für sich übernehmen und selbst verfolgen. Die andere Person kann außerdem automatisch die empfundene Schwierigkeit, den empfundenen Wert sowie den empfundenen Zweck eines Ziels beeinflussen. In diesem Zusammenhang ist es sogar möglich, dass ein Individuum in Situationen, in denen es ein Ziel verfolgt, automatisch den Kontakt zu bestimmten Personen sucht, die mit diesem Ziel in Verbindung stehen.

Morrison, Wheeler und Smeesters (2007) untersuchten in mehreren Studien die Effekte von wichtigen Bezugspersonen auf das Verhalten. Im Fokus der Untersuchung stand die Frage nach Moderatoren für Effekte der *Primes* (d.h. Vorreize) von wichtigen Bezugspersonen auf das Verhalten. In einer ersten Studie untersuchten die Autoren die Hypothese, dass Teilnehmer ohne eigenes Leistungsziel in Bezug auf universitären Erfolg bei einem Leistungstest besser abschneiden würden, nachdem Priming einer wichtigen Bezugspersonen, ihrer Mutter, stattgefunden hatte, die ein leistungsbezogenes Ziel für sie hatte. An der Studie nahmen 65 Studierende im Grundstudium teil. Als potentieller Moderator wurde die Selbstkorrektur (self-monitoring) erhoben, die sich in vorherigen Studien darauf ausgewirkt hatte, inwieweit Personen auf externe Hinweise reagieren, um ihr Verhalten anzupassen. Die Autoren beschreiben, dass Personen mit hoher Tendenz zur Selbstkorrektur (high self-monitors) eher dazu neigen, solche externen Hinweise anzunehmen als Personen mit geringer Tendenz zur Selbstkorrektur (low self-monitors). Letztere greifen eher auf internale Hinweise wie Einstellung und Überzeugungen zurück, um ihr Verhalten zu steuern. Als abhängige Variable erhoben Morrison et al. die Leistung bei einer Aufgabe, bei der in einer begrenzten Zeit aus sieben Buchstaben so viele Wörter wie möglich gebildet werden sollten (Buchstabenrätsel). In dieser ersten Studie von Morrison et al. bestand das Priming daraus, dass Fragen zur Mutter beantwortet werden sollten (die Kontrollgruppe beantwortete stattdessen Fragen z.B. zu Freizeitaktivitäten). Es zeigte sich in der Studie ein Interaktionseffekt der Priming-Bedingung und der Tendenz zur Selbstkorrektur auf die Leistung bei dem Buchstabenrätsel. Studierende mit hoher Tendenz zur Selbstkorrektur hatten bei einem Priming der Mutter eine bessere Leistung als bei neutralem Priming. Bei Studierenden mit einer geringen Tendenz zur Selbstkorrektur zeigten sich in Bezug auf die Leistung keine signifikanten Unterschiede zwischen Priming der Mutter und neutralem Priming. Das Priming durch eine wichtige Bezugsperson beeinflusste in der Studie folglich die Leistung von Studierenden, die ohnehin dazu tendierten, auf soziale Hinweise zu reagieren.

Für eine weitere Studie von Morrison et al. (2007) wurden sowohl das Ziel (Ordnung – tidiness) als auch die Referenzperson (Mitbewohner) verändert. Es wurden 76 Studierende ausgewählt, für die ihre Referenzperson das Ziel hatte, die Wohnung sauber zu halten (keep their living space clean). Das Priming ähnelte dem Priming aus der ersten Studie (Erinnerungsaufgabe bezogen auf den Mitbewohner oder bezogen auf bestimmte nicht relevante Gegebenheiten, wie das Lieblingsrestaurant). In diesem Experiment ließ der Versuchsleiter bei jedem Teilnehmer sieben verschiedene Objekte auf dem Schreibtisch liegen, z.B. einen Stift oder zwei Einverständniserklärungen. Die

Anzahl der Objekte, die jeder Teilnehmer nach Beendigung des Experiments auf dem Schreibtisch liegen ließ, und nicht dem Versuchsleiter zurückgab oder mitnahm, galten als Maß für die Ordnung als abhängige Variable. Als potentielle Moderatorvariablen wurden wiederum die Tendenz zur Selbstkorrektur, außerdem aber auch ein Maß dafür erhoben, inwiefern die Teilnehmer das Ziel der Mitbewohner auch selbst verfolgten. In der Studie zeigte sich, nachdem die Daten von Ausreißern bereinigt wurden, wiederum eine moderierende Wirkung der Tendenz zur Selbstkorrektur. Studierende mit Priming des Mitbewohners, die nicht selbst ein Ordnungsziel hatten, ließen bei hoher Tendenz zur Selbstkorrektur weniger Objekte zurück als Studierende in der Kontrollgruppe. Bei Studierenden mit niedriger Tendenz zur Selbstkorrektur, die nicht selbst ein Ordnungsziel verfolgten, ergaben sich hingegen keine signifikanten Unterschiede zwischen Priming des Mitbewohners und neutralem Priming hinsichtlich der abhängigen Variable *Ordnung*. Es zeigte sich außerdem, dass Studierende, die selbst ein Ordnungsziel verfolgten, nach einem Priming des Mitbewohners ordentlicher waren als nach einem neutralen Priming. In dieser Studie hatte also neben der Tendenz zur Selbstkorrektur auch die Ähnlichkeit der Ziele der Referenzperson mit den eigenen Zielen einen positiven Einfluss auf die Ordnung als abhängige Variable. Eine dritte Studie ähnelte der ersten Studie, jedoch wurde in dieser Studie mit 125 Studierenden als Moderator des Primings der Mutter auf die Leistung statt der Selbstkorrektur das Bedürfnis erhoben, dazu zu gehören (need to belong). In dieser Studie zeigten sich mit der ersten Studie vergleichbare Effekte von Priming. Teilnehmer mit einem hohen Bedürfnis, dazu zu gehören, hatten bessere Ergebnisse bei einem Leistungstest, wenn sie zuvor ein Priming ihrer Mutter erhalten hatten, die ein Leistungsziel für sie anstrebte, als nach einem neutralen Priming. Bei Teilnehmern mit einem geringen Bedürfnis, dazu zu gehören, also mit einer geringen Motivation, auf soziale Hinweise zu reagieren, hatte das Priming keine signifikanten Effekte auf die Ergebnisse im Leistungstest.

Morrison et al. (2007) konnten somit experimentell zeigen, dass wichtige Bezugspersonen quasi automatisch die Verfolgung von Zielen auslösen können. Entsprechen diese Ziele nicht sowieso den eigenen Zielen, moderieren Variablen, wie z.B. die Höhe der Tendenz zur Selbstkorrektur bzw. die Stärke des Bedürfnisses, dazu zu gehören, die Wirkung von Priming durch die wichtige Bezugsperson.

6.1.2.2 Priming als wissenschaftliche Technik

Wie gezeigt wurde, kann Priming also automatisch mittels situativer Anreize oder wichtiger Bezugspersonen stattfinden. Jedoch ist Priming auch als Technik bedeutsam (zusammenfassend z.b. Latham, Stajkovic & Locke, 2010). Unsere kognitive Verarbeitungskapazität ist grundsätzlich beschränkt. Infolgedessen hat das Unterbewusstsein theoretisch eine vergleichbar wichtige Funktion, wie das Bewusstsein selbst. Unterbewusste Ziele (subconscious goals) benötigen weniger Kapazität als bewusste Ziele und sind damit auch besser zu verarbeiten als bewusste Ziele. Wie erwähnt können unbewusste Ziele zudem ähnliche Effekte erzeugen wie bewusste Ziele. Außerdem hängen unbewusste Ziele nicht zwangsläufig mit bewussten Zielen zusammen. Das heißt, es ist einerseits denkbar, mit unbewussten Zielen bewusste Ziele zu umgehen (je nachdem, welches Ziel die stärkeren Effekte auf eine Person hat). Andererseits wäre es aber auch möglich, über unbewusste und bewusste Ziele additive Effekte auf die Performanz zu erzeugen.

In unterschiedlichen Arbeiten werden Möglichkeiten zur Anwendung von Priming beschrieben (Austin & Vancouver, 1996; Förster et al., 2007; Latham, 2007; Latham et al., 2010; Shah, 2005). Latham et al. (2010) beschreiben in einer Arbeit zu Relevanz und Realisierbarkeit von unbewussten Zielen am Arbeitsplatz (in Anlehnung an Chartrand & Bargh, 2002) zwei Möglichkeiten zur Aktivierung von Zielen, ein subliminales (unterschwelliges; subliminal) und ein supraliminales (überschwelliges; supraliminal) Priming. Bei subliminalem Priming werden Ziele durch die Präsentation von Stimuli aktiviert, wobei die Stimuli nicht bewusst werden, da sie z.B. als Wörter visuell außerhalb des Blickfeldes des betreffenden Individuums erscheinen. Ein solches Priming dürfte nach Latham et al. in einer natürlichen Umgebung allerdings meist nicht stark genug sein, um das Handeln zu beeinflussen. Supraliminales Priming hingegen aktiviert Ziele an der Grenze des Bewusstseins, so dass das Individuum zwar bewusst Informationen erhält, diese Informationen jedoch nicht mit der eigentlichen Aufgabe in Verbindung bringen kann (Latham et al.,

2010). Zum Beispiel werden Teilnehmer an Experimenten darum gebeten, auf einem Blatt bestimmte mit einem Ziel assoziierte Begriffe zu finden und einzukreisen. Oder sie sollen aus mit dem Ziel in Verbindung stehenden Wörtern Sätze bilden. Shantz und Latham (2009) verwendeten in einer noch zu schildernden Untersuchung auch ein Foto für Priming. Wichtig bei allen Interventionen ist allerdings, dass den Teilnehmern das Priming nicht bewusst wird. Latham (2007, S. 193) beschreibt diese Tatsache auch als das *sine qua non* von Experimenten mit Priming.

Über das Priming unbewusster Ziele können aktuelle bewusste Zielprioritäten einer Person beeinflusst werden. Shah (2005) beschreibt beispielsweise, wie das Priming eines alternativen Ziels die Bindung an ein ursprünglich verfolgtes Ziel beeinflussen kann, wenn das alternative Ziel mit dem ursprünglichen Ziel in Verbindung steht. Wird ein Ziel salient, das mit dem ursprünglichen Ziel in Verbindung steht, kann dieses das ursprüngliche Zielstreben unterstützen. Durch ein mit dem ursprünglichen Ziel in Verbindung stehendes neues Ziel wird die Aufmerksamkeit in Richtung des ursprünglichen Ziels gelenkt, denn das neue Ziel kann als Mittel gedeutet werden, um das ursprüngliche Ziel zu verfolgen. Ist das neue Ziel hingegen nicht mit dem aktuell verfolgten Ziel in Verbindung zu bringen, beansprucht es die aktuelle Aufmerksamkeit und hindert das Verfolgen des ursprünglichen Ziels. Priming kann also ein aktuelles Ziel dann fördern, wenn das neue unbewusste Ziel mit dem ursprünglichen Ziel in Verbindung zu bringen ist. Es macht bestimmte Faktoren der Umgebung salient und zugänglich für ein Individuum (Austin & Vancouver, 1996) und kann damit ein aktuelles Zielstreben unterstützen.

Priming wurde in verschiedenen Studien mit unterschiedlichen Zielen und Inhalten angewendet. Um die Wirkung von unbewussten Zielen zu untersuchen, führten Bargh et al. (2001) mehrere Experimente zum Priming durch. Im ersten Experiment war der Inhalt des Primings ein *Leistungsziel*. 78 Studierende bearbeiteten individuell vier Wortsuch-Rätsel. Das erste dieser Rätsel beinhaltete den Prime: Für Teilnehmer in einer Leistungsziel-Bedingung enthielt das Rätsel außer neutralen Begriffen auch einige Begriffe, die sich auf Leistung bezogen, z.B. *win, compete, succeed* und *master*. In den folgenden drei Rätseln fanden Teilnehmer mit Priming im Rätsel mehr Begriffe als Teilnehmer ohne Priming. Priming konnte also offenbar ein Leistungsziel anregen, das die Teilnehmer im Folgenden anstrebten. Das zweite Experiment von Bargh et al. beinhaltete ein Kooperationsziel. 60 männliche Studierende spielten in diesem Experiment gegen einen fiktiven Spielpartner um eine begrenzte Anzahl von Fischen in einem Teich (resource-dilemma task). In jeder Spielrunde fischte der Spieler 15 Fische und konnte sich entscheiden, wie viele dieser Fische er behalten und wie viele er zurück in den Teich werfen wollte, um den Bestand an Fischen im Teich zu erneuern. Er konnte also in jeder Runde entscheiden, ob er kooperativ oder kompetitiv handeln wollte. Im Experiment variierten Bargh et al. ein Priming von *Kooperation* und ein bewusstes Kooperationsziel. Priming fand in Form von Schüttelsätzen (Scrambled Sentences) statt, die auf Kooperation bezogene Begriffe enthielten wie *cooperative, fair, honest* und *helpful*. Teilnehmer mit bewusster Zielsetzung setzten das Kooperationsziel '*I intend to cooperate as much as possible*'. In diesem Experiment führten das durch Priming erzeugte Ziel (primed goal) und das bewusste Ziel gegenüber den neutralen Bedingungen gleichermaßen zu einem stärker kooperativen Verhalten. Die Effekte des durch Priming erzeugten Ziels waren unabhängig davon, ob die Teilnehmer bereits ein bewusstes Kooperationsziel verfolgten. (Weitere Experimente von Bargh et al. werden im Verlauf des Kapitels vorgestellt).

Priming von Zielen kann also, wie im ersten Experiment deutlich wurde, ebenso wie bewusste Ziele die Leistung bei einer experimentellen Aufgabe verbessern. Im zuletzt beschriebenen Experiment von Bargh et al. (2001), in dem die Effekte von durch Priming erzeugten Zielen und bewussten Zielen direkt vergleichbar waren, erwiesen sich die Effekte beider Manipulationen außerdem im Hinblick auf ihre Stärke als vergleichbar.

Shantz und Latham (2009) führten mehrere Studien durch, in denen sie die Effekte von sowohl bewussten als auch unbewussten Zielen untersuchten. Priming fand in diesen Untersuchungen nicht über Begriffe statt, sondern mittels eines Bildes. Zur Auswahl eines geeigneten Bildes wurden in einer Pilotstudie 52 Erwachsene auf dem Weg zur Arbeit darum gebeten, eine Brainstorming-Aufgabe zu bearbeiten, bei der sie Verwendungsmöglichkeiten für einen Kleiderbügel finden sollten. Die Aufgabe war für einige Personen auf ein Bild von einer Frau gedruckt, die gerade bei den olympischen Spielen das 5000-Meter-Rennen gewonnen hatte. Für andere Personen enthielt der Aufgabenzettel eine Collage aus verschiedenen leistungsbezogenen Motiven. Eine Kontrollgruppe sah keine leistungsbezogenen Fotos. Bei der Brainstorming-Aufgabe hatten diejenigen Personen die beste *Leistung*, fanden also die meisten Verwendungsmöglichkeiten für den Bügel, die zuvor das Bild mit der Siegerin gesehen hatten, gefolgt von Teilnehmern mit der Collage aus leistungsbezogenen Motiven. Das Bild mit der Siegerin wurde für ein Laborexperiment ausgewählt, bei dem bei 71 Studierenden untersucht wurde, inwiefern dieser Prime das Bedürfnis nach Leistung (need for achievement) erhöht. Studierenden in einer Versuchsbedingung wurde durch Priming das Leistungsziel gesetzt, eine Kontrollgruppe erhielt kein Treatment. Die Teilnehmer sollten nacheinander in jeweils fünf Minuten Geschichten zu drei Bildern verfassen, auf denen ein Hund, ein Baum und ein Auto abgebildet waren. Das Bedürfnis nach Leistung wurde anhand der Anzahl leistungsbezogener Wörter wie z.B. *hero* oder *win* gemessen, die die Teilnehmer in ihren Geschichten verwendeten. Das Experiment ergab signifikante Effekte des durch Priming erzeugten Ziels auf das Bedürfnis nach Leistung. Teilnehmer mit Priming verwendeten mehr leistungsbezogene Wörter als Teilnehmer der Kontrollbedingung. Eine dritte Studie wurde in einem Callcenter durchgeführt, in dem Fundraising für eine Universität betrieben wurde. Hierbei wurden die Effekte von sowohl bewussten als auch unbewussten Leistungszielen auf die Höhe der während einer Schicht akquirierten Spenden untersucht. Alle 81 Mitarbeiter einer Schicht erhielten zu Beginn der Untersuchung Informationen zu ihrer Aufgabe. Diese Informationen waren für Mitarbeiter mit einem durch Priming erzeugten Ziel auf einem Papier mit dem bereits zuvor verwendeten Foto der Siegerin im Hintergrund abgedruckt. Für Mitarbeiter ohne unbewusstes Ziel enthielt das Informationsblatt kein Foto. Es wurde außerdem bewusste Zielsetzung variiert. Als bewusstes Ziel wurde eine bestimmte Geldsumme gesetzt, die während der Schicht von den Mitarbeitern zu akquirieren war. Teilnehmer ohne bewusstes Ziel verfolgten ein „Gib-dein-Bestes"-Ziel. In der Untersuchung hatten wiederum sowohl das unbewusste Ziel als auch das bewusste Ziel unabhängig voneinander signifikante Effekte auf die Leistung. Teilnehmer mit Priming waren erfolgreicher beim Fundraising als Teilnehmer ohne Priming, die dazu angehalten worden waren, ihr Bestes zu tun. Gleichermaßen führte ein bewusstes Ziel zu einer besseren Leistung als die Aufforderung an die Mitarbeiter, ihr Bestes zu tun. Bei dieser Untersuchung konnten über ein unbewusstes Ziel also dieselben Effekte erzeugt werden wie mit einem bewussten Ziel, nämlich eine bessere Leistung beim Fundraising.

Bargh et al. (2001) konnten in einem Experiment auch Effekte von Priming auf die *Wiederaufnahme* einer unterbrochenen Aufgabe feststellen (Experiment 5). An dem Experiment nahmen 65 Studierende teil. Teilnehmer der Versuchsgruppe erhielten ein Priming von Leistungszielen in Form von leistungsbezogenen Begriffen in einem Wortsuch-Rätsel, für Teilnehmer der Kontrollgruppe enthielt das Rätsel neutrale Begriffe. Die Teilnehmer bearbeiteten im Experiment zunächst eine von den Autoren als intellektuell anspruchsvoll eingestufte Aufgabe (Scrabble - Wortkonstruktion). Die Aufgabe wurde über einen Overhead-Projektor dargestellt. Nach etwa einer Minute wurde die Aufgabe unterbrochen, da der Overhead-Projektor, scheinbar aufgrund einer durchgebrannten Glühbirne, versagte. Die Versuchsleiterin verließ auf der Suche nach einer neuen Glühbirne den Raum und instruierte die Teilnehmer, vor ihrer Rückkehr nicht weiter zu schreiben. Nach einiger Zeit kam die Versuchsleiterin zurück und reparierte den Projektor, wies allerdings darauf hin, dass nun nicht mehr genug Zeit sei, beide für die Sitzung vorgesehenen Aufgaben zu bearbeiten. Die Teilnehmer konnten sich entscheiden, ob sie mit der vorherigen Aufgabe fortfahren oder eine andere Aufgabe bearbeiten wollten, bei der sie Cartoons danach bewerten sollten, wie lustig sie sind. Die Autoren konnten in der Untersuchung einen Effekt des Primings aufzeigen, denn sehr viel mehr Teilnehmer mit Priming entschieden sich dazu, die unterbrochene Aufgabe fortzuführen, statt die scheinbar sehr viel spannendere andere Aufgabe zu bearbeiten. Das Priming konnte insofern auch die Wiederaufnahme einer Aufgabe nach einer Unterbrechung fördern.

Gleichsam konnten Bargh et al. (2001) in einem weiteren Experiment (Experiment 4) Effekte von Priming auf die *Persistenz* nachweisen. Wiederum wurden über Priming Stimuli in Bezug auf die Leistung bei einer Aufgabe gesetzt (Wortsuch-Rätsel). Die Teilnehmer, 76 Psychologiestudenten, sollten im Experiment dann innerhalb von zwei Minuten eine Scrabble-Aufgabe bearbeiten, bei der sie aus acht Buchstaben so viele Wörter wie möglich bilden und diese notieren sollten. Die Versuchsleiterin teilte den Versuchspersonen die Aufgabenzettel aus und verließ danach den Raum, um eine vermeintliche zweite Studie zu beaufsichtigen. Die Teilnehmer erhielten die Instruktion, die Aufgabe selbständig weiter zu bearbeiten. Sie würden per Lautsprecher benachrichtigt, wenn die Bearbeitungszeit abgelaufen sei. Nach zwei Minuten gab die Versuchsleiterin den Teilnehmern über den Lautsprecher ein verbales Stopp-Signal. Die Teilnehmer wurden nun über eine versteckte Kamera beobachtet. Es zeigte sich dabei, dass signifikant mehr Teilnehmer mit Priming nach dem Stopp-Signal weiter arbeiteten. Die Autoren erklären dieses Ergebnis damit, dass das unbewusste Ziel in der Untersuchung ein bewusstes Ziel gehemmt hat, die Aufgabe beim Stopp-Signal zu beenden.

In den verschiedenen vorgestellten Experimenten konnte mittels Priming also leistungsbezogenes Verhalten erzeugt werden, die Kooperationsbereitschaft wurde gefördert, und die Wiederaufnahme einer unterbrochenen Aufgabe bzw. die Persistenz wurden unterstützt. In diesen Beispielen löste Priming also ähnliche Ergebnisse aus wie Zielsetzung. Fraglich ist jedoch, zu welchen Resultaten gemeinsames Priming und Zielsetzung führen. In den bisher beschriebenen Studien waren keine Interaktionseffekte von Zielsetzung und Priming messbar. Hinweise zu kombinierten Effekten von Zielsetzung und Priming liefern aber mehrere andere Untersuchungen, in denen bewusste und unbewusste Ziele parallel gesetzt wurden.

Stajkovic et al. (2006) manipulierten in einer experimentellen Untersuchung unbewusste und bewusste Ziele. Bewusste Ziele wurden in drei Schwierigkeitsstufen gesetzt (leicht, „Gib-dein-Bestes" und schwierig). Das Priming von unbewussten leistungsbezogenen Zielen fand in Form von Schüttelsätzen statt. Für Personen in der Priming-Bedingung enthielten 12 der 20 zu konstruierenden Sätze leistungsbezogene Begriffe wie *compete, strive, achieve, effort*. An der Studie nahmen 96 Studierende statt. Ihre Aufgabe war es, Verwendungsmöglichkeiten für einen Kleiderbügel aufzulisten. Am folgenden Tag sollten sich die Teilnehmer an die Sätze erinnern, die sie am vorherigen Tag gebildet hatten (Priming-Bedingung) bzw. an ihr Ziel, das ihnen am vorherigen Tag gesetzt wurde (Zielsetzungsbedingung). Anschließend sollten alle Teilnehmer Verwendungsmöglichkeiten für ein Holzlineal finden. Das Experiment ergab Effekte von sowohl unbewussten als auch bewussten Zielen auf die Leistung bei der Brainstorming-Aufgabe. Außerdem interagierten das unbewusste und das bewusste Ziel insofern, als das Priming unbewusster Ziele den Effekt von bewussten „Gib-dein-Bestes"-Zielen und schwierigen Zielen signifikant erhöhte. Priming beeinflusste jedoch nicht den Effekt von leichten Zielen. Das Experiment von Stajkovic et al. ergab zusammenfassend also einen gemeinsamen Effekt von durch Priming erzeugten Zielen und bewussten Zielen auf die Leistung, sofern die bewussten Ziele nicht zu leicht waren.

Solche additiven Effekte von bewussten und unbewussten Zielen konnten auch Légal, Meyer und Delouvée (2007) experimentell nachweisen. An einem Experiment mit einer motorischen Aufgabe (heißer Draht) nahmen 66 Studierende teil. Im Experiment wurden zwei unbewusste Ziele durch Priming erzeugt (Fokus auf akkurater Performanz, *accuracy* bzw. Fokus auf inakkurater Performanz, *inaccuracy*) und drei unterschiedlich spezifische bewusste Ziele gesetzt. Die Instruktion für ein *hoch spezifisches* Ziel beschrieb die Aufgabe, den Ring am Draht entlang zu führen und dabei darauf zu achten, den Draht nicht zu berühren. Bei einem *moderat spezifischen* Ziel sollten die Teilnehmer demgegenüber nur versuchen, den Draht nicht zu oft zu berühren. Die Instruktion für das *wenig spezifische* Ziel beschrieb nur die Aufgabe, den Ring am Draht entlang zu führen. Das Priming wurde durch eine Schüttelsatz-Aufgabe mit auf Akkuratheit bezogenen Primes (z.B. detailed, thoroughness) oder auf Inakkuratheit bezogenen Primes (z.B. inaccurate, approximate) durchgeführt. Als abhängige Variable wurde die Anzahl der Kontakte mit dem Draht gemessen. Im Ergebnis der Untersuchung zeigte sich ein Effekt des unbewussten durch Priming erzeugten Ziels auf die Leistung, insofern als Teilnehmer mit einem Priming von Akkuratheit den Draht seltener berührten als Teilnehmer mit einem Priming von Inakkuratheit. Dieser Unterschied zwischen einem Priming von akkurater Performanz und einem Priming von inakkurater Performanz wurde bei jeder Ausprägung von Zielspezifität signifikant. In der Untersuchung war auch ein Haupteffekt der Zielspezifität messbar. Bei geringer Zielspezifität war die Anzahl der Berührungen mit dem Draht höher als bei mittlerer oder hoher Zielspezifität. Die Autoren hatten außerdem angenommen, dass das durch Priming erzeugte Ziel und das explizite Ziel unterschiedliche Effekte auf die Leistung haben, abhängig davon, inwiefern sie miteinander kompatibel sind. Es fand sich in der Untersuchung jedoch kein signifikanter Interaktionseffekt von Zielspezifität und Priming auf die Leistung. In Bezug auf die Häufigkeit der Berührungen mit dem Draht beschreiben die Autoren allerdings die Tendenz, dass ein mit dem Ziel kompatibles Priming das bewusste Zielstreben unterstützt, ein mit dem bewussten Ziel nicht kompatibles Priming hingegen das bewusste Zielstreben erschwert. Légal et al. (2007) erklären diese Ergebnisse damit, dass durch Priming Aufmerksamkeit und vorhandene motivationale Ressourcen auf ein einzelnes Ziel gelenkt werden können, wenn das Priming und das bewusste Ziel kompatibel miteinander sind. In dem Experiment waren durch Priming erzeugtes Ziel (von Akkuratheit) und bewusst gesetztes Ziel (Berührungen mit dem Draht vermeiden) in hohem Maße kompatibel. Bei inkompatiblem Priming müssten hingegen Aufmerksamkeit und Ressourcen auf die beiden Ziele aufgeteilt werden.

Das Experiment von Légal et al. (2007) zeigt zusammenfassend einerseits, dass Priming einen positiven Effekt auf die Leistung bei einer motorischen Aufgabe haben kann. Andererseits liefert das Experiment Hinweise dafür, dass ein durch Priming erzeugtes Ziel die Effekte bewusster Ziele verstärken kann, wenn Priming mit dem Ziel kompatibel ist. In der Untersuchung erwies sich daher die Kompatibilität von Priming mit bewusster Zielsetzung als wichtiger Faktor für die erfolgreiche Anwendung von Priming.

Strahan, Spencer und Zanna (2002) konnten zeigen, dass unter Umständen auch ein bereits vorhandenes zielrelevantes Motiv notwendig ist, damit über Priming optimale Effekte erzielt werden können. In zwei Studien erzeugten sie über Priming Durst, in einer dritten Traurigkeit. Das Priming wirkte in den Studien dann auf das Verhalten, wenn die Teilnehmer bereits (experimentell begründet) motiviert dazu waren, das Ziel zu verfolgen. In den Experimenten zum Priming von Durst waren die Teilnehmer bereits durstig, als das Priming von durstbezogenen Wörtern sie dazu bewegte, mehr zu trinken, als Teilnehmer der Kontrollgruppe (Experiment 1) bzw. als sie aufgrund eines Werbeplakates ein bestimmtes Getränk als funktionaler zum Löschen von Durst bewerteten als Teilnehmer der Kontrollgruppe (Experiment 2). Das Priming einer bestimmten Stimmung (Traurigkeit) führte dann zu einer höheren Motivation, eine CD anzuhören, die gegen Traurigkeit helfen sollte, wenn die Teilnehmer erwarteten, im Anschluss mit einer anderen Person zu interagieren (Experiment 3). In diesen Studien war eine Voraussetzung für Effekte von Priming also, dass das Priming auf bestimmte Motivlagen traf, die mit dem Inhalt der durch Priming erzeugten Ziele in Einklang standen.

Die vorgestellten Untersuchungen zeigten also, dass Priming ähnliche Effekte auslösen kann wie bewusste Ziele (Bargh et al., 2001) außerdem aber auch deren Effekte verstärken kann (Stajkovic et al., 2006). Ohne bewusste kognitive Prozesse kann Priming z.B. ein Bedürfnis nach Leistung unterstützen (Shantz & Latham, 2009) oder die Wiederaufnahme des Zielstrebens nach einer Unterbrechung fördern (Bargh et al., 2001). Mittels Priming können also Ziele gesetzt werden oder ohnehin vorhandene Ziele aktiviert bzw. verstärkt werden, ohne die kognitive Belastung zu erhöhen.

6.1.2.3 Priming als möglicher Ansatz für das Training sprachrezeptiven Handelns

Priming, vor allem ein instrumentelles Priming von Zielen, ähnelt in einem wichtigen Punkt dem Konzept von Durchführungsintentionen. In beiden Konzepten wird zielgerichtetes Handeln ohne bewusste Intentionen ausgelöst (triggered) (Latham, 2007). Während für Durchführungsintentionen zunächst ein bestimmter Kontext für das zielgerichtete Handeln zu definieren ist, der dann erst im zweiten Schritt automatisiertes Verhalten auslöst, kann Priming unbewusst und quasi automatisch, vor allem ohne Intention, ein bestimmtes Handeln auslösen, und insgesamt vergleichbare Effekte erzeugen wie bewusste Zielsetzung. Mit durch Priming erzeugten Zielen können bestehende Ziele unbewusst auf eine Weise verstärkt werden, die keine zusätzlichen Verarbeitungskapazitäten erfordert.

Im Training sprachrezeptiven Handelns könnte für die Teilnehmer mittels Priming der Transferaspekt des Trainings unbewusst hervorgehoben werden, ohne im Bewusstsein Ziel und Aufgabeninstruktion zu konfundieren. Priming könnte insofern sowohl den Trainingsprozess als auch die Trainingsergebnisse fördern. Die Möglichkeit, mit einem durch Priming erzeugten Ziel sowohl Interesse am Training als auch die folgende Leistung zu fördern, regte auch Latham an (G. Latham, persönliche Mitteilung, 19.12.2009).

Eine beispielhafte (Ziel-)Instruktion für Priming wäre die folgende: Die Teilnehmer erhalten in ihrer Aufgabeninstruktion ein Bild, auf dem zufriedene Menschen im Gespräch dargestellt sind, die möglicherweise dieses (kritische) Gespräch gerade erfolgreich bewältigen. Wichtig dabei ist es, dass das Bild nicht zu sehr auffällt bzw. nicht direkt mit der Aufgabe in Bezug gebracht wird, und das Priming damit den Teilnehmern nicht bewusst wird. (In Anlehnung an Shantz & Latham, 2009).

Das Training könnte über einen Transferfokus des (unbewussten) Ziels vielleicht an Bedeutsamkeit für eigene Gesprächssituationen nach dem Training gewinnen. Der Teilnehmer würde in der Folge aufgrund der größeren Bedeutsamkeit des Trainings z.B. mehr Interesse am Training und seinen Ergebnissen zeigen. Möglicherweise würde er im Training auch seine Anstrengung und Ausdauer erhöhen. Priming würde im Prinzip jedoch die Aufmerksamkeit auf eine künftige kritische Situation lenken, die der Teilnehmer vermittels seiner guten sprachrezeptiven Fähigkeiten dann adäquat und erfolgreich bewältigen könnte. Unter Umständen würde dabei beim Teilnehmer ein ohnehin von ihm verfolgtes Ziel, das vielleicht bereits zur Teilnahme am Training sprachrezeptiven Handelns motiviert hat, wieder salient, und könnte in der Folge Prozessvariablen des Trainings unterstützen.

Priming würde demgemäß unbewusst, ohne kognitive Ressourcen der Teilnehmer zu erfordern, ablaufen, und einen transferbezogenen Fokus in das Training bringen. Damit wäre es eine Möglichkeit, den Anwendungskontext der Trainingsinhalte hervorzuheben. Allerdings hätte das durch Priming erzeugte Ziel keinen inhaltlichen Bezug zum aktuell von den Teilnehmern zu absolvierenden Training. Ein solcher Bezug wurde im vorherigen Kapitel jedoch als maßgebliches Kriterium für ein adäquates Ziel für das Training sprachrezeptiven Handelns bestimmt. Wenngleich von Priming also eventuell Effekte auf den Trainingsprozess ausgingen, wären diese unter Umständen deswegen marginal, weil mit einem durch Priming erzeugten Ziel keine explizite Bezugnahme auf das Training verbunden ist. Die folgende Tabelle 3 fasst die Ergebnisse der Betrachtung von Priming als möglichen Ansatz für das Training sprachrezeptiven Handelns zusammen.

Kriterien von möglichen Zielen für das Training sprachrezeptiven Handelns - Priming -	
Fokus des Ziels	Anwendungskontext
Relation zur Aufgabeninstruktion	Alternative (allerdings ergänzend, da unbewusst)
Trainingsbezug gegeben durch	?
Wirkung auf Trainingsprozess	ggf. Ausdauer, Anstrengung

Tabelle 3: Kriterien von möglichen Zielen für das Training sprachrezeptiven Handelns - Priming

Wie Tabelle 3 veranschaulicht, genügt ein durch Priming erzeugtes Ziel nicht gänzlich den zuvor herausgearbeiteten Kriterien für ein wirksames Ziel für das Training sprachrezeptiven Handelns, da in der Zielsetzung kein Trainingsbezug vorgesehen ist. Ein Ziel, das zusätzlich einen Trainingsbezug schafft, wäre insofern vermutlich eher geeignet, während des Trainings auch Prozessvariablen wie Ausdauer und Anstrengung zu fördern.

6.1.3 Nützlichkeitswert der Aufgabe für die Zukunft

Eine andere Möglichkeit zur *transferorientierten* Förderung des Trainings sprachrezeptiven Handelns bestünde darin, den Wert des Trainings für künftige Kommunikationssituationen zu verdeutlichen bzw. zu erhöhen. Konkret ginge es darum, mittels Zielsetzung die Reflexion und Veränderung des eigenen sprachrezeptiven Handelns im Training mit dem künftigen Alltag zu verbinden. Im Folgenden werden einige Theorieansätze vorgestellt, die eine solche Verbindung von aktuellen Handlungen mit Zukunftsplänen oder Zukunftszielen fokussieren (Kapitel 6.1.3.1). Anschließend werden Effekte einer solchen Verbindung von Handlungen mit Zukunftszielen herausgestellt (Kapitel 6.1.3.2). Im Kapitel 6.1.3.3 wird beschrieben, auf welche Weise die Verbindung von aktuellen Handlungen mit Zukunftszielen experimentell umzusetzen ist. Zum Abschluss des Kapitels wird nützlichkeitsorientierte Zielsetzung als möglicher Ansatz für das Training sprachrezeptiven Handelns diskutiert (Kapitel 6.1.3.4).

6.1.3.1 Theorieansätze zur Verbindung von Handlungen mit Zukunftszielen

Der Wert einer aktuellen Handlung, aber auch ihre Instrumentalität für künftige Handlungen, ist Gegenstand verschiedener Theorien. Erwartungstheorien gehen beispielsweise davon aus, dass das Handeln eines Individuums kognitiv über die drei Variablen *Valenz*, *Instrumentalität* und *Erwartung* gesteuert wird (Donovan, 2008). Ein prominenter Ansatz in diesem Kontext ist das VIE-Modell von Vroom (1964), das Entscheidungen eines Individuums bei vorhandenen Alternativen erklären soll. Für die Wahl zwischen Verhaltensalternativen werden drei Variablen herangezogen, Erwartung, Valenz und Instrumentalität. *Erwartung* bezieht sich in dem Modell auf die Annahme, dass die Ausführung einer bestimmten Handlung in einem bestimmten Ergebnis (*first outcome*) resultieren wird. *Instrumentalität* betrifft Annahmen über die Stärke einer Verbindung zwischen diesem Ergebnis und einem zweiten Ergebnis (*second outcome*). Die *Valenz* repräsentiert eine gefühlsmäßige Haltung gegenüber diesem Ergebnis. Das Ergebnis ist *positiv valent*, wenn eine Person dieses Ergebnis erreichen (statt nicht erreichen) möchte (Vroom, 1964). Werden die Resultate als positiv valent eingestuft, wird eine starke Verbindung vom ersten zum zweiten Ergebnis angenommen (Instrumentalität), und ist darüber hinaus die Erwartung hoch, die ersten Ergebnisse durch eine bestimmte Handlung hervorrufen zu können (Erwartung), wird diese Handlung ausgeführt. *Instrumentalität* beschreibt im VIE-Modell also die Verbindung einer bestimmten Handlung (und deren Ergebnissen) mit bestimmten wertgeschätzten zweiten Ergebnissen.

Gemäß der VIE-Theorie könnte eine bestimmte Handlung mit einem Zukunftsziel verknüpft werden, indem die Instrumentalität dieser Handlung für das (wertgeschätzte und erreichbare) Zukunftsziel verdeutlicht würde.

Das VIE-Modell sollte ursprünglich das Handeln im Beruf erklären; Entsprechend sind die wertgeschätzten Ergebnisse zweiter Ordnung in diesem Modell typischerweise Bezahlung, Beförderung oder Anerkennung (Locke & Latham, 1990, S. 264). Heckhausen integrierte das Modell in ein allgemeines Motivationsmodell, in dem er als situationsspezifische Determinanten der Motivation unter anderem die *Handlungs-Ergebnis-Erwartung* (subjektive Erfolgswahrscheinlichkeit) sowie die *Ergebnis-Folge-Erwartung* (Instrumentalität eines Handlungsergebnisses für weitere Folgen) beschreibt (Heckhausen, 1977). Neben diesen Erwartungen enthält das erweiterte kognitive Motivationsmodell eine Situations-Ergebnis-Erwartung, die sich auf Annahmen darüber bezieht, wie sich die aktuelle Situation entwickeln wird, wenn keine bewusste Entscheidung für eine bestimmte Handlung sie beeinflusst (Heckhausen & Rheinberg, 1980). In diesem Modell würde bei einer Entscheidung für eine bestimmte Handlung also ein bestimmtes Ergebnis erwartet. Dieses Ergebnis wäre wiederum mit bestimmten Folgen verknüpft, die individuelle *Anreizwerte* für den Handelnden aufweisen, die ihrerseits wiederum an das Ergebnis gebunden sind. Das Handlungsergebnis hat insofern eine bestimmte Instrumentalität für die mit ihm verbundenen Folgen.

Im Hinblick auf das Lernen werden in der Literatur verschiedene weitere Ansätze diskutiert, die explizit die Verbindung von Handlungen mit Zukunftszielen nahe legen, z.B. das Expectancy-value Modell (Erwartungs-Wert-Modell) von Eccles et al. (1983), aber auch das *Concept of contingent paths* (Konzept der kontingenten Wege; Übers. v. Verf.) von Raynor (1981) sowie die *Future Time Perspective* (FTP), die Lens (1986) beschreibt.

Atkinson (1957) beschrieb in seiner Theorie der Leistungsmotivation die Stärke der Motivation für eine bestimmte Handlung als eine Funktion von Motiv, Erwartung und Wert, „a multiplicative function of the strength of the motive, the expectancy (subjective probability) that the act will have as a consequnece [sic] the attainment of an incentive, and the value of the incentive: Motivation = *f*(Motive X Expectancy X Incentive)." (S. 360f.). Dieser Ansatz beschreibt vor allem den Wert gegenwärtiger Aufgaben und einen Erfolgsanreiz in Bezug auf diese Aufgaben, er hat noch keinen Bezug auf künftig zu erreichende Ziele. Eine Weiterentwicklung der Ausführungen von Atkinson thematisiert allerdings auch den Wert einer Aufgabe für das Erreichen künftiger Ziele.

Das *Erwartungs-Wert-Modell* von Eccles et al. (1983) beschreibt drei Komponenten, die den Wert einer Aufgabe ausmachen. Dies sind zunächst der Wert einer erfolgreichen Bearbeitung der Aufgabe (attainment value) sowie ein intrinsischer Wert (intrinsic value), den die Aufgabe in sich trägt. Eine dritte Komponente des Wertes einer Aufgabe ist der *Nützlichkeitswert* der Aufgabe (utility value). Dieser ergibt sich daraus, inwieweit eine Aufgabe mit aktuellen oder zukünftigen Zielen in Verbindung steht. Ein solches zukünftiges Ziel kann z.B. ein Karriereziel sein (Eccles & Wigfield, 2002). Der subjektive Wert, den eine Person der Bearbeitung einer bestimmten Aufgabe beimisst, ist im Modell dann eine Funktion der drei beschriebenen Wert erzeugenden Komponenten (Eccles et al., 1983). Im Erwartungs-Wert-Modell ist Instrumentalität also nicht als separate Variable integriert, sondern als Teil des Wertes einer Aufgabe (Nützlichkeitswert). Über diesen Nützlichkeitswert ist eine aktuelle Handlung auch mit Zielen in der Zukunft verknüpft. Nach dem Erwartungs-Wert-Modellmüsste zu einer stärkeren Verknüpfung von Handlung und künftigem Ziel also der Nützlichkeitswert dieser Handlung für bestimmte künftige Ergebnisse hervorgehoben werden. Letztlich würde also, wie auch im VIE-Modell, die Instrumentalität der Handlung bzw. die Instrumentalität ihrer Ergebnisse betont.

Ein zweiter Ansatz, bei dem eine bestimmte Handlung mit einem Zukunftsziel verknüpft wird, ist das *Konzept der kontingenten Wege*. Raynor (1981) definiert einen kontingenten Weg als eine Abfolge von Handlungsschritten, in der ein erfolgreiches Meistern des aktuellen Handlungsschrittes die Chance dafür eröffnet, den nächsten Handlungsschritt angehen und erfolgreich meistern zu können (S. 201; sinngemäße Übers. v. Verf.). Ein Versagen beim aktuellen Handlungsschritt hingegen schließt voraussichtlich die Möglichkeit aus, den kontingenten Weg weiter zu beschreiten. Im Konzept der kontingenten Wege ist insofern eine einzelne Leistungsaufgabe ein Schritt auf einem ganzen motivationalen Pfad von Leistungsaufgaben: „[E]ach immediate achievement task in front of a person can be seen as a step in a longer motivational path or series of achievement tasks." (Husman, Derryberry, Crowson & Lomax, 2004, S. 64). Im Konzept der kontingenten Wege bestimmen dementsprechend zwei verschiedene Faktoren den Wert eines Handlungsschrittes, der unmittelbare Wert eines bestimmten Schrittes auf dem *motivationalen Pfad* und der Wert des längerfristigen Ziels, das am Ende des Pfades erreicht werden kann (Husman et al., 2004). Aus der empfundenen Verbindung zwischen dem aktuellen Schritt und einem zukünftigen Ziel resultiert Instrumentalität, die wiederum Einfluss auf den Wert einer bestimmten Handlung hat. Diesem Ansatz entsprechend könnte die erfolgreiche Bearbeitung einer Aufgabe entweder in sich, oder auch als Schritt zu einem wertgeschätzten Ziel am Ende des kontingenten Weges für ein Individuum von Wert sein.

Auf den Wert einer bestimmten Handlung für die Zukunft bezieht sich auch Lens (1986) in einem dritten für die Gestaltung von Zielen für das Training sprachrezeptiven Handelns potentiell relevanten Ansatz. In seiner Schrift über die sogenannte *Future time perspective* (FTP) legt er nahe, dass über eine hohe Instrumentalität der aktuellen Aufgabe für zukünftige Ziele eine motivationsförderliche Wirkung auf das aktuelle Handeln erzeugt werden kann:

> Perceiving the instrumentality of present study activities not only for more or less immediate goals but also for goals in the distant future, and to be able to attach a high valence to goals even if they can only be reached after a long time interval, increases the strength of motivation for the present instrumental actions. (Lens, 1986, S. 183).

Ein *Blick* in die Zukunft ist also theoretisch nicht nur förderlich für ein zukunftsgerichtetes Zielstreben, sondern auch für die Bearbeitung aktueller Aufgaben. Instrumentalität beschreibt diese Verbindung einer aktuellen Handlung mit einem künftigen Ziel, eine „connection between the utility of a present act for some *future* goal" [Hervorhebung im Original] (Husman et al., 2004, S. 65).

Eine solche Verbindung zwischen einer Handlung und einem künftigen Ziel kann unterschiedlich begründet sein. Simons, Dewitte und Lens (2003) unterscheiden in einer Untersuchung zur persönlichen Bedeutsamkeit von und Motivation zur Teilnahme an Sportangeboten zwei Dimensionen von Instrumentalität. Eine Dimension von Instrumentalität betrifft die Beziehung zwischen einer aktuellen Aufgabe und einer künftigen Aufgabe bzw. einem künftigen Ziel. Die Autoren beschreiben diese Beziehung als entweder endogen oder exogen. Die künftige Aufgabe kann derselben motivationalen Kategorie angehören, wie die aktuelle Aufgabe (endogene Beziehung). In diesem Fall sind sowohl die Gründe für die Bearbeitung der beiden Aufgaben als auch die mit den Aufgaben trainierten Fähigkeiten einander ähnlich. Im Gegensatz dazu können die aktuelle und die künftige Aufgabe verschiedenen motivationalen Kategorien angehören (exogene Beziehung). In diesem Fall wird eine aktuelle Aufgabe zwar auch bearbeitet, um bestimmte Ergebnisse in der Zukunft zu erlangen. Diese künftigen Ergebnisse stehen aber nicht an sich mit der aktuellen Aufgabe in Verbindung. Simons et al. nennen in diesem Zusammenhang als Beispiel den Sport, wo ein regelmäßiges Training dazu dienen kann, in der Zukunft das Ziel zu erreichen, ein berühmter Sportler zu sein. Husman et al. (2004) machen die beiden Arten von instrumentellem Wert einer Aufgabe am Beispiel von Mathematiknoten fest, die einerseits möglicherweise lediglich wichtig für die Zulassung zu einem Studium sind (exogene Instrumentalität), andererseits aber auch für eine Person inhaltlich von Bedeutung sein könnten, die ein Studium der Ingenieurwissenschaften anstrebt (endogene Instrumentalität). Die zweite Dimension von Instrumentalität betrifft die Frage, ob das Handeln external oder internal reguliert wird, eine bestimmte Handlung also aus äußeren Motiven ausgeführt wird (externale Regulation) oder aus inneren Motiven einer Person heraus (internale Regulation). Eine Handlung kann einerseits ausgeführt werden, weil sie z.B. zu einer Belohnung führen wird (external), andererseits kann sie aus dem Grund gewählt werden, weil sie beispielsweise zur persönlichen Entwicklung beiträgt (internal). Aus den beiden Dimensionen *Beziehung der aktuellen zur künftigen Aufgabe* und *Regulation des Handelns* resultieren drei Arten von Instrumentalität, (1) exogen und external reguliert, (2) endogen und internal reguliert und (3) exogen und internal reguliert (zusammenfassend Simons et al., 2003). Diese Arten von Instrumentalität können unterschiedliche Effekte auf die Aufgabenbearbeitung haben (siehe zu den Effekten der drei Arten der Instrumentalität Kapitel 6.1.3.3). Mit unterschiedlichen Instruktionen können folglich auch verschiedene (zukünftige) Bedeutungen für eine Aufgabe erzeugt werden.

Die Instrumentalität einer Aufgabe für ein künftiges Ziel kann also unterschiedlich begründet und von unterschiedlicher Qualität sein. Allerdings sind der Literatur durchaus auch allgemeine Effekte einer hohen Instrumentalität von Handlungen zu entnehmen. Im Folgenden werden einige Effekte einer

Verbindung zwischen einer bestimmten Handlung und einem Zukunftsziel betrachtet.

6.1.3.2 Effekte der Verbindung von Handlungen mit Zukunftszielen

Verschiedene Untersuchungen haben die Frage teils explizit, teils implizit thematisiert, welche Effekte die empfundene Instrumentalität einer Aufgabe für bestimmte zukünftige Ziele hat. Positive Effekte einer hohen Instrumentalität von Aufgaben beschreibt beispielsweise Raynor (1969). Sein Konzept der kontingenten Wege enthält zwei Dimensionen, die den Wert einer bestimmten Handlung bestimmen. Leistungsmotivation entsteht in diesem Konzept daher nicht nur aus den mit einer Handlung unmittelbar zu erzielenden Ergebnissen, sondern auch aus den antizipierten künftigen Zielen, für die die aktuelle Aufgabe bedeutsam ist.

Die Ergebnisse einer Untersuchung von Raynor (1970) zeigen, dass die empfundene Instrumentalität von Handlungen für zukünftige Ziele unabhängig von den eigenen Motiven die Leistung fördern kann. An der Untersuchung nahmen 168 männliche Studierende aus zwei Einführungsveranstaltungen in Psychologie teil. Mit einem Thematischen Apperzeptionstest (TAT) wurden die Leistungsmotive der Studierenden (hoch, niedrig) erhoben, mit einem Test Anxiety Questionnaire (TAQ) ihre Prüfungsangst (hoch, niedrig). Die Instrumentalität wurde in Form eines PI-Indizes (Perceived instrumentality score) wie folgt erhoben: Die Studierenden erhielten einen Fragebogen, auf dem sie die Kurse auflisten sollten, die sie im aktuellen Semester an der Universität besuchten und die sie für ihr Studium anrechnen würden. Zusätzlich sollten sie für jeden Kurs angeben, wie wichtig es für ihre Karrierepläne sei, in genau diesem Kurs eine gute Note zu erreichen. Außerdem wurde der Notendurchschnitt (GPA) der Studierenden für das aktuelle Semester erhoben. Im Hinblick auf die Noten der Studierenden in der Einführungsveranstaltung zur Psychologie ergab eine Varianzanalyse Effekte des PI-Wertes des Kurses auf die Noten. Studierende mit beiden Arten von Motiven, Leistung und Prüfungsangst, erzielten bessere Noten im Kurs, wenn sie die Instrumentalität des Kurses für ihre Karrierepläne als hoch bewerteten. In Bezug auf den allgemeinen Notendurchschnitt zeigte sich auch, dass Teilnehmer mit beiden

Arten von Motiven bessere Noten in Kursen erhielten, deren Instrumentalität sie als hoch bewerteten als in Kursen, deren Instrumentalität sie als gering bewerteten. Die Motive der Studierenden hatten in der Untersuchung für sich keine Effekte auf den Erfolg im Semester in Bezug auf die erzielten Noten. Hingegen hingen Annahmen über die Stärke der Instrumentalität eines Erfolges in einem bestimmten Kurs mit den Noten in diesem Kurs positiv zusammen.

Miller, DeBacker und Greene (1999) konnten bei einer Untersuchung auch zeigen, dass die empfundene Instrumentalität eines bestimmten Kurses für das Erreichen eigener Zukunftsziele den subjektiven Wert (incentive value) dieses Kurses positiv beeinflusst. Bei einer Befragung von 180 Studierenden in einem Psychologiekurs erhoben Miller et al. mit Fragebögen Ziele, die die Studierenden verfolgten (Lern- und Leistungsziele), die empfundene Instrumentalität des Kurses sowie den intrinsischen (z.B. interessant) und extrinsischen (z.B. nützlich für die Zukunft) Wert der Kursinhalte. Dabei konnten sie feststellen, dass die bewertete Instrumentalität des Kurses sowohl den intrinsischen als auch den extrinsischen Wert der Kursinhalte beeinflusste.

Insgesamt zeigen die beiden Studien, dass die Instrumentalität eines Kurses für bestimmte Ziele die Performanz im Kurs und zudem den subjektiven Wert des Kurses fördern kann. Eine hohe Instrumentalität von Aufgaben für künftige Ziele ist förderlich für die Bearbeitung der Aufgaben. Allerdings sind Aufgaben nicht immer automatisch mit Zukunftszielen verknüpft, sondern ihre Nützlichkeit für künftige Ziele muss unter Umständen erst verdeutlicht werden. Demgemäß beschreiben Vansteenkiste, Soenens, Verstuyf und Lens (2009) als ein Ergebnis eines Reviews zu extrinsischem und intrinsischem Ziel-Framing als eine wichtige Strategie zur Förderung der Motivation von Schülern, die Nützlichkeit einer Lernaufgabe hervorzuheben. Im folgenden Abschnitt werden einige Studien vorgestellt, in denen Aufgaben oder Handlungen experimentell instrumentell mit Zielen verknüpft wurden.

6.1.3.3 Experimentelle Verbindung von Handlungen mit Zukunftszielen

Vansteenkiste et al. (2004) erhöhten in einer Untersuchung mit Lehramtsstudierenden experimentell die Nützlichkeit einer Aufgabe für künftige Ziele. In der Untersuchung wollten die Autoren prüfen, ob eine Erhöhung der empfundenen Nützlichkeit einer aktuellen Aufgabe ausreichend ist, um optimale Lernmotivation zu erzeugen, oder ob es der Inhalt eines Ziels ist, der darüber entscheidet, ob eine als höher empfundene Nützlichkeit von Aufgaben zu besseren Lernergebnissen führt. In der Untersuchung sollten 245 weibliche Lehramtsstudierende einen Text über Recycling lesen, der zu ihrer Pflichtlektüre im Studium gehörte, und anschließend Fragen zum Text beantworten. Diese Aufgabe wurde experimentell mit verschiedenen Zukunftszielen verknüpft: *Intrinsische Zukunftsziele* (im Text Informationen erhalten, die später dabei helfen könnten, Kindern ökologische Strategien beizubringen), *extrinsische Zukunftsziele* (im Text Informationen darüber erhalten, wie später im Berufsleben durch Recycling Geld gespart werden kann) oder eine *Kombination aus dem intrinsischen und dem extrinsischen Zukunftsziel*. Hinterher wurden die Studierenden auf Möglichkeiten hingewiesen, in der Bibliothek weitere Informationen über Recycling zu erhalten oder eine Wiederaufbereitungsanlage zu besichtigen. Als abhängige Maße wurden die Performanz bei einem Abschlusstest sowie die Anzahl frei gewählter Aktivitäten (Bibliothek oder Wiederaufbereitungsanlage bzw. beide Aktivitäten) als Maß für freiwillige Persistenz erhoben. Außerdem füllten die Studierenden Fragebögen zum subjektiven Stress sowie zu ihrer Zielorientierung aus. Die Studie ergab, dass eine doppelte Kontextualisierung eines Zukunftsziels (extrinsisch plus intrinsisch) gegenüber einem nur extrinsischen Ziel in weniger Stress, einer höheren Lernorientierung, einem besseren Ergebnis bei dem Abschlusstest sowie in höherer freiwilliger Persistenz resultierte. Das intrinsische Ziel führte gegenüber einem doppelten Ziel zu einer stärkeren Lernorientierung, weniger Stress, zu besseren Ergebnissen im Abschlusstest sowie zu einer prozentual, jedoch nicht signifikant, höheren freiwilligen Persistenz. In Bezug auf den Effekt des doppelten Zukunftsziels gegenüber einem nur extrinsischen Ziel zeigte eine Mediatoranalyse, dass die Lernorientierung die Effekte des doppelten Ziels auf die unterschiedlichen Ergebnisvariablen mediierte. Die Autoren resümieren aus ihrer Untersuchung, dass nur solche Kontexte, die das Erreichen *intrinsischer* Zukunftsziele fokussieren, Lernprozesse unterstützen, dass Kontexte, die *extrinsische* Ziele hervorheben hingegen optimale Lernprozesse verhindern.

Die Untersuchung zeigt, dass es möglich ist, die empfundene Nützlichkeit einer Aufgabe instrumentell zu erhöhen. Diese instrumentell erzeugte Nützlichkeit kann ferner einen bestimmten Kontext hervorheben. In der Untersuchung erwies sich ein intrinsisches Ziel als besonders geeignet im Hinblick auf Lernmotivation und Lernergebnisse.

Lewalter und Scholta (2009) erzeugten in einer Untersuchung ebenfalls mit Zielsetzung einen Nutzen von bestimmten Lerninhalten für die Zukunft. In der Untersuchung absolvierten 242 Studierende der Pädagogik und des Lehramts ein Computer Based Training (CBT) zu Korrelationen, insbesondere zu Linearität, Ausreißern und heterogenen Untergruppen, und sollten sich dabei vorstellen, dass sie als Lehrer arbeiten und an ihrer Schule ein Evaluationsprojekt betreuen sollen. Die Teilnehmer wurden einer von drei Zielbedingungen zugeteilt, *vorgegebene intrinsische Zielinhalte* (provided intrinsic goal contents), *individuell formulierte Ziele* (individually formulated goals) und *keine Ziele* (no goals), und erhielten entweder nach der Bearbeitung der einzelnen Themen im Lernprogramm ein informatives Feedback oder kein Feedback. Die *vorgegebenen intrinsischen Zielinhalte* gaben den zu lernenden Inhalten einen persönlichen auf die Zukunft bezogenen Wert, indem sie verdeutlichten, warum die Inhalte des Trainings im späteren Beruf als Lehrer von Bedeutung sein werden.[24] In der Untersuchung wurden unterschiedliche Variablen mit erfasst, wie zum Beispiel die selbstbestimmte Motivation und das situative Interesse. Es zeigte sich, dass sowohl selbst gesetzte Ziele als auch vorgegebene intrinsische Zielinhalte im Gegensatz zur Bedingung ohne explizite Zielsetzung ein Sinken der Motivation über den Verlauf des Trainings abschwächten, wenngleich auch bei Teilnehmern mit Zielsetzung die Motivation signifikant sank. Studierende mit vorgegebenen intrinsischen Zielinhalten hatten tendenziell eine höhere Motivation als Studierende der Kontrollgruppe, der Unterschied wurde allerdings nur zum letzten Messzeitpunkt des Trai-

---

[24] Die Autoren beschreiben die vorgegebenen intrinsischen Zielinhalte folgendermaßen: „The provided intrinsic goal contents offer a personal future value to the subject matter to be learned by giving the students a reason why it is important to them – as a future teacher – to be familiar with the topic." (Lewalter & Scholta, 2009, S. 236). Inwieweit die intrinsischen Zielinhalte von dem Eingangsszenario als Lehrer ein Evaluationsprojekt zu betreuen abzugrenzen sind, wird nicht deutlich, da der Wortlaut der Instruktionen nicht angegeben ist.

nings signifikant. Hinsichtlich des situativen Interesses ergaben sich keine Effekte des Zielsetzungstreatments. Mit vorgegebenen intrinsischen Zielinhalten, die einen intrinsischen Nutzen des Lerninhalts für die persönliche Zukunft hervorheben sollten, konnten demzufolge zwar marginale, jedoch immerhin positive Effekte auf die selbstbestimmte Motivation erzeugt werden.

Eine andere Untersuchung zeigte, dass es unter Umständen gar nicht notwendig ist, den möglichen Nutzen einer Aufgabe so präzise zu bestimmen, wie er in der Studie von Lewalter und Scholter (2009) bestimmt wurde.

Simons et al. (2003) variierten in einer Untersuchung experimentell die Instrumentalität der Aufgabe, Basketball zu spielen. 695 Lehramtsstudierende erhielten eine von drei verschiedenen Instruktionen, in denen dem Basketballspiel jeweils eine andere Art von Instrumentalität zugesprochen wurde (vgl. zu den verschiedenen Arten von Instrumentalität Kapitel 5.1.3.1). Die Instruktion für exogene und external regulierte Instrumentalität (Typ Ex-E) fokussierte die obligatorische Natur der Aufgabe („[...] *You will practice this skill only today [...] you have to practice because you will be tested [...] practicing is necessary to succeed at the test [...]*")[25]. Für die endogene und internal regulierte Instrumentalität (Typ En-I) hob die Instruktion die persönliche und künftige Relevanz der Aufgabe hervor („[...] *You will not only practice this skill today, but you will repeat it [...]. Practicing the skill will [teach] you how to play basketball efficiently and in a healthy way, which can be useful in your future job and daily life [...] practicing this skill is useful because you will use this and similar skills in the future. The tips you will receive can be personally beneficial"*). Bei einer Instruktion vom Typ Ex-I wurde die persönliche Relevanz der Aufgabe hervorgehoben, die jedoch nicht direkt mit bestimmten Aufgaben in der Zukunft in Verbindung stand („[...] *You will practice this skill only today [...] practicing the skill will [teach] you how to play basketball efficiently and in a healthy way, which can be useful in your future life [...] practicing is not directly useful for your educational training, but the tips you will receive can be personally beneficial."*). Im Ergebnis zeigte sich, dass endogene und internal regulierte Instrumentalität mit mehr Spaß und einer höhe-

---

[25] Diese und folgende Auslassungen [...] M.J.; Der Satzteil [teach] wurde so aus dem Artikel übernommen.

ren Motivation einherging als die anderen Arten von Instrumentalität. Sie führte außerdem zu einer höheren Anstrengung und einer größeren Ausdauer (Time on Task) als die anderen Arten von Instrumentalität. Außerdem führte sie zu einer besseren Leistung und tendenziell auch zu einer größeren Bereitschaft, die Aufgabe erneut zu bearbeiten. Die endogene und internal regulierte Instrumentalität führte ihrerseits im Vergleich zur exogenen und external regulierten Instrumentalität zu einer höheren Motivation, mehr Spaß bei der Aufgabe, mehr investierter Anstrengung und einer höheren Ausdauer sowie zu einer besseren Leistung.

Wird die Instrumentalität einer Aufgabe für ein intrinsisches Zukunftsziel hervorgehoben, kann dies also z.B. zu einer besseren Leistung und einer höheren Persistenz bei der Aufgabe führen. Entsprechend der Ergebnisse von Vansteenkiste et al. (2004) ist hierbei nicht nur die Instrumentalität ausschlaggebend, sondern auch der Inhalt des Ziels, für das Instrumentalität erzeugt wird. Simons et al. (2003) differenzierten die Instrumentalität zudem weiter aus und zeigen mit ihrer Studie, dass speziell das Erzeugen von endogener und internaler Instrumentalität zu einer hohen Anstrengung und großen Ausdauer sowie zu einer hohen Leistung führt.

Durch Zielsetzung könnte demgemäß die Instrumentalität des Trainings sprachrezeptiven Handelns für zukünftige auf Kommunikation bezogene Ziele hervorgehoben werden, bzw. dessen Nützlichkeit für die Zukunft fokussiert werden. Im Folgenden wird eine entsprechende *nützlichkeitsorientierte Zielsetzung* als Ansatz für das Training sprachrezeptiven Handelns diskutiert.

6.1.3.4 Nützlichkeitsorientierte Zielsetzung als möglicher Ansatz für das Training sprachrezeptiven Handelns

Der Nützlichkeitswert einer Aufgabe für die Zukunft hat Einfluss darauf, wie viele Ressourcen in die Bearbeitung der Aufgabe investiert werden. Die Nützlichkeit der Aufgabe kann sich direkt auf künftige Ziele beziehen, die eine Person anstrebt (FTP). Sie kann aber auch aus der Instrumentalität der Aufgabe und deren erfolgreicher Bearbeitung für weitere wertgeschätzte Ziele resultieren (VIE-Theorien) bzw. sich daraus ergeben, wie gut eine Aufgabe mit zukünftigen Zielen in Verbindung steht (Erwartungs-Wert-Modell). Die Aufgabe kann auch als ein Schritt auf dem Weg zu einem bestimmten Zukunftsziel relevant und nützlich sein. Diesen Ansätzen ist gemein, dass an ihrem Ende ein wertgeschätztes Ziel für die Zukunft steht. Von Bedeutung ist dabei, dass dieses Zukunftsziel einen hohen Wert hat und dass die aktuelle Aufgabe als nützlich zum Erreichen des Ziels betrachtet wird.

Viele Teilnehmer beim Training sprachrezeptiven Handelns haben sich sicherlich für die Teilnahme am KVT entschieden, um einem bestimmten Ziel näher zu kommen. Dieses Ziel liegt in der näheren oder ferneren Zukunft und ist für den einzelnen Teilnehmer von hohem Wert. Möglicherweise ist jedoch das Training mit CaiMan nicht für jeden Teilnehmer eindeutig mit seinem Ziel verknüpft, was einige Teilnehmer daran hindern könnte, zielgerichtet und unter Einsatz aller ihrer Ressourcen zu trainieren. Die Instrumentalität des Trainings sprachrezeptiven Handelns für ein Zukunftsziel könnte insofern experimentell erzeugt bzw. erhöht werden.

Eine beispielhafte (Ziel-)Instruktion könnte wie folgt lauten: „Beim Training sprachrezeptiven Handelns kannst du sprachrezeptives Handeln üben. Sieh das Ziel dieses Trainings darin, dein eigenes Sprachverstehen zu verbessern. Die heute trainierten Fähigkeiten werden dir in Zukunft dabei helfen, in kritischen Gesprächssituationen deinen Gesprächspartner zu verstehen und optimal auf ihn reagieren zu können."

Ein nützlichkeitsorientiertes Ziel hat seinen Fokus dementsprechend auf der künftigen Anwendung des im Training Gelernten. Gleichsam wäre im Ziel aber auch ein expliziter Verweis auf das Training selbst enthalten, das unter Aufwendung von Ausdauer und Anstrengung zu absolvieren ist, um in der Zukunft mit dem Gelernten positive Ergebnisse erzielen zu können. Das Ziel lenkt den Fokus der Teilnehmer zwar auf die Zukunft und auf kritische in der Zukunft zu bewältigende Gesprächssituationen. Jedoch wird auch die *Nützlichkeit* des Trainings dafür hervorgehoben diese kritischen künftigen Gesprächssituationen zu bewältigen. Die folgende Tabelle 4 fasst die Merkmale von nützlichkeitsorientierter Zielsetzung für das Training sprachrezeptiven Handelns zusammen.

Kriterien von möglichen Zielen für das Training sprachrezeptiven Handelns - Nützlichkeit der Aufgabe -	
Fokus des Ziels	Anwendungskontext
Relation zur Aufgabeninstruktion	Alternative
Trainingsbezug gegeben durch	Verweis auf Training
Wirkung auf Trainingsprozess	Ausdauer, Anstrengung

Tabelle 4: Kriterien von möglichen Zielen für das Training sprachrezeptiven Handelns - nützlichkeitsorientierte Zielsetzung

Wie in Tabelle 4 dargestellt, genügt nützlichkeitsorientierte Zielsetzung den zuvor gebildeten Kriterien für ein wirksames Ziel für das Training sprachrezeptiven Handelns und wäre damit ein adäquater Zielansatz für das Training.

Bevor nützlichkeitsorientierte Zielsetzung als Ansatz für das Training sprachrezeptiven Handelns eingehender betrachtet wird (Kapitel 6.3), soll zuvor ein weiterer Ansatz für das Training sprachrezeptiven Handelns diskutiert werden. Eingangs wurde ein auf den Transfer bezogenes Ziel als eine von zwei Möglichkeiten zur Zielsetzung für das Training sprachrezeptiven Handelns beschrieben. Im folgenden Kapitel soll nun die andere Möglichkeit näher betrachtet werden, nämlich ein auf den Lernprozess bezogenes instruktionales Ziel als mögliches Ziel für das Training sprachrezeptiven Handelns.

6.2 Instruktionale Zielsetzung für das Training sprachrezeptiven Handelns

Beim Training sprachrezeptiven Handelns können sich die Teilnehmer über die Reflexion ihrer Analysen und Erklärungen das eigene sprachrezeptives Handeln bewusst machen, es überdenken und es auch verändern. Letztlich soll das Training den Teilnehmern dabei helfen, in der Zukunft in eigenen Gesprächen unterschiedlichster Art andere Menschen besser zu verstehen. Diese eigenen Gesprächssituationen sind für die Teilnehmer im Training sprachrezeptiven Handelns jedoch zunächst ausgeblendet. Der Prozess von der De-Automatisierung zur Re-Automatisierung des eigenen Sprachverstehens findet aus ihrem eigenen Alltag herausgelöst statt, mittelseines Videos, das zunächst wenig mit den eigenen Gesprächen der Teilnehmer zu tun hat. Dies ist, wie beschrieben, notwendig, denn das sprachrezeptive Handeln kann nicht mitten im Prozess des Handelns, während eines stattfindenden Gespräches, de-automatisiert werden (vgl. Kapitel 3.2). Der Inhalt des Trainings mit CaiMan ist damit allerdings Mittel zum Zweck der Reflexion. Das Video in der Lernumgebung ist austauschbar (es kommt nur darauf an, dass im Video zwei Personen miteinander sprechen), und alles, was der Teilnehmer während des Trainings in der Lernumgebung erzeugt, Analysen sowie Erklärungen, dient ihm zur Reflexion seines sprachrezeptiven Handelns.

Ein Teilnehmer kann nur dann im eigentlichen Sinne von dem Training profitieren, wenn er sich bemüht, sein eigenes Sprachverstehen zu reflektieren und zu überdenken. Mehrere einzeln am Computer absolvierte Trainingssitzungen werden dem Teilnehmer sonst möglicherweise kaum als relevante Elemente des Trainings erscheinen, sondern vielmehr als, vielleicht lästige, Wiederholungen einer Tätigkeit, der nicht unmittelbar ein persönlicher Sinn oder Nutzen zugesprochen wird. Das Training sprachrezeptiven Handelns kann insofern nur dann das Sprachverstehen der Teilnehmer optimal fördern, wenn den Teilnehmern bekannt ist, wie sie mit der Lernumgebung CaiMan ihr Sprachverstehen verbessern können, und wenn sie die Lernumgebung dementsprechend nutzen. Instruktionale Zielsetzung könnte die Teilnehmer bei letzterem unterstützen, und so zum Lernerfolg beim Training sprachrezeptiven Handelns beitragen. Bevor in den Kapiteln 6.2.2 bis 6.2.4 die mögliche konkrete Ausgestaltung einer solchen instruktionalen Zielsetzung betrachtet wird, soll zunächst erläutert werden, welche Trainingsfaktoren ein instruktionales Ziel fokussieren könnte, um den Lernerfolg zu fördern. Hierzu werden im folgenden Kapitel 6.2.1 Erfolgsfaktoren des Trainings sprachrezeptiven Handelns herausgestellt, und es wird deren Funktion im Training erläutert.

6.2.1 Erfolgsfaktoren und Lernerfolg beim Training sprachrezeptiven Handelns

Im Rahmen des KVTs wurde das Training sprachrezeptiven Handelns mit CaiMan bereits in verschiedenen Kontexten erfolgreich durchgeführt. Auch war es hinsichtlich seiner Erfolgsfaktoren und mit Bezug auf den Lernerfolg der Teilnehmer bereits Gegenstand diverser wissenschaftlicher Studien. Dabei erwies sich das Training als erfolgreich bei der Verbesserung der Analyse sprachlicher Äußerungen (Henninger & Mandl, 2006).

Barth, Hauck, Hörmann und Henninger (2007) führten in einer neueren Studie im Zusammenhang mit dem Training sprachrezeptiven Handelns ein Quasiexperiment mit 28 Lehramtsstudierenden der PH Weingarten durch. Zur Zeit der Durchführung der Studie befanden sich 11 der Teilnehmer im so genannten Praxisjahr[26] an unterschiedlichen Schulen in der Region. Die anderen 17 Teilnehmer waren im Vollzeitstudium an der Hochschule. Die 17 Studierenden an der Hochschule erhielten beim Training sprachrezeptiven Handelns ein Coaching mit beratendem Feedback zur Übereinstimmung ihrer Analysen mit der Expertenlösung sowie Hilfen zur weiteren Bearbeitung der Aufgabe (Henninger, Barth & Hörmann, 2007). Die Studierenden im Praxisjahr erhielten als Kontrollgruppe kein begleitendes Coaching. Abgesehen vom Coaching war das Training bei beiden Gruppen gleich. Die Studierenden in der Kontrollgruppe hatten zwar bereits bei Trainingsbeginn bessere Ergebnisse hinsichtlich der Güte ihrer Analysen bzw. Erklärungen, allerdings verbesserten sich sowohl Teilnehmer der Versuchs- als auch der Kontrollgruppe im Verlauf des Trainings signifikant hinsichtlich der Präzision bei der Analyse und der Erklärung (objektive Leistungsparameter). Die Auswertung der Untersuchung zeigte allerdings auch, dass sich in der Selbsteinschätzung (subjektive Leistungsparameter) nur Studierende der Kontrollgruppe im Verlauf des Trainings signifikant verbesserten (Barth et al., 2007). In einer Folgestudie wurde mit einem Quasiexperiment erneut der Erfolg des Trainings bei 12 Studierenden im Hochschulkontext und 12 Studierenden im Praxisjahr untersucht (Jaschniok, Barth, Amann & Henninger, 2008). In dieser Untersuchung unterschieden sich die beiden Gruppen der Studierenden im Hochschulkontext und der Studierenden im Praxisjahr bei der ersten Messung nicht in Bezug auf die Güte ihrer Analysen und Erklärungen. Wiederum verbesserten sich alle Teilnehmer von Beginn bis Ende des Trainings signifikant hinsicht-

---

[26] Im Praxisjahr erhalten, in Kooperation mit Schulen der Region und dem Seminar für Didaktik und Lehrerbildung, Studierende der PH Weingarten die Möglichkeit, regelmäßig 20 Stunden in der Woche an einer Schule zu hospitieren bzw. unter Anleitung zu unterrichten, und können ihre Ausbildung so relativ früh mit der Praxis verbinden.

lich objektiver Leistungsparameter. In dieser Studie erhöhte sich zudem bei allen Teilnehmern auch subjektiv die Leistung. Allerdings lernten die Studierenden im Praxisjahr effizienter als die Studierenden im Hochschulkontext. Sie verbesserten sich hinsichtlich der Güte ihrer Analysen schneller als die Studierenden im Hochschulkontext, nämlich in besonderem Maße etwa in der Hälfte des Trainings. Obgleich die Güte ihrer Analysen im weiteren Verlauf des Trainings tendenziell wieder sank, waren die objektiven Leistungswerte der Teilnehmer beider Kontexte zum letzten Messzeitpunkt vergleichbar hoch. Dem Verlauf der Güte ihrer Analysen entsprechend bewerteten die Studierenden im Praxisjahr auch die reflexionsunterstützenden Elemente von CaiMan als nützlich. So bestätigten sie insbesondere in der Mitte des Trainings den Nutzen der Expertenlösung und des Verfassens einer Erklärung zur Analyse. Das Verfassen der *Erklärungen* kann die De-Automatisierung und die Reflexion des eigenen sprachrezeptiven Handelns unterstützen und ist demgemäß ein wichtiger Bestandteil des Trainings (Henninger & Hörmann, 2007; vgl. auch Kapitel 3.4).

Zu einem systematischen und strukturierten Training gehört außerdem die zielgerichtete Nutzung der *Expertenlösung*, die die eigene Reflexion unterstützen kann (vgl. Kapitel 3.3 sowie Kapitel 3.4). Henninger und Mandl (2000) berichten in diesem Zusammenhang von zwei Studien, in denen das Reflexionsangebot beim Training sprachrezeptiven Handelns im Fokus stand. In der ersten Untersuchung wurde bei einer Stichprobe von 33 Teilnehmern der Umfang der Reflexionsunterstützung durch die Expertenlösung variiert. Alle Teilnehmer analysierten nacheinander die verschiedenen Sprachäußerungen im Video und gaben ihre Analysen in die entsprechenden Textfelder in der Lernumgebung ein. Anschließend hatten die Teilnehmer in einer Bedingung mit *niedrigem Reflexionsangebot* die Chance, ihre Analysen zu einer bestimmten Funktion sprachlicher Äußerungen mit entsprechenden Expertenanalysen zu vergleichen. Teilnehmer mit *hohem Reflexionsangebot* hatten nach der Eingabe ihrer Analyse die Möglichkeit, für eine bestimmte Sprachfunktion sowohl eine Expertenanalyse als auch eine Expertenerklärung, das heißt die Beweggründe des Experten für seine Analysen, aufzurufen. Die Annahme, dass ein erweitertes Reflexionsangebot zu einem größeren Lernerfolg führt, bestätigte sich in der Studie nicht. Die Autoren führen dieses Ergebnis darauf zurück, dass die Teilnehmer mit dem erweiterten Reflexionsangebot einer Expertenerklärung von diesem höheren Reflexionsangebot wenig profitieren konnten. Als mögliche Erklärung hierfür geben die Autoren an, dass das erweiterte Reflexionsangebot nicht mehr äquivalent zur Aufgabe war, Sprachäußerungen zwar zu analysieren, aber nicht zu erklären. In einer zweiten Studie wurde zur weiteren Klärung dieser Frage bei 22 Teilnehmern die Äquivalenz der Reflexionsunterstützung mit der Aufgabe variiert. Alle Teilnehmer konnten im Anschluss an ihre Eingaben Expertenanalyse sowie Expertenerklärung aufrufen. Teilnehmer in einer Bedingung mit *korrespondierendem Reflexionsangebot* verfassten in dieser Studie auch eine Erklärung für ihre Analysen. Demzufolge entsprachen ihre Eingaben (Analysen und Erklärungen) quantitativ dem Reflexionsangebot (Analysen und Erklärungen des Experten). Teilnehmer mit *nicht korrespondierendem Reflexionsangebot* hatten hingegen keine Möglichkeit, Erklärungen für ihre Analysen abzugeben. Insofern fehlte für die Expertenerklärung die passende eigene Erklärung. Die in der Studie zu untersuchende Annahme, dass Teilnehmer mit einem korrespondierenden Reflexionsangebot besonders stark von dem Reflexionsangebot profitieren, bestätigte sich nicht. Die Teilnehmer beider Bedingungen verbesserten sich in Bezug auf ihre Analysen vergleichbar stark.

Die beiden Studien heben die große Bedeutung der Expertenlösung zur Reflexion des eigenen Sprachverstehens beim Training sprachrezeptiven Handelns hervor. Der Lernerfolg der Teilnehmer konnte zwar weder mit einem erweiterten noch mit einem stärker korrespondierenden Reflexionsangebot nachweisbar gefördert werden. Allerdings zeigen die Studien auch, dass das Training sprachrezeptiven Handelns mit CaiMan in seiner jetzigen, in Kapitel 3.4 vorgestellten Form, für den Teilnehmer theoretisch ein optimales Reflexionsangebot enthält. Jeder Teilnehmer beim Training sprachrezeptiven Handelns kann dieses Reflexionsangebot, primär die Expertenlösung, zum strukturierten Lernen nutzen. Henninger und Mandl (2000) weisen jedoch im Kontext der zuvor geschilderten Studien darauf hin, dass es die Entscheidung jedes einzelnen Teilnehmers ist, wie er die Lernumgebung zum Training nutzen will: „[D]ie Lernumgebung [stellt] zwar das Reflexionsangebot zur Verfügung, ob dieses ‚Wissensangebot' von den Probanden genutzt wird, bleibt diesen jedoch selbst überlassen." (S. 212). Letztlich trägt also der Trainingsteilnehmer selbst die Verantwortung dafür, mit dem Aufruf der Expertenlösung die Reflexion seines sprachlichen Handelns zu unterstützen. Wie im Kapitel 3 zu den Grundlagen des Trainings sprachrezeptiven Handelns beschrieben, ist diese Reflexion des eigenen Sprachverstehens ein zentraler Wirkmechanismus des Trainings. Die Expertenlösung hat somit eine zentrale Funktion im Training sprachrezeptiven Handelns, denn sie stellt dem Teilnehmer alternative Analysen und Erklärungen zur Verfügung, die er als eine Art Gütemaßstab für sein Sprachverstehen verwenden kann. Sie kann damit auch Diskrepanzen bei den Teilnehmern erzeugen. Die Bedeutung der Nutzung einer solchen Expertenlösung für das Lernen unterstreicht auch das bereits im Kapitel 4.2.3 beschriebene Experiment von Darnon et al. (2007), in dem variiert wurde, ob ein fiktiver Lernpartner den Aufgabenlösungen der Teilnehmer zustimmte oder nicht. In dieser Untersuchung erwies sich die Zustimmung des Partners bzw. dessen Nichtübereinstimmung mit der Antwort der Teilnehmer als entscheidend für die Wirksamkeit von unterschiedlichen Aufgabenzielen. Eine Diskrepanz der Antwort zu der des Partners unterstützte die Wirkung eines Lernziels in besonderem Maße. Die Autoren erklären dieses Ergebnis damit, dass ein Partner, der nicht mit der eigenen Antwort übereinstimmte, die empfundene Unsicherheit erhöhte und Aktivitäten förderte, die diese Unsicherheit vermutlich reduzieren könnten, wie z.B. die Wiederaufnahme des Textes und Rückmeldungen an den Partner (Darnon et al., 2007, S. 67; Übers. v. Verf.). Bei einem Lernziel würde die andere Person, die nicht mit der eigenen Lösung übereinstimmt, tendenziell als Unterstützung bei dem Bestreben wahrgenommen, zu verstehen und zu lernen. Eine vergleichbare Funktion hat auch die Expertenlösung beim Training sprachrezeptiven Handelns, die den Teilnehmer dabei unterstützt, sein eigenes Sprachverstehen zu reflektieren und zu verändern. Insofern ist die Expertenlösung auch als ein wichtiger Erfolgsfaktor des Trainings sprachrezeptiven Handelns auszumachen. Des Weiteren setzt ein hoher Trainingserfolg voraus, dass der Teilnehmer weiß, wie genau er mit der Lernumgebung CaiMan seine sprachrezeptiven Fähigkeiten am besten trainieren kann, und dass er dieses Wissen auch umsetzt. Hierbei könnte wiederum ein Ziel den Teilnehmer unterstützen. Im folgenden Kapitel wird herausgestellt, welche Effekte von einer lernschrittorientierten Zielsetzung zu erwarten wären.

6.2.2 Mögliche Wirkung einer lernschrittorientierten Zielsetzungsinstruktion

In der Praxis arbeiten die Teilnehmer nicht immer strukturiert mit CaiMan: Beispielsweise wurde im Rahmen der ersten Vorstudie zu der vorliegenden Dissertation (Kapitel 5.2) der Aufruf der Expertenlösung per Videoaufnahme des Computerbildschirms gefilmt. Im Vorfeld waren die Teilnehmer ausdrücklich darauf hingewiesen worden, dass eine solche Expertenlösung vorhanden sei, und es war erklärt worden, welche Funktion die Expertenlösung habe. Die Teilnehmer hatten während des Trainings in den drei Lernsitzungen zu insgesamt zwölf Zeitpunkten (vier pro Sitzung) die Möglichkeit, die Expertenlösung zu konsultieren. Wie Tabelle 5 zu entnehmen ist, wurde die Expertenlösung jedoch nicht von allen Teilnehmern regelmäßig verwendet.

Häufigkeit Aufruf Expertenlösung

	Anzahl Aufruf (M)	Anzahl Aufruf (SD)	Anzahl Aufruf (Min)	Anzahl Aufruf (Max)
Lernsitzung 1	2,25	1,70	0	4
Lernsitzung 2	2,92	1,32	0	4
Lernsitzung 3	2,75	1,42	0	4
Gesamt	7,92	3,56	0	12

Anmerkungen: N=24.

Tabelle 5: Vorstudie Weingarten WS08/09 Häufigkeit Aufruf Expertenlösung

Von wenigstens einem Teilnehmer wurde die Expertenlösung während des gesamten Trainings überhaupt nicht verwendet, wie die Statistik über alle Lernaufgaben (Zeile Gesamt) zeigt. Außerdem nahmen sich die Teilnehmer wenig Zeit dafür, die Expertenlösung zu konsultieren. Im Mittel war sie pro Sitzung weniger als drei Minuten lang geöffnet, wie Tabelle 6 zeigt.

Dauer Aufruf Expertenlösung in Sekunden

	Dauer Aufruf (M)	Dauer Aufruf (SD)	Dauer Aufruf (Min)	Dauer Aufruf (Max)
Lernsitzung 1	150,22	150,14	0	699
Lernsitzung 2	139.21	95,25	0	338
Lernsitzung 3	141,75	115,70	0	505
Gesamt	143,73	120,83	0	669

Anmerkungen: N=24. Alle Angaben in dieser Tabelle beschreiben die Dauer in Sekunden.

Tabelle 6: Vorstudie Weingarten WS08/09 Aufruf Expertenlösung in Sekunden

Wie im vorherigen Kapitel dargestellt, ist es für Lernerfolge beim Training unerlässlich, dass der Teilnehmer sein sprachrezeptives Handeln reflektiert und dass er hierfür auch die vorhandenen Hilfen verwendet. Die Expertenlösung als eine solche Hilfe unterstützt den Teilnehmer bei der Reflexion seines eigenen Sprachverstehens. In der in diesem Zusammenhang beschriebenen Untersuchung von Barth et al. (2007) zeigte sich, dass die Expertenlösung von Teilnehmern sowohl der Versuchs- als auch der Kontrollgruppe als hilfreich beurteilt wurde. Für die Experimentalgruppe stieg die Bedeutung der Expertenlösung über die Lernsitzungen hinweg sogar noch an. Dennoch liegt die Entscheidung, die Expertenlösung als Reflexionshilfe zu verwenden beim Teilnehmer. Und wie die Videoaufnahmen der ersten Vorstudie dieser Dissertation zeigen, entschieden sich Teilnehmer auch gegen den Aufruf der Expertenlösung, trotz einer Instruktion im Vorfeld des Trainings, in der zusammen mit für das Training relevanten Handlungsschritten ebenfalls explizit die Funktion der Expertenlösung herausgestellt wurde.

Es ist ungeklärt, warum nicht alle Teilnehmer strukturiert mit CaiMan arbeiten. Denkbar ist allerdings, dass die Instruktion zu Beginn des Trainings nicht für ein strukturiertes Arbeiten während des ganzen Trainings ausreicht. Durch instruktionale Zielsetzung könnten insofern relevante Lernschritte beim Training mit CaiMan fokussiert, und dadurch ein strukturiertes Training unterstützt werden.

Der Fachliteratur sind auch Untersuchungen zu entnehmen, in denen versucht wurde, die Leistung zu verbessern, indem der Fokus von Probanden auf bestimmte Handlungsschritte gelenkt wurde. Locke und Bryan (1969)

führten beispielsweise eine Untersuchung durch, die ergab, dass es unter bestimmten Voraussetzungen sinnvoll ist, ein Hauptziel in kleinere Ziele zu (unter-)teilen. In einer experimentellen Pilotstudie arbeiteten 49 Personen in 20 Durchgängen an einer Additionsaufgabe. In der Hälfte der Durchgänge sollten sie die Anzahl richtiger Antworten erhöhen, in der anderen Hälfte die Anzahl ihrer Fehler reduzieren. Allen Teilnehmern wurden nach jedem Durchgang die Anzahl ihrer richtigen Antworten sowie die Anzahl ihrer Fehler mitgeteilt. In einer Versuchsbedingung erhielten die Teilnehmer vor jedem Durchgang eine Vorgabe, welches der beiden Ziele sie beim aktuellen Durchgang verfolgen sollten. In der zweiten Versuchsbedingung konnten die Teilnehmer selbst entscheiden, wann sie welches Ziel verfolgen wollten. Ihre Vorgabe war jedoch, beide Ziele gleich häufig zu wählen. Die Ergebnisse dieser Pilotstudie zeigten, dass die Anzahl der Fehler bei allen Teilnehmern geringer war, wenn sie versuchten, ihre Fehler zu minimieren. Die Anzahl der richtigen Antworten war hingegen höher, wenn die Teilnehmer explizit versuchten, die Anzahl richtiger Antworten zu erhöhen. Durch Ziele wurde also ihre Aufmerksamkeit auf eine bestimmte Aufgabendimension (Fehler oder richtige Antworten) gelenkt. Ein Ziel beeinflusst also nicht nur, wie stark sich eine Person bei einer Aufgabe anstrengt, sondern es kann auch ihre Aufmerksamkeit lenken: „A person's goals affect not only how hard he will work but also *what* aspects of a task he will focus on, i.e., the relative amount of attention he will pay to different task parameters" [Hervorhebung im Original] (Locke & Bryan, 1969, S. 35).

In einem zweiten Experiment von Locke und Bryan (1969) sollten 20 Studierende (Versuchsgruppe) und 10 Angestellte der American Institutes for Research (Kontrollgruppe) eine bestimmte Strecke in einem Auto abfahren. Das Auto war mit der entsprechenden Technik ausgestattet, um die Anzahl der Beschleunigungen (Betätigen des Gaspedals) zu messen, die Anzahl von Lenkradeinschlägen, die Anzahl von Geschwindigkeitsreduktionen (Betätigen der Bremsen) sowie die Gesamtfahrzeit mit und ohne Unterbrechungen. Die Teilnehmer der Versuchsgruppe sollten die Strecke in drei Durchläufen abfahren. In einer ersten Runde sollten alle Teilnehmer so fahren wie gewöhnlich. Vor der zweiten Fahrtrunde wurden den Teilnehmern der Versuchsgruppe ihre Ergebnisse bezüglich aller fünf gemessener Aspekte gezeigt und erläutert. Zehn Studierende der Versuchsgruppe wurden nun darum gebeten, in der nächsten Runde die Anzahl ihrer Beschleunigungen zu verringern. In der dritten Runde sollten sie die Anzahl von Lenkradeinschlägen verringern. Die anderen zehn Studierenden der Versuchsgruppe erhielten dieselben Ziele, allerdings in umgekehrter Reihenfolge. Die Daten der Kontrollgruppe wurden ebenfalls über drei Fahrtrunden erhoben, allerdings nicht zwangsläufig am selben Tag. Die Angestellten erhielten keine spezifische Instruktion. Die Ergebnisse der Untersuchung zeigen, dass ein Ziel, das sich auf einen bestimmten Aspekt der Aufgabe bezog, Effekte auf die Ergebnisse in Bezug auf diesen Aspekt hatte. Sollten Teilnehmer beispielsweise in einer Runde ihre Beschleunigungen reduzieren, reduzierten sie in dieser Runde diese signifikant stärker als Teilnehmer, die ein anderes oder kein Ziel hatten. Das gleiche Muster zeigte sich auch bezüglich des anderen gesetzten Ziels, einer Verringerung der Anzahl der Lenkradeinschläge.

Die Ergebnisse dieser Studie von Locke und Bryan zeigen also, dass es möglich ist, durch Zielsetzung die Aufmerksamkeit auf bestimmte Aspekte einer Aufgabe zu lenken. Locke und Bryan (1969) diskutieren ihre Ergebnisse auch im Kontext von Lernen: „They indicate that it might be possible to facilitate learning in some circumstances by having subjects focus on particular task dimensions at different stages in the learning process." (S. 40).

Eine andere Möglichkeit, den Lernprozess in kleinere Schritte zu unterteilen, ist einer Untersuchung von Bannert (2003) zu entnehmen, die versuchte, mit metakognitiven Lernhilfen das Lernverhalten in einer *hypermedialen Lernumgebung* zu fördern. Für die Verwendung beim netzgestützten Lernen wurde eine

> […] metakognitive Fördermaßnahme für Studierende konzipiert […] [,] eine Kombination direkter und indirekter strategischer Förderung, welche die Orientierung, Zielbildung und Planung vor dem Lernen, die Informationssuche und -bewertung sowie die Überwachung und Steuerung während des Lernens und die (End-)Kontrolle gegen Ende des Lernens anregen und unterstützen soll.[Hervorhebungen v. Verf. entfernt] (Bannert, 2003, S. 16).

Diese metakognitiven Lernhilfen wurden experimentell in einer netzbasierten Lernumgebung mit Material zum Thema Motivation untersucht. An der Untersuchung nahmen 40 Studierende teil. Studierende in der Experimentalgruppe erhielten vor Beginn der Untersuchung eine 20-minütige Einführung in die metakognitiven Lernhilfen, von Bannert als *indirekte* strategische Förderung bezeichnet. Dabei wurden die Lernhilfen vorgestellt, es wurde die Nützlichkeit der enthaltenen Elemente dargestellt und ihre Anwendung modellhaft demonstriert. Abbildung 3 zeigt die von Bannert verwendeten Lernhilfen.

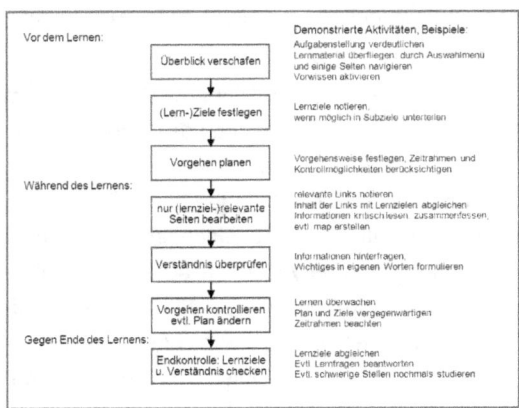

Abbildung 3: Metakognitive Lernhilfen zum netzbasierten Lernen, nach Bannert, 2003, S. 16.

Während des Lernens stand es den Teilnehmern der Experimentalgruppe frei, die Lernhilfen zu verwenden, die ihnen während des Lernens in Papierform vorlagen. Die Teilnehmer der Experimentalgruppe wurden außerdem zu Beginn der Lernphase und zweimal während der Phase an die Lernhilfen erinnert, wenn sie sie noch nicht verwendet hatten. Teilnehmer der Kontrollgruppe lernten ohne metakognitive Lernhilfen und das dazugehörige Training. Bei allen Teilnehmern wurde das metakognitive Lernverhalten durch die Methode des Lauten Denkens erfasst und auf Video aufgezeichnet. Die Lernleistung wurde im Anschluss an das Lernen mit drei Tests erfasst, einem freien Reproduktionstest, einem Multiple-Choice-Test und einem Testverfahren mit problemorientierten Transferaufgaben. Die beiden Versuchsgruppen waren hinsichtlich Vorwissen, Intelligenz, Lernstrategien und Motivation parallelisiert worden. Bei der Auswertung der Untersuchung wurden Unterschiede der beiden Gruppen im Hinblick auf die metakognitiven Lernaktivitäten deutlich. Teilnehmer mit metakognitiven Lernhilfen (und entsprechendem Training) waren den Teilnehmern der Kontrollgruppe hinsichtlich der Spezifizierung von Lernzielen, der systematischen Planung des weiteren Vorgehens, der Suche nach und Bewertung von Informationen sowie in Bezug auf die Durchführung korrekter Lernkontrollen überlegen. Metakognitive Lernhilfen konnten außerdem die Lernleistung in Bezug auf das *Anwendungswissen* der Transferaufgaben, nicht jedoch hinsichtlich des Behaltens wichtiger Begriffe oder hinsichtlich Faktenwissens, fördern.

In einer anderen Studie verwendeten Bednall und Kehoe (2009) bei einem Online-Modul eine Seite mit *Tipps*, die das selbstgesteuerte Lernen instruktional unterstützen sollten. Das Online-Modul wurde von Studierenden einer Einführungsveranstaltung in Psychologie als Hausaufgabe zu Fehlschlüssen in nicht-formaler Logik bearbeitet. Es enthielt sechs Einheiten zu je einem Fehlschluss (z.B. Argument to ignorance, slippery slope fallacy). Jede Einheit enthielt auf der ersten Seite ein Beispiel des Fehlschlusses mit einer Erklärung des spezifischen Fehlers. Auf der zweiten Seite wurde der Fehlschluss erläutert, und die dritte Seite enthielt zwei weitere Beispiele. Die Studierenden konnten selbst entscheiden, wann genau, wie lange und wie häufig sie das Online-Modul bearbeiteten. Bei der ersten Anmeldung im Modul wurden sie automatisch einem von vier Experimenten zugeteilt. Im ersten Experiment mit 96 Studierenden erhielten Teilnehmer der Versuchsgruppe am Anfang des Moduls eine Liste mit Lerntipps (study tips), die das selbstgesteuerte Lernen instruktional unterstützten sollten. Die *Tipps* legten den Studierenden die Verwendung verschiedener Strategien nahe, mit denen Planung-, Überwachungs- und Reflexionsprozesse unterstützt werden können, beispielsweise die Strategie, ein Lernziel zu setzen (Planung), die Schlüsselkonzepte im Text zu finden (Überwachung) oder weitere Beispiele für jeden Fehlschluss zu finden (Reflexion). Die Studierenden in der Kontrollgruppe erhielten keine Unterstützung. Bei einem folgenden Test, bei dem die Studierenden ein Beispiel eines Fehlschlusses lesen und die Fehler im Argumentieren erklären sollten, zeigte sich, dass die Studierenden der Versuchsgruppe bessere Ergebnisse hatten, als die Studierenden der Kontrollgruppe. Im zweiten Experiment wurden bei 192 Studierenden Instruktionen zum Verfassen eigener Erklärungen sowie eigener Zusammenfassungen variiert. Die Teilnehmer sollten Erklärungen verfassen (1), Zusammenfassungen schreiben (2), Erklärungen und Zusammenfassungen verfassen (3) oder erhielten keine Instruktion (4). Die Teilnehmer der jeweiligen Versuchsgruppen waren dazu aufgefordert, die Fehlschlüsse in jeder Lektion zunächst zu erklären und ihre Erklärung mit der im System bereitgestellten Erläuterung des Fehlschlusses zu vergleichen, bevor sie mit dem Lernen fortfahren konnten (1), oder sie sollten nach Abschluss jeder Lektion eine kurze Zusammenfassung über die Inhalte des Trugschlusses verfassen (2). Auch in diesem Experiment führte die instruktionale Unterstützung zu besseren Ergebnissen als keine instruktionale Unterstützung, allerdings nur in Bezug auf nahe Transferaufgaben.[27]

Sowohl die instruktionalen Lernhilfen von Bannert als auch die instruktionalen Hilfen von Bednall und Kehoe konnten also das selbstgesteuerte Lernen in digitalen Lernumgebungen instruktional unterstützen und die Lernergebnisse verbessern.

Ähnliche Effekte sollen auch mit Zielsetzung für das Training sprachrezeptiven Handelns erzielt werden. So könnte ein Teilnehmer beispielsweise dadurch unterstützt werden, dass bestimmte Lernschritte eines idealtypischen Trainingsverlaufs hervorgehoben werden, die den Lernprozess dann etwas strukturieren. Solche Lernschritte für das Training mit CaiMan werden im Folgenden beschrieben.

6.2.3 Lernschritte beim Training mit CaiMan

Das Training sprachrezeptiven Handelns mit CaiMan setzt sich, so wie es im Kontext dieser Arbeit verwendet wird, aus zwei Testaufgaben und drei Lernaufgaben zusammen. Die Testaufgaben bieten zu Beginn und zum Ende des Trainings die Möglichkeit, Lerneffekte zu messen. In den Lernaufgaben findet das eigentliche Training für den Teilnehmer statt, denn hier kann er die Ex-

---

[27] Im dritten Experiment erwies es sich außerdem als lernförderlich, im Vorfeld einen Lernplan aufzustellen, in dem ein Teilnehmer z.B. festlegte, wie er die Hauptgedanken des Textes erkennen möchte.

pertenlösung verwenden, um sein sprachrezeptives Handelns zu trainieren. Der Fokus einer Zielintervention liegt demgemäß auch auf den drei Lernaufgaben.

Eine solche Lernaufgabe beinhaltet eigentlich mehrere Lernschritte, die ein Teilnehmer der Reihe nach absolvieren sollte, um optimal vom Training zu profitieren. Diese Lernschritte (LS) sind in Tabelle 7 dargestellt und werden im Folgenden erläutert.

LS	Aufgabe	Lernziel
Videosequenz anschauen		
1	Videosequenz analysieren	Sprachäußerungen (hinsichtlich Ausdruck, Appell und Darstellung) (schriftlich) präzise wiedergeben
2	Analysen erklären	Möglichst präzise (schriftlich) über die Hintergründe der eigenen Analyse reflektieren
Aufgabe abschließen und Expertenlösung öffnen		
3	Expertenlösung lesen	Analysen und Erklärungen des Experten präzise nachvollziehen
4	Expertenlösung mit eigener vergleichen	Unterschiede zwischen den eigenen Analysen und Erklärungen und denen des Experten finden
5	Eigene Analysen reflektieren	Optimierungsbedarf/Optimierungsansätze für eigene Analysen (das sprachrezeptive Handeln) finden

Tabelle 7: Lernschritte beim Training mit CaiMan

Zunächst schaut sich der Teilnehmer die Videosequenz an, die im System für ihn hinterlegt ist. Er kann diese mehrmals anschauen und einen Eindruck über das bekommen, was in dem dargestellten Gespräch abläuft.

Seine *erste Aufgabe* besteht nun darin, Analysen zu der Videosequenz zu formulieren. Das heißt, der Teilnehmer fokussiert nacheinander die drei Funktionen der Sprache (Ausdruck, Appell, Darstellung) nach Bühler und analysiert für jede Funktion die Sprachäußerungen einer der Personen in dem Gespräch und dokumentiert seine Analysen schriftlich in der Lernumgebung. Diese schriftliche Dokumentation des Analyseergebnisses ist der erste Schritt der De-Automatisierung des sprachrezeptiven Handelns (Henninger & Mandl, 2003, S. 73), und ist notwendig dafür, dass sich der Teilnehmer seiner eigenen Analyse bewusst wird.

Im *zweiten Lernschritt* ist der Teilnehmer dazu aufgefordert, seine Analysen zu erklären. Er gibt insofern die Gründe wieder, die ihn zu seiner Analyse bewogen haben (z.B. eine bestimmte Intonation oder Körperhaltung einer Person). Auch diese Erklärungen dokumentiert der Teilnehmer schriftlich in der Lernumgebung (Henninger & Mandl, 2003, S. 74). Er hat dann in den folgenden Schritten die Möglichkeit, seine eigenen Erklärungen zu seinen Analysen erneut aufzurufen und differenziert zu reflektieren.

Nachdem der Lerner seine Analysen und deren Erklärungen formuliert hat, schließt er die Aufgabenbearbeitung ab. Zu diesem Zweck enthält die Lernumgebung einen Button „Abschließen". Nach Abschluss der Aufgabe ist in den Lernaufgabendie *Expertenlösung* frei geschaltet. Der Lerner betätigt den entsprechenden Button *Experte*, und die Expertenanalyse und die dazugehörige Expertenerklärung öffnen sich.

Die *dritte Aufgabe* ist das Lesen der Expertenanalyse und Expertenerklärung. Das heißt, der Teilnehmer schaut sich an, wie die Sprachäußerungen aus dem Video von einem Experten analysiert und mit welcher Begründung diese Analysen erklärt wurden (Henninger & Mandl, 2003, S. 75). Auch in der Expertenlösung finden sich Analyseinhalte und Erklärungen für diese Analysen in der Videosequenz. Jedoch hat der Experte sein Augenmerk möglicherweise auf anderen Aspekten und Details als der Teilnehmer. Hiermit wird auch der vierte Lernschritt eingeleitet.

Im *vierten Lernschritt* vergleicht der Teilnehmer systematisch seine eigene Analyse mit der Expertenanalyse. Dabei geht es zunächst darum, mögliche Unterschiede in den beiden Analysen zu finden. Der Teilnehmer schaut sich die beiden Lösungen also unter der Fragestellung an, was der *Experte* möglicherweise anders analysiert hat, als er selbst.

Im *fünften Schritt* reflektiert der Teilnehmer seine Analysen. Er hat nun eine alternative Analyse und die dazugehörigen Erklärungen gesehen und kann vor diesem Hintergrund seine eigenen Analysen kritisch betrachten. Der Teilnehmer erhält so einen Anhaltspunkt für die Güte seiner Analysen, und kann sich zudem eigener Interpretationsmuster, möglicher Fehlinterpretationen oder anderer Schwierigkeiten bei der Analyse von Sprachäußerungen bewusst werden. Insofern ist der Vergleich der eigenen Analysen mit alternativen Analysen eine Möglichkeit dazu, das eigene sprachrezeptive Handeln zu reflektieren. Der Experte erfüllt dabei die Funktion einer „Referenz für die eigene Standortbestimmung [...] [sowie einer] Orientierung für die Optimierung des eigenen Handelns" (Henninger & Mandl, 2003, S. 75).

Geht der Teilnehmer diese Lernschritte nacheinander durch, kann er in jeder neuen Lernaufgabe sein eigenes Sprachverstehen systematisch reflektieren. Sind ihm diese Lernschritte nicht bekannt oder arbeitet er nicht strukturiert mit der Lernumgebung, verliert die Funktion der Expertenlösung seine Bedeutung. Der *Experte* wird dann möglicherweise als sinnloser Button erscheinen, bestenfalls noch als Kontrollinstanz wirken.

Eine Möglichkeit zur Förderung des Trainings sprachrezeptiven Handelns läge folglich darin, die beschriebenen fünf Lernschritte für das Training zu akzentuieren. Der entsprechende Förderansatz für das Training sprachrezeptiven Handelns wäre dann ein lernschrittorientiertes Ziel. Im Folgenden wird lernschrittorientierte Zielsetzung als ein möglicher Ansatz für das Training sprachrezeptiven Handelns diskutiert.

6.2.4 Lernschrittorientierte Zielsetzung als möglicher Ansatz für das Training sprachrezeptiven Handelns

Lernschrittorientierte Zielsetzung ist prinzipiell eine Möglichkeit zur Unterstützung von strukturiertem Lernen mit CaiMan, denn sie gibt dem Teilnehmer eine Struktur in Form von Lernzielen bzw. Subzielen für das Training vor. Für den Teilnehmer stellt sich diese Struktur als Ziel-Leitfaden dar, auf dem er die Lernschritte nacheinander abarbeiten kann. Bei jeder neuen Aufgabe startet er quasi mit einer hohen Diskrepanz zum Ziel (dem erfolgreichen Bearbeiten eines Lernschritts / aller Lernschritte) und kann diese über sein Handeln beim Training abbauen.

Eine beispielhafte (Ziel-)Instruktion wäre die folgende: „[...] Dein Ziel ist es, diese Lernschritte nacheinander zu absolvieren. [...]. Die Lernschritte solltest du dir für das folgende Training als Zwischenziele vornehmen."

Ein solches Ziel entspricht nur sehr bedingt einer typischen Zielsetzungsintervention. An dieser Stelle verschmelzen auch die Konzepte *Zielsetzung* und *Instruktion* fast miteinander, denn die Lernschritte können zwar als Ziele formuliert werden, sind jedoch eigentlich Teil einer sehr präzisen Instruktion für das Lernen mit CaiMan. Wie bereits in der Einleitung sowie im Kapitel 2.4.2 angemerkt, muss das Ziel einer Ziel-Intervention für das Training sprachrezeptiven Handelns jedoch darin liegen, dieses Training bestmöglich zu fördern. Ein lernschrittorientiertes Ziel zu diesem Zweck ist insofern eine viel versprechende Möglichkeit, als den Teilnehmern genau eine solche Struktur zum Lernen helfen könnte. Ein lernschrittorientiertes Ziel würde den Trainingsteilnehmern verdeutlichen, mit welchen Handlungen sie das Training erfolgreich absolvieren können. Werden Lernschritte als Ziel gesetzt, könnten die Teilnehmer ihre Aufmerksamkeit auf diese Lernschritte lenken und ihr sprachrezeptives Handeln systematisch und zielgerichtet reflektieren.

Das lernschrittorientierte Ziel könnte im Training sprachrezeptiven Handelns die im vorherigen Abschnitt dargestellten Lernzielen umfassen (vgl. Kapitel 6.2.3). Die Funktion des Ziels wäre es dann, die Aufmerksamkeit der Teilnehmer auf verschiedene wichtige Lernschritte beim Training zu lenken, und dabei die Reflexion des eigenen sprachrezeptiven Handelns als wichtiges Element des Trainings hervorzuheben. Außerdem würde das lernschrittorientierte Ziel eine Diskrepanz erzeugen, die durch zielgerichtetes Handeln, das heißt, durch Ausdauer, Anstrengung und Ausrichtung des Handelns, reduziert werden könnte (vgl. Kapitel 2.1 bzw. Kapitel 2.2.1). Insgesamt sollte das lernschrittorientierte Ziel ein systematisches und strukturiertes Training fördern. Die folgende Tabelle 8 fasst die Merkmale eines lernschrittorientierten Ziels als möglichen Ansatz für das Training sprachrezeptiven Handelns zusammen.

Kriterien von möglichen Zielen für das Training sprachrezeptiven Handelns - Lernschrittorientierte Zielsetzung -	
Fokus des Ziels	Aufgabenkontext
Relation zur Aufgabeninstruktion	Ergänzung
Trainingsbezug gegeben durch	Trainingsbezogene Hinweise
Wirkung auf Trainingsprozess	Strukturiertes Trainieren; Ausdauer, Anstrengung, Ausrichtung des Handelns

Tabelle 8: Kriterien von möglichen Zielen für das Training sprachrezeptiven Handelns - Lernschrittorientierte Zielsetzung

Wie Tabelle 8 verdeutlicht, erfüllt lernschrittorientierte Zielsetzung die zuvor herausgearbeiteten Kriterien eines wirksamen Ziels für das Training sprachrezeptiven Handelns, und wäre folglich als Zielsetzungsansatz für das Training geeignet. Lernschrittorientierte Zielsetzung wird deshalb im folgenden Abschnitt als einer von zwei Zielsetzungsansätzen für das Training sprachrezeptiven Handelns diskutiert.

6.3 Zusammenfassung: Zwei zu kontrastierende Zielsetzungsansätze für das Training sprachrezeptiven Handelns

In diesem Kapitel 6 wurden verschiedene Möglichkeiten diskutiert, mit denen das Training sprachrezeptiven Handelns gefördert werden könnte. Dabei haben sich zwei Ansätze als adäquat für das Training sprachrezeptiven Handelns herausgestellt, einerseits eine *nützlichkeitsorientierte Zielsetzung* und andererseits eine *lernschrittorientierte Zielsetzung*. Zielsetzung entfaltet in diesen Ansätzen ihre Wirkung auf unterschiedliche Weise, beide wären allerdings denkbare und passende Möglichkeiten für eine Förderung des Trainings sprachrezeptiven Handelns.

In einer experimentellen Untersuchung zur Wirksamkeit von Zielsetzung sollen deshalb die beiden Ansätze für Zielsetzung kontrastiert werden, ein lernschrittorientierter Ansatz und ein nützlichkeitsorientierter Ansatz. Diese beiden Ansätze sind, wie beschrieben, beide potentiell wirksam für das Training. Allerdings unterscheiden sie sich in mancherlei Hinsicht stark. Vor allem ist ihre Wirkungsweise auf das Training theoretisch eine unterschiedliche. Tabelle 9 stellt die Merkmale der in der Untersuchung zu kontrastierenden Ansätze für Zielsetzung dar.

Lernschrittorientierte Zielsetzung	Nützlichkeitsorientierte Zielsetzung
Theoriebasis: Instruktionstheorie, Lernschritte des Trainings sprachrezeptiven Handelns	*Theoriebasis: Expectancy-value Ansatz, FTP, Konzept der kontingenten Wege*
Ziel eng formuliert	Ziel weit formuliert
Im unmittelbaren Einflussbereich	Nicht im unmittelbaren Einflussbereich
Geringe Distanz	Große Distanz
Unmittelbar auf das Lernen bezogen	Nur mittelbar auf das Lernen bezogen
Wirkung auf das Lernen über Instruktion und Diskrepanz	Wirkung auf das Lernen über Nützlichkeitswert und Instrumentalität

Tabelle 9: Merkmale der in der Untersuchung zu kontrastierenden Ansätze für Zielsetzung

Der *lernschrittorientierte* Ansatz fasst Zielsetzung sehr eng. Der entsprechende Zielgegenstand liegt im unmittelbaren Einflussbereich des Trainingsteilnehmers, und dessen Distanz zum Zielgegenstand ist gering. Lernschrittorientierte Zielsetzung findet zeitlich direkt vor dem Lernprozess statt (sie muss möglicherweise sogar im Lernprozess wiederholt werden) und ist quasi eine (Ziel-)Anweisung, die es für den Lernprozess zu befolgen gilt. Eine solche lernschrittorientierte Zielsetzung wirkt über direkte Anweisungen bzw. über eine erlebte Diskrepanz auf den Lernprozess und das Lernergebnis.

Der *nützlichkeitsorientierte* Ansatz hingegen enthält ein Ziel mit einer weiten Distanz zum aktuellen Handeln. Der Zielgegenstand liegt in weiter Entfernung und ist weit entfernt vom direkten Einflussbereich. Insofern ist ein nützlichkeitsorientiertes Ziel auch nicht unmittelbar auf das Lernen bezogen. Mittelbar kann jedoch auch ein solches Ziel, das die Nützlichkeit einer Aufgabe für weit entfernte Ziele aufzeigt, auf das aktuelle Lernen wirken. In diesem Fall resultieren Effekte des Ziels auf die Aufgabe jedoch nicht direkt aus der Instruktion, sondern aus kognitiven Erwägungen über Nutzen und Instrumentalität der Aufgabe für ein Zukunftsziel.

Diese beiden Zielsetzungen sollen in der experimentellen Untersuchung auf ihre Wirkung auf das Training hin betrachtet werden. Im folgenden Kapitel werden zunächst die Forschungsfragen der Untersuchung dargestellt (Kapitel 7).

7 Forschungsfragen

Im Rahmen der vorliegenden Dissertation soll die Wirkung von Zielsetzung auf das Training sprachrezeptiven Handelns untersucht werden. In den vorherigen theoretischen Abschnitten dieser Arbeit wurden verschiedene Effekte von Zielsetzung diskutiert, die auch auf bestimmte Wirkungen von Zielsetzung beim Training sprachrezeptiven Handelns schließen lassen.

Zunächst folgt nun ein kurzer Überblick über die für die Forschung relevanten Themen. Anschließend werden in den Kapiteln 7.1 bis 7.4 die konkreten Forschungsfragen und Hypothesen der Untersuchung beschrieben. Die Untersuchung zur Wirkung von Zielsetzung beim Training sprachrezeptiven Handelns ist dann Gegenstand des 8. Kapitels.

Wirkung von Zielsetzung allgemein

Zielsetzung wirkt mittels verschiedener Mediatorvariablen wie Anstrengung, Ausrichtung des Handelns und Ausdauer (vgl. Kapitel 2.2.1), ein Ziel führt also in erster Linie zu motiviertem bzw. zielgerichtetem Handeln. Zielsetzung führt allerdings nicht nur zu motiviertem Handeln, sondern unterstützt auch das Ergebnis dieses Handelns, die Leistung bei einer Aufgabe oder auch Lernprozesse. In dem Training sprachrezeptiven Handelns ähnlichen Kontexten (vgl. Kapitel 4.2) konnten über Mediatoren wie z.B. die Anstrengung Effekte von Zielsetzung auf den Lernerfolg nachgewiesen werden. Zielsetzung wirkte positiv auf sowohl zu lernendes Verhalten als auch auf den Erwerb von Wissen. Außerdem förderte sie im Trainingskontext die Motivation zum Transfer von Gelerntem sowie den tatsächlichen Transfer des Gelernten.

Im Mittelpunkt der Untersuchung stehen daher zwei potentielle Wirkungen von Zielsetzung: Einerseits ihre Wirkung auf die Mediatorvariablen Ausdauer, Anstrengung und Ausrichtung des Handelns als Prozessvariablen des Trainings (Kapitel 7.1), andererseits ihre Wirkung auf den Lernerfolg (Kapitel 7.2).

Wirkung der verschiedenen Ziele

Das Training sprachrezeptiven Handelns wurde auch als ein Training betrachtet, das sich hinsichtlich einiger Merkmale deutlich von anderen Kontexten unterscheidet, in denen Zielsetzung üblicherweise angewendet wurde (vgl. Kapitel 5.1). Als Konsequenz wurde die Zielsetzungstheorie um einige weitere theoretische Konzepte ergänzt, und es wurden ein lernschrittorientiertes und ein nützlichkeitsorientiertes Ziel entwickelt (vgl. Kapitel 6.3).

In der Untersuchung sollen diese beiden Ziele in ihrer Wirkung auf das Training sprachrezeptiven Handelns verglichen werden. Hierbei interessieren vor allem mögliche unterschiedliche Beweggründe für motiviertes Handeln als Konsequenz aus den beiden Zielsetzungen. Es soll insofern untersucht werden, wie die beiden kontrastierten Zielsetzungen auf motivationale Variablen bzw. auf die empfundene Nützlichkeit der Aufgabe wirken (Kapitel 7.3).

Wirkung eines Salienztreatments

Darüber hinaus soll untersucht werden, inwiefern ein *Salienztreatment*, in dem die Teilnehmer zu einem späteren Zeitpunkt an das Ziel erinnert werden, die Wirkung von Zielsetzung unterstützen bzw. steigern kann. Die Vorstudien zeigten, dass sich die Ziele der Teilnehmer im Verlauf des Trainings qualitativ veränderten bzw. Teilnehmer zu unterschiedlichen Zeitpunkten Ziele mit verschiedenen Inhalten wählten (vgl. Kapitel 5.2.2). Im Kontext der Konzeption eines lernschrittorientierten Ziels wurde außerdem diskutiert, inwiefern die Aufgabeninstruktion für das Training mit CaiMan für ein strukturiertes Arbeiten während der gesamten Trainingszeit ausreicht (vgl. Kapitel 6.2.2). Sollten nicht nur die Aufgabeninstruktion sondern auch eigene Ziele für das Training im Verlauf des Trainings an Relevanz für das Handeln der Teilnehmer verlieren, könnte dies erklären, warum sich die Ziele der Teilnehmer in den Vorstudien im Verlauf des Trainings verändert haben.

Desgleichen könnten im Training auch die vorgegebenen Trainingsziele an Bedeutsamkeit verlieren. Für lernschrittorientierte Zielsetzung ist es vorstellbar, dass ein Teilnehmer im Verlauf des Trainings die Lernschritte im besten Fall durcheinander bringt, möglicherweise einige Lernschritte auslässt, sie im schlimmsten Fall allerdings sogar gänzlich vergisst. Für die nützlichkeitsorientierte Zielsetzung ist es vorstellbar, dass der Nutzen des Trainings, der dem Teilnehmer im Vorfeld eingeleuchtet hat, nach einiger Zeit vergessen wird. Zielsetzung beim Training sprachrezeptiven Handelns wirft aus diesem Grund auch die Frage auf, wie stabil das gesetzte Ziel überhaupt im Bewusstsein verankert ist.

Da anzunehmen ist, dass auch Teilnehmer ohne explizite Zielsetzung beim Training sprachrezeptiven Handelns eigene Ziele verfolgen (vgl. Kapitel 5.2.1), erhalten auch diese Teilnehmer ein Salienztreatment, das sie an ihr eigenes Ziel erinnert. Bezüglich des Salienztreatments ist anzunehmen, dass es die Wirkung von Zielsetzung tendenziell unterstützt. Es sind insofern Interaktionseffekte vom Salienztreatment mit dem Zielsetzungstreatment zu erwarten. Im Fokus stehen daher nicht separate Effekte des Salienztreatments, sondern Effekte des Salienztreatments in Verbindung mit den jeweils gesetzten Zielen, auf die sich das Salienztreatment bezieht und deren Wirkung es verstärken soll. Entsprechende Hypothesen werden in den folgenden Abschnitten zur Wirkung von Zielsetzung erläutert.

<u>Wirkung von Moderatorvariablen auf die Effekte von Zielsetzung</u>

Zielsetzung wurde eingangs als Prozess beschrieben, der von unterschiedlichen Moderatorvariablen unterstützt wird (vgl. Kapitel 2.2.2). Eine solche Wirkung von Moderatorvariablen auf die Effekte von Zielsetzung soll auch für das Training sprachrezeptiven Handeln untersucht werden. Die entsprechenden Hypothesen werden in Kapitel 7.4 beschrieben.

7.1 Wirkung von Zielsetzung auf ihre Mediatoren (Fragestellung 1)

Fragestellung 1: *Wie wirken Variationen von Zielsetzungstreatment und Salienztreatment auf Ausdauer, Anstrengung und Ausrichtung des Handelns als Mediatoren von Zielsetzung?*

Zielsetzung fördert, wie im Kapitel 2.2.1 gezeigt wurde, die Performanz vermittelt über die Mediatoren Ausdauer, Anstrengung und Ausrichtung des Handelns. Diese Mediatoren wirken einerseits auf den Handlungs*prozess* und mediieren andererseits die Wirkung von Zielsetzung auf das *Ergebnis* der Handlung. Im Kontext des Trainings sprachrezeptiven Handelns ist zunächst die Wirkung von Zielsetzung auf Ausdauer, Anstrengung und Ausrichtung des Handelns von Interesse, da diese Prozessvariablen wichtige Erfolgsfaktoren des Trainings sind.[28]

Zielsetzung wirkt darüber, dass Diskrepanzen zwischen dem Status quo und einem im Ziel explizierten angestrebten Zustand erzeugt werden, die durch ein entsprechendes Handeln verringert werden können. Dieses *zielgerichtete* Handeln beinhaltet z.B. ein bestimmtes Maß an Anstrengung, das zur Zielerreichung aufgewendet wird. Beim Training sprachrezeptiven Handelns ist, wie bei anderen Trainings auch, Ausdauer erforderlich, um das Ziel sukzessive erreichen zu können. Außerdem müssen die eigenen Ressourcen (wie die Aufmerksamkeit) auf das Ziel hin ausgerichtet werden, um ohne Ablenkung dem Ziel näher kommen zu können. Es müssen also die Mediatoren von Zielsetzung aktiviert werden (vgl. Kapitel 4.1).

Mit lernschrittorientierter bzw. nützlichkeitsorientierter Zielsetzung sollen in den Lernaufgaben (vgl. zur Unterscheidung von Lern- und Testaufgaben Kapitel 6.2.3) die Prozessvariablen des Trainings gefördert werden, um in zweiter Instanz auch auf das Lernergebnis Einfluss zu nehmen. Das Salienztreatment soll den Effekt von Zielsetzung verstärken. Insofern soll folgende Hypothese geprüft werden.

H1: Variationen von Zielsetzungstreatment und Salienztreatment haben unterschiedliche Effekte auf Ausdauer, Anstrengung und Ausrichtung des Handelns in den Lernaufgaben.

Der Zielsetzungsprozess sollte ungeachtet der Inhalte der gesetzten Ziele die drei Mediatorvariablen Ausdauer, Anstrengung und Ausrichtung des Handelns fördern. Dementsprechend sind folgende Hypothesen zu prüfen:

---

[28] Aufgabenstrategien als weiterer typischer Mediator von Zielsetzung sind im Kontext des Trainings von untergeordneter Bedeutung, da sie vor allem dann die Performanz mediieren, wenn für die Aufgabenbearbeitung notwendiges Wissen oder notwendige Fähigkeiten fehlen. Hiervon ist beim Training sprachrezeptiven Handelns nicht auszugehen. Die Teilnehmer besitzen bereits sprachrezeptiven Fähigkeiten, die allerdings automatisiert sind, und erhalten zudem vor dem Training eine Einführung in die Analyse von Sprachäußerungen mit CaiMan.

H1a: Lernschrittorientierte Zielsetzung führt zu einer höheren Ausdauer in den Lernaufgaben als keine explizite Zielsetzung.

H1b: Nützlichkeitsorientierte Zielsetzung führt zu einer höheren Ausdauer in den Lernaufgaben als keine explizite Zielsetzung.

H1c: Lernschrittorientierte Zielsetzung führt zu einer größeren Anstrengung in den Lernaufgaben als keine explizite Zielsetzung.

H1d: Nützlichkeitsorientierte Zielsetzung führt zu einer größeren Anstrengung in den Lernaufgaben als keine explizite Zielsetzung.

H1e: Lernschrittorientierte Zielsetzung führt zu einer stärkeren Ausrichtung des Handelns auf die Verbesserung des Sprachverstehens als keine explizite Zielsetzung.

H1f: Nützlichkeitsorientierte Zielsetzung führt zu einer stärkeren Ausrichtung des Handelns auf die Verbesserung des Sprachverstehens als keine explizite Zielsetzung.

Zudem ist anzunehmen, dass das lernschrittorientierte Ziel und das nützlichkeitsorientierte Ziel aufgrund ihrer inhaltlichen Ausrichtung wiederum unterschiedlich starke Effekte auf die beiden Variablen Anstrengung und Ausrichtung des Handelns haben. Ein *lernschrittorientiertes* Ziel soll vor allem über Diskrepanzen wirken, die sich durch ihren unmittelbaren Bezug auf den Lernprozess im direkten Einflussbereich des Lernenden befinden. Mit diesem Ziel werden dem Lernenden die notwendigen Schritte vorgestellt, die ihm helfen können, die Diskrepanzen zum Ziel zu verringern. Die Schritte durchzuarbeiten erfordert Anstrengung und eine Ausrichtung des Handelns an den einzelnen Lernschritten. Ein *nützlichkeitsorientiertes* Ziel soll vor allem über den Nützlichkeitswert einer Handlung wirken bzw. über die Instrumentalität des Handlungsergebnisses. Mittelbar sind Anstrengung und die Ausrichtung des Handelns natürlich auch hier relevant, jedoch ist vor allem die Verwendung der Expertenlösung nicht unmittelbar mit dem nützlichkeitsorientierten Ziel verbunden, sondern nur über verschiedene kognitive Prozesse.[29] Wenngleich also beide Ziele die Mediatorvariablen anregen, ist davon auszugehen, dass

---

[29] Logischerweise ist der Aufruf der Expertenlösung wichtig, um für das eigene sprachrezeptive Handeln Verbesserungsmöglichkeiten zu entdecken. Erst hierdurch wird es möglich, das eigene Sprachverstehen zu verbessern. Und dieses verbesserte Sprachverstehen ist schließlich für die Bewältigung zukünftiger kritischer Gespräche wichtig.

von einem lernschrittorientierten Ziel eine stärkere Wirkung auf Anstrengung und Ausrichtung des Handelns ausgeht. Demgegenüber müsste das nützlichkeitsorientierte Ziel im Vergleich zum lernschrittorientierten Ziel den, Annahmen aus Kapitel 6.1.3 entsprechend, mit einer höheren Ausdauer einhergehen, denn eine für künftige Ziele als nützlich bewertete Aufgabe führt tendenziell zu einer hohen Persistenz (vgl. hierzu insbesondere die in Kapitel 6.1.3.3 berichtete Studie von Vansteenkiste et al., 2004). Die zu prüfenden Hypothesen lauten dementsprechend:

H1g: Nützlichkeitsorientierte Zielsetzung führt zu einer höheren Ausdauer in den Lernaufgaben als lernschrittorientierte Zielsetzung.

H1h: Lernschrittorientierte Zielsetzung führt zu einer größeren Anstrengung in den Lernaufgaben als nützlichkeitsorientierte Zielsetzung.

H1i: Lernschrittorientierte Zielsetzung führt zu einer stärkeren Ausrichtung des Handelns auf die Verbesserung des Sprachverstehens als nützlichkeitsorientierte Zielsetzung.

Wie eingangs beschrieben, soll zudem untersucht werden, wie ein Salienztreatment in Verbindung mit Zielsetzung wirkt. Hinsichtlich der Mediatorvariablen ist von einer positiven Wirkung des Salienztreatments in Verbindung mit dem jeweiligen Ziel auszugehen.

Das Training sprachrezeptiven Handelns ist ein komplexes Training, das einem Teilnehmer unterschiedliche Handlungsschritte abverlangt. Er schaut sich, wie in Kapitel 3.4 dargelegt, mittels des Trainingstools CaiMan ein Video an, analysiert die Aussagen der Personen im Video, erklärt seine Analysen und gleicht bestenfalls seine Sprachanalyse mit der Expertenlösung ab. Es ist daher denkbar, dass nach Beginn der Aufgabenbearbeitung die digitale Lernumgebung oder die Videoaufnahme die Aufmerksamkeit des Teilnehmers binden, und die sechs Lernschritte (lernschrittorientiertes Ziel) bzw. der Nutzen der Aufgabenbearbeitung (nützlichkeitsorientiertes Ziel) dabei an Relevanz verlieren. Vor allem auf letzteres lassen auch die Ergebnisse der Vorstudien schließen, in denen zunächst noch viele transferbezogene eigene Ziele genannt wurden, zum zweiten Messzeitpunkt jedoch für viele Teilnehmer die Aufgabenbearbeitung in den Vordergrund gerückt war (vgl. Kapitel

5.2.2). Insofern kann es für das Training sprachrezeptiven Handelns auch bedeutsam sein, wie stabil ein gesetztes Ziel im Bewusstsein verankert ist.

Im Experiment soll deswegen durch ein Treatment zu einem späteren Zeitpunkt im Training Salienz für die gesetzten Ziele erzeugt werden. Unter der Annahme, dass ein gesetztes Ziel nicht notwendig über das gesamte Training sprachrezeptiven Handelns hinweg salient bleibt, und dass ein Ziel nur dann Ausdauer, Anstrengung und Ausrichtung des Handelns fördern kann, wenn es salient ist, sind die folgenden Hypothesen zu prüfen:

H1k: Ein Salienztreatment führt bei Teilnehmern mit lernschrittorientierter Zielsetzung zu einer höheren Ausdauer bei den Lernaufgaben als kein Salienztreatment.

H1l: Ein Salienztreatment führt bei Teilnehmern mit nützlichkeitsorientierter Zielsetzung zu einer höheren Ausdauer bei den Lernaufgaben als kein Salienztreatment.

H1m: Ein Salienztreatment führt bei Teilnehmern ohne ein explizites Ziel zu einer höheren Ausdauer bei den Lernaufgaben als kein Salienztreatment.

H1n: Ein Salienztreatment führt bei Teilnehmern mit lernschrittorientierter Zielsetzung zu einer größeren Anstrengung als kein Salienztreatment.

H1o: Ein Salienztreatment führt bei Teilnehmern mit nützlichkeitsorientierter Zielsetzung zu einer größeren Anstrengung als kein Salienztreatment.

H1p: Ein Salienztreatment führt bei Teilnehmern ohne ein explizites Ziel zu einer größeren Anstrengung als kein Salienztreatment.

H1q: Ein Salienztreatment führt bei Teilnehmern mit lernschrittorientierter Zielsetzung zu einer stärkeren Ausrichtung des Handelns auf die Verbesserung des Sprachverstehens als kein Salienztreatment.

H1r: Ein Salienztreatment führt bei Teilnehmern mit nützlichkeitsorientierter Zielsetzung zu einer stärkeren Ausrichtung des Handelns auf die Verbesserung des Sprachverstehens als kein Salienztreatment.

H1s: Ein Salienztreatment führt bei Teilnehmern ohne ein explizites Ziel zu einer stärkeren Ausrichtung des Handelns auf die Verbesserung des Sprachverstehens als kein Salienztreatment.

7.2 Wirkung von Zielsetzung auf den Lernerfolg beim Training

Zielsetzung wirkt nicht nur auf Prozessvariablen, sondern dadurch vermittelt auch auf Ergebnisvariablen einer Aufgabe. Wie bereits im Kontext möglicher Wirkungen von Zielsetzung im Kapitel 4 dargestellt, kann Zielsetzung den Lernerfolg in Bezug auf sowohl zu lernendes Verhalten als auch zu erwerbendes Wissen fördern. Auch beim Training sprachrezeptiven Handelns ist demgemäß von einer positiven Wirkung von Zielsetzung auf den Lernerfolg auszugehen.

Der Lernerfolg beim Training sprachrezeptiven Handelns ist einerseits objektiv messbar (Kapitel 7.2.1), andererseits ergibt er sich für jeden Teilnehmer aber auch subjektiv (Kapitel 7.2.2). Fragestellungen zu diesen beiden Aspekten des Lernerfolgs werden im Folgenden beschrieben.

7.2.1 Wirkung von Zielsetzung auf den objektiven Lernerfolg (Fragestellung 2)

Fragestellung 2: *Wie wirken Variationen von Zielsetzungstreatment und Salienztreatment auf den objektiven Lernerfolg beim Training?*

Beim Training sprachrezeptiven Handelns üben die Teilnehmer, Äußerungen von zwei Personen, auf der Grundlage des Organonmodells von Bühler, zu analysieren (vgl. Kapitel 3). Das *explizite Lernziel* des Trainings ist es, die Äußerungen der Personen im Video präzise zu *analysieren*. Der Teilnehmer soll diese Äußerungen den drei Aspekten Ausdruck, Appell zuweisen können. Er soll verbale Äußerungen präzise paraphrasieren und auch paraverbale (z.B. Intonation) und nonverbale Aspekte (z.B. Mimik) angemessen deuten können. Zur Unterstützung der Reflexion eigener Fehler oder Unklarheiten bei der Analyse ist der Teilnehmer dazu aufgefordert, seine Analysen auch zu *erklären*. Die Güte der Analysen und die Güte der Erklärungen sind insofern wechselseitig miteinander verknüpft.

Wie in Kapitel 2 beschrieben, wirkt Zielsetzung nach der Zielsetzungstheorie vor allem auf die Leistung bei einer Aufgabe. In Kapitel 4 wurden außerdem Effekte von Zielsetzung auf den Lernerfolg beschrieben. Demgemäß soll beim Training sprachrezeptiven Handelns mit Zielsetzung auch ein Effekt auf den Lernerfolg in Form von einer höheren Güte der Analysen bzw. Güte der Erklärungen erzielt werden.

Erwartungsgemäß werden sich die Teilnehmer in allen Zielsetzungsbedingungen beim Training sprachrezeptiven Handelns verbessern. Hierauf lassen zumindest bisherige Forschungen zum Training mit CaiMan schließen (Henninger, Mandl & Hörfurter, 2003). Von Teilnehmern mit lernschrittorientierter oder nützlichkeitsorientierter Zielsetzung sind also im Gegensatz zu Teilnehmern ohne explizite Zielsetzung höhere Lernerfolge zu erwarten. Das Salienztreatment soll diesen Effekt von Zielsetzung noch verstärken. Dementsprechend sind folgende Hypothesen zu prüfen:

H2: Variationen von Zielsetzungstreatment und Salienztreatment haben unterschiedliche Effekte auf den objektiven Lernerfolg beim Training sprachrezeptiven Handelns.

    H2a: Lernschrittorientierte Zielsetzung führt zu einem höheren objektiven Lernerfolg als keine explizite Zielsetzung.

    H2b: Nützlichkeitsorientierte Zielsetzung führt zu einem höheren objektiven Lernerfolg als keine explizite Zielsetzung.

Zudem sollen auch das lernschrittorientierte Ziel und das nützlichkeitsorientierte Ziel hinsichtlich ihrer Effekte auf den Lernerfolg beim Training sprachrezeptiven Handelns kontrastiert werden. *Lernschrittorientierte* Zielsetzung wirkt vor allem dadurch, dass dem Teilnehmer Diskrepanzen zwischen seinem Handeln und dem im Ziel formulierten Handeln aufgezeigt werden. Das Ziel dient dem Teilnehmer als Maßstab zur Bewertung seiner aktuellen Performanz, zeigt ihm aber auch auf, wie seine Performanz zu optimieren wäre. Insofern soll es den Trainingsteilnehmer dazu anregen, seine aktuelle Performanz der im Ziel definierten Performanz anzunähern. Damit soll lernschrittorientierte Zielsetzung die Trainingsergebnisse bezüglich des sprachrezeptiven Lernziels positiv beeinflussen. *Nützlichkeitsorientierte* Zielsetzung wirkt theoretisch ebenfalls positiv auf den Lernerfolg, allerdings vermittelt über Nützlichkeitsüberlegungen des jeweiligen Teilnehmers. Das Training sprachrezeptiven Handelns mit CaiMan ist ein wichtiger Schritt, um das sprachrezeptive Handeln so zu verbessern, dass in der Zukunft kritische Gesprächssituationen gut gemeistert werden können. Als Konsequenz der anzunehmenden stärkeren Effekte von lernschrittorientierter Zielsetzung auf zwei der drei Mediatorvariablen (vgl. Kapitel 7.1) ist aber davon auszugehen, dass lernschrittorientierte Zielsetzung den Lernerfolg stärker fördern kann als nützlichkeitsorientierte Zielsetzung.[30] Dementsprechend wird die folgende Hypothese geprüft:

> H2c: Lernschrittorientierte Zielsetzung führt zu einem höheren objektiven Lernerfolg als nützlichkeitsorientierte Zielsetzung.

Unter der Annahme dass ein Ziel nur dann den Lernerfolg fördern kann, wenn es salient ist, ist zudem von Effekten eines Salienztreatments in Verbindung mit einem Zielsetzungstreatment auf den objektiven Lernerfolg auszugehen. Demgemäß sind zum Salienztreatment die folgenden Hypothesen zu prüfen:

> H2d: Ein Salienztreatment führt bei Teilnehmern mit lernschrittorientierter Zielsetzung zu einem höheren objektiven Lernerfolg als kein Salienztreatment.

> H2e: Ein Salienztreatment führt bei Teilnehmern mit nützlichkeitsorientierter Zielsetzung zu einem höheren objektiven Lernerfolg als kein Salienztreatment.

Zudem ist auch bei Teilnehmern ohne Zielsetzungstreatment von Effekten eines Salienztreatments auszugehen. Einem Teilnehmer ohne ein explizit gesetztes Ziel ist zunächst vielleicht gar kein eigenes Ziel bewusst, das er mit dem Training verfolgt. Möglicherweise verliert auch für ihn das eigene Ziel im Verlauf des Trainings an Salienz. Durch das Salienztreatment wird ein eventuell noch unbewusstes Ziel salient, alternativ gewinnt sein eigenes Ziel wieder an Bedeutsamkeit. Ungeachtet des Inhaltes eines nicht explizit gesetzten Ziels für das Training sprachrezeptiven Handelns ist anzunehmen, dass es nur dann einen positiven Effekt auf den Lernerfolg hat, wenn es salient ist und bewusst verfolgt wird. Dementsprechend soll die folgende Hypothese geprüft werden:

---

[30] Die Mediatorvariablen werden in diesem Zusammenhang als einander gleichrangig aufgefasst.

H2f: Ein Salienztreatment führt bei Teilnehmern ohne explizite Zielsetzung zu einem höheren objektiven Lernerfolg als kein Salienztreatment.

7.2.2 Wirkung von Zielsetzung auf den subjektiven Lernerfolg (Fragestellung 3)

Fragestellung 3: *Wie wirken Variationen von Zielsetzung auf den subjektiven Lernerfolg beim Training?*

Zielsetzung wirkt theoretisch auf den messbaren objektiven Lernerfolg beim Training sprachrezeptiven Handelns, so dass die Analysen und Erklärungen eines Teilnehmers als Ergebnis des Trainings eine höhere Güte aufweisen als zuvor. Gleichzeitig soll sich der Teilnehmer beim Training auch in seiner subjektiven Einschätzung verbessern. Zusätzlich zur objektiv messbaren Leistung ist demgemäß die subjektive Bewertung der eigenen Leistung beim Training sprachrezeptiven Handelns von Interesse.

Idealerweise entsprechen sich beim Training sprachrezeptiven Handelns der objektivmessbare und der subjektiv wahrgenommene Lernerfolg. Ein messbarer Lernerfolg sollte auch subjektiv als Erfolg erkannt werden, eine höhere Güte der Analysen mit einer besseren subjektiven Einschätzung der eigenen Leistung bei der Sprachanalyse einhergehen. Allerdings soll der subjektive Lernerfolg nicht per se im Verlauf besser eingeschätzt werden, sondern die (bessere) subjektive Einschätzung sollte der (de facto höheren) Güte der Analyse entsprechen. Zum subjektiven Lernerfolg ist die folgende Hypothese zu prüfen:

H3: Variationen von Zielsetzungstreatment haben unterschiedliche Effekte auf die subjektive Einschätzung der eigenen Leistung beim Training sprachrezeptiven Handelns.

Für eine realistische Einschätzung der eigenen Leistung kann Zielsetzung eine Hilfe sein, denn sie bietet beim Training sprachrezeptiven Handelns, wie im Kapitel 2 ausgeführt, einen Maßstab für die aktuelle Leistung beim differenzierten Verstehen sprachlicher Äußerungen und hilft insofern dabei, die aktuelle Leistung realistisch zu bewerten. Zielsetzung hat damit auch Effekte auf den subjektiven Lernerfolg in Form von einer realistischen Einschätzung der eigenen Leistung beim Training sprachrezeptiven Handelns. Entsprechend werden die folgenden Hypothesen geprüft:

> H3a: Lernschrittorientierte Zielsetzung führt zu einer realistischeren Einschätzung der eigenen Leistung beim Training sprachrezeptiven Handelns als keine explizite Zielsetzung.
>
> H3b: Nützlichkeitsorientierte Zielsetzung führt zu einer realistischeren Einschätzung der eigenen Leistung beim Training sprachrezeptiven Handelns als keine explizite Zielsetzung.

Auch bezüglich des subjektiven Lernerfolgs sollen die beiden Zielsetzungen kontrastiert werden. Hierbei ist zu erwarten, dass Teilnehmer mit einem lernschrittorientierten Ziel ihre eigene Performanz realistischer einschätzen als Teilnehmer mit einem nützlichkeitsorientierten Ziel. Das lernschrittorientierte Ziel lenkt die Aufmerksamkeit während des Trainings stets auf kleine Zwischenschritte im Lernprozess, und erleichtert es dem Teilnehmer damit theoretisch, seine eigene Leistung detailliert zu betrachten. Mögliche Mängel in der Performanz sowie Fortschritte im Lernprozess können so subjektiv schneller erkannt werden. Damit fördert ein lernschrittorientiertes Ziel stärker als ein nützlichkeitsorientiertes Ziel eine realistische Einschätzung der eigenen Leistung beim Training sprachrezeptiven Handelns. Entsprechend wird die folgende Hypothese geprüft:

> H3c: Lernschrittorientierte Zielsetzung führt zu einer realistischeren Einschätzung der eigenen Leistung beim Training sprachrezeptiven Handelns als nützlichkeitsorientierte Zielsetzung.

7.3 Weitergehende Fragestellungen zu den zu kontrastierenden Zielsetzungen

In der Untersuchung sollen ein lernschrittorientiertes Ziel und ein nützlichkeitsorientiertes Ziel hinsichtlich ihrer Wirkung auf das Training sprachrezeptiven Handelns betrachtet werden. Wie bereits in Kapitel 6.3 ausgeführt, wirken die beiden Zielarten theoretisch über unterschiedliche Mechanismen auf das Training sprachrezeptiven Handelns. Das lernschrittorientierte Ziel soll

Motivation und Lernerfolg über Instruktion und Diskrepanz bzw. damit einhergehendes strukturiertes Lernen mit CaiMan fördern. Das nützlichkeitsorientierte Ziel soll demgegenüber aus kognitiven Erwägungen über die Instrumentalität des Trainings für wertgeschätzte Ziele in der Zukunft heraus Motivation und Lernerfolg fördern. Die folgenden Fragestellungen beziehen sich auf die theoretischen Unterschiede der beiden Zielsetzungen. Dabei wird zunächst die Wirkung der Variationen von Zielsetzungs- und Salienztreatment auf motivationale Variablen fokussiert (Kapitel 7.3.1) und anschließend die Wirkung von Zielsetzung auf die empfundene Nützlichkeit der Aufgabe (Kapitel 7.3.2) betrachtet.

7.3.1 Wirkung von Zielsetzung auf motivationale Variablen (Fragestellung 4)

Fragestellung 4: Wie wirken Variationen von Zielsetzungs- und Salienztreatment auf motivationale Variablen?

In Bezug auf motivationale Variablen sind zum einen Wirkungen der Variationen von Zielsetzung auf die *Freude an der Aufgabe* bzw. auf das *aktuelle Interesse an der Aufgabe* zu prüfen. Zum anderen soll auch die Wirkung der Variationen von Zielsetzung auf *eine leistungsbezogene Interpretation der Aufgabe* untersucht werden. Im Folgenden werden die Hypothesen zu diesen drei motivationalen Variablen nacheinander vorgestellt.

Freude an der Aufgabe

Nach der Zielsetzungstheoriesoll Zielsetzung die Motivation über kognitive Prozesse beeinflussen: „[P]eople motivate themselves and guide their actions through the exercise of forethought." (Locke & Latham, 1990, Foreword XIf.). Die Mediatoren von Zielsetzung weisen demzufolge auf kognitiv motiviertes Handeln hin, das als kognitive Reaktion auf ein gesetztes Ziel (und eine erkannte Diskrepanz) eingeleitet wird. Motivation als solche wird in Zielsetzungsstudien nicht explizit separat erfasst, da vom Handeln als Resultat auf ein gesetztes Ziel Motivation abzuleiten ist. Das heißt, eine hohe Ausdauer, eine starke Ausrichtung des Handelns und eine hohe Anstrengung entspringen der durch Zielsetzung erzeugten kognitiven Motivation einer Person. Motivation ist also zunächst nur Bewegung (lat. *motus* = „Bewegung"; *lat. movere* = „bewegen"). Ihre Stärke ist an der Ausprägung verschiedener Prozessvariablen erkennbar.

Allerdings kann Motivation unterschiedlichen Quellen entspringen. Sie ist nicht notwendig zielinduziert, sondern kann auch aus bestimmten Merkmalen einer Aufgabe oder aus deren Nutzen für weitere Ergebnisse resultieren. In der Zielsetzungstheorie werden in diesem Kontext drei Arten von Motivation unterschieden:

> [I]*ntrinsic motivation* is involved when the pleasure derives from the task activity itself; *achievement motivation* is operative when the pleasure comes from performing well in relation to a standard or goal; and *extrinsic motivation* is aroused when the pleasure comes from outcomes to which task performance leads. [Hervorhebung im Original] (Locke & Latham, 1990, S. 56).

Intrinsische Motivation, Leistungsmotivation und extrinsische Motivation können alle zu hoher Ausdauer, Anstrengung und starker Ausrichtung des Handelns führen.

Ziele können unterschiedliche Qualitäten von Motivation betonen und so unterschiedliche Beweggründe für motiviertes Handeln liefern. Teilnehmer mit unterschiedlichen Zielen könnten sich insofern nicht nur hinsichtlich der Stärke ihrer Motivation, sondern auch hinsichtlich der *Art* ihrer Motivation unterscheiden, die möglicherweise teilweise zielinduziert ist.

In diesem Zusammenhang ist es möglich, dass Teilnehmer am Training sprachrezeptiven Handelns auch intrinsische Motivation mitbringen. *Intrinsische Motivation* beschreibt eine natürliche Neigung dazu, neue Situationen und Aufgaben aufzusuchen und zu meistern: „The construct of intrinsic motivation describes [...] [a] natural inclination toward assimilation, mastery, spontaneous interest, and exploration [...]" (Ryan & Deci, 2000, S. 70). Intrinsische Motivation bringt ein Individuum insofern dazu, nach Neuem zu streben und nach Herausforderungen zu suchen, die eigenen Fähigkeiten zu erweitern und anzuwenden, zu erforschen und zu lernen. Das heißt, intrinsische Motivation entspringt primär aus einem Individuum selbst und bedarf keiner expliziten Anregung durch äußere Faktoren. Die intrinsische Motivation der Teilnehmer am Training sprachrezeptiven Handelns ist für die vorliegende Untersuchung vor allem im Hinblick auf die zu kontrastierenden Zielsetzungen interessant. Beide Zielsetzungen, lernschrittorientierte wie auch nützlichkeitsorientierte, können dazu führen, dass die intrinsische Motivation eines Teilnehmers im Verlauf des Trainings als Reaktion auf das Zielsetzungstreatment sinkt. Einen solchen Effekt von Zielsetzung legt z.B. eine Untersuchung von Elliot und Harackiewicz (1996) nahe, bei der durch Zielsetzung die intrinsische Motivation von Teilnehmern beim Lösen von Rätseln untergraben wurde (vgl. Kapitel 2.3.2). Intrinsische Motivation würde beim Training sprachrezeptiven Handelns der Aufgabe selbst, der Analyse von Sprache, entspringen. Denn intrinsische Motivation meint „[...] doing an activity for the inherent satisfaction of the activity itself" (Ryan & Deci, 2000, S. 71). Eine solche Freude an der Aufgabe verliert durch Zielsetzung möglicherweise an Bedeutung für das Training.

Zur Freude an der Aufgabe ist daher die folgende Hypothese zu prüfen:

H4: Variationen von Zielsetzungstreatment und Salienztreatment haben unterschiedliche Effekte auf die Freude an der Aufgabe.

Beide Arten von Zielsetzung für das Training sprachrezeptiven Handelns geben der Sprachanalyse mit CaiMan einen neuen Zweck. Das *lernschrittorientierte* Ziel lenkt den Zweck des Trainings darauf, Sprachanalyse in verschiedenen nacheinander zu absolvierenden Lernschritten zu üben. Das *nützlichkeitsorientierte* Ziel verschiebt den Fokus von der aktuellen Sprachanalyse auf einen Zweck außerhalb des Trainings. Der Teilnehmer soll das Training absolvieren, um künftige Gespräche besser meistern zu können. Es ist nicht wichtig, dass die Aufgabe ihm gefällt, sondern dass sie ihm nützt. Der Teilnehmer ist als Reaktion auf die Zielsetzung möglicherweise nicht mehr primär intrinsisch motiviert, sondern vielmehr extrinsisch. Dieser Effekt dürfte für das nützlichkeitsorientierte Ziel noch stärker hervortreten als für das lernschrittorientierte Ziel, da mit ersterem Ziel die Aufgabe zum Mittel für das Erreichen des Ziels *Meisterung kritischer Kommunikationssituationen* wird. Die Aufgabe wird als Konsequenz des Zielsetzungstreatments Mittel zum Zweck und ist nicht (mehr) Spaß an sich.

Entsprechend sind zur Freude an der Aufgabe die folgenden Hypothesen zu prüfen:

> H4a: Lernschrittorientierte Zielsetzung führt zu weniger Freude an der Aufgabe als keine explizite Zielsetzung.
>
> H4b: Nützlichkeitsorientierte Zielsetzung führt zu weniger Freude an der Aufgabe als keine explizite Zielsetzung.
>
> H4c: Nützlichkeitsorientierte Zielsetzung führt zu weniger Freude an der Aufgabe als lernschrittorientierte Zielsetzung.

Mit einem Salienztreatment sollte dieser Effekt noch verstärkt werden. Insofern werden die folgenden Hypothesen geprüft:

> H4d Ein Salienztreatment führt bei Teilnehmern mit lernschrittorientierter Zielsetzung zu weniger Freude an der Aufgabe als kein Salienztreatment.
>
> H4e Ein Salienztreatment führt bei Teilnehmern mit nützlichkeitsorientierter Zielsetzung zu weniger Freude an der Aufgabe als kein Salienztreatment.
>
> H4f Ein Salienztreatment führt bei Teilnehmern ohne explizite Zielsetzung zu weniger Freude an der Aufgabe als kein Salienztreatment.

Aktuelles Interesse an der Aufgabe

Ziele können, wie im theoretischen Abschnitt der vorliegenden Arbeit aufgezeigt, einen Einfluss auf das Aufgabeninteresse nehmen. Im Kapitel 2.3.2 wurden zwei Zielinhalte unterschieden, die typischerweise in unterschiedlichem Maße das Interesse an einer Aufgabe fördern. Im Gegensatz zu Leistungszielen sind Lernziele mit einem hohen Aufgabeninteresse assoziiert. Das bedeutet, dass über bestimmte Ziele Interesse für eine Aufgabe oder ein bestimmtes Thema erzeugt werden kann. Dieses anfängliche Interesse kann wiederum das thematische Interesse für künftige ähnliche Aufgaben prägen (Harackiewicz, Durik, Barron, Linnenbrink-Garcia & Tauer, 2008). Ein solchermaßen zielinduziertes Interesse wäre theoretisch als situatives Interesse (im Gegensatz zu individuellem Interesse) einzuordnen, das durch eine bestimmte Situation und ihre Faktoren hervorgerufen wird (Hidi, 1990). Dieses Interesse hat nur einen marginalen Effekt auf Wissen oder Werte einer Person, bedarf jedoch keiner positiven Gefühle.

Demgemäß sind auch beim Training sprachrezeptiven Handelns (wenigstens kurzfristige) Effekte von Zielsetzung auf das Interesse der Teilnehmer zu erwarten. Durch die Zielsetzungstreatments soll Interesse für die aktuelle Aufgabe, das Training sprachrezeptiven Handelns, erzeugt werden. Dieser Effekt von Zielsetzung soll durch ein Salienztreatment noch verstärkt werden. Dementsprechend ist die folgende Hypothese zu prüfen:

> H5: *Variationen von Zielsetzungstreatment und Salienztreatment haben unterschiedliche Effekte auf das aktuelle Interesse an der Aufgabe.*

Für Teilnehmer mit einem *lernschrittorientierten* Ziel kann ein Interesse an der Trainingsaufgabe vor allem daraus entstehen, dass eine Diskrepanz zu dem gesetzten Ziel erkannt wird (Keller, 1983, S. 400), die während der Aufgabenbearbeitung verringert werden kann. Für einen Teilnehmer mit einem *nützlichkeitsorientierten* Ziel soll das aktuelle Interesse an der Aufgabe steigen, da er den Aufgabeninhalt als relevant oder nützlich für ein zukünftiges Ziel bewertet (vgl. Kapitel 6.3). Genau diese Relevanz oder Nützlichkeit der Aufgabe soll durch das Zielsetzungs-Treatment erzeugt bzw. erhöht werden. Insofern kann mit beiden Zielen theoretisch das aktuelle Interesse an der Aufgabe gefördert werden. Daher sind die folgenden Hypothesen zu prüfen:

> H5a: Lernschrittorientierte Zielsetzung führt zu einem höheren aktuellen Interesse an der Trainingsaufgabe als keine explizite Zielsetzung.

> H5b: Nützlichkeitsorientierte Zielsetzung führt zu einem höheren aktuellen Interesse an der Trainingsaufgabe als keine explizite Zielsetzung.

Es ist allerdings wahrscheinlich, dass das nützlichkeitsorientierte Ziel einen stärkeren Effekt auf das aktuelle Interesse an der Trainingsaufgabe erzeugen kann, als das lernschrittorientierte Ziel, denn das bei nützlichkeitsorientierter Zielsetzung instrumentell mit der Aufgabe verknüpfte zukünftige Ziel soll, wie in Kapitel 6.1.3.4 beschrieben, auch den individuellen Interessenslagen der Teilnehmer entsprechen. Darum ist die folgende Hypothese zu prüfen:

> H5c: *Nützlichkeitsorientierte Zielsetzung führt zu einem höheren aktuellen Interesse an der Trainingsaufgabe als lernschrittorientierte Zielsetzung.*

Mit einem Salienztreatment soll der Effekt von Zielsetzung auf das Interesse an der Trainingsaufgabe noch verstärkt werden. Insofern werden die folgenden Hypothesen geprüft:

> H5d: Ein Salienztreatment führt bei Teilnehmern mit lernschrittorientierter Zielsetzung zu einem höheren aktuellen Interesse an der Trainingsaufgabe als kein Salienztreatment.
>
> H5e: Ein Salienztreatment führt bei Teilnehmern mit nützlichkeitsorientierter Zielsetzung zu einem höheren aktuellen Interesse an der Trainingsaufgabe als kein Salienztreatment.
>
> H5f: Ein Salienztreatment führt bei Teilnehmern ohne explizite Zielsetzung zu einem höheren aktuellen Interesse an der Trainingsaufgabe als kein Salienztreatment.

Leistungsbezogene Interpretation der Aufgabe

Zielsetzung kann sich auch darauf auswirken, wie leistungsbezogen eine Aufgabe interpretiert wird. Im Kontext der Anwendung von Zielsetzung wurde der Inhalt der gesetzten Ziele dementsprechend als wichtiger Aspekt beschrieben (Kapitel 2.3.2). Während Lernziele verwendet werden können, um bei einer bestimmten Aufgabe das Interesse zu fördern, lenken Leistungsziele typischerweise den Fokus auf die bei der Aufgabe zu erreichende Leistung.

Die für das Training sprachrezeptiven Handelns konzipierten Ziele sind nicht per se den beiden Dimensionen Lern- oder Leistungsziel zuzuordnen. Dennoch könnten die beiden Ziele von den Teilnehmern jeweils eher als Lernziel oder als Leistungsziel verstanden werden, also entweder als Möglichkeit gesehen werden, die eigene Leistung zu demonstrieren, oder als Möglichkeit, Neues zu lernen.

Dabei ist anzunehmen, dass die beiden Zielsetzungstreatments im Gegensatz zur Vergleichsgruppe eine leistungsthematische Interpretation der Aufgabe unterstützen. Beide Ziele ergänzen die Aufgabeninstruktion um einen Faktor, der Diskrepanzen erzeugen kann. Ein Teilnehmer erkennt beispielsweise Defizite im strukturierten Lernen (lernschrittorientierte Zielsetzung) oder hinsichtlich seiner Fähigkeit, Gespräche adäquat zu führen (nützlichkeitsorientierte Zielsetzung). Das Ziel zeigt dem Teilnehmer auf, wie er sich verbessern kann, und eröffnet damit die Möglichkeit, die eigene Leistung beim

Training zu optimieren. Damit unterstützt das Zielsetzungstreatment gegenüber der Vergleichsbedingung theoretisch eine leistungsthematische Interpretation der Aufgabe. Das Salienztreatment kann diesen Effekt von Zielsetzung noch verstärken.

Demzufolge wird die folgende Hypothese untersucht:

H6: Variationen von Zielsetzungstreatment und Salienztreatment haben unterschiedliche Effekte auf eine leistungsbezogene Interpretation der Aufgabe.

H6a: Lernschrittorientierte Zielsetzung führt zu einem stärker leistungsthematischen Verständnis der Aufgabe als keine explizite Zielsetzung.

H6b: Nützlichkeitsorientierte Zielsetzung führt zu einem stärker leistungsthematischen Verständnis der Aufgabe als keine explizite Zielsetzung.

Für Teilnehmer mit lernschrittorientierter Zielsetzung sind die Defizite bei der Bearbeitung der Aufgabe durch die Zergliederung der Aufgabe in kleine Zwischenschritte theoretisch leichter zu erkennen als für Teilnehmer mit nützlichkeitsorientierter Zielsetzung. Vielleicht eröffnet das Zielsetzungstreatment dem Teilnehmer auch eine Möglichkeit, die eigene Leistung bei der Sprachanalyse zu demonstrieren. Daher ist die folgende Hypothese zu prüfen:

H6c: Lernschrittorientierte Zielsetzung führt zu einem stärker leistungsthematischen Verständnis der Aufgabe als nützlichkeitsorientierte Zielsetzung.

Das Salienztreatment bringt zu einem späteren Zeitpunkt das gesetzte Ziel erneut in das Bewusstsein und soll so den Effekt des Zielsetzungstreatments verstärken. Insofern werden zum Salienztreatment die folgenden Hypothesen geprüft:

H6d: Ein Salienztreatment führt bei Teilnehmern mit lernschrittorientierter Zielsetzung zu einem stärker leistungsthematischen Verständnis der Trainingsaufgabe als kein Salienztreatment.

H6e: Ein Salienztreatment führt bei Teilnehmern mit nützlichkeitsorientierter Zielsetzung zu einem stärker leistungsthematischen Verständnis der Trainingsaufgabe als kein Salienztreatment.

H6f: Ein Salienztreatment führt bei Teilnehmern ohne explizite Zielsetzung zu einem stärker leistungsthematischen Verständnis der Trainingsaufgabe als kein Salienztreatment.

7.3.2 Wirkung von Zielsetzung auf die empfundene Nützlichkeit der Aufgabe (Fragestellung 5)

Fragestellung 5: *Wie wirken Variationen von Zielsetzungstreatment und Salienztreatment auf die empfundene Nützlichkeit der Aufgabe?*

Im Training sprachrezeptiven Handelns wird das Sprachverstehen gefördert. Damit ermöglicht das Training es den Teilnehmern potentiell, in künftigen Gesprächssituationen eine andere Person besser d.h. adäquater zu verstehen, aber auch, zielgerichteter mit ihr zu sprechen. Dadurch ist das Training sprachrezeptiven Handelns nützlich für zukünftige eigene Gespräche. Mit einem nützlichkeitsorientierten Ziel (Kapitel 6.1.3) soll die wahrgenommene Nützlichkeit des Trainings für die Zukunft noch weiter erhöht werden. Dementsprechend ist zu erwarten, dass als Konsequenz der Zielinstruktion Teilnehmer mit einem nützlichkeitsorientierten Ziel die Aufgabe als nützlicher empfinden als Teilnehmer mit lernschrittorientierter Zielsetzung oder Teilnehmer ohne ein explizites Ziel. Das Salienztreatment soll den Nutzen des Trainings erneut betonen. Die folgenden Hypothesen sollen daher untersucht werden:

H7: Variationen von Zielsetzungstreatment und Salienztreatment haben unterschiedliche Effekte auf die empfundene Nützlichkeit der Aufgabe.

H7a: Nützlichkeitsorientierte Zielsetzung führt dazu, dass die Teilnehmer die Aufgabe als nützlicher bewerten als Teilnehmer mit lernschrittorientierter Zielsetzung.

H7b: Nützlichkeitsorientierte Zielsetzung führt dazu, dass die Teilnehmer die Aufgabe als nützlicher bewerten als Teilnehmer ohne explizite Zielsetzung.

Das Salienztreatment verdeutlicht zu einem späteren Zeitpunkt im Training wiederum den Nutzen der Aufgabe. Es ist daher anzunehmen, dass ein Salienztreatment die Wirkung von Zielsetzung auf die empfundene Nützlichkeit der Aufgabe verstärkt. Folgende Hypothese ist zu prüfen:

H7c: Ein Salienztreatment führt bei nützlichkeitsorientierter Zielsetzung dazu, dass die Teilnehmer die Aufgabe als nützlicher bewerten als Teilnehmer ohne Salienztreatment.

7.4 Wirkung verschiedener Moderatoren auf die Effekte von Zielsetzung (Fragestellung 6)

Fragestellung 6: *Welchen Einfluss haben die Variablen Fähigkeit, Selbstwirksamkeitserwartung, Aufgabenschwierigkeit, Zielschwierigkeit und Zielbindung auf die Effekte von Zielsetzung?*

Als eine wichtige Komponente des Zielsetzungsprozesses wurden im Kapitel 2.2.2 verschiedene Moderatorvariablen beschrieben, die ihrerseits die Wirkung von Zielsetzung beeinflussen, ihre Effekte damit verstärken oder verringern können. Wenngleich in dieser Untersuchung keine in Forschungen zu Zielsetzung typischen Ziele gesetzt werden, so ist doch anzunehmen, dass die Moderatoren von Zielsetzung auch in dieser Untersuchung die Effekte von Zielsetzung beeinflussen. Dabei ist die Art der explizit formulierten Ziele von Bedeutung (vgl. Kapitel 6.3). Das lernschrittorientierte Ziel ähnelt aufgrund seinem engen Fokus den typischen Zielen der Zielsetzungsforschung: Es liegt im direkten Einflussbereich und durch zielgerichtetes Handeln können unmittelbar Diskrepanzen reduziert werden. Das nützlichkeitsorientierte Ziel ist dagegen nur mittelbar auf das Lernen bezogen und ähnelt *typischen* Lern- oder Leistungszielen kaum. Aufgrund seiner Ähnlichkeit zu den häufig in Zielsetzungsstudien untersuchten Zielen ist es plausibel, dass das lernschrittorientierte Ziel auch von ähnlichen Mechanismen beeinflusst wird wie diese Ziele, mehr als das nützlichkeitsorientierte Ziel, das über ganz andere Mechanismen seine Wirkung entfalten soll, nämlich über die bewertete Nützlichkeit der Aufgabe für ein fernes Ziel. Demzufolge ist anzunehmen, dass für das lernschrittorientierte Ziel auch die typischen Moderatorvariablen von Zielsetzung (vgl. Kapitel 2.2.2) wirken. Es soll die folgende Hypothese geprüft werden:

H8: *Die Wirkung unterschiedlicher Zielarten auf den Lernerfolg wird von verschiedenen Moderatorvariablen moderiert.*

Die zu prüfenden Hypothesen zu den potentiellen Moderatorvariablen von Zielsetzung werden im Folgenden nacheinander erläutert.

Fähigkeit

Für die Fähigkeit beschreibt die Zielsetzungstheorie einen moderierenden Effekt, der mit der Höhe der für die Bearbeitung einer Aufgabe erforderlichen Ressourcen bzw. der Schwierigkeit der Aufgabe zusammenhängt. Bei einer für den Teilnehmer denkbar schwierigen Aufgabe, wie der Sprachanalyse mit CaiMan, sollte sich, entsprechend der Ausführungen in Kapitel 2.2.2.3, ein Moderatoreffekt von Fähigkeit auf die Effekte von Zielsetzung darin bemerkbar machen, dass Teilnehmer mit hohen Fähigkeiten größere Lernerfolge beim Training sprachrezeptiven Handelns erzielen als Teilnehmer mit geringen Fähigkeiten. Dabei sind in Bezug auf das Training sprachrezeptiven Handelns eigentlich zwei Fähigkeiten des Teilnehmers relevant, einerseits seine *aufgabenbezogene* Fähigkeit, d.h. seine Fähigkeit dazu, Sprachäußerungen nach den drei Aspekten der Sprache zu analysieren, andererseits aber auch eine eher *allgemeine* Fähigkeit in Bezug auf Sprachanalyse. Von beiden Fähigkeiten sind Moderatoreffekte auf den Lernerfolg der Teilnehmer möglich. Dementsprechend werden zur Fähigkeit der Teilnehmer die folgenden Hypothesen geprüft:

> **H8a:** Die allgemeine Fähigkeit der Teilnehmer in Bezug auf Sprachanalyse moderiert die Effekte der Zielart auf den Lernerfolg.
>
> **H8b:** Die aufgabenbezogene Fähigkeit der Teilnehmer moderiert die Effekte der Zielart auf den Lernerfolg.

Selbstwirksamkeitserwartung

Die Selbstwirksamkeitserwartung bezieht sich auf Annahmen eines Lernenden, inwiefern er in der Lage dazu sein wird, bestimmte Handlungen erfolgreich auszuführen und kann, wie im Kapitel 2.2.2.2 ausgeführt, die Leistung fördern. Der Glaube an die eigene Wirksamkeit wird auch das Training sprachrezeptiven Handelns beeinflussen und kann insofern die Effekte der

Zielart auf den Lernerfolg moderieren. Zur Selbstwirksamkeitserwartung ist deshalb die folgende Hypothese zu prüfen:

> H8c: Die aufgabenbezogene Selbstwirksamkeitserwartung der Teilnehmer moderiert die Effekte der Zielart auf den Lernerfolg.

Aufgabenschwierigkeit

Die Aufgabenschwierigkeit wurde im Kapitel 2.2.2.4 als eine Variable beschrieben, die sich aus zwei Bewertungsmaßstäben zusammen setzt. Einerseits beinhaltet sie Annahmen über die objektive Schwierigkeit der Aufgabe, andererseits hängt sie auch mit subjektiven Annahmen über die eigene Selbstwirksamkeitserwartung zusammen. Wenngleich die Aufgabenschwierigkeit als unsicheres Maß gilt, wird in der Literatur doch ein moderierender Effekt der Aufgabenschwierigkeit auf die Leistung beschrieben, der sich darin zeigen kann, dass eine als schwierig empfundene Aufgabe in einem leichteren selbst gesetzten Ziel und als Folge in einer schwachen Leistung resultiert. Beim Training sprachrezeptiven Handeln wird sich ein solcher Effekt nicht zeigen, da die Ziele den Teilnehmern vorgegeben sind. *Aufgabenschwierigkeit* bezieht sich in der vorliegenden Untersuchung auf die Aufgabe, die alle Teilnehmer ungeachtet ihrer Zielsetzungsbedingung bearbeiten. Allerdings ist gerade für Teilnehmer mit lernschrittorientierter Zielsetzung der Unterschied zwischen Aufgabenschwierigkeit und Zielschwierigkeit nicht trennscharf. Daher sind Moderatoreffekte der Aufgabenschwierigkeit dahingehend zu erwarten, dass eine als schwierig bewertete Aufgabe zu einer besseren Performanz führt als eine als leicht bewertete Aufgabe. Zur Aufgabenschwierigkeit ist deshalb die folgende Hypothese zu prüfen:

> H8d: Die Aufgabenschwierigkeit moderiert die Effekte der Zielart auf den Lernerfolg.

Zielschwierigkeit

Für die Zielschwierigkeit ist, wie in Kapitel 2.2.2.4 aufgeführt, eine lineare Beziehung zur Leistung bei einer Aufgabe anzunehmen. Schwierigere Ziele führen der Theorie gemäß zu einem größeren Lernerfolg als leichte Ziele. Demgemäß ist die Zielschwierigkeit ein wichtiger Faktor für Zielsetzungsinterventionen. Bei der durchzuführenden Untersuchung zur Wirkung von Zielsetzung auf das Training sprachrezeptiven Handelns ist denkbar, dass die Zielschwierigkeit von den Teilnehmern als unterschiedlich hoch bewertet wird. Eine hohe subjektive Zielschwierigkeit würde dann positiv mit dem Lernerfolg zusammen hängen. Dementsprechend ist die folgende Hypothese zu prüfen:

> H8e: Die Zielschwierigkeit moderiert die Effekte der Zielart auf den Lernerfolg.

Zielbindung

Zielbindung moderiert, wie beschrieben (vgl. Kapitel 2.2.2.1), die Effekte von Zielsetzung auf die Performanz. Erst ab einem bestimmten Ausmaß von Zielbindung kann ein Ziel Effekte auf die Leistung erzeugen, und je nachdem, wie sehr sich eine Person an ein Ziel gebunden fühlt, kann Zielsetzung ihre Leistung fördern. Auch beim Training sprachrezeptiven Handelns ist sicher die Bindung an das gesetzte Ziel, das so genannte Commitment des Trainingsteilnehmers an sein Ziel, entscheidend für messbare Effekte von Zielsetzung. Für die vorliegende Untersuchung ist die Zielbindung relevant, da die Stärke der Zielbindung möglicherweise Leistungsunterschiede innerhalb einer Zielsetzungsbedingung erklären kann. Es ist darum die folgende Hypothese zu prüfen:

> H8f: Die Zielbindung moderiert die Effekte der Zielart auf den Lernerfolg.

Die Ergebnisse zu den Fragestellungen werden im Kapitel 9 dargestellt. Zuvor erläutert das folgende Kapitel 8 die Methodik der empirischen Untersuchung zur Wirkung von Zielsetzung auf das Training sprachrezeptiven Handelns.

8 Untersuchung zur Wirkung von Zielsetzung auf das Training sprachrezeptiven Handelns

In einer experimentellen Untersuchung wird Zielsetzung beim Training sprachrezeptiven Handelns angewendet und auf ihre Wirkung hin untersucht. Im Folgenden wird zunächst das Untersuchungsdesign mit dem experimentellen Treatment sowie den Untersuchungsinstrumenten dargestellt (Kapitel 8.1). Anschließend wird die Stichprobenkonstruktion beschrieben (Kapitel 8.2). Zum Abschluss des Kapitels wird der Untersuchungsablauf geschildert (Kapitel 8.3).

8.1 Untersuchungsdesign

Bei der vorliegenden Untersuchung handelt es sich um ein Experiment. Zur Untersuchung der Rolle von Zielsetzung wird das Training sprachrezeptiven Handelns aus dem Rahmen des KVT gelöst, um Versuchsgruppen randomisieren und Störvariablen kontrollieren zu können.[31] Das Design des Experiments ist 3 (Lernschrittorientierte Zielsetzung vs. Nützlichkeitsorientierte Zielsetzung vs. Keine explizite Zielsetzung) x 2 (Erzeugen von Salienz für das Ziel vs. Kein Erzeugen von Salienz für das Ziel) -faktoriell (Backhaus, Erichson, Plinke & Weiber, 2000, S. 80). Dabei ist ein Treatment zu zwei Messzeitpunkten in Form eines Zielsetzungstreatments (Zeitpunkt 1) sowie eines Salienztreatments (Zeitpunkt 2) vorgesehen. Abbildung 4 stellt das Design der aktuellen Untersuchung grafisch dar.

---

[31] Wie im Kapitel 3 beschrieben, ist das Training sprachrezeptiven Handelns eigentlich ein Teil des KVT. Das KVT wird üblicherweise in kleinen, von unterschiedlichen Tutoren begleiteten Gruppen durchgeführt. Für die experimentelle Studie ist es (anders als in den eher explorativen Vorstudien) wichtig, Faktoren wie den Tutor zu kontrollieren, auch wenn das Training eventuell in vergleichsweise geringeren Lerneffekten resultiert.

Zielsetzungstreatment \ Salienztreatment	Salienztreatment	Kein Salienztreatment
Lernschrittorientierte Zielsetzung	1a$_{LS}$	1b$_L$
Nützlichkeitsorientierte Zielsetzung	2a$_{NS}$	2b$_N$
Keine explizite Zielsetzung / Vergleichsgruppe	3a$_{KS}$	3b$_K$

Abbildung 4: Design der Untersuchung

Der gewählte Trainingsablauf, respektive Untersuchungsablauf, enthält zwei Testaufgaben, in denen die Performanz zu Beginn und zum Ende des Trainings gemessen wird, sowie drei Lernaufgaben, in denen die Teilnehmer die Gelegenheit dazu haben, ihr sprachrezeptives Handeln zu reflektieren und zu verbessern. In den ersten beiden Lernaufgaben finden das Zielsetzungstreatment bzw. das Salienztreatment statt. Abbildung 5 veranschaulicht den Ablauf und die fünf Trainingsaufgaben des Experiments.

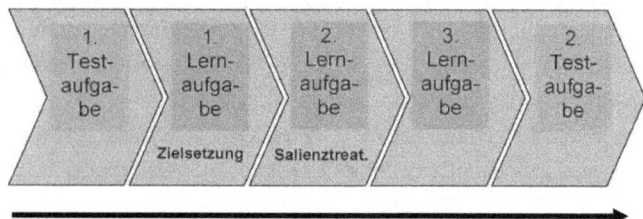

Abbildung 5: Ablauf des Trainings sprachrezeptiven Handelns

Die Aufgaben werden von den Teilnehmern innerhalb einer Sitzung von etwa zwei bis drei Stunden absolviert. Die Dauer der Sitzung ergibt sich nach individuellem Ermessen, lediglich eine planungsbedingte maximale Dauer von vier Stunden ist vorgegeben.

Einerseits wird in der Hauptstudie also die Art der Zielsetzung variiert. Teilnehmer in den Experimentalbedingungen erhalten entweder ein lernschrittorientiertes oder ein nützlichkeitsorientiertes Ziel. Eine Vergleichsgruppe erhält kein explizites Zielsetzungstreatment. Andererseits wird ein Salienztreatment variiert, bei dem die Teilnehmer in den unterschiedlichen Zielsetzungsbedingungen zu einem späteren Zeitpunkt des Trainings an ihr Ziel erinnert bzw. nicht erinnert werden. Da davon auszugehen ist, dass auch Teilnehmer ohne explizite Zielsetzung beim Training sprachrezeptiven Handelns eigene Ziele verfolgen, erhält auch die Hälfte der Teilnehmer ohne explizite Zielsetzung ein Salienztreatment.

Im folgenden Abschnitt werden Zielsetzungstreatment sowie Salienztreatment beschrieben.

8.1.1 Zielsetzungstreatment und Salienztreatment

Die Zielsetzungsmanipulation erfolgt im Experiment unmittelbar vor der ersten Lernaufgabe. Dabei erhalten die Teilnehmer die folgenden Zielsetzungstreatments.

(1) Treatment lernschrittorientierte Zielsetzung

Vor der ersten Lernaufgabe erhalten die Teilnehmer in den beiden Bedingungen *lernschrittorientierte Zielsetzung* (mit und ohne Erzeugen von Salienz) die folgende schriftliche Instruktion:

> „Sie können gleich in mehreren Lernaufgaben Sprachanalyse üben. Um optimal vom Training profitieren zu können, nehmen Sie sich zum Ziel, die folgenden Lernschritte zu kennen und im Training nacheinander zu absolvieren:
> 1. Sprachäußerungen im Video präzise analysieren.
> 2. Die Hintergründe der eigenen Analysen präzise erklären (Analysen begründen).
> 3. Analysen und Erklärungen des Experten nachvollziehen.
> 4. Analysen und Erklärungen mit denen des Experten vergleichen.
> 5. Optimierungsansätze für eigene Analysen und Erklärungen finden.
>
> Diese 5 Schritte sollten Sie sich für die nun folgende Lernaufgabe als Zwischenziele vornehmen."

(2) Treatment nützlichkeitsorientierte Zielsetzung

Teilnehmer in den beiden Bedingungen *nützlichkeitsorientierte Zielsetzung* (mit und ohne Salienztreatment) erhalten vor der ersten Lernaufgabe schriftlich die folgende Instruktion:

„Sie können gleich in mehreren Lernaufgaben Sprachanalyse üben. Nehmen Sie sich dabei die Verbesserung Ihres Sprachverstehens zum Ziel, denn:

Um in Zukunft vor allem in kritischen Gesprächssituationen optimal auf Ihren Gesprächspartner reagieren zu können, ist es notwendig, ihn richtig zu verstehen. Dieses Sprachverstehen können Sie durch das heutige Training sprachrezeptiven Handelns verbessern.

An diesen Nutzen des Trainings für die Qualität Ihrer künftigen Gesprächsführung sollten Sie während der folgenden Trainingssitzung denken."

(1A) Salienztreatment lernschrittorientierte Zielsetzung

Vor Beginn der zweiten Lernaufgabe wird für die Teilnehmer mit Salienztreatment in den drei Zielbedingungen Salienz für ihr Ziel erzeugt. Teilnehmer in der Bedingung lernschrittorientierte Zielsetzung und Salienztreatment (1a) werden im Fragebogen an die fünf Lernschritte erinnert und darum gebeten, die Lernschritte wieder zu geben:

„Vor der ersten Lernsitzung haben Sie sich zum Ziel genommen, das Training anhand von fünf zentralen Lernschritten zu absolvieren.

Bitte vergegenwärtigen Sie sich die 5 Lernschritte und geben Sie sie hier wieder:

1.
2.
3.
4.
5.

Wenn Sie sich nicht mehr an die Lernschritte erinnern können, schauen Sie auf der letzten Seite im Handbuch nach."

In den drei Salienz-Bedingungen erhalten die Teilnehmer die folgenden Instruktionen.

(2A) Salienztreatment nützlichkeitsorientierte Zielsetzung

Vor der zweiten Lernaufgabe werden Teilnehmer der Bedingung *nützlichkeitsorientierte Zielsetzung und Salienztreatment* (2a) an ihr Ziel erinnert, ihr Sprachverstehen zu verbessern. Sie werden dabei darum gebeten, an eine Gesprächssituation zu denken, in der ein besseres Sprachverstehen wichtig wäre:

> „Sie haben sich vor der ersten Lernaufgabe die Verbesserung Ihres Sprachverstehens als Ziel gesetzt, um in zukünftigen kritischen Gesprächssituationen Ihren Gesprächspartner besser verstehen zu können. Sie haben nun bereits angefangen, Ihr Sprachverstehen zu trainieren.
>
> Bevor Sie weiter trainieren, stellen Sie sich bitte eine Gesprächssituation vor, in der es für Sie sehr wichtig sein wird, Ihren Gesprächspartner gut zu verstehen und für die das heutige Training nützlich sein könnte.
>
> Beschreiben Sie diese Situation hier kurz:
>
> --
>
> --
>
> --"

(3A) Salienztreatment keine explizite Zielsetzung

Vor der zweiten Lernaufgabe wird für Teilnehmer der Bedingung *Keine explizite Zielsetzung und Salienztreatment* (3a) Salienz für ein eigenes, implizites, Ziel erzeugt:

> „Sie haben nun bereits Ihre erste Lernaufgabe bearbeitet. Vermutlich ist Ihnen dabei ein Ziel in den Sinn gekommen, auf das Sie in den Lernaufgaben hin arbeiten können. Bitte vergegenwärtigen Sie sich dieses Ziel.
>
> Beschreiben Sie Ihr Ziel hier kurz:
>
> --
>
> --
>
> --"

8.1.2 Untersuchungsinstrumente und Messverfahren

In diesem Kapitel werden die unterschiedlichen Untersuchungsinstrumente und Messverfahren der experimentellen Untersuchung zur Wirkung von Zielsetzung beim Training sprachrezeptiven Handelns vorgestellt. Die in den Handbüchern enthaltenen Items sind im Anhang B1 abgedruckt. Ein Überblick über die in der Untersuchung erhobenen Variablen und deren Messzeitpunkte findet sich im Anhang B.2. Im Folgenden werden die einzelnen Untersuchungsinstrumente beschrieben. Analog zur Reihenfolge der im Experiment zu untersuchenden Fragestellungen werden nun zunächst die Untersuchungsinstrumente und Messverfahren zu den Mediatorvariablen der Zielsetzung beschrieben (Kapitel 8.1.2.1), anschließend werden die Instrumente und Messverfahren zum Lernerfolg vorgestellt (Kapitel 8.1.2.2). Danach folgen Messverfahren, mit denen die unterschiedlichen Zielsetzungstreatments unter Berücksichtigung verschiedener Kontrollvariablen genauer untersucht werden sollen (Kapitel 8.1.2.3) sowie Untersuchungsinstrumente und Messverfahren zu verschiedenen potenziellen Moderatorvariablen der Zielsetzung (Kapitel 8.1.2.4). Zudem sollen einige personengebundene Faktoren als mögliche Störvariablen kontrolliert werden. Die entsprechenden Messverfahren werden im Kapitel 8.1.2.5 beschrieben.

8.1.2.1 Mediatoren der Zielsetzung

Ausdauer

Die Ausdauer oder Persistenz bei einer zeitlich nicht begrenzten Aufgabe gilt in der Zielsetzungstheorie, wie in Kapitel 2.2.1.1 dargestellt, als Zielmechanismus bzw. als Mediator von Zielsetzung. Ein Ziel führt zu einer höheren Ausdauer bei der Aufgabenbearbeitung. Die Ausdauer ist beim Training sprachrezeptiven Handelns vor allem in den Lernaufgaben relevant, in denen der Teilnehmer die Möglichkeit hat, ohne eine bestimmte Zeitvorgabe sein Sprachverstehen zu trainieren, es zu reflektieren und zu verbessern.

Ausdauer wird operationalisiert als *Time on Task in den Lernaufgaben*. Während des Trainings werden die Computerbildschirme der Teilnehmer gefilmt. Messwerte für die Ausdauer werden den Videoaufnahmen entnommen. Die Time on Task entspricht dem Zeitraum vom Starten der ersten Videosequenz bei einer Lernaufgabe (Klick auf den Button *Start* in der Navigation des Videos) bis zum Beenden der Lernaufgabe (Klick auf den Button *Abschließen*).

Aus der Differenz zwischen dem Klick auf den Button *Abschließen* am Ende der Lernaufgabe und dem Klick auf den Button *Start* in der Navigationsleiste des Videos wird eine Variable *DauerLern* für jede Lernaufgabe gebildet. Die Variable wird folgendermaßen dargestellt: Die Vorkommastelle gibt die Anzahl der Minuten an, die Nachkommastelle die Anzahl der Sekunden in Dezimalschreibweise.

Anstrengung

Anstrengung wurde eingangs (Kapitel 2.2.1.1) als ein Mediator der Zielsetzung beschrieben. Zielsetzung führt dazu, dass die eigene Anstrengung dem Schwierigkeitsgrad des Ziels angepasst wird, um eine erkannte Diskrepanz zwischen der aktuellen Performanz und dem Ziel durch vermehrte Anstrengung zu reduzieren. In vielen Zielsetzungsstudien wird von den Effekten einer Zielsetzungsmaßnahme explizit oder implizit auf eine erhöhte Anstrengung geschlossen. In der aktuellen Untersuchung wird jedoch ein präzises Maß für die Höhe der Anstrengung benötigt, um Effekte von Zielsetzung auf die Anstrengung messen zu können. Beim Training sprachrezeptiven Handelns ist der Reflexionsprozess wichtig, in dem der Teilnehmer seine eigenen Eingaben mit der Expertenlösung abgleicht und dabei Anregungen dafür bekommt, wie er sein sprachrezeptives Handeln verbessern kann. Ein Teilnehmer, der sich beim Training sprachrezeptiven Handelns stark anstrengt, wird Zeit in die Reflexion seiner eigenen Analysen investieren, um sich zu verbessern.

Die Anstrengung wird sowohl objektiv als auch subjektiv erhoben. Objektiv wird die Anstrengung operationalisiert als *Zeitrahmen, in dem die Expertenlösung innerhalb einer Lernaufgabe genutzt wird*. Ein Maß für die Anstrengung wird den Videoaufnahmen der Computerbildschirme entnommen. An den Aufnahmen der Computerbildschirme ist zu erkennen, wann die Expertenlösung geöffnet und geschlossen wird. Zudem ist an Mausbewegungen, am Scrollen oder am Öffnen neuer Popup-Fenster zu erkennen, wann ein Teilnehmer die Expertenlösung aktiv nutzt. Aus den Videoaufnahmen werden die Start- und Endzeiten des Aufrufs der Expertenlösung entnommen. Als Startzeit gilt das Anklicken des Buttons *Experte*, als Endzeit das Anklicken des Buttons *schließen* oder alternativ das Schließen des Expertenfensters.

Aus der Differenz zwischen Endzeit und Startzeit wird eine Variable *Dauer-Experte* für jede Lernaufgabe gebildet. Die Variable hat die Maßeinheit Sekunden.

Subjektiv wird die Anstrengung mit fünf ins Deutsche übersetzten Items[32] der Skala *Effort/Importance* aus dem Intrinsic Motivation Inventory (Deci & Ryan,

---

[32] Die Übersetzungen der englischsprachigen Items stammen alle von der Verfasserin.

2003) im Anschluss an jede der drei Lernaufgaben mit Fragebögen erfasst. Die Anstrengung wird auf einer 7-stufigen Likert-Skala mit den maximalen Ausprägungen „trifft überhaupt nicht zu" (1) und „trifft vollkommen zu" (7) erhoben.

> *Beispielitem*[33] *Anstrengung:*„Es war mir wichtig, in der Sprachanalyse gut zu sein."

Ausrichtung

Die Ausrichtung des Handelns bedeutet in der Zielsetzungstheorie, dass das eigene Handeln in Richtung zielrelevanter Handlungen gelenkt wird (Kapitel 2.2.1.1). Handlungsschritte, die nicht zielrelevant sind, werden durch zielrelevantes Handeln abgelöst. Die Ausrichtung des Handelns ist praktisch dann relevant, wenn eine bestimmte Situation nicht nur zielrelevantes Handeln zulässt, sondern auch nicht zielrelevantes Handeln. In dem Fall kann sich eine Person während einer Aufgabenbearbeitung entscheiden, ob sie dem Ziel entsprechend handelt oder eben nicht. Die experimentelle Anordnung der Untersuchung lässt beim Training sprachrezeptiven Handelns eigentlich nur *aufgabenrelevante* Handlungsschritte zu, denn der Teilnehmer arbeitet an einem Computerbildschirm, hat Kopfhörer auf und insofern kaum visuelle oder auditive Ablenkung von außen. Jedoch lässt ihm die Lernumgebung die Entscheidung, verschiedene *zielrelevante* Handlungsschritte zu tun oder sie auszulassen.[34] Besonders ersichtlich ist die Ausrichtung des Handelns bei der Expertenlösung, die ein Teilnehmer sich anschauen kann oder nicht, da sie in der Lernumgebung eine anwählbare Option darstellt. Die Expertenlösung ermöglicht Einblicke in die Aspekte des eigenen sprachrezeptiven Handelns, die der Verbesserung bedürfen und ermöglicht es auf diese Weise, gezielt zu trainieren. Insofern hat sie einen großen Anteil am Lernprozess beim Training sprachrezeptiven Handelns. Dieser Anteil sollte sich auch in dem Zeitanteil bemerkbar machen, den die Nutzung der Expertenlösung in einer Lernaufgabe ausmacht.

---

[33] Die vollständigen Fragebögen sind dem Anhang B.1 zu entnehmen.
[34] Verschiedene zielrelevante Handlungsschritte sind beispielsweise der Konzeption der lernschrittorientierten Zielsetzung im Kapitel 6.2.3 zu entnehmen.

Die Ausrichtung des Handelns wird dementsprechend operationalisiert als *Zeitanteil, den die Nutzung der Expertenlösung an einer Lernaufgabe hat*. Eine starke Ausrichtung des Handelns an der Verbesserung des Sprachverstehens wird damit gegenüber einer nicht starken Ausrichtung des Handelns an dem Prozentteil deutlich, der innerhalb einer Lernaufgabe der Nutzung der Expertenlösung zukommt.

Aus der Dauer des Aufrufs der Expertenlösung in der einzelnen Lernaufgabe und der Gesamtdauer der Lernaufgabe wird eine Variable *ProzentExperte* pro Lernaufgabe gebildet. Diese Variable ProzentExperte entspricht dem zeitlichen Anteil der Nutzung der Expertenlösung an der gesamten Time on Task und wird nach folgender Formel bestimmt: $ProzentExperteL1$ = (Dauer Aufruf Experte L1 / Time on Task L1)*100. Die Variable wird als Prozentzahl mit zwei Dezimalstellen nach dem Komma erhoben.

8.1.2.2 Lernerfolg

Objektiver Lernerfolg

Beim Training sprachrezeptiven Handelns liegt ein intendiertes Ergebnis von Zielsetzung im *Lernerfolg*. Das Training dient grundsätzlich der Verbesserung der sprachrezeptiven Fähigkeiten. Der Lernerfolg gründet demgemäß in einer Steigerung der sprachrezeptiven Fähigkeiten im Verlauf des Trainings. In der aktuellen Untersuchung werden die sprachrezeptiven Fähigkeiten als Übereinstimmung der Analyse und Erklärungen der Teilnehmer mit einer Expertenlösung[35] gemessen, der Lernerfolg beschreibt dementsprechend die Annäherung der eigenen Analysen und Erklärungen an die Expertenlösung. Die Summe der Übereinstimmungen der Teilnehmereingaben mit der Expertenlösung ergibt die *Güte der Analysen* bzw. die *Güte der Erklärungen*. Wie in Bezug auf die Fragestellungen im Kapitel 7.2 beschrieben, sind Güte der Analy-

---

[35] Besagte Expertenlösung wurde zusammen mit den in dieser Untersuchung verwendeten Videoaufnahmen aus vorherigen Studien übernommen.

se und Güte der Erklärungen wechselseitig miteinander verknüpft und geben insofern zusammen Hinweise auf den Lernerfolg eines Teilnehmers.[36]

Die Teilnehmereingaben werden zur Bestimmung der Güte der Analysen bzw. der Güte der Erklärungen hinsichtlich ihrer Übereinstimmung mit der Expertenlösung beurteilt. Um die Reliabilität der Messdaten sicher zu stellen, wird die Übereinstimmung der Eingaben der Teilnehmer mit der Expertenlösung von einem zweiten unabhängigen Rater gemessen. Kriterium für eine hohe Reliabilität ist dabei die Übereinstimmung der Rater in Bezug auf jedes Item. Insofern sollten beide Rater für jedes einzelne Item die Übereinstimmung der Teilnehmereingabe mit der Expertenlösung messen. In dieser Untersuchung wird die Beobachterübereinstimmung aus ökonomischen Gründen jedoch nicht für alle Fälle bestimmt. Die Fachliteratur gibt keine detaillierten Informationen darüber, wie viel Prozent der Fälle bei einer großen Anzahl von Fällen gemeinsam auszuwerten sind, um die Reliabilität der Auswertung zu sichern.[37] Es wird deshalb für die vorliegende Untersuchung festgelegt, dass für 25% der Fälle von beiden Ratern die Güte der Analyse und der Erklärungen in den Testaufgaben bestimmt wird, für die anderen Fälle bestimmt nur ein Rater die Güte der Analyse und die Güte der Erklärung. Bei der Raterübereinstimmung ist ein Wert für *Cohens κ* von über 0.7 ist als gute Übereinstimmung zu bewerten (Wirtz & Caspar, 2002, S. 25).

Die Güte der Analyse und die Güte der Erklärung werden sowohl zu Beginn als auch zum Ende des Trainings bestimmt, um Veränderungen im Trainingsverlauf feststellen zu können. Da zu den beiden Messzeitpunkten unterschiedlich viele Übereinstimmungen mit der Expertenlösung möglich wären[38], und damit auch die Güte der Analyse bzw. der Erklärung verschieden hohe

---

[36] Die Anzahl der Fehler bei der Analyse könnte als weiteres Indiz für den Lernerfolg beim Training sprachrezeptiven Handelns gelten. In dieser Untersuchung wurde die Güte der Analyse als Indikator für den Lernerfolg gewählt, da dieses Maß sich sehr gut als Indikator für den Lernerfolg eignet und zudem gut mit dem subjektiven Maß für den Lernerfolg (Leistung bei der Analyse) vergleichbar ist.

[37] In der vorliegenden Untersuchung wäre bei einer Auswertung aller Fälle der Grad der Übereinstimmung bei 14628 Items zu berechnen: 6837 bei der ersten Messung und 7791 bei der letzten Messung.

[38] Das verwendete Videomaterial beinhaltet verschiedene Videosequenzen, die unterschiedlich lang sind und eine unterschiedliche Anzahl an Analyseeinheiten enthalten, über die der Grad der Übereinstimmung gemessen wird.

Werte annehmen könnte, sind die beiden Summen der Übereinstimmungen zu den beiden Messzeitpunkten nicht direkt vergleichbar. Aus diesem Grund wird für jeden der beiden Messzeitpunkte die Summe der Übereinstimmungen des Teilnehmers mit der maximal erreichbaren Summe an Übereinstimmungen in Relation gesetzt. Das Resultat ist ein prozentuales Maß für die Güte der Analyse bzw. ein prozentuales Maß für die Güte der Erklärungen.

Die beiden prozentualen Maße für die Güte der Analyse bzw. Erklärung vor und nach dem Training können nun miteinander in Relation gesetzt werden.[39] Aus der Güte der Analysen und Erklärungen zum zweiten und zum ersten Messzeitpunkt wird das Delta berechnet. Hieraus ergibt sich der Lernerfolg eines Teilnehmers. Der objektive Lernerfolg wird insofern operational definiert als die Differenz der *Güte der Analyse bzw. der Güte der Erklärung nach dem Training und der Güte der Analyse bzw. der Güte der Erklärung vor dem Training.*

Subjektiver Lernerfolg

Neben dem objektiven Lernerfolg ist auch der Lernerfolg aus Sicht der Teilnehmer ein wichtiger Anhaltspunkt für die Wirkung von Zielsetzung. Der subjektive Lernerfolg wird nach jeder der beiden Testaufgaben als Selbsteinschätzung der Leistung bei der Analyse sowie der Präzision der Analyse[40] schriftlich mit 3 Items auf einer Likert-Skala mit sieben Ausprägungen von „schlecht" (1) bis „gut" (7) erfasst. (Die Items wurden von der Arbeitsgruppe Henninger für die wissenschaftliche Begleitung des KVTs entwickelt, und wurden auch in vorherigen Untersuchungen im Kontext des Trainings sprachrezeptiven Handelns verwendet).

> *Beispiel-Item Leistung Analyse:*„Wie schlecht/gut würden Sie Ihre Leistung bei der Analyse von Gesprächsinhalten nach den 3 Funktionen der Sprache (Appell, Ausdruck, Darstellung) beurteilen?"

---

[39] Hierbei wird vorausgesetzt, dass die beiden Testaufgaben vergleichbar sind. Dies schließt auch ein, dass die beiden Testaufgaben für den Teilnehmer gleich schwierig sind bzw. dass die erfolgreiche Bearbeitung der beiden Aufgaben gleich wahrscheinlich ist.
[40] Die Präzision der Analysen wurde als Kontrollvariable mit erhoben, um ggf. die realistische Einschätzung der eigenen Leistung konkretisieren zu können.

> *Beispiel-Item Präzision Analyse:* "Wie schlecht/gut würden Sie Ihre Leistung in Bezug auf Präzision (bzw. Genauigkeit) bei der Analyse von Gesprächsäußerungen nach den 3 Aspekten (Ausdruck, Appell, Darstellung) beurteilen?"

Auf eine Selbsteinschätzung der Leistung in Bezug auf die Erklärungen wird verzichtet, um zu verhindern, dass der Teilnehmer hier Analysen und Erklärungen durcheinander bringt. Die Leistung bei den Analysen wird als für den Teilnehmerspontan eher greifbar eingeschätzt.

Realistische Einschätzung der eigenen Leistung

Bezüglich der Leistung sind nicht nur der objektive oder subjektive Lernerfolg beim Training sprachrezeptiven Handelns relevant, sondern zusätzlich wird ein bestimmtes Maß für eine realistische Einschätzung der Leistung benötigt. Dieses Maß ergibt sich aus dem Vergleich subjektiver und objektiver Daten. Ein Teilnehmer schätzt seine eigene Leistung dann als realistisch ein, wenn die eigene Einschätzung der Leistung in hohem Maße der objektiven Güte der Analyse entspricht.

Eine realistische Einschätzung der eigenen Leistung wird damit operational definiert als hohe Korrelation zwischen objektiven Leistungswerten (Güte der Analyse) und subjektiver Leistungseinschätzung.

8.1.2.3 Kontrollvariablen Zielsetzungstreatments

Freude an der Aufgabe

Freude an der Aufgabe wird im Kontext dieser Untersuchung als *Freude am Training sprachrezeptiven Handelns um seiner selbst Willen* verstanden, und wird mit einer Subskala aus dem Intrinsic Motivation Inventory (IMI) (Deci & Ryan, 2003) erhoben. Diese Skala zu *Interest/Enjoyment* beschreiben Deci und Ryan (2003) als „the self-report measure of intrinsic motivation; thus, although the overall questionnaire is called the Intrinsic Motivation Inventory, it is only the one subscale that assesses intrinsic motivation, per se" [Hervorhebungen v. Verf. entfernt] (S. 1).Für die Untersuchung wurden die Variablen der Skala *Interest/Enjoyment* aus dem IMI ins Deutsche übersetzt, an die

Aufgabe (Sprachanalyse) angepasst und im Anschluss an jede der fünf Trainingsaufgaben mit Fragebögen erfasst. Die Freude an der Aufgabe wird mit einer 7-stufigen Likert-Skala mit den maximalen Ausprägungen „trifft überhaupt nicht zu" (1) und „trifft vollkommen zu" (7) erhoben.

> Beispiel-Item Freude an der Aufgabe: „Die Sprachanalyse hat Spaß gemacht."

Aktuelles Interesse an der Aufgabe

Das aktuelle Interesse an der Aufgabe wird im Kontext dieser Untersuchung verstanden als *aktuelles Interesse an der Trainingsaufgabe Sprachanalyse*. Es wird mit 5 Items aus dem FAM (Fragebogen zur Erfassung aktueller Motivation; Rheinberg, Vollmeier & Bruns, 2001) mit Fragebögen erfasst. Mit dem FAM wird die Motivation mittels vier Komponenten erfasst. In der Untersuchung wird der gesamte FAM verwendet, allerdings sind für die Untersuchung nur zwei Komponenten relevant.

Drei Komponenten des FAM (Misserfolgsbefürchtung, Erfolgswahrscheinlichkeit und Herausforderung) beziehen sich auf leistungsthematische Aspekte der Motivation. Interesse, die vierte Komponente, hat laut der Autoren im FAM einen hohen Bezug zum Gegenstand der Aufgabe, beschreibt die Wertschätzung der Aufgabe und beinhaltet auch eine Selbstintentionalität bezüglich der Aufgabenbearbeitung. Mit dieser Skala wird das Interesse an der Aufgabe vor der ersten Testaufgabe sowie vor den drei Lernaufgaben mit Fragebögen erfasst. Die Items werden auf einer 7-stufigen Likert-Skala mit den maximalen Ausprägungen „trifft überhaupt nicht zu" (1) und „trifft vollkommen zu" (7) gemessen.

> Beispiel-Item Aktuelles Interesse an der Aufgabe:„Eine solche Aufgabe würde ich auch in meiner Freizeit bearbeiten."

Leistungsbezogene Interpretation der Aufgabe

Die leistungsbezogene Interpretation der Aufgabe soll Hinweise darüber geben, inwiefern eine Person eine bestimmte Aufgabe oder Lernsituation überhaupt leistungsthematisch interpretiert und sie als *Herausforderung* erlebt. Diese leistungsthematische Interpretation der Aufgabe wird vor der ersten Testaufgabe sowie vor den drei Lernaufgaben mit vier Items aus dem FAM

(Dimension Herausforderung) mit Fragebögen erfasst. Die Items werden auf einer 7-stufigen Likert-Skala mit den maximalen Ausprägungen „trifft überhaupt nicht zu" (1) und „trifft vollkommen zu" (7) gemessen.

> *Beispiel-Item Leistungsbezogene Interpretation der Aufgabe:*„Ich bin gespannt darauf, wie gut ich hier abschneiden werde."

Nützlichkeit der Aufgabe

Die empfundene Nützlichkeit der Aufgabe ist zu konkretisieren als *empfundene Nützlichkeit des Trainings sprachrezeptiven Handelns*. Die Nützlichkeit der Aufgabewird mit Fragebögen vor der ersten Testaufgabe sowie nach jeder der drei Lernaufgaben mit 7 Items der Skala *Value/Usefulness* aus dem IMI (Deci & Ryan, 2003) erfasst. Die Items wurden ins Deutsche übertragen und werden auf einer 7-stufigen Likert-Skala mit den maximalen Ausprägungen „trifft überhaupt nicht zu" (1) und „trifft vollkommen zu" (7) erhoben.

> *Beispiel Item Nützlichkeit der Aufgabe:*„Ich glaube, das Training von Sprachanalyse könnte recht wertvoll für mich sein."

8.1.2.4 Moderatoren der Zielsetzung

Der Erfolg der Bearbeitung einer Aufgabe hängt nicht nur von Ausdauer, Anstrengung und Ausrichtung des Handelns ab. Diese Variablen sind zwar alle während der Bearbeitung einer Aufgabe relevant. Zudem steuern jedoch einige Annahmen des Lernenden über seine Möglichkeiten der Aufgabenbearbeitung (Fähigkeit, Selbstwirksamkeitserwartung) oder über Merkmale der Aufgabe und des Ziels (Aufgabenschwierigkeit, Zielschwierigkeit) sowie seine Bindung an das Ziel sein Handeln und dessen Ergebnis. Nachfolgend werden die in der Untersuchung zur Erhebung der Moderatorvariablen verwendeten Instrumente beschrieben.

Fähigkeit

Zur Fähigkeit der Teilnehmer werden zwei Dimensionen erhoben, einerseits eine *allgemeine* Fähigkeit in Bezug auf Sprachanalyse und andererseits eine *aufgabenbezogene* Fähigkeit zur Sprachanalyse nach den drei Aspekten der Sprache des Organonmodells von Bühler.

Die *aufgabenbezogene Fähigkeit* wird in der vorliegenden Untersuchung nach jeder der beiden Testaufgaben schriftlich mit drei Items erhoben. (Die Items wurden von der Arbeitsgruppe Henninger für die wissenschaftliche Begleitung des KVTs entwickelt und auch in vorherigen Untersuchungen im Kontext des Trainings sprachrezeptiven Handelns verwendet.). Die Items werden mit einer 7-stufigen Likert-Skala mit den maximalen Ausprägungen „schlecht" (1) und „gut" (7) erfasst.

> *Beispiel-Item aufgabenbezogene Fähigkeit:*„Wie schlecht/gut würden Sie Ihre Fähigkeit zur Analyse von Gesprächsäußerungen nach den 3 Funktionen der Sprache (Appell, Ausdruck, Darstellung) beurteilen?"

Zusätzlich dazu wird die, eher *allgemeine, Fähigkeit zur Sprachanalyse* als *Perceived Competence* nach jeder der beiden Testaufgaben mit sechs Items aus dem IMI (Deci & Ryan, 2003) erhoben. Die Items sind ins Deutsche übertragen worden und werden auf einer 7-stufigen Likert-Skala mit den maximalen Ausprägungen „trifft überhaupt nicht zu" (1) und „trifft vollkommen zu" (7) erfasst.

> *Beispiel-Item allgemeine Fähigkeit Sprachanalyse:*„Ich denke, ich bin bei der Sprachanalyse ziemlich gut."

Selbstwirksamkeitserwartung

Die Selbstwirksamkeitserwartung wird in der vorliegenden Untersuchung vor der ersten Testaufgabe sowie vor jeder der drei Lernaufgaben mit sechs Items erhoben, die in Anlehnung an den Guide for Constructing Self-Efficacy Scales (Bandura, 2006) formuliert wurden. Die Items beschreiben verschiedene Handlungen, die von dem Versuchsteilnehmer dahingehend bewertet werden, wie sehr er sich in der Lage dazu sieht, diese Handlungen auszuführen. Die Sicherheit, mit der der Teilnehmer glaubt, die Handlungen ausführen zu können, gibt er durch eine beliebige Zahl zwischen 0 (Könnte ich gar nicht) und 100 (Könnte ich auf jeden Fall) an, die er neben der entsprechenden Aussage notiert.

> *Beispiel-Item Selbstwirksamkeitserwartung:*„Im Folgenden sollen Sie Ihr Vertrauen in Ihre eigenen Fähigkeiten zur Sprachanalyse einschätzen. Bitte

bewerten Sie Ihren Grad an Sicherheit [...] 1. Den Ausdruck einer Person sehr gut analysieren (Aspekte richtig beschreiben)."

Aufgabenschwierigkeit

Die Aufgabenschwierigkeit wird in empirischen Studien üblicherweise über Lösungswahrscheinlichkeiten oder Erfahrungswerte aus vorangegangenen ähnlichen Untersuchungen bestimmt. Für die Aufgabe in der vorliegenden Untersuchung ist dies nicht möglich, vor allem deswegen, weil das Training sprachrezeptiven Handelns üblicherweise in ein Trainingskonzept eingebunden ist. Aus diesem Grund ist die Aufgabenschwierigkeit nicht ohne weiteres objektiv festzulegen und wird daher operationalisiert als *subjektive Schwierigkeit der Aufgabe, Sprachäußerungen der Personen im Video entsprechend der drei Funktionen der Sprache nach Bühler zu analysieren – bzw. diese Analysen zu erklären*. Die Aufgabenschwierigkeit wird nach der ersten sowie nach der zweiten Testaufgabe mit je drei Items zur Schwierigkeit der Analysen und zur Schwierigkeit der Erklärungen erfasst, die auch in vorangegangenen Forschungsarbeiten zum Training sprachrezeptiven Handelns verwendet wurden (in Anlehnung an Henninger, 1999). Die Aufgabenschwierigkeit wird mit einer 7-stufigen Likert-Skala mit den maximalen Ausprägungen schwer (1) und leicht (7) erhoben.

- *Beispiel-Item Aufgabenschwierigkeit:*„Wie schwer/leicht sind Ihnen die Analysen der einzelnen Aspekte der Sprache gefallen?"

Zielschwierigkeit

Die Schwierigkeit eines gesetzten Ziels ist recht präzise zu bestimmen, wenn sich das Ziel auf quantitative Messwerte bezieht, die bei einer Aufgabe erreicht werden sollen. Für das Training sprachrezeptiven Handelns ist es hingegen schwierig, die Schwierigkeit der gesetzten Ziele objektiv zu messen, da die beiden zu kontrastierenden Zielsetzungen keine (genuin) quantifizierten Ergebnisvariablen enthalten.

Die Zielschwierigkeit wird im Kontext der vorliegenden Untersuchung operationalisiert als *subjektive*[41] *Schwierigkeit der Zielinstruktion, die die Teilnehmer der Versuchsgruppen vor dem Training erhalten.* Sie wird mit drei Items gemessen. Zwei der Items wurden in Anlehnung an eine Skala von Lane und Streeter (2003) gebildet und ins Deutsche übersetzt, das dritte Item wurde ergänzt. Die Zielschwierigkeit wird nach dem Zielsetzungs-bzw. nach dem Salienztreatment erhoben. Die Items sind auf einer 7-stufigen Likert-Skala mit den maximalen Ausprägungen „trifft überhaupt nicht zu" (1) und „trifft vollkommen zu" (7) angelegt.

➢ *Beispiel-Item Zielschwierigkeit:*„Das Ziel wird schwer zu erreichen sein."

Zielbindung

Die Zielbindung wird in der vorliegenden Studie unmittelbar nach der Zielsetzung in den Versuchsgruppen schriftlich mit 5 Items erfasst. Die Items wurden entsprechend der Revisionsvorschläge von Klein et al. (2001) einer Skala zum Goal Commitment entnommen und ins Deutsche übertragen. Die Zielbindung wird auf einer 5-stufigen Likert-Skala mit den maximalen Ausprägungen „trifft nicht zu" (1) und „trifft zu" (7) erhoben.

➢ *Beispiel-Item Zielbindung:*„Ich denke, das ist ein gutes Ziel, um es anzustreben."

8.1.2.5 Personengebundene Faktoren

Neben Prozessvariablen und abhängigen Variablen des Zielsetzungstreatments wird als potentielle Störvariable die Erfahrung der Teilnehmer mit der Sprachanalyse erhoben. Möglicherweise haben sich einige Teilnehmer in Schule oder Studium bereits mit Modellen der Sprachanalyse auseinander gesetzt. Je nach Erfahrung könnte ihnen das Training sprachrezeptiven Handelns mit CaiMan leichter oder schwerer fallen bzw. könnte es zu höheren

---

[41] Subjektiv bestimmt steht die Zielschwierigkeit natürlich in enger Verbindung zur – ohnehin als unscharf kritisierten – Aufgabenschwierigkeit. Die Grenze zwischen Aufgabenschwierigkeit und Zielschwierigkeit ist folgendermaßen zu ziehen: Die Aufgabenschwierigkeit bezieht sich auf die Schwierigkeit des Trainings sprachrezeptiven Handelns mit CaiMan, die Zielschwierigkeit betrifft das lernschrittorientierte oder nützlichkeitsorientierte Ziel.

oder geringeren Lernerfolgen führen. Die Erfahrung der Teilnehmer soll hinsichtlich zweier Modelle kontrolliert werden, dem Modell von Bühler sowie einem Modell von Schulz von Thun.

Erfahrung mit dem Modell von Bühler

Die Erfahrung der Teilnehmer hinsichtlich der drei Aspekte von Sprachäußerungen nach Bühler wird vor der ersten Lernaufgabemit einem Item sowie einer offenen Frage erhoben.

> *Item Erfahrung Modell Bühler:*„Waren Ihnen die 3 Aspekte von Sprachäußerungen bereits zuvor bekannt? ☐ Ja ☐ Nein". „Wenn ja: Seit wann oder aus welchem Kontext?"

Erfahrung mit dem Modell von Schulz von Thun

Zudem wird auch die Erfahrung der Teilnehmer mit einem zweiten Modell erfasst, der Quadratur der Nachricht von Schulz von Thun, auch bekannt als Vier-Ohren-Modell oder Kommunikationsquadrat (Schulz von Thun, 2002). Das Modell ähnelt dem Organonmodell von Bühler insofern, als auch hier ein Inhaltsaspekt (als Darstellung bezeichnet) und ein Appellaspekt von einem Aspekt unterschieden werden, der eher Aspekte betrifft, die eine Person von sich selbst preis gibt. Bühlers Organonmodell enthält einen Aspekt Ausdruck, die Quadratur der Nachricht beinhaltet die *Selbstoffenbarung* des Sprechers. Ein weiterer Aspekt von Sprache, der Beziehungsaspekt, der bei Schulz von Thun als eine Seite der Nachricht symbolisiert wird, ist im Bühlerschen Modell nicht enthalten. Dennoch ähneln sich die beiden Modelle, so dass die Kenntnis des einen Modells sich auf die Kenntnis des anderen Modells auswirken könnte. Insofern wird auch die Erfahrung mit dem Modell von Schulz von Thun erfasst.

Auch die Erfahrung der Teilnehmer in Bezug auf die Quadratur der Nachricht nach Schulz von Thun wird vor der ersten Lernaufgabemit einem Item sowie einer offenen Frage erhoben.

> *Item Erfahrung Modell Schulz von Thun:*„Kennen Sie bereits das Kommunikationsmodell von Schulz von Thun (Quadratur der Nachricht / 4-Ohren-Modell)? ☐ Ja ☐ Nein."
> „Wenn ja: Seit wann oder aus welchem Kontext?"

8.2 Stichprobenkonstruktion

Bestimmung des Stichprobenumfangs:

Für die experimentelle Untersuchung soll eine Stichprobe von Lehramtsstudierenden der PH Weingarten gezogen werden. Die Größe der erforderlichen Stichprobe ergibt sich beim vorliegenden Untersuchungsdesign (3x2-faktoriell) aus dem optimalen Stichprobenumfang zur Berechnung von zweifaktoriellen Varianzanalysen. Hierbei wird für das Zielsetzungstreatment ein mittelstarker Effekt zugrunde gelegt. In der Forschung zeigte Zielsetzung in typischen Zielsetzungsstudien laut Metaanalysen eine mittlere bis hohe Effektstärke von .42 bis .80 (Locke & Latham, 1990, S. 30). Die Höhe der Effektstärke ist dabei abhängig von der Komplexität der Aufgabe und der Schwierigkeit des Ziels (Locke & Latham, 2002). Die Effektstärke von Zielsetzung ist geringer bei komplexen als bei simplen Aufgaben und höher bei schwierigen Zielen als bei leichten Zielen. Da in der vorliegenden Untersuchung eine komplexe Aufgabe verwendet wird, nämlich das Training sprachrezeptiven Handelns mit CaiMan, welches darüber hinaus Reflexion erfordert, und die Effektstärke bei komplexen Aufgaben geringer ist, als bei leichten, sind mittlere Effekte des Zielsetzungstreatments zu erwarten. Der optimale Stichprobenumfang wird anhand einer Formel von Bortz (2005, S. 304) berechnet. Danach beträgt der optimale Stichprobenumfang für die durchzuführende Untersuchung 154 Studierende. Bei Messwiederholungen ist der optimale Stichprobenumfang tendenziell geringer als ohne Messwiederholungen (Bortz, 2005, S. 350), eine Formel zur Kalkulation der optimalen Stichprobengröße bei Messwiederholungen ist Bortz zufolge jedoch nicht bekannt (Bortz, 2005, S. 351). Für die empirische Untersuchung ist damit eine Stichprobe von etwa 160 Teilnehmern erforderlich.

Rekrutierung der Teilnehmer:

Die Untersuchung fand an der Pädagogischen Hochschule Weingarten statt. Um eine möglichst homogene Stichprobe zu ziehen, wurden als Versuchsteilnehmer ausschließlich Lehramtsstudierende der PH Weingarten angeworben. Für die Studie wurden zuvor vom Zentrum für Lernen mit digitalen Medien der PH Forschungsgelder bewilligt, die es ermöglichten, den Teilnehmern Versuchspersonengelder in Höhe von je 20 EUR zu zahlen.

Die Werbung für die Teilnahme an der Untersuchung fand auf verschiedenen Wegen statt. Zunächst wurde im Vorfeld und im Verlauf der Studie in mehreren Vorlesungen für eine Teilnahme an einem Kommunikationstraining geworben, das im Rahmen einer Dissertation wissenschaftlich untersucht wird. Dabei wurde eine Liste ausgegeben, in die sich Interessierte eintragen können. Die Studierenden wurden darauf hingewiesen, dass sie Versuchspersonengelder für Ihre Teilnahme am Training erhalten würden. Darüber hinaus warben einige Dozenten der PH Weingarten in ihren Veranstaltungen für die Teilnahme an der Studie. Zusätzlich zu einer persönlichen Ansprache der Studierenden wurden Aushänge an der PH Weingarten in unterschiedlichen Gebäuden veröffentlicht, die auf das Training und die Untersuchung hinwiesen und eine Kontakt-Emailadresse enthielten, an die sich Interessierte wenden konnten. Die Aushänge wurden im Verlauf der Untersuchung mehrmals aktualisiert. Es wurden außerdem einmalig alle Studierenden der PH Weingarten über einen Studierenden-Emailverteiler angeschrieben.

Die Studierenden, die sich in die Listen eingetragen hatten, erhielten eine Terminbestätigung per E-Mail. Mit allen anderen Interessenten wurde ebenfalls per E-Mail ein Termin für ihre Teilnahme am Training vereinbart.

8.3 Untersuchungsablauf

Vor Beginn des Experiments fand mit sieben Studierenden des Studiengangs Medien- und Bildungsmanagements an drei Terminen im Mai 2010 ein Testdurchlauf statt. Die Probleme, die während des Testlaufs erkannt wurden, wurden sukzessive gelöst und die Anregungen der Teilnehmer im Anschluss an jeden Termin direkt umgesetzt.

Die experimentelle Untersuchung wurde über einen Zeitraum von zwei Monaten von Mai bis Juli 2010 in den Räumlichkeiten der PH Weingarten durchgeführt. In diesem Zeitraum fanden 54 Sessions mit maximal je fünf Teilnehmern statt. Mit jedem Teilnehmer wurde im Vorfeld individuell ein Termin vereinbart, das heißt Datum und Startzeit seines Trainings wurden festgelegt. Zu den verschiedenen Terminen trainierten ein bis fünf Studierende parallel. Diese Anzahl hatte für die Untersuchung selbst keine Bedeutung, sondern ergab sich aus den terminlichen Möglichkeiten und Präferenzen der Studierenden. Im Untersuchungsraumwurden je nach Bedarf (laut Anmeldeliste) bis zu fünf Rechner und Kameras aufgebaut. Letztere zeichneten die Monitore auf. Die Aufzeichnung diente ihrerseits z.B. der Dokumentation der Nutzung der Expertenlösung.

Die Untersuchung lief dann wie folgt ab. Zunächst wurden die Teilnehmergemeinsam über ihre Aufgabe informiert, ein computerbasiertes Kommunikationstraining zu absolvieren. Anschließend erhielten sie mündlich einige allgemeine Hinweise zum Ablauf der Sitzung.

a. Mündliche Instruktion

Die Teilnehmer wurden darauf hingewiesen, dass ihre Daten für eine Dissertation erhoben, und dass zu diesem Zweck auch die Bildschirme ihrer Computer aufgenommen würden. Sie wurden darüber informiert, dass sie mit Hilfe eines Handbuchs durch das Training geleitet würden. Die Teilnehmer wurden zudem bereits im Vorfeld angewiesen, ihr Handbuch von vorne nach hinten durchzuarbeiten und auf keinen Fall darin zurück zu blättern. Möglicherweise würden Sie im Handbuch darum gebeten, an eine andere Stelle zu blättern (dies war lediglich für Teilnehmer in der Bedingung 1a beim Salienztreatment der Fall). Nur in diesem Fall wäre es erlaubt, im Handbuch zu blättern. Die Teilnehmer wurden zudem darüber informiert, dass das Training etwa zwei bis drei Stunden dauern würde, dass es allerdings durchaus möglich sei, dass sie früher oder später fertig würden. Dies wurde damit erklärt, dass beim Trainingsgegenstand große individuelle Unterschiede hinsichtlich der Bearbeitungszeit die Regel seien, dass die Bearbeitungszeit jedoch nicht auf die Qualität der Bearbeitung des Trainings schließen lasse. Die Teilnehmer wurden außerdem darüber informiert, dass die Versuchsleiterin während der gesamten Session anwesend sein würde, und sie wurden darum gebeten, sich bei Problemen oder Unklarheiten umgehend an sie zu wenden.

b. Start der Sitzung

Anschließend wählte jeder Teilnehmer zufällig ein Handbuch aus. Die Handbücher waren in sechs Variationen für die sechs Versuchsbedingungen erstellt worden und sahen von außen identisch aus. Außerdem erhielt jeder Teilnehmer ein zuvor zufällig erzeugtes Login sowie ein Passwort. Alle Teilnehmer wurden mündlich darauf hingewiesen, dass dieses Login sowohl zur Anmeldung in dem Trainingsprogramm als auch als Kennung auf den von ihnen im Verlauf des Trainings auszufüllenden Fragebögen diente, und dass das Login es im Anschluss an das Training ermöglichen würde, Handbücher und Trainingsdaten einander zuzuordnen. Zuletzt wurden die Teilnehmer darum gebeten, nun ihr Training zu starten. Als erstes sollten sie dazu die erste Seite des Handbuchs lesen, darin würden sie alle weiteren Informationen erhalten.

c. Audiovisuelle Einführung

Im Handbuch wurden die Teilnehmer begrüßt, und das Training wurde kurz beschrieben. Zunächst sollten die Teilnehmer sich dann eine audiovisuelle Einführung am Computer ansehen, in der das Organonmodell von Bühler vorgestellt wurde (Einführung Teil 1). In die Einführung war eine Übung integriert, bei der die Teilnehmer als Verständnistest des Organonmodells eine bildhaft dargestellte Gesprächssituation analysieren sollten. Ihre Analysen vermerkten sie auf einem Arbeitsblatt in ihrem Handbuch. In einer anschließenden zweiten Einführung (Einführung Teil 2) wurde die Lernumgebung CaiMan vorgestellt und der Ablauf der einzelnen Test- und Lernaufgaben im Training beschrieben. Dabei wurde auch die Funktion der Expertenlösung beschrieben. Anschließend wurden die Teilnehmer im Handbuch schrittweise durch die einzelnen Trainingsschritte geleitet (Testaufgabe 1, drei Lernaufgaben, Testaufgabe 2). Das Handbuch enthielt hierbei nur Informationen darüber, welche Aufgabe wann ausgewählt werden sollte, sowie die Aufforderung, Fragebögen auszufüllen. Alle weiteren Informationen waren in den beiden audiovisuellen Einführungen enthalten, die für die Untersuchung konzipiert worden waren. Im Anschluss an die Einführung füllten alle Teilnehmer einen Fragebogen aus (Fragebogen 1), der sich vor allem auf ihre Erwartungen an das Training bezog, allerdings auch soziodemografische Daten abfragte.

d. Testaufgabe 1

Im Training mit CaiMan absolvierten alle Teilnehmer zunächst die erste Testaufgabe. Hierbei war es ihre Aufgabe, in einer Gesprächssequenz nacheinander die Äußerungen zweier Personen, einer Mutter und eines Lehrers, zu analysieren und die eigenen Analysen zu erklären. Sie wurden darauf hingewiesen, dass sie in dieser Testaufgabe zunächst das Gespräch im Video so gut analysieren sollten, wie sie könnten. Im Anschluss an die erste Testaufgabe füllten die Teilnehmer einen Fragebogen aus (Fragebogen 2), in dem die ersten Erfahrungen mit dem Training abgefragt wurden.

e. Lernaufgabe 1 - Zielinstruktion

Direkt an den zweiten Fragebogen schloss sich ein weiterer Fragebogen an (Fragebogen 3), in dem alle Teilnehmer Fragen in Vorausschau auf die folgende erste Lernaufgabe beantworteten. Teilnehmer in den Bedingungen lernschrittorientierte Zielsetzung (mit und ohne Salienztreatment) und nützlichkeitsorientierte Zielsetzung (mit und ohne Salienztreatment) erhielten am Ende dieses Fragebogens ihre Zielsetzungsinstruktion, machten Angaben über ihre Bindung an das Ziel und bewerteten die Schwierigkeit des Ziels.

Anschließend absolvierten alle Teilnehmer die erste Lernaufgabe. Die Lernaufgabe unterschied sich von der Testaufgabe in zwei Punkten. Einerseits wurden die Teilnehmer darüber informiert, dass diese Aufgabe ihnen die Möglichkeit geben sollte, zu üben (im Gegensatz zur Testaufgabe in der die Leistung der Teilnehmer gemessen wurde). Andererseits hatten sie in der Lernaufgabe die Möglichkeit, ihre Analysen und Erklärungen mit einer Expertenlösung abzugleichen, worüber sie in der audiovisuellen Einführung in die Lernumgebung informiert worden waren. Nach der Bearbeitung der Lernaufgabe füllten alle Teilnehmer Fragebogen 4 zur Reflexion der Lernaufgabe 1 aus.

f. Lernaufgabe 2 – Salienztreatment

Direkt im Anschluss an den Fragebogen 4 füllten alle Teilnehmer einen Fragebogen in Voraussicht auf die zweite Lernaufgabe aus (Fragbogen 5). Der anschließende Fragebogen zur Lernaufgabe 2 (Fragebogen 6) enthielt neben allgemeinen Einschätzungen zur Lernaufgabe einige Items für Teilnehmer in den Salienz-Bedingungen (Salienztreatment lernschrittorientiertes Ziel, Salienztreatment nützlichkeitsorientiertes Ziel, Salienztreatment implizites Ziel). Die Teilnehmer wurden dabei an ihr spezielles Ziel erinnert und sollten erneut ihre Bindung an das Ziel angeben sowie Angaben zur Schwierigkeit des Ziels machen. Die Lernaufgabe 2 war abgesehen von der zu analysierenden Videosequenz identisch mit der Lernaufgabe 1. Im Anschluss an die Lernaufgabe 2 füllten alle Teilnehmer Fragebogen 6 aus, in dem wiederum Fragen zur gerade absolvierten Lernaufgabe gestellt wurden.

g. Lernaufgabe 3

Direkt im Anschluss an den Fragebogen 6 füllten alle Teilnehmer in Vorausschau auf die dritte Lernaufgabe einen weiteren Fragebogen aus (Fragebogen 7). Dieser Fragebogen war für alle Teilnehmer identisch. Die Lernaufgabe 3 entsprach, abgesehen von der zu analysierenden Videosequenz, den Lernaufgaben 1 und 2. Nach Abschluss der Lernaufgabe 3 füllten alle Teilnehmer einen weiteren Fragebogen aus (Fragebogen 8).

h. Testaufgabe 2

Die Testaufgabe 2 war, abgesehen von der zu bearbeitenden Videosequenz, identisch mit der Testaufgabe 1. Wiederum wurde jeder Teilnehmer im Handbuch darum gebeten, das Gespräch in der Videosequenz so gut wie möglich zu analysieren. Eine Expertenlösung stand in dieser letzten Aufgabe nicht mehr zur Verfügung. Im Anschluss an die Testaufgabe 2 füllten alle Teilnehmer den letzten Fragebogen (Fragebogen 9) aus.

9 Darstellung der Ergebnisse

In diesem Abschnitt werden die Ergebnisse der experimentellen Untersuchung beschrieben, die zur Wirkung von Zielsetzung auf das Training sprachrezeptiven Handelns durchgeführt wurde. Zunächst wird die Stichprobe beschrieben, deren Daten zur Auswertung herangezogen wurden (Kapitel 9.1). Anschließend sollen der Ergebnisdarstellung einige Informationen zu den verwendeten Auswertungsverfahren vorangestellt werden (Kapitel 9.2). Die Ergebnisse zu den Fragestellungen werden dann im Kapitel 9.3 dargestellt. Kapitel 9.4 ist weiteren Befunden vorbehalten, die sich aus der experimentellen Untersuchung ergeben haben.

9.1 Beschreibung der Stichprobe

Insgesamt nahmen 166 Lehramtsstudierende erfolgreich am Training teil. Die Daten von sieben Teilnehmern wurden allerdings aus verschiedenen Gründen vor der Auswertung der Untersuchung aus dem Datensatz entfernt. Zwei Teilnehmer bearbeiteten die Testaufgaben zur Leistungsmessung in der falschen Reihenfolge, ein Teilnehmer hatte bereits zuvor am KVT teilgenommen, zwei Teilnehmer bearbeiteten mehrere Trainingsaufgaben nicht, ein Teilnehmer spielte die Videos nicht ab, die er analysieren sollte und analysierte stattdessen Standbilder der Videos, und ein Teilnehmer sah sich den zweiten Teil der Einführung in das Training nicht an. Die der Auswertung zugrunde gelegte Stichprobe besteht daher aus 159 Personen.

Die Teilnehmer (n=159) an der Untersuchung sind zwischen 19 und 44 Jahren alt ($M=22,64$; $SD=3,1$). 21 Teilnehmer sind männlich, 138 weiblich. Der Anteil männlicher Studierender in der Stichprobe ist mit 13,21 Prozent etwas geringer als der Anteil männlicher Studierender an der PH Weingarten mit 21,85 Prozent (Studierendensekretariat PH Weingarten, 2010). Männliche Teilnehmer sind in der Stichprobe dementsprechend im Vergleich zur Gesamtheit der Studierenden an der PH unterrepräsentiert.

Es wurden ausschließlich Lehramtsstudierende als Teilnehmer an der Studie rekrutiert. An der PH Weingarten werden jedoch verschiedene Studiengänge als Lehramtsstudiengänge angeboten. Um Informationen über die Verteilung der Studiengänge in der Stichprobe zu erhalten, wurden im Fragebogen auch die Studiengänge erfasst. 158 Teilnehmer machten Angaben zu ihrem Studiengang. Von diesen Teilnehmern gaben 25 Teilnehmer als Studiengang lediglich *GHS* an. Einer nannte *Lehramt* als Studiengang. Die anderen Teilnehmer differenzieren ihren Studiengang weiter aus und nannten *Lehramt für Grundschule* (64), *für Hauptschule* (12) und *Realschule* (56). Lehramt für Hauptschule ist in der Stichprobe unterrepräsentiert. Dies entspricht jedoch durchaus den Studierendenzahlen an der PH, bei der zum Sommersemester 2010 das Lehramt Hauptschule (Gesamt: 317 Studierende) gegenüber dem Lehramt Grundschule (Gesamt: 973 Studierende) und dem Lehramt Realschule (Gesamt: 737 Studierende) unterrepräsentiert war (Studierendensekretariat PH Weingarten, 2010).

Die Studiensemester der Teilnehmer variieren vom ersten bis zum zehnten Semester, jedoch befinden sich die meisten Teilnehmer eher am Anfang ihres Studiums (Semesterzahl: $M=3,53$; $SD=2,57$).

Es wurde außerdem erfasst, inwiefern die Teilnehmer bereits Vorwissen zu den drei Funktionen der Sprache nach Bühler haben. Insgesamt gaben 74 Teilnehmer an, dass ihnen die drei Aspekte von Sprachäußerungen bereits bekannt seien, 84 Teilnehmer kannten die drei Aspekte von Sprachäußerungen nach Bühler nach eigenen Angaben im Vorfeld noch nicht. Außerdem wurde im Fragebogen erfasst, inwiefern die Teilnehmer bereits mit dem Kommunikationsquadrat nach Schulz von Thun vertraut sind. Bezüglich ihres Vorwissens zum Kommunikationsquadrat gaben 99 Teilnehmer an, dass ihnen dieses Modell noch nicht bekannt sei, 60 Teilnehmer kannten nach eigenen Angaben das Kommunikationsquadrat bereits.

In der Untersuchung wurden die Teilnehmer zufällig auf die Versuchsbedingungen verteilt. Insofern ist auch zu prüfen, inwiefern die Teilnehmer in Bezug auf personengebundene Variablen über die sechs die Versuchsbedingungen abbildenden Zellen gleichmäßig verteilt sind. Tabelle 10 auf der folgenden Seite zeigt die Verteilung der personengebundenen Faktoren über die Zellen.

Darstellung der Ergebnisse

Personengebundene Variablen über die Zellen

	$1a_{LS}$ (n=27)	$1b_L$ (n=27)	$2a_{NS}$ (n=26)	$2b_N$ (n=26)	$3a_{KS}$ (n=27)	$3a_K$ (n=26)	Gesamt
Geschlecht							159
männlich	3	3	5	2	4	4	21
weiblich	24	24	21	24	23	22	138
Alter							159
Alter Durchschnitt	22,81	21,93	22,58	23,58	22,33	22,62	22,64
Standardabweichung Zelle	4,61	2,27	3,41	3,02	1,92	2,70	3,11
Min-Max Zelle	19-44	19-30	19-35	20-32	19-26	20-30	19-44
Semester							159
Semesterzahl Durchschnitt	3,41	3,07	2,96	3,88	4,15	3,69	3,53
Standardabweichung Zelle	2,50	2,63	2,29	2,60	2,91	2,49	2,58
Min-Max Zelle	1-8	1-10	1-8	1-10	1-10	1-9	1-10
Studienschwerpunkt							159
Grundschule	11	10	12	13	9	9	64
Hauptschule	2	0	2	3	4	1	12
Realschule	9	11	7	8	11	10	56
GHS	5	6	4	2	3	5	25
Andere/Keine	0	0	1	0	0	1	2
Erfahrung 3 Funktionen							159
Keine Erfahrung	15	16	12	14	15	12	84
Erfahrung	11	11	14	12	12	14	74
Andere/Keine	1	0	0	0	0	0	1
Erfahrung Schulz v. Thun							159
Keine Erfahrung	14	20	17	17	16	15	99
Erfahrung	13	7	9	9	11	11	60

Anmerkungen: Verteilung der personengebundenen Variablen über die sechs Bedingungen lernschrittorientierte Zielsetzung mit Salienztreatment ($1a_{LS}$), lernschrittorientierte Zielsetzung ohne Salienztreatment ($1b_L$), nützlichkeitsorientierte Zielsetzung mit Salienztreatment ($2a_{NS}$), nützlichkeitsorientierte Zielsetzung ohne Salienztreatment ($2b_N$), keine explizite Zielsetzung mit Salienztreatment ($3a_{KS}$), keine explizite Zielsetzung ohne Salienztreatment ($3a_K$).

Tabelle 10: Verteilung der personengebundenen Variablen über die Zellen

Männliche und weibliche Teilnehmer sind relativ gleichmäßig über die Zellen verteilt, wie Tabelle 10 zeigt. Auch hinsichtlich des Alters sind die Teilnehmer ziemlich gleichmäßig verteilt. In Bezug auf das Studiensemester finden sich in jeder Zelle Teilnehmer aus den ersten Semestern, aber auch aus höheren Semestern. Die Studienschwerpunkte sind in den Zellen etwa gleich verteilt. Und auch hinsichtlich der Erfahrung der Teilnehmer in Bezug auf die drei

Funktionen der Sprache nach Bühler bzw. in Bezug auf die Quadratur der Nachricht nach Schulz von Thun sind die Zellen annähernd gleich verteilt.

9.2 Hinweise zu den Auswertungsverfahren

Die folgenden Abschnitte geben Hinweise zu den verwendeten Auswertungsverfahren für die geprüften Hypothesen. Die meisten Fragestellungen enthalten Hypothesen, die eine Wirkung von Zielsetzungs- bzw. Salienztreatment auf verschiedene Variablen beschreiben. Der folgende Abschnitt beschreibt die hierfür verwendeten Verfahren (9.2.1). Die Fragestellung 3 betrachtet die Wirkung von Zielsetzungs- und Salienztreatment auf den subjektiven Lernerfolg. Das für die Auswertung dieser Fragestellung vorgesehene Auswertungsverfahren erläutert Kapitel 9.2.2. Das letzte Kapitel beschreibt die Verfahren zur Auswertung der Fragestellung 6, der Wirkung von Moderatorvariablen auf die Effekte von Zielsetzung (9.2.3).

Alle Hypothesen werden auf einem Signifikanzniveau von $\alpha=.05$ geprüft.

9.2.1 Verfahren für die Fragestellungen 1, 2, 4 und 5

Für die Hypothesen zu den Fragestellungen 1, 2, 4 und 5 werden zunächst Unterschiede zwischen den verschiedenen Versuchsgruppen betrachtet.[42] Das vorliegende Versuchsdesign beinhaltet zwei Treatments, ein Zielsetzungstreatment und ein Salienztreatment. Für das Zielsetzungstreatment werden direkte Effekte angenommen, außerdem sind Interaktionseffekte von Zielsetzungstreatment und Salienztreatment von Interesse (vgl. Kapitel 7). Darüber hinaus sind für viele der Variablen auch Veränderungen im Zeitverlauf relevant.

Das geeignete Auswertungsverfahren für das Versuchsdesign ist eine mehrfaktorielle Varianzanalyse, mit der mögliche Effekte vom Zielsetzungstreatment unter Kontrolle möglicher Interaktionseffekte, auch mit Messwiederho-

---

[42] Das Prüfniveau für alle Hypothesen wird auf $\alpha=0.05$ festgelegt. Sind aufgrund von Mehrfachtests Korrekturen des Alpha-Niveaus erforderlich, wird dies an entsprechender Stelle vermerkt.

lung, überprüft werden können. Ein varianzanalytisches Auswertungsverfahren setzt bei den Daten Normalverteilung sowie Varianzhomogenität voraus. Vor der Auswertung der Daten werden aus diesem Grund alle Skalen bzw. Variablen mit dem Kolmogorov-Smirnov-Anpassungstest auf *Normalverteilung* getestet.[43] Sind die entsprechenden Skalen nicht normal verteilt, erfüllen sie auch nicht die Voraussetzungen für varianzanalytische Testverfahren.

Alternative nonparametrische Testverfahren wie H-Test oder Friedman-Rangtest erlauben allerdings nicht, die Effekte einer der beiden unabhängigen Variablen zu kontrollieren[44] oder die Interaktion der beiden Variablen zu betrachten. Zudem ist es mit nonparametrischen Verfahren nicht möglich, simultan verschiedene Treatmentstufen zu unterschiedlichen Zeitpunkten zu vergleichen. Da dies jedoch zentral für die Auswertung der Fragestellungen ist, werden im Folgenden auch dann Varianzanalysen durchgeführt, wenn eine Normalverteilung der Variablen nicht gegeben ist.[45] Zur Kontrolle werden die entsprechenden Hypothesen in diesem Fall zusätzlich mit nonparametrischen Verfahren geprüft. Mit einem Kruskal-Wallis H-Test werden dann Unterschiede zwischen den sechs Versuchsgruppen bzw. den unterschiedlichen Zielsetzungsarten betrachtet, mit Mann-Whitney-U-Tests werden Unterschiede zwischen Teilnehmern mit und ohne Salienztreatment untersucht, ein Friedman-Test wird verwendet, um Veränderungen aller Teilnehmer über den Zeitverlauf zu prüfen.[46] Sind für den Test der Hypothesen weitere Verfahren notwendig, werden in diesem Fall nach Möglichkeit nonparametrische Verfahren gewählt.

---

[43] Die Signifikanzwerte des K-S-Tests werden in der deskriptiven Statistik im Anhang C mit angegeben (K-S). Ein signifikanter Testwert zeigt eine Verletzung der Normalverteilungsannahme an. Bei der Auswertung einer Fragestellung wird jeweils angemerkt, wenn die jeweils betrachteten Variablen nicht normalverteilt sind.

[44] Im Rahmen der Hypothesenprüfung wird es z.B. notwendig sein, den Effekt des Salienztreatments zu kontrollieren, wenn Effekte des Zielsetzungstreatments zu prüfen sind.

[45] Die Ergebnisse der Varianzanalysen sind in letzterem Fall kritisch zu behandeln, da der F-Test auf Abweichungen der Normalverteilung reagiert (Bortz, 2005, S. 284).

[46] Bei den nonparametrischen Tests wird, wenn möglich, die exakte Signifikanz berechnet. Bei einigen Tests ist allerdings nur die Berechnung der asymptotischen Signifikanz möglich. Bei den H-Tests wird deshalb die asymptotische Signifikanz angegeben, bei den U-Tests die exakte Signifikanz (2-seitig) und bei Friedman-Tests die exakte Signifikanz. Werden Wilcoxon-Tests durchgeführt, wird auch hier die exakte Signifikanz (2-seitig) berechnet.

Das Untersuchungsdesign erfordert die Berechnung von Varianzanalysen mit zwei unabhängigen Variablen und einer abhängigen Variable mit Messwiederholung, im Folgenden als *dreifaktorielle Varianzanalyse mit Messwiederholung* bezeichnet (Bortz, 2005, S. 341). Zur Hypothesenprüfung dienen einerseits Tests der Zwischensubjekteffekte, die Effekte des Zielsetzungstreatments bzw. Interaktionseffekte von Zielsetzungs- und Salienztreatment messen. Andererseits hängen Effekte von Zielsetzungs- oder Salienztreatments vermutlich auch mit der Veränderung von abhängigen Variablen im Zeitverlauf zusammen. Solche Interaktionseffekte werden mit Tests von Innersubjekteffekten geprüft.

Die *Varianzhomogenität* der zu vergleichenden Daten als Voraussetzung für Varianzanalysen wird mittels Levene-Tests kontrolliert. Die Ergebnisse dieses Tests werden nur in dem Fall berichtet, in dem keine Varianzhomogenität vorliegt. Bei Verletzung der Varianzhomogenität werden die *t*-Tests unter der Annahme ungleicher Populationsvarianzen (Weber, 2005, S. 734) mit einer Korrektur der Freiheitsgrade durchgeführt. Bei Varianzanalysen mit Messwiederholung wird *Homogenität zwischen den Faktorstufen* vorausgesetzt. Die Zirkularitätsannahme wird mit dem Test auf Sphärizität von Mauchly geprüft. Verletzungen der Varianzhomogenität zwischen den Faktorstufen werden kompensiert, indem der F-Test so modifiziert[47] wird (Bortz, 2005, S. 354), dass er weniger progressiv entscheidet. In der vorliegenden Arbeit wird für die Adjustierung der Freiheitsgrade beim Test der Innersubjekteffekte ein Verfahren nach Greenhouse und Geisser verwendet (Bortz, 2005, S. 355; Rasch, Friese, Hoffmann & Naumann, 2010b, S. 111). Diese Adjustierung gilt in der Literatur als Verfahren, bei der das Risiko eines Fehlers erster Art strenger kontrolliert wird (Diehl & Arbinger, 1992, S. 320), das also eher konservativ entscheidet.[48]

Inhalt der zu prüfenden Hypothesen sind, wie im Kapitel 7 ausgeführt, einerseits direkte Effekte des Zielsetzungstreatments und andererseits Effekte ei-

---

[47] Konkret werden die Freiheitsgrade des Tests verändert, der nun „modifizierte F-Test vergleicht damit den empirischen F-Wert mit einem größeren kritischen F-Wert als der ‚normale' F-Test" (Bortz, 2005, S. 355).
[48] Bei Verletzung der Sphärizitätsannahme und Korrektur nach Greenhouse-Geisser werden nur die korrigierten Freiheitsgrade und Signifikanzwerte angegeben.

nes Salienztreatments in Verbindung mit dem jeweiligen Zielsetzungstreatment. Die varianzanalytischen Testverfahren prüfen überdies auch direkte Effekte des Salienztreatments. Diese direkten Effekte des Salienztreatments sind in der vorliegenden Untersuchung zur Prüfung der Hypothesen nicht für sich zu interpretieren, sondern in Verbindung mit dem jeweiligen Ziel, das durch das Salienztreatment bewusst werden soll. Ergibt eine Varianzanalyse signifikante direkte Effekte des Salienztreatments, wird mit T-Tests mit Bonferroni-Korrektur geprüft, bei welchen der drei Zielarten das entsprechende Salienztreatment Effekte auf die abhängige Variable hat.

Ergeben die varianzanalytischen Verfahren keine Unterschiede zwischen den verschiedenen Bedingungen, sind Hypothesen auf Effekte von Zielsetzungs- und Salienztreatment zu verwerfen. Bei signifikanten Ergebnissen werden an die Varianzanalyse anschließend Post-hoc Einzelvergleiche auf der Basis von T-Tests durchgeführt.[49] Beim Vergleich von zwei Gruppen werden T-Tests durchgeführt. Bei Einzelvergleichen nach nonparametrischen Tests wird eine Alpha-Korrektur nach Bonferroni durchgeführt. Die jeweiligen korrigierten Alpha-Werte sind der Auswertung zu entnehmen. Unterschiede zwischen Zielsetzungs- oder Salienz-Bedingungensind als Hinweis auf Effekte der entsprechenden Treatments zu bewerten.[50]

9.2.2 Verfahren für die Fragestellung 3

Im Hinblick auf die dritte Fragestellung, der Wirkung von Zielsetzungs- und Salienztreatment auf den subjektiven Lernerfolg, soll geprüft werden, wie realistisch die Teilnehmer in den unterschiedlichen Bedingungen ihren Lernerfolg einschätzen. Dabei ist der subjektive Lernerfolg in Relation zum objektiven Lernerfolg zu setzen. Die Prüfung der Hypothesen in Bezug auf die realistische Einschätzung des Lernerfolgs basiert dementsprechend auf der Be-

---

[49] Die paarweisen Vergleiche werden im Rahmen der Varianzanalyse auf der Basis von T-Tests durchgeführt. Eine Bonferroni-Korrektur zur Verhinderung einer Alpha-Kumulierung wird im Rahmen der paarweisen Vergleiche automatisch durchgeführt.
[50] Für die Varianzanalysen wird bei signifikanten Ergebnissen das Eta-Quadrat η2 zur erklärten Varianz mit angegeben. Aus dem Eta-Quadrat lässt sich die Effektstärke ε berechnen (Bortz, 2005, S. 260).

rechnung von Korrelationen. Diese Berechnungen werden in mehreren Schritten durchgeführt. Zunächst werden für jede der sechs Bedingungen separat subjektive Leistung und Güte der Analyse korreliert, bei normalverteilten Variablen wird der Korrelationskoeffizient von Pearson verwendet, bei nicht normal verteilten Variablen eine Rangkorrelation nach Spearman (Spearman's rho), die keine Normalverteilung der Daten voraussetzt. Im zweiten Schritt werden die Korrelationen für die einzelnen Gruppen Z-transformiert[51] (Rasch, Friese, Hofmann & Naumann, 2010a, S. 128). Im dritten Schritt werden dann die Differenzen der Z-Werte zwischen den Gruppen berechnet. Im vierten Schritt wird der Standardfehler der Z-Werte-Differenz bestimmt (Nachtigall & Wirtz, 2009, S. 148). Im fünften Schritt wird aus dem Quotienten der Z-Werte-Differenz und dem Standardfehler der Z-Werte-Differenz ein empirischer Z-Wert bestimmt. Dieser empirische Z-Wert wird im letzten Schritt mit dem entsprechenden kritischen Z-Wert in Relation gesetzt.[52] Ist der empirische Z-Wert größer als der kritische Z-Wert besteht ein signifikanter Unterschied der Korrelationen, der als Hinweis auf Effekte der entsprechenden Treatments zu bewerten ist.

9.2.3 Verfahren für die Fragestellung 6

Die sechste Fragestellung der vorliegenden Arbeit betrifft mögliche Moderatoreffekte im Hinblick auf die Effekte von expliziter (lernschrittorientierter oder nützlichkeitsorientierter) Zielsetzung auf den Lernerfolg. Bei dieser Fragestellung steht das Zielsetzungstreatment im Vordergrund, auf das sich in der Zielsetzungstheorie potentielle Moderatoreffekte beziehen. Das Salienztreatment wird bei der Auswertung zwar kontrolliert, etwaige Effekte des Salienztreatments im Hinblick auf die Moderatorvariablen werden jedoch nicht berichtet.

Für eine Prüfung von Moderatoreffekten ist zunächst das Skalenniveau der unabhängigen und abhängigen Variablen zu berücksichtigen, da das Skalen-

---

[51] Die Fishers-Z-Transformation ist mit Excel möglich (Befehl: =FISHER[Korrelationskoeffizient]).
[52] Dieser Wert ist der Tabelle Kritische *Werte der Standardnormalverteilung* zu entnehmen, abgedruckt in Diehl & Arbinger (1990, S. 700).

niveau das verwendete Messverfahren bedingt. Eine Prüfung von Moderatoreffekten ist grundsätzlich einerseits mit dichotomen, andererseits mit kontinuierlichen unabhängigen Variablen realisierbar. In der vorliegenden Untersuchung werden zur Prüfung der Moderatoreffekte nur die „expliziten", lernschrittorientierten und nützlichkeitsorientierten Zielarten betrachtet, da der Einfluss der potentiellen Moderatorvariablen auf deren Effekt zu prüfen ist (vgl. Kapitel 7.4).[53] Für die Prüfung der Moderatoreffekte sind daher Moderatoranalysen mit dichotomen unabhängigen Variablen und dichotomen oder kontinuierlichen Moderatorvariablen relevant.[54] Beide Verfahren werden im Folgenden erläutert.

Dichotome unabhängige Variable und kontinuierlicher Moderator

Bei einer dichotomen unabhängigen Variable und einem kontinuierlichen Moderator ist bedeutsam, in welcher Form der Effekt des Prädiktors sich aufgrund einer bestimmten Moderatorvariablen theoretisch verändert, da hieraus die Entscheidung resultiert, wie die Moderatoreffekte geprüft werden (Baron & Kenny, 1986). Baron und Kenny unterscheiden bezüglich der Effekte des Moderators eine lineare Funktion, eine quadratische Funktion sowie eine Stufenfunktion. In der vorliegenden Untersuchung sind für den potentiellen Moderator Zielschwierigkeit lineare Effekte auf die Wirkung von Zielsetzung zu prüfen. Baron und Kenny empfehlen für die Prüfung von Moderatoreffekten in diesem Fall eine Regressionsanalyse, bei der das Produkt der Moderatorvariable und der unabhängigen Variable der Regressionsgleichung hinzugefügt wird. Ein signifikanter Effekt dieses Produktes auf die abhängige Variable zeigt dabei Moderatoreffekte an. Ein entsprechendes Verfahren zur Untersuchung von Moderatoreffekten beschreibt Aguinis (2004, S. 22ff.) unter dem Stichwort *Moderated Multiple Regression (MMR)* ausführlich. Die kategoriale Variable *Zielart* kann als Prädiktor in die Regressionsanalyse eingehen, wenn

---

[53] Eine Prüfung der Effekte der Moderatorvariablen auf selbst gesetzte Ziele der Teilnehmer wäre problematisch, da für die Ziele weder Inhalt noch Schwierigkeit kontrolliert sind.
[54] In der vorliegenden Untersuchung liegen die Daten für die potentiellen Moderatoren in intervallskalierter Form vor. Da jedoch nicht für alle Moderatorvariablen Hinweise auf einen *linearen* Effekt auf die Performanz vorhanden sind, werden diese Moderatorvariablen per Mediansplit (Urban & Mayerl, 2008, S. 258) in dichotome Variablen umgewandelt.

sie als Dummy-Variable codiert, das heißt in binäre Variablen zerlegt wird (Eid, Gollwitzer & Schmitt, 2010, S. 648).

Eine moderierte Regressionsanalyse geht von einem linearen Zusammenhang zwischen Prädiktoren und dem Kriterium aus (Aguinis, 2004, S. 12). Die abhängige Variable steht in einer linearen Beziehung zur unabhängigen Variable (Eid et al., 2010, S. 639) bzw. verändert sich als Resultat der Veränderung des Moderators graduell und stetig (Baron & Kenny, 1986). In der vorliegenden Untersuchung ist allerdings nur für einen potentiellen Moderator, die Zielschwierigkeit, definitiv zu klären, dass er linear auf die abhängige Variable wirken soll. Für die Zielschwierigkeit nimmt die Zielsetzungstheorie einen linearen Zusammenhang auf die Performanz an. Weil die zu bildende entsprechende Skala für Zielschwierigkeit keine hinreichende Reliabilität hat, wird die Hypothese *H8e:Die Zielschwierigkeit moderiert die Effekte von expliziter Zielsetzung auf den Lernerfolg.* nicht geprüft (vgl. Kapitel 9.3.4.1). Für die anderen potentiellen Moderatoren wird in der Literatur meist nur auf einen positiven Zusammenhang mit der abhängigen Variable hingewiesen. Aus diesem Grund wird zur Prüfung der Hypothesen zu diesen potentiellen Moderatoren ein anderes Variablen verwendet, das im Folgenden beschrieben wird.

Dichotome unabhängige Variable und dichotomer Moderator

Zuvor wurde beschrieben, wie Moderatoreffekte bei einem intervallskalierten Moderator geprüft werden. Dieses Verfahren setzt allerdings, voraus, dass die Form des Zusammenhangs zwischen Moderatorvariable und abhängiger Variable bekannt ist. Dies ist jedoch nicht für alle potentiellen Moderatoren der Zielart auf den Lernerfolg beim Training sprachrezeptiven Handelns gegeben. Die Literatur gibt zwar für alle in dieser Untersuchung betrachteten Moderatorvariablen an, dass sie einen positiven Effekt auf die abhängige Variable haben, inwiefern dieser positive Effekt aber linear ist oder eine andere Form hat, ist nicht geklärt. In der Literatur wird für die entsprechenden Moderatorvariablen jedoch auf unterschiedliche Effekte bei jeweils starker bzw.

schwacher Ausprägung hingewiesen.[55] Eine derartige moderierende Wirkung von dichotomen Variablen wird nach Baron und Kenny (1986) mit einer zweifaktoriellen Varianzanalyse geprüft, in der eine Interaktionender beiden Variablen eine moderierende Wirkung anzeigt.

Die Varianzanalyse wurde bereits im Abschnitt 9.2.1 als Verfahren beschrieben. Für die Prüfung von Moderatoreffekten werden die Fälle hinsichtlich der potentiellen Moderatorvariablen mittels Mediansplit in zwei etwa gleich große Gruppen mit hoher und niedriger Ausprägung in Bezug auf die Variable geteilt. Dabei findet die Teilung der Fälle so am Median statt, dass Fälle mit einer geringeren Ausprägung als dem Median-Wert der Ausprägung *niedrig* zugeordnet werden, Fälle mit einer Ausprägung gleich dem Median-Wert oder höher fallen in die Kategorie *hoch* (Urban & Mayerl, 2008, S. 258). Die Ausprägung *hoch* umfasst demgemäß auch Fälle mit einer mittleren Ausprägung. Liegen mehrere Werte auf dem Median, ist es möglich, dass die Gruppengrößen schwanken.

Für die hohe und niedrige Ausprägung können nach dem Mediansplit nun unterschiedliche Effekte auf den Lernerfolg untersucht werden. Signifikante Interaktionseffekte von Zielart und der Moderatorvariable zeigen Moderatoreffekte an.

9.3 Ergebnisse zu den Fragestellungen

Mit der empirischen Untersuchung sollten Hinweise zur Wirkung von Zielsetzung auf das Training sprachrezeptiven Handelns gewonnen werden. Dabei wurden Zielsetzungstreatment sowie Salienztreatment experimentell variiert. Im Fokus der Untersuchung stand einerseits die Wirkung von Zielsetzung auf

---

[55] Hinsichtlich der Fähigkeit unterscheiden Locke und Latham (1990, S. 208) beispielsweise zwischen Personen mit hoher und Personen mit geringer Fähigkeit, für die ein Ziel mit einer bestimmten Schwierigkeit unterschiedlich starke Effekte hat. Zielsetzung hat außerdem eine stärkere Wirkung bei komplexen als bei nicht komplexen Aufgaben (Locke & Latham, 2002), und eine hohe Selbstwirksamkeitserwartung geht mit einer höheren Zielbindung und damit mit einer höheren Leistung einher als eine geringe Selbstwirksamkeitserwartung (Seijts et al., 2004).

den Lernerfolg, andererseits ihre Wirkung auf Prozessvariablen des Trainings. Zusammengefasst zeigte sich als Ergebnis der Untersuchung in Bezug auf verschiedene *Mediatorvariablen von Zielsetzung*, dass eines der beiden Zielsetzungstreatments, lernschrittorientierte Zielsetzung, einen Effekt auf die Ausrichtung des Handelns hatte, die anderen Prozessvariablen jedoch nicht von Zielsetzung beeinflusst wurden. Alle Prozessvariablen veränderten sich allerdings im Zeitverlauf. Hinsichtlich des *objektiven Lernerfolgs* war ebenfalls der Zeitfaktor ein wichtiger Prädiktor, außerdem waren Effekte des Zielsetzungstreatments auf den Lernerfolg bei den Analysen und Erklärungen auszumachen, die sich in einem höheren Lernerfolg von Teilnehmern mit lernschrittorientierter Zielsetzung gegenüber Teilnehmern ohne explizite Zielsetzung manifestierten. Bezüglich des Lernerfolgs bei den Analysen ergaben sich bei Teilnehmern mit lernschrittorientierter Zielsetzung zudem positive Effekte des Salienztreatments. Im Hinblick auf die *motivationalen Variablen* war wiederum der Zeitfaktor ausschlaggebend für Varianzen. Zielsetzungs- und Salienztreatment hatten indes keinen signifikanten Effekt auf motivationale Variablen. Als *Moderatorvariablen von Zielsetzung* erwiesen sich bei lernschrittorientierter Zielsetzung Fähigkeit und Aufgabenschwierigkeit. Im Folgenden werden diese Ergebnisse weiter ausgeführt.

Kapitel 9.3.1 behandelt die Ergebnisse zur Wirkung von Zielsetzungs- und Salienztreatment auf die Mediatoren von Zielsetzung (Fragestellung 1). Im Kapitel 9.3.2 werden die Ergebnisse zu den Wirkungen auf den objektiven bzw. subjektiven Lernerfolg vorgestellt (Fragestellungen 2 und 3). Der Abschnitt 9.3.3 beschreibt die Ergebnisse zur Wirkung der kontrastierten Zielsetzungstreatments auf motivationale Variablen bzw. auf die Nützlichkeit der Aufgabe (Fragestellungen 4 und 5). In Kapitel 9.3.4 werden die Ergebnisse hinsichtlich der Wirkung der Moderatorvariablen auf die Effekte von Zielsetzung dargestellt (Fragestellung 6).

Die Reliabilität der verwendeten Skalen ist dem Anhang B.3 zu entnehmen. Die Mittelwerte und Standardabweichungen zu den sechs Treatment-Gruppen sind im Anhang C aufgeführt. Dabei ist die deskriptive Statistik für die in den beiden Testaufgaben erhobenen Variablen im Anhang C.1 aufgeführt, Variablen mit Messung in den Lernaufgaben sind dem Anhang C.2 zu entnehmen, und die deskriptive Statistik für Variablen mit mehrfacher Messung in Test- und Lernaufgaben finden sich im Anhang C.3. Diese Tabellen enthalten auch Angaben zur Normalverteilung der Skalen über die Gesamtstichprobe in Form von Ergebnissen des K-S-Anpassungstests zur Normalverteilung. Bei Einzelvergleichen werden zur Prüfung der Richtung von Unterschieden die Mittelwerte und Standardabweichungen (bei T-Tests) bzw. Mittelwerte und Standardfehler (bei Einzelvergleichen nach Varianzanalysen) der verglichenen Gruppen mit aufgeführt.

9.3.1 Fragestellung 1 - Wirkung von Zielsetzungstreatment und Salienztreatment auf die Mediatoren von Zielsetzung

Der Zielsetzungstheorie gemäß wird für das Training sprachrezeptiven Handelns ein Effekt von Zielsetzung auf die Mediatorvariablen Ausdauer, Anstrengung und Ausrichtung des Handelns angenommen. Mit Bezug auf die Hypothesenbildung in Kapitel 7.1 wird die folgende Hypothese geprüft:

H1: Variationen von Zielsetzungstreatment und Salienztreatment haben unterschiedliche Effekte auf Ausdauer, Anstrengung und Ausrichtung des Handelns in den Lernaufgaben.

Hinsichtlich der Variablen Ausdauer, objektive Anstrengung und Ausrichtung des Handelns sind die Daten des vorliegenden Datensatzes nicht normal verteilt, bezüglich der subjektiv bewerteten Anstrengung sind sie normal verteilt.[56] Für die Auswertung werden aus den bereits beschriebenen Gründen dennoch Varianzanalysen durchgeführt (vgl. Kapitel 9.2.1).Die Hypothesen werden für die nicht normal verteilten Variablen im Anschluss zusätzlich mit nonparametrischen Verfahren ausgewertet, um eventuelle Messungenauigkeiten aufgrund einer Verletzung der Normalverteilungsannahme kontrollieren zu können.

---

[56] Angaben zu Ergebnissen des K-S-Tests wie auch Mittelwerte der Mediatoren sind dem Anhang C.2 zu entnehmen.

Im Folgenden werden nacheinander die Hypothesen zur Ausdauer (9.3.1.1), zur Anstrengung (9.3.1.2) und zur Ausrichtung des Handelns (9.3.1.3) getestet.

9.3.1.1 Wirkung von Zielsetzung auf die Ausdauer

Zunächst wird untersucht, wie Zielsetzungs- und Salienztreatment auf die Ausdauer der Teilnehmer bei den Lernaufgaben wirken.

Die entsprechenden Hypothesen werden mit einer dreifaktoriellen Varianzanalyse mit Messwiederholung auf dem Faktor Ausdauer über die drei Lernaufgaben geprüft (N=156). In die Varianzanalyse gehen das Zielsetzungstreatment (dreistufig: lernschrittorientiert, nützlichkeitsorientiert, Vergleichsgruppe) und das Salienztreatment (zweistufig: vorhanden, nicht vorhanden) als Faktoren sowie die Ausdauer mit Messwiederholung (dreistufig) als abhängige Variable ein.

Zunächst werden nun die Ergebnisse der Varianzanalyse zu den Effekten von Zielsetzung (Hypothesen H1a, H1b und H1g) beschrieben, anschließend werden die Ergebnisse zu den Effekten des Salienztreatments (Hypothesen H1k bis H1m) vorgestellt.

Zielsetzungstreatment

Zur Wirkung von Zielsetzung auf die Ausdauer werden die folgenden Hypothesen geprüft:

    H1a: Lernschrittorientierte Zielsetzung führt zu einer höheren Ausdauer in den Lernaufgaben als keine explizite Zielsetzung.

    H1b: Nützlichkeitsorientierte Zielsetzung führt zu einer höheren Ausdauer in den Lernaufgaben als keine explizite Zielsetzung.

    H1g: Nützlichkeitsorientierte Zielsetzung führt zu einer höheren Ausdauer in den Lernaufgaben als lernschrittorientierte Zielsetzung.

Bezüglich der Ausdauer zeigen die Tests der Zwischensubjekteffekte keinen Haupteffekt der Zielartan ($F(2; 150)<1$).

Die Tests der Innersubjekteffekte ergeben keine Interaktionseffekte von Messwiederholungsfaktor und Zielsetzungstreatment ($F(3,61; 270,68)<1$), allerdings zeigt sich ein Haupteffekt des Messwiederholungsfaktors ($F(1,81; 270,68)=5,01$, $p<.01$, $MSE=41,14$, $\eta^2=.032$)[57]. Das heißt, der Faktor Zeit klärt Varianz bezüglich der Ausdauer auf.

Zum Haupteffekt des Messwiederholungsfaktors wird mit paarweisen Vergleichen auf der Basis von T-Tests geprüft, zwischen welchen Messzeitpunkten Unterschiede in der Ausdauer bestehen.[58] Die Vergleiche ergeben, dass zwischen Lernaufgabe 1 ($M=16,84$, $SE=0,64$[59]) und Lernaufgabe 2 ($M=14,67$, $SE=0,58$) die Ausdauer der Teilnehmer unabhängig vom Zielsetzungs- oder Salienztreatment sinkt ($p<.01$). Unterschiede in der Ausdauer zur Lernaufgabe 3 ($M=15,90$, $SE=0,67$) werden nicht signifikant.

Das Zielsetzungstreatment hat jedoch keinen messbaren Effekt auf die Ausdauer. Die drei Zielarten unterscheiden sich nicht signifikant hinsichtlich der Ausdauer der Teilnehmer in den Lernaufgaben.

Dementsprechend werden die Hypothesen H1a, H1b und H1g verworfen.

Salienztreatment

Zu dem Effekt vom Salienztreatment auf die Ausdauer werden folgende Hypothesen geprüft:

H1k: Ein Salienztreatment führt bei Teilnehmern mit lernschrittorientierter Zielsetzung zu einer höheren Ausdauer bei den Lernaufgaben als kein Salienztreatment.

H1l: Ein Salienztreatment führt bei Teilnehmern mit nützlichkeitsorientierter Zielsetzung zu einer höheren Ausdauer bei den Lernaufgaben als kein Salienztreatment.

---

[57] Aufgrund einer Verletzung der Zirkularitätsannahme (Mauchly-Test auf Sphärizität: $p=.000*$) werden die Freiheitsgrade mittels Greenhouse-Geisser adjustiert.
[58] Paarweise Vergleiche im Rahmen der Varianzanalyse auf der Basis von t-Tests, Alpha-Korrektur nachBonferroni. Bei den im Text berichteten Mittelwerten handelt es sich bei den paarweisen Vergleichen um bei der Varianzanalyse geschätzte Werte. Die folgenden paarweisen Vergleiche werden ebenso berechnet. Wird ein anderes Verfahren verwendet, wird darauf hingewiesen.
[59] Bei den im Rahmen der Varianzanalyse durchgeführten Einzelvergleichen wird statt der Standardabweichung der in der Varianzanalyse geschätzte Standardfehler des Mittelwertes (Weber, 2006, S. 734) berichtet.

H1m: Ein Salienztreatment führt bei Teilnehmern ohne ein explizites Ziel zu einer höheren Ausdauer bei den Lernaufgaben als kein Salienztreatment.

Die Tests der Zwischensubjekteffekte ergeben in Bezug auf die Ausdauer keinen Haupteffekt des Salienztreatments (F(1; 150)<1). Auch die Interaktion zwischen Zielart und Salienztreatment hat keine signifikanten Effekte auf die Ausdauer in den Lernaufgaben (F(2; 150)<1).

Der Test der Innersubjekteffekte zeigt zudem keine Interaktion zwischen Messwiederholungsfaktor und Salienztreatment (F(1,81; 270,68)<1).

Das Salienztreatment hat also keinen Effekt auf die Ausdauer. Die Hypothesen H1k bis H1m werden dementsprechend verworfen.

Auswertung mit nonparametrischen Verfahren

Dieselben Hypothesen werden nun zusätzlich mit nonparametrischen Verfahren geprüft. Der H-Test zeigt zwischen den drei Zielsetzungsarten keinen signifikanten Unterschied hinsichtlich der Ausdauer in den drei Lernaufgaben (T1: H(2)=0,10, p=.951, n.s.; T2: H(2)=0,03, p=.987, n.s.; T3: H(2)= 0,23; p=.891, n.s.). Der durchgeführte U-Test ergibt zudem keinen signifikanten Effekt des Salienztreatments auf die Ausdauer in den Lernaufgaben (T1: U=2689,00; p=.105, n.s.; T2: U= 2782,50, p=.242, n.s.; T3: U=2888,50, p=.589, n.s.).

Der Friedman-Test ergibt, dass sich die Ausdauer der Teilnehmer über die drei Lernaufgaben signifikant verändert (χ^2(2, N=156)=29,59, p<.001). Mit Wilcoxon-Tests wird geprüft, zwischen welchen Lernaufgaben sich die Ausdauer der Teilnehmer signifikant verändert. Hierbei zeigt sich ein Unterschied zur Auswertung mit parametrischen Verfahren. Beim Rangtest sinkt die Ausdauer der Teilnehmer nicht nur von der ersten zur zweiten Lernaufgabe (T=5,26, p<.001), auch die nach Mittelwerten tendenzielle Steigerung der Ausdauer von der zweiten zur dritten Lernaufgabe (T=-3,44, p<.01) sowie der Unterschied zwischen der ersten und der dritten Lernaufgabe (T=-2,48, p<.05) werden nun signifikant.

Die nonparametrische Auswertung kommt insofern zu ähnlichen Ergebnissen wie die Auswertung mit parametrischen Verfahren. Allerdings werden mit nonparametrischen Verfahren ohne Kontrolle möglicher Effekte der Treatments nun mehr Veränderungen in Bezug auf die Ausdauer über die drei Lernaufgaben signifikant.

9.3.1.2 Wirkung von Zielsetzung auf die Anstrengung

Die Anstrengung wurde auf zweierlei Art gemessen. Einerseits wurde ein objektives Maß für die Anstrengung der Teilnehmer bestimmt, andererseits wurde auch die subjektiv bewertete Anstrengung der Teilnehmer erhoben. Diese beiden Komponenten der Anstrengung werden nun nacheinander als abhängige Variablen von Zielsetzung betrachtet. Zunächst werden die Effekte von Zielsetzungs- und Salienztreatment auf die objektive Anstrengung geprüft.

Anstrengung objektiv

Die Hypothesen werden mit einer dreifaktoriellen Varianzanalyse mit Messwiederholung auf dem Faktor objektive Anstrengung über die drei Lernaufgaben geprüft (N=157). In die Varianzanalyse gehen Zielsetzungstreatment (dreistufig: lernschrittorientiert, nützlichkeitsorientiert, Vergleichsgruppe) und Salienztreatment (zweistufig: vorhanden, nicht vorhanden) als Faktoren sowie die objektive Anstrengung mit Messwiederholung (dreistufig) als abhängige Variable ein.

Zunächst werden nun die Ergebnisse der Varianzanalyse in Bezug auf die Effekte des Zielsetzungstreatments (Hypothesen H1c, H1d und H1h) beschrieben, anschließend werden die Ergebnisse zu den Effekten des Salienztreatments (Hypothesen H1n bis H1p) vorgestellt.

Zielsetzungstreatment

Zum Einfluss von Zielsetzung auf die Anstrengung der Teilnehmer werden die folgenden Hypothesen geprüft:

    H1c: Lernschrittorientierte Zielsetzung führt zu einer größeren Anstrengung in den Lernaufgaben als keine explizite Zielsetzung.

    H1d: Nützlichkeitsorientierte Zielsetzung führt zu einer größeren Anstrengung in den Lernaufgaben als keine explizite Zielsetzung.

H1h: Lernschrittorientierte Zielsetzung führt zu einer größeren Anstrengung in den Lernaufgaben als nützlichkeitsorientierte Zielsetzung.

Die Tests der Zwischensubjekteffekte zeigen keinen Haupteffekt der Zielart ($F(2; 151)=2,50$, $p=.085$, n.s.) auf die objektive Anstrengung der Teilnehmer.

Die Tests der Innersubjekteffekte ergeben keinen Interaktionseffekt zwischen Messwiederholungsfaktor und Zielsetzungstreatment ($F(3,56; 268,58)<1$), jedoch einen Haupteffekt des Messwiederholungsfaktors ($F(1,78; 268,58)=5,53$, $p<.01$, $MSE=1376,13$, $\eta^2=.035$)[60].

Mit paarweisen Vergleichen wird untersucht, zwischen welchen Messzeitpunkten Unterschiede in Bezug auf die objektive Anstrengung existieren. In Tabelle 11 sind die Ergebnisse der paarweisen Vergleiche dargestellt.

Abhängige Variable Anstrengung (obj.)

Messzeitpunkte					
A	B	A (M)	B (M)	SE	p
Lernaufgabe 1	Lernaufgabe 2	69,24	67,60	4,09	n.s.
Lernaufgabe 1	Lernaufgabe 3	69,24	57,14	4,44	*
Lernaufgabe 2	Lernaufgabe 3	67,60	57,14	3,22	**

Anmerkungen: *$p<.05$,**$p=.01$, ***$p=.001$. Alpha-Korrektur: Bonferroni. Bei den Mittelwerten handelt es sich um geschätzte Werte.

Tabelle 11: Ergebnis paarweise Vergleiche – Anstrengung obj. MW

Die Teilnehmer strengen sich, unabhängig vom Zielsetzungs- oder Salienztreatment, im Verlauf der drei Lernaufgaben tendenziell immer weniger an. Der Vergleich zwischen der Lernaufgabe 2 und der Lernaufgabe 3 sowie der Vergleich zwischen der Lernaufgabe 1 und der Lernaufgabe 3 werden dabei signifikant.

Die drei Zielsetzungstreatments unterscheiden sich jedoch nicht signifikant hinsichtlich der objektiven Anstrengung der Teilnehmer bei den Lernaufgaben. Lernschrittorientierte und nützlichkeitsorientierte Zielsetzung führen folglich zu keiner höheren objektiv gemessenen Anstrengung der Teilnehmer bei den Lernaufgaben als keine explizite Zielsetzung.

---

[60] Aufgrund einer Verletzung der Zirkularitätsannahme (Mauchly-Test auf Sphärizität: $p=.000$*) werden die Freiheitsgrade mittels Greenhouse-Geisser adjustiert.

Dementsprechend werden die Hypothesen H1c, H1d und H1h teilweise, für das objektive Maß für Anstrengung, verworfen.

Salienztreatment

Zum Einfluss des Salienztreatments auf die Anstrengung der Teilnehmer werden die folgenden Hypothesen geprüft:

H1n: Ein Salienztreatment führt bei Teilnehmern mit lernschrittorientierter Zielsetzung zu einer größeren Anstrengung als kein Salienztreatment.

H1o: Ein Salienztreatment führt bei Teilnehmern mit nützlichkeitsorientierter Zielsetzung zu einer größeren Anstrengung als kein Salienztreatment.

H1p: Ein Salienztreatment führt bei Teilnehmern ohne ein explizites Ziel zu einer größeren Anstrengung als kein Salienztreatment.

Die Tests der Zwischensubjekteffekte ergeben keinen Haupteffekt des Salienztreatments ($F(1; 151)<1$) auf die objektive Anstrengung der Teilnehmer. Auch die Interaktion zwischen Zielart und Salienztreatment hat im Test keine signifikanten Effekte auf die Anstrengung in den Lernaufgaben ($F(2; 151)<1$). Die Tests der Innersubjekteffekte ergeben zudem keine Interaktionseffekte zwischen Messwiederholungsfaktor und Salienztreatment ($F(1,78; 268,58) <1$).

Dementsprechend werden die Hypothesen H1n bis H1p teilweise, für das objektive Maß für Anstrengung, verworfen.

Auswertung mit nonparametrischen Verfahren

Die Hypothesen werden für die objektiv gemessene Anstrengung auch mit nonparametrischen Verfahren geprüft. Der H-Test ergibt im Gegensatz zur Auswertung mit parametrischen Verfahren nun einen signifikanten Unterschied zwischen den drei Zielsetzungsarten hinsichtlich der Anstrengung in der zweiten und dritten Lernaufgabe (T1: $H(2)=3,77$, $p=.152$, n.s.; T2: $H(2)=8,51$, $p<.05$; T3: $H(2)=7,73$; $p<.05$).[61] Mit U-Tests wird untersucht, wel-

---

[61] Bei der varianzanalytischen Auswertung wurde der *t*-Test der Varianzanalyse nicht signifikant ($p=.085$).

che Zielarten sich in der zweiten und dritten Lernaufgabe hinsichtlich der objektiv gemessenen Anstrengung unterscheiden. Tabelle 12 zeigt die Ergebnisse der U-Tests.

Abhängige Variable Anstrengung obj.

Zeitpunkt	Zielart			A (M)	B (M)	U	p	α*
Lernaufgabe 2	Lernschrittorientiert	vs.	Nützlichkeitsorientiert	87,63	63,65	1107,00	n.s.	n.s.
	Lernschrittorientiert	vs.	Vergleichsgruppe	87,63	53,38	977,00	**	*
	Nützlichkeitsorientiert	vs.	Vergleichsgruppe	63,65	53,38	1191,50	n.s.	n.s.
Lernaufgabe 3	Lernschrittorientiert	vs.	Nützlichkeitsorientiert	69,85	52,16	1051,50	*	n.s.
	Lernschrittorientiert	vs.	Vergleichsgruppe	69,85	49,42	1004,50	**	*
	Nützlichkeitsorientiert	vs.	Vergleichsgruppe	52,16	49,42	1254,50	n.s.	n.s.

Anmerkungen: *$p<.05$, **$p=.01$, ***$p=.001$. Alpha-Korrektur nach Bonferroni: α*: *$p<.017$, bzw. **$p<0.00\overline{3}$. Bei den Mittelwerten handelt es sich um geschätzte Werte

Tabelle 12: Ergebnis U-Tests – Anstrengung obj.

Die Tests ergeben also, dass sich die Teilnehmer mit lernschrittorientierter Zielsetzung, sowohl in der zweiten als auch in der dritten Lernaufgabe, stärker anstrengen als die Teilnehmer der Vergleichsgruppe.

In Bezug auf das Salienztreatment ergibt ein durchgeführter U-Test keinen signifikanten Effekt auf die objektiv gemessene Anstrengung in den Lernaufgaben (T1: $U=2813,50$; $p=.221$, n.s.; T2: $U =2977,50$, $p=.614$, n.s.; T3: $U=2992,50$, $p=.753$, n.s.).

Ein Friedman-Test zeigt, dass sich die Anstrengung der Teilnehmer über die drei Lernaufgaben signifikant verändert ($\chi^2(2, N=157)=7,04$, $p<.05$). Mit Wilcoxon-Tests wird geprüft, zwischen welchen Lernaufgaben sich die Anstrengung der Teilnehmer signifikant verändert. Wie auch die parametrischen Tests, ergeben die Wilcoxon-Tests signifikante Unterschiede zwischen der ersten und der dritten Lernaufgabe ($T=-2,39$, $p<.05$) sowie zwischen der zweiten und der dritten Lernaufgabe ($T=-3,42$, $p<.01$).

Die nonparametrische Auswertung kommt in Bezug auf die Veränderung der Anstrengung über die Lernaufgaben zu denselben Ergebnissen, wie die Auswertung mit parametrischen Verfahren. Allerdings zeigt sich mit nonparametrischen Verfahren nun hinsichtlich der Anstrengung ein signifikanter Unterschied zwischen den Zielsetzungsgruppen. Teilnehmer mit lernschrittorientierter Zielsetzung strengen sich in der zweiten und dritten Lernaufgabe objektiv mehr an als Teilnehmer ohne explizite Zielsetzung.

Anstrengung subjektiv

Zusätzlich zur objektiven Anstrengung wurde mit Fragebögen ein subjektives Maß für die Anstrengung während der Lernaufgaben erhoben. Bezüglich der subjektiven Anstrengung sind die Daten normal verteilt. Die Hypothesen werden auch für die subjektiv bewertete Anstrengung der Teilnehmer mit einer dreifaktoriellen Varianzanalyse mit Messwiederholung auf dem Faktor *subjektive Anstrengung* über die drei Lernaufgaben geprüft (N=151). In die Varianzanalyse gehen Zielsetzungstreatment und Salienztreatment als Faktoren sowie die subjektive Anstrengung mit Messwiederholung als abhängige Variable ein.

Wiederum werden zuerst die Ergebnisse der Varianzanalyse in Bezug auf die Effekte des Zielsetzungstreatments (Hypothesen H1c, H1d und H1h) beschrieben, anschließend werden die Ergebnisse zu den Effekten des Salienztreatments (Hypothesen H1n bis H1p) vorgestellt.

Zielsetzungstreatment

Zum Einfluss von Zielsetzung auf die subjektiv bewertete Anstrengung der Teilnehmer werden wiederum die folgenden Hypothesen geprüft:

H1c: Lernschrittorientierte Zielsetzung führt zu einer größeren Anstrengung in den Lernaufgaben als keine explizite Zielsetzung.

H1d: Nützlichkeitsorientierte Zielsetzung führt zu einer größeren Anstrengung in den Lernaufgaben als keine explizite Zielsetzung.

H1h: Lernschrittorientierte Zielsetzung führt zu einer größeren Anstrengung in den Lernaufgaben als nützlichkeitsorientierte Zielsetzung.

Bezüglich der subjektiven Anstrengung ergeben die Tests der Zwischensubjekteffekte keinen signifikanten Haupteffekt der Zielart ($F(2; 145)<1$).

Die Tests der Innersubjekteffekte ergeben keine Interaktionseffekte zwischen Messwiederholungsfaktor und Zielsetzungstreatment ($F(4; 290)<1$). Allerdings zeigen die Tests einen Haupteffekt des Messwiederholungsfaktors *Anstrengung* ($F(2; 290)=18,48$, $p<.001$, $MSE=0,40$, $\eta^2=.113$). Mit paarweisen

Vergleichen wird für die subjektive Anstrengung untersucht, zwischen welchen Messzeitpunkten Unterschiede in Bezug auf die subjektive Anstrengung bestehen. In Tabelle 13 sind die Ergebnisse der paarweisen Vergleiche zusammengestellt.

Abhängige Variable Anstrengung (subj.)

Messzeitpunkte					
A	B	A (*M*)	B (*M*)	SE	*p*
Lernaufgabe 1	Lernaufgabe 2	5,44	5,02	0,07	***
Lernaufgabe 1	Lernaufgabe 3	5,44	5,09	0,08	***
Lernaufgabe 2	Lernaufgabe 3	5,02	5,09	0,07	n.s.

Anmerkungen: *$p<.05$, **$p=.01$, ***$p=.001$. Alpha-Korrektur: Bonferroni. Bei den Mittelwerten handelt es sich um geschätzte Werte.

Tabelle 13: Ergebnis paarweise Vergleiche – Anstrengung subj.MW

Die Teilnehmer verringern ihre Anstrengung subjektiv, unabhängig vom Zielsetzungstreatment, von der ersten zur zweiten Lernaufgabe. Von der zweiten zur dritten Lernaufgabe erhöhen sie ihre Anstrengung nur minimal, so dass auch der Vergleich von der ersten zur dritten Lernaufgabe signifikant wird. Das Zielsetzungstreatment hat jedoch keinen direkten Einfluss auf die subjektiv aufgewendete Anstrengung.

Die drei Zielarten unterscheiden sich nicht signifikant hinsichtlich der subjektiven Anstrengung der Teilnehmer bei den Lernaufgaben. Lernschrittorientierte und nützlichkeitsorientierte Zielsetzung führen also subjektiv nicht zu einer höheren Anstrengung in den Lernaufgaben als keine explizite Zielsetzung.

Da sich auch für die objektiv gemessene Anstrengung keine Unterschiede zwischen den Zielsetzungstreatments ergaben, sind die Hypothesen H1c, H1d und H1h an dieser Stelle zu verwerfen.

Salienztreatment

Zum Einfluss des Salienztreatments auf die subjektiv eingeschätzte Anstrengung der Teilnehmer werden wiederum die folgenden Hypothesen geprüft:

> H1n: Ein Salienztreatment führt bei Teilnehmern mit lernschrittorientierter Zielsetzung zu einer größeren Anstrengung als kein Salienztreatment.

H1o: Ein Salienztreatment führt bei Teilnehmern mit nützlichkeitsorientierter Zielsetzung zu einer größeren Anstrengung als kein Salienztreatment.

H1p: Ein Salienztreatment führt bei Teilnehmern ohne ein explizites Ziel zu einer größeren Anstrengung als kein Salienztreatment.

Bezüglich der subjektiven Anstrengung zeigen die Tests der Zwischensubjekteffekte keinen signifikanten Haupteffekt des Salienztreatments ($F(1; 145)<1$). Auch die Interaktion zwischen Zielart und Salienztreatment hat keine signifikanten Effekte auf die subjektive Anstrengung in den Lernaufgaben ($F(2; 145)=1,22$, $p=.300$, n.s.).

Die Tests der Innersubjekteffekte ergeben außerdem keine Interaktionseffekte zwischen Messwiederholungsfaktor und Salienztreatment ($F(2; 290)<1$).

Auch für die objektiv gemessene Anstrengung ergaben sich, wie dargestellt, keine Unterschiede zwischen den Salienztreatments. Daher sind die Hypothesen H1n bis H1p an dieser Stelle zu verwerfen.

Auswertung mit nonparametrischen Verfahren

Die Hypothesen zur subjektiv bewerteten Anstrengung werden zudem mit nonparametrischen Verfahren geprüft. Der H-Test ergibt keinen signifikanten Unterschied hinsichtlich der subjektiven Anstrengung in den drei Lernaufgaben (T1: $H(2)=4,70$, $p=.095$, n.s.; T2: $H(2)=0,35$, $p=.838$, n.s.; T3: $H(2)=0,27$; $p=.872$, n.s.). Auch in Bezug auf das Salienztreatment zeigt der durchgeführte U-Test keine signifikanten Unterschiede zwischen den beiden Bedingungen (T1: $U=2920,00$; $p=.671$, n.s.; T2: $U=3052,00$, $p=.814$, n.s.; T3: $U=2837,50$, $p=.557$, n.s.).

Der Friedman-Test ergibt, dass sich die Anstrengung der Teilnehmer subjektiv über die drei Lernaufgaben verändert ($\chi^2(2, N=151)=21,39$, $p<.001$). Mit Wilcoxon-Tests wird geprüft, zwischen welchen Lernaufgaben sich die Anstrengung der Teilnehmer signifikant verändert. Wie auch die parametrischen Tests, ergeben die Wilcoxon-Tests, dass subjektiv die Anstrengung von der ersten zur zweiten Lernaufgabe signifikant sinkt ($T=-5,68$, $p<.001$). Auch der Vergleich zwischen der ersten und der dritten Lernaufgabe wird signifikant ($T=-4,10$, $p<.001$).

Die nonparametrische Auswertung kommt in Bezug auf die Veränderung der subjektiv bewerteten Anstrengung über die Lernaufgaben also zu denselben Ergebnissen wie die Auswertung mit parametrischen Verfahren.

9.3.1.3 Wirkung von Zielsetzung auf die Ausrichtung des Handelns

Außerdem wird untersucht, welchen Effekt Zielsetzungs- und Salienztreatment auf die Ausrichtung des Handelns während der Lernaufgaben haben.

Zum Test der Hypothesen wird eine dreifaktorielle Varianzanalyse mit Messwiederholung auf dem Faktor Ausrichtung des Handelns als abhängige Variable durchgeführt (N=156). In die Varianzanalyse gehen Zielsetzungstreatment (dreistufig: lernschrittorientiert, nützlichkeitsorientiert, Vergleichsgruppe) und Salienztreatment (zweistufig: vorhanden, nicht vorhanden) als Faktoren sowie die Ausrichtung des Handelns mit Messwiederholung (dreistufig) als abhängige Variable ein.

Zunächst werden nun die Ergebnisse der Varianzanalyse in Bezug auf die Effekte des Zielsetzungstreatments (Hypothesen H1e, H1f und H1i) beschrieben, anschließend werden die Ergebnisse zu den Effekten des Salienztreatments (Hypothesen H1q bis H1s) dargestellt.

<u>Zielsetzungstreatment</u>

Zu den Effekten des Zielsetzungstreatments auf die Ausrichtung des Handelns werden die folgenden Hypothesen geprüft:

H1e: Lernschrittorientierte Zielsetzung führt zu einer stärkeren Ausrichtung des Handelns auf die Verbesserung des Sprachverstehens als keine explizite Zielsetzung.

H1f: Nützlichkeitsorientierte Zielsetzung führt zu einer stärkeren Ausrichtung des Handelns auf die Verbesserung des Sprachverstehens als keine explizite Zielsetzung.

H1i: Lernschrittorientierte Zielsetzung führt zu einer stärkeren Ausrichtung des Handelns auf die Verbesserung des Sprachverstehens als nützlichkeitsorientierte Zielsetzung.

Die Tests der Zwischensubjekteffekte ergeben einen Haupteffekt für das Zielsetzungstreatment ($F(2; 150)=4,08$, $p<.05$, $MSE=146,92$, $\eta^2=.052$).

Mit paarweise durchgeführten Vergleichen auf der Basis von T-Tests wird geprüft, welche Zielarten sich in Bezug auf die Ausrichtung des Handelns unterscheiden. Die Vergleiche zeigen, dass Teilnehmer mit lernschrittorientierter Zielsetzung (M=9,49, SE=0,95) ihr Handeln stärker auf die Verbesserung ihres Sprachverstehens ausrichten als Teilnehmer der Vergleichsgruppe ohne explizite Zielsetzung (M=5,69, SE=0,96; p<.05). Unterschiede zu Teilnehmern mit nützlichkeitsorientierter Zielsetzung (M=7,02, SE=1,00) werden nicht signifikant. Abbildung 6 zeigt die Unterschiede der Zielsetzungsarten in Bezug auf die Ausrichtung des Handelns zu den drei Messzeitpunkten.

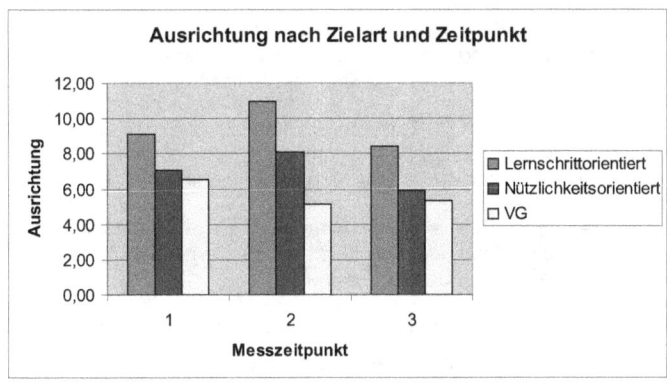

Abbildung 6: Ausrichtung nach Zielart und Zeitpunkt

Die Tests der Innersubjekteffekte ergeben keine Interaktionseffekte zwischen Messwiederholungsfaktor und Zielsetzungstreatment (F=2,32, p=.060, n.s.), allerdings einen Haupteffekt des Messwiederholungsfaktors *Ausrichtung des Handelns* (F(1,91; 286,53)=4,78, p<.05, MSE=20,44, η^2=.031)[62].

Mit paarweisen Vergleichen wird geprüft, zwischen welchen Messzeitpunkten Unterschiede in Bezug auf die Ausrichtung bestehen. Die Vergleiche zeigen, dass die Teilnehmer in der zweiten Lernaufgabe (M=8,06, SE=0,63) unabhängig vom Zielsetzungs- oder Salienztreatment ihr Handeln stärker auf die Verbesserung ihres Sprachverstehens ausrichten als in der dritten Lernauf-

---

[62] Aufgrund einer Verletzung der Zirkularitätsannahme (Mauchly-Test auf Sphärizität: p=.028*) werden die Freiheitsgrade mittels Greenhouse-Geisser adjustiert.

gabe ($M=6{,}55$, $SE=0{,}55$; $p<.01$). Unterschiede zur ersten Lernaufgabe ($M=7{,}59$, $SE=0{,}71$) werden nicht signifikant.

Die Ausrichtung des Handelns ist bei lernschrittorientierter Zielsetzung stärker als ohne explizite Zielsetzung. Deshalb wird die Hypothese H1e beibehalten. Die Hypothesen H1f und H1i werden verworfen.

Salienztreatment

Hinsichtlich der Effekte des Salienztreatments auf die Ausrichtung des Handelns werden die folgenden Hypothesen geprüft:

H1q: Ein Salienztreatment führt bei Teilnehmern mit lernschrittorientierter Zielsetzung zu einer stärkeren Ausrichtung des Handelns auf die Verbesserung des Sprachverstehens als kein Salienztreatment.

H1r: Ein Salienztreatment führt bei Teilnehmern mit nützlichkeitsorientierter Zielsetzung zu einer stärkeren Ausrichtung des Handelns auf die Verbesserung des Sprachverstehens als kein Salienztreatment.

H1s: Ein Salienztreatment führt bei Teilnehmern ohne ein explizites Ziel zu einer stärkeren Ausrichtung des Handelns auf die Verbesserung des Sprachverstehens als kein Salienztreatment.

Die Tests der Zwischensubjekteffekte ergeben keine Effekte des Salienztreatments ($F(1; 150)<1$) oder einer Interaktion von Zielsetzungs- und Salienztreatment ($F(2; 150)<1$).

Aus den Tests der Innersubjekteffekte ergeben sich außerdem keine Interaktionseffekte zwischen Messwiederholungsfaktor und Salienztreatment ($F(1{,}91; 286{,}53)=1{,}69$, $p=.187$, n.s.).

Das Salienztreatment hat also keinen Effekt auf die Ausrichtung des Handelns. Die Hypothesen H1q bis H1s werden dementsprechend verworfen.

Auswertung mit nonparametrischen Verfahren

Die Hypothesen werden zudem mit nonparametrischen Verfahren geprüft. Der H-Test ergibt in der zweiten ($H(2)=12{,}62$, $p<01$) und dritten Lernaufgabe ($H(2)=6{,}97$; $p<.05$) zwischen den Zielsetzungsbedingungen signifikante Unterschiede hinsichtlich der Stärke der Ausrichtung des Handelns[63]. Mit U-Tests wird untersucht, welche Zielsetzungsbedingungen sich in Bezug auf die Ausrichtung des Handelns in der zweiten und dritten Lernaufgabe unterscheiden. Die U-Tests zeigen, dass sowohl in der zweiten Lernaufgabe (U=853,00, p[64]<.00$\overline{3}$) als auch in der dritten Lernaufgabe (U=1024,00, p[65]<.017) Teilnehmer mit lernschrittorientierter Zielsetzung ihr Handeln stärker auf die Verbesserung des Sprachverstehens ausrichten als Teilnehmer der Vergleichsgruppe ohne explizite Zielsetzung. Unterschiede zu Teilnehmern mit nützlichkeitsorientierter Zielsetzung werden nicht signifikant. Ein durchgeführter U-Test ergibt zudem keinen signifikanten Effekt des Salienztreatments auf die Ausrichtung des Handelns in den Lernaufgaben (T1: U=2713,00; p=.114, n.s.; T2: U=3060,00, p=.833, n.s.; T3: U=2967,00, p=.790, n.s.).

Ein Friedman-Test zeigt, dass sich die Ausrichtung der Teilnehmer über die drei Lernaufgaben signifikant verändert (χ^2(2, N=156)=14,11, p<.01). Mit Wilcoxon-Tests wird geprüft, zwischen welchen Lernaufgaben sich die Anstrengung des Handelns der Teilnehmer signifikant verändert. Wie auch die parametrischen Tests ergeben die Wilcoxon-Tests signifikante Unterschiede zwischen der zweiten und der dritten Lernaufgabe (T=-3,89, p<.001).

Die nonparametrische Auswertung kommt in Bezug auf die Ausrichtung des Handelns somit zu denselben Ergebnissen wie die Auswertung mit parametrischen Verfahren.

9.3.1.4 Zusammenfassung der Ergebnisse zur Fragestellung 1

In der ersten Fragestellung wurde betrachtet, inwiefern Zielsetzung eine Wirkung auf die Mediatoren Ausdauer, Anstrengung und Ausrichtung des Handelns hat. Dabei wurden einerseits Effekte eines Zielsetzungstreatments (lernschrittorientierte Zielsetzung und nützlichkeitsorientierte Zielsetzung gegenüber der Vergleichsgruppe), andererseits Interaktionseffekte des Zielset-

---

[63] An dieser Stelle wurde der t-Test der Varianzanalyse nicht signifikant (p=.085).
[64] Alpha-Korrektur nach Bonferroni: α*: *p<.017, bzw. **p<0.00$\overline{3}$.
[65] Alpha-Korrektur nach Bonferroni: α*: *p<.017, bzw. **p<0.00$\overline{3}$.

zungstreatments mit einem Salienztreatment (Salienztreatment gegenüber keinem Salienztreatment) untersucht.

Die Auswertung ergab lediglich in Hinblick auf die Ausrichtung des Handelns einen signifikanten Effekt des Zielsetzungstreatments. Teilnehmer mit lernschrittorientierter Zielsetzung richteten ihr Handeln stärker auf die Verbesserung ihres Sprachverstehens aus als Teilnehmer ohne explizite Zielsetzung. Die anderen Zielarten unterschieden sich nicht in Bezug auf die Ausrichtung des Handelns. Auf die Mediatorvariablen Ausdauer und Anstrengung zeigten sich keine Effekte des Zielsetzungstreatments.

In Bezug auf das Salienztreatment wurden keine Interaktionseffekte mit der Zielart auf Anstrengung, Ausdauer oder Ausrichtung des Handelns nachgewiesen.

Bei der Auswertung zeigte sich, dass der Faktor *Zeit* eine entscheidende Rolle bei dem Ausmaß an Ausdauer und Anstrengung der Teilnehmer sowie bei deren Ausrichtung des Handelns spielt. Alle Mediatorvariablen veränderten sich im Verlauf der drei Lernaufgaben, unabhängig von Zielsetzungs- oder Salienztreatment.

9.3.2 Wirkung von Zielsetzungs- und Salienztreatment auf den Lernerfolg beim Training

Zielsetzung soll beim Training sprachrezeptiven Handelns den Lernerfolg fördern. Dieser Lernerfolg wurde objektiv erfasst als *Güte der Analyse* bzw. *Güte der Erklärung*. Als zweite Komponente wird der Lernerfolg jedoch auch von jedem Teilnehmer subjektiv bewertet. Im Folgenden werden zunächst die Hypothesen zum objektiven Lernerfolg geprüft (9.3.2.1). Anschließend wird der subjektive Lernerfolg der Teilnehmer betrachtet (9.3.2.2).

9.3.2.1 Fragestellung 2 - Wirkung von Zielsetzung auf den objektiven Lernerfolg beim Training

Zum objektiven Lernerfolg wird die folgende Hypothese geprüft:

H2: Variationen von Zielsetzungstreatment und Salienztreatment haben unterschiedliche Effekte auf den objektiven Lernerfolg beim Training sprachrezeptiven Handelns.

Die Güte der Analyse bzw. die Güte der Erklärung als Basis des Lernerfolgs wurde als Übereinstimmung der Teilnehmereingaben mit einer Expertenlösung von zwei unabhängigen Ratern eingeschätzt. Die Übereinstimmung der beiden Rater hinsichtlich ihrer Bewertung wurde mittels Cohens Kappa κ bestimmt.[66] Für die Stichprobe beträgt der Grad der Übereinstimmung der beiden Rater .732 bei den Analysen der Teilnehmer, und er beträgt .737 bei den Erklärungen.[67]

Zur Prüfung der Hypothese sind als Indikatoren sowohl die Güte der Analyse bzw. die Güte der Erklärung als auch der Lernerfolg als Relation der Gütemaße zwischen den beiden Testaufgaben relevant. Die Güte der Analyse bzw. die Güte der Erklärung zu den beiden Messzeitpunkten kann im ersten Schritt darüber aufklären, inwieweit Zielsetzungstreatment und Salienztreatment zur Varianzaufklärung hinsichtlich der Güte der Analyse oder der Güte der Erklärung beitragen bzw. inwiefern sich die Teilnehmer von der ersten zur zweiten Testaufgabe überhaupt signifikant verbessern. Außerdem wird deutlich, inwiefern sich die Teilnehmer der unterschiedlichen Bedingungen zu den beiden Zeitpunkten signifikant hinsichtlich ihrer Güte der Analyse bzw. der Güte der Erklärung unterscheiden. In einem zweiten Schritt werden die Bedingungen hinsichtlich der Höhe ihres Lernerfolgs verglichen, um die Hypothesen bestätigen bzw. verwerfen zu können.

Bezüglich der Variablen *Güte der Analyse* und *Güte der Erklärung* sind die Daten zu beiden Messzeitpunkten nicht normal verteilt. Im Hinblick auf den Lernerfolg sind die Daten sowohl für die Analysen als auch für die Erklärungen normal verteilt. Wenngleich die Daten bezüglich der Variablen Güte der Analysen und Güte der Erklärungen nicht normal verteilt sind, werden die fol-

---

[66] Siehe zur Auswahl der Stichprobe für die Berechnung von Cohens Kappa κ auch die Beschreibung des Messverfahrens der Studie unter Kapitel 8.1.2.2.
[67] Ab einem Kappa-Wert von .7 ist die Übereinstimmung als gut zu bewerten (Wirtz & Caspar, 2002, S. 25). Werte über .75 können als (sehr) gute Urteilerkonkordanz verstanden werden (Diehl & Staufenbiel, 2001, S. 162).

genden Hypothesen mit varianzanalytischen Verfahren geprüft (vgl. Kapitel 9.2.1). Im Anschluss an diese Prüfung werden die Hypothesen zusätzlich mit nonparametrischen Verfahren ausgewertet, um eventuelle Messungenauigkeiten aufgrund einer Verletzung der Normalverteilungsannahme kontrollieren zu können.

Im ersten Schritt werden nun Effekte von Zielsetzungs- und Salienztreatment im Hinblick auf die Güte der Analyse, anschließend in Bezug auf die Güte der Erklärung betrachtet.

Güte der Analyse

Die Effekte von Zielsetzungs- und Salienztreatment auf die Güte der Analyse werden mit einer dreifaktoriellen Varianzanalyse untersucht (N=159). In die Varianzanalyse gehen Zielsetzungstreatment (dreistufig: lernschrittorientiert, nützlichkeitsorientiert, Vergleichsgruppe) und Salienztreatment (zweistufig: vorhanden, nicht vorhanden) als Faktoren sowie die Güte der Analyse mit einfacher Messwiederholung als abhängige Variable ein.[68]

Zunächst werden die Ergebnisse der Varianzanalyse in Bezug auf das Zielsetzungstreatment, anschließend hinsichtlich des Salienztreatments dargestellt.

<u>Zielsetzungstreatment</u>

Die Tests der Zwischensubjekteffekte zeigen keinen signifikanten Effekt des Zielsetzungstreatments auf die Güte der Analyse ($F(2; 153)=1,24$, $p=.292$, n.s.).

Allerdings ergeben die Tests der Innersubjekteffekte einen Haupteffekt des Messwiederholungsfaktors ($F(1; 153)=58,01$, $p<.001$, $MSE=0,01$, $\eta^2=.275$), sowie Interaktionseffekte von Messwiederholungsfaktor und Zielsetzungstreatment auf die Güte der Analyse ($F(2; 153)= 3,57$, $p<.05$, $MSE=0,01$, $\eta^2=.045$).

---

[68] Da im Hinblick auf die Güte der Analyse sowie die Güte der Erklärung jeweils nur zwei Variablen verglichen werden, ist eine Korrektur der Freiheitsgrade im Folgenden nicht notwendig (Bortz, 2005, S. 354).

Zum Haupteffekt des Messwiederholungsfaktors zeigen paarweise Vergleiche, dass die Güte der Analyse unabhängig von Zielsetzungs- oder Salienztreatment von der ersten zur zweiten Testaufgabe signifikant steigt (T1: M=0,12, SE=0,07; T2: M=0,19, SE=0,11, p<.001).

Die signifikanten Interaktionseffekte zwischen Zielsetzung und der Messwiederholung der Güte der Analyse sind in Abbildung 7 auf der folgenden Seite dargestellt.

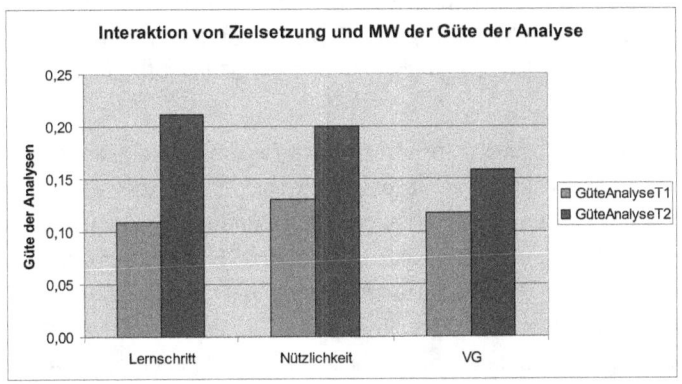

Abbildung 7: Säulendiagramm - Interaktion von Zielsetzung und MW der Güte der Analyse

Abbildung 7 zeigt, dass sich die Güte der Analyse vom ersten zum zweiten Messzeitpunkt in Abhängigkeit vom Zielsetzungstreatment verändert. Mit T-Tests für abhängige Stichproben wird die Veränderung der Güte der Analyse bei den drei Zielsetzungsgruppen geprüft. Bei Teilnehmern mit lernschrittorientierter Zielsetzung ist die Veränderung der Güte der Analyse vom ersten (M=0,11, SD=0,09) zum zweiten Messzeitpunkt (M=0,21, SD=0,16; $t(53)$=-5,78, p^{69}<.00$\overline{3}$) am deutlichsten, bei Teilnehmern mit nützlichkeitsorientierter Zielsetzung etwas schwächer (T1: M=0,13, SD=0,08; T2: M=0,20, SD=0,12; $t(51)$=-4,09, p^{70}<.00$\overline{3}$) und in der Vergleichsgruppe (VG) ohne Zielset-

---

[69] Alpha-Korrektur nach Bonferroni: α*: *p<.017, bzw. **p<.00$\overline{3}$.
[70] Alpha-Korrektur nach Bonferroni: α*: *p<.017, bzw. **p<.00$\overline{3}$.

zungstreatment am geringsten (T1: $M=0{,}12$, $SD=0{,}08$; T2: $M=0{,}16$, $SD=0{,}13$; $t(52)=-2{,}93$, $p^{71}<.017$).

Dieses Ergebnis unterstützt die Hypothese H2a teilweise, die einen höheren Lernerfolg von lernschrittorientierter Zielsetzung gegenüber der Vergleichsgruppe beschreibt.[72]

Salienztreatment

Die Tests der Zwischensubjekteffekte zeigen keinen signifikanten Effekt des Salienztreatments ($F(1; 153)=1{,}69$, $p=.196$, n.s.) oder der Interaktion zwischen Zielsetzung und Salienztreatment ($F(2; 153)=1{,}97$, $p=.143$, n.s.) auf die Güte der Analyse.

Allerdings ergeben die Tests der Innersubjekteffekte einen Interaktionseffekt von Messwiederholungsfaktor und Salienztreatment ($F(1; 153)=4{,}91$, $p<.05$, $MSE=0{,}01$, $\eta^2=.031$). Gemäß der Mittelwerte verändert sich die Güte der Analyse mit Salienztreatment vom ersten ($M=0{,}12$, $SE=0{,}09$) zum zweiten Messzeitpunkt ($M=0{,}21$, $SE=0{,}15$) stärker als ohne Salienztreatment (T1: $M=0{,}12$, $SE=0{,}10$; T2: $M=0{,}17$, $SE=0{,}15$). Dieses Ergebnis ist allerdings im Kontext der vorliegenden Untersuchung nur eingeschränkt interpretierbar, da die Zielsetzungsbedingungen ein jeweils unterschiedliches Salienztreatment erhielten und aus dem Ergebnis keine Hinweise dazu hervorgehen, wie das Salienztreatment bei den unterschiedlichen Zielsetzungsbedingungen auf die Güte der Analyse wirkte.

Mit T-Tests soll aus diesem Grund geklärt werden, in welchen Bedingungen Teilnehmer mit und ohne Salienztreatment sich in Bezug auf die Veränderung ihrer Güte der Analyse unterscheiden. Die Tests ergeben bezüglich der Güte der Analyse zum ersten Messzeitpunkt (T1) für keine der drei Zielsetzungsbedingungen signifikante Unterschiede zwischen Teilnehmern mit und ohne Salienztreatment (lernschrittorientierte Zielsetzung: $t(52)=0{,}82$, n.s.; nützlichkeitsorientierte Zielsetzung: $t(50)=-0{,}80$, n.s.; Vergleichsgruppe: $t(51)=-0{,}19$, n.s.). Zum Zeitpunkt T2 zeigen sich nur bei lernschrittorientierter Zielsetzung

---

[71] Alpha-Korrektur nach Bonferroni: α*: *$p<.017$, bzw. **$p<.00\overline{3}$.
[72] Die Hypothese wird im zweiten Schritt anhand des Lernerfolgs in Bezug auf die Analysen geprüft werden.

signifikante Unterschiede zwischen Teilnehmern mit Salienztreatment und Teilnehmern ohne Salienztreatment. Bei Teilnehmern mit lernschrittorientierter Zielsetzung und Salienztreatment ist die Güte der Analyse zum zweiten Messzeitpunkt (M=0,26, SD=0,17) höher als bei Teilnehmern mit lernschrittorientierter Zielsetzung ohne Salienztreatment (M=0,16, SD=0,12) ($t(47,64)$=2,49, p[73]<.017)[74]. Die anderen Vergleiche werden nicht signifikant (nützlichkeitsorientiert: $t(50)$=-0,13, n.s.; Vergleichsgruppe: $t(51)$=-0,69, n.s.). Die folgende Interaktionsgrafik zeigt den Interaktionseffekt von Salienztreatment und Zielart auf die Güte der Analyse zum zweiten Messzeitpunkt.

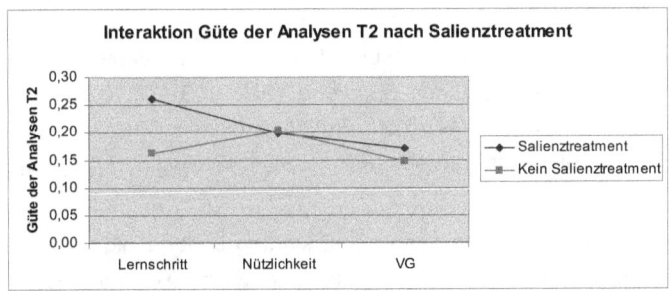

Abbildung 8: Profilplot - Interaktion Güte der Analysen T2 nach Salienztreatment

Abbildung 8 zeigt, dass das Salienztreatment primär bei Teilnehmern mit lernschrittorientierter Zielsetzung mit einer höheren Güte der Analyse zum zweiten Messzeitpunkt zusammenhängt.

Güte der Erklärung

Mit einer dreifaktoriellen Varianzanalyse mit Messwiederholung wird auch untersucht, inwieweit das Zielsetzungstreatment und das Salienztreatment zur Varianzaufklärung hinsichtlich der Güte der Erklärung beitragen (N=159). Als Faktoren gehen die Art der Zielsetzung (lernschrittorientiert, nützlichkeitsorientiert, Vergleichsgruppe) und das Salienztreatment (zweistufig: vorhan-

---

[73] Alpha-Korrektur nach Bonferroni: α*: *p<.017, bzw. **p<.00$\overline{3}$.
[74] Aufgrund ungleicher Varianzen (Levene-Test: p=.047) t-Test unter der Annahme ungleicher Populationsvarianzen mit Korrektur der Freiheitsgrade.

den, nicht vorhanden) in die Varianzanalyse ein, abhängige Variable ist die Güte der Erklärung (einfache Messwiederholung).

Zunächst werden die Ergebnisse der Varianzanalyse in Bezug auf die Effekte des Zielsetzungstreatments auf die Güte der Erklärung beschrieben, anschließend werden die Ergebnisse zu den Effekten des Salienztreatments dargestellt.

Zielsetzungstreatment

Die Tests der Zwischensubjekteffekte zeigen keinen signifikanten Effekt des Zielsetzungstreatments ($F(2; 153)<1$).

Dagegen ergeben die Tests der Innersubjekteffekte einen Haupteffekt des Messwiederholungsfaktors *Güte der Erklärung* ($F(1; 153)=79,90$, $p<.001$, $MSE=0,01$, $\eta^2=.343$), sowie Interaktionseffekte zwischen Messwiederholungsfaktor und Zielsetzungstreatment ($F(2; 153)=4,42$, $p<.05$, $MSE=0,01$, $\eta^2=.055$).

Einzelvergleiche zeigen, dass die Güte der Erklärung unabhängig von Zielsetzungs- oder Salienztreatment von der ersten zur zweiten Testaufgabe signifikant steigt (T1: $M=0,08$, $SE=0,05$; T2: $M=0,15$, $SE=0,08$, $p<.001$).

Der Interaktionseffekt von Zielsetzung mit der Messwiederholung der *Güte der Erklärung* ist in Abbildung 9 dargestellt.

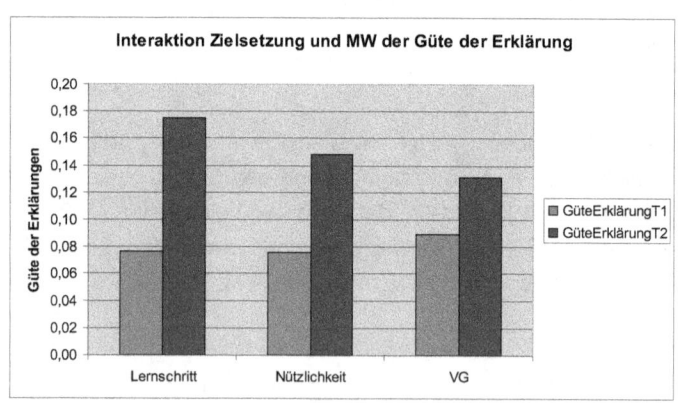

Abbildung 9: Säulendiagramm – Interaktion von Zielsetzung und MW der Güte der Erklärung

Die Güte der Erklärung verändert sich vom ersten zum zweiten Messzeitpunkt in Abhängigkeit vom Zielsetzungstreatment. Mit T-Tests für abhängige Stichproben wird die Veränderung der Güte der Erklärung bei den drei Zielsetzungsgruppen geprüft. Bei lernschrittorientierter Zielsetzung steigt die Güte der Erklärung am stärksten (T1: $M=0,08$, $SD=0,06$; T2: $M=0,18$, $SD=0,12$; $t(54)=-6,81$, $p^{75}<.00\overline{3}$), bei Teilnehmern mit nützlichkeitsorientierter Zielsetzung ist die Veränderung der Güte der Erklärung vom ersten zum zweiten Messzeitpunkt geringer (T1: $M=0,08$, $SD=0,09$; T2: $M=0,15$, $SD=0,09$; $t(51)=-6,10$, $p^{76}<.00\overline{3}$), in der Vergleichsgruppe steigt die Güte der Erklärung tendenziell am geringsten (T1: $M=0,09$, $SD=0,07$; T2: $M=0,13$, $SD=0,10$; $t(52)=-2,93$, $p^{77}<.017$).

Dieses Ergebnis stützt die Hypothese H2a teilweise.[78]

Salienztreatment

Die Tests der Zwischensubjekteffekte ergeben keinen signifikanten Effekt des Salienztreatments ($F(2; 153)<1$) oder der Interaktion zwischen Zielsetzung und Salienztreatment ($F(2; 153)<1$).

Zudem gehen aus dem Test der Innersubjekteffekte keine Interaktionseffekte zwischen dem Messwiederholungsfaktor und dem Salienztreatment hervor ($F(1; 353)<1$).

Lernerfolg Analysen und Erklärungen

Die Varianzanalysen mit Messwiederholung haben im ersten Schritt keine signifikanten Effekte von Zielsetzungs- und Salienztreatment auf die Höhe der Güte der Analyse bzw. der Güte der Erklärung ergeben. Hingegen zeigten sich Interaktionseffekte von Zielsetzungstreatment bzw. Salienztreatment und dem Messwiederholungsfaktor Güte der Analyse sowie Interaktionseffekte von Zielsetzungstreatment und dem Messwiederholungsfaktor Güte der Erklärung.

---

[75] Alpha-Korrektur nach Bonferroni: α*: *$p<.017$, bzw. **$p<.00\overline{3}$.
[76] Alpha-Korrektur nach Bonferroni: α*: *$p<.017$, bzw. **$p<.00\overline{3}$.
[77] Alpha-Korrektur nach Bonferroni: α*: *$p<.017$, bzw. **$p<.00\overline{3}$.
[78] Die Hypothese wird im zweiten Schritt anhand des Lernerfolgs in Bezug auf die Erklärungen geprüft werden.

Im zweiten Schritt werden die Bedingungen nun hinsichtlich der Höhe des Lernerfolgs verglichen, um die Hypothesen H2a bis H2d bestätigen bzw. verwerfen zu können. Hierzu wird eine multivariate zweifaktorielle Varianzanalyse durchgeführt, mit den abhängigen Variablen Lernerfolg in Bezug auf die Analysen sowie Lernerfolg in Bezug auf die Erklärungen der Teilnehmer (N=159). Als Faktoren gehen Zielsetzungstreatment (dreistufig: lernschrittorientiert, nützlichkeitsorientiert, Vergleichsgruppe) und Salienztreatment (zweistufig: vorhanden, nicht vorhanden) in die Varianzanalyse ein.[79]

Zunächst werden die Ergebnisse in Bezug auf die Effekte von Zielsetzung auf den Lernerfolg (Hypothesen H2a bis H2c) beschrieben, anschließend werden die Ergebnisse der Tests zu den Effekten vom Salienztreatment auf den Lernerfolg (Hypothesen H2d bis H2f) vorgestellt.

Zielsetzungstreatment

Bezüglich der Effekte vom Zielsetzungstreatment auf den Lernerfolg werden die folgenden Hypothesen geprüft:

H2a: Lernschrittorientierte Zielsetzung führt zu einem höheren objektiven Lernerfolg als keine explizite Zielsetzung.

H2b: Nützlichkeitsorientierte Zielsetzung führt zu einem höheren objektiven Lernerfolg als keine explizite Zielsetzung.

H2c: Lernschrittorientierte Zielsetzung führt zu einem höheren objektiven Lernerfolg als nützlichkeitsorientierte Zielsetzung.

Die Tests der Zwischensubjekteffekte ergeben einen signifikanten Haupteffekt der Zielart auf sowohl den Lernerfolg in Bezug auf die Analysen (F(2; 153)=3,57, p<.05, MSE=0,01, η^2=.045)[80] als auch auf den Lernerfolg in Bezug auf die Erklärungen (F(2; 153)=4,42, p<.05, MSE=0,01, η^2=.055).

Mit Einzelvergleichen im Rahmen der Varianzanalyse wird geprüft, welche Zielarten sich signifikant in Bezug auf den Lernerfolg bei den Analysen unterscheiden. Die Tests ergeben, dass Teilnehmer mit lernschrittorientierter Ziel-

---

[79] Aufgrund ungleicher Varianzen (Levene-Test: p=.285 und p=.036*) wird der t-Test unter der Annahme ungleicher Populationsvarianzen mit Korrektur der Freiheitsgrade durchgeführt.
[80] Freiheitsgrade der korrigierten Gesamtvariation: df = 158.

setzung einen höheren Lernerfolg in Bezug auf die Analysen haben als Teilnehmer der Vergleichsgruppe ohne explizite Zielsetzung ($M=0{,}10$, $SE=0{,}02$ bzw. $M=0{,}04$, $SE=0{,}02$, $p<.05$). Zwischen nützlichkeitsorientierter Zielsetzung ($M=0{,}07$, $SE=0{,}02$) und lernschrittorientierter Zielsetzung bzw. der Vergleichsgruppe ergeben sich im paarweisen Vergleich keine signifikanten Unterschiede in Bezug auf den Lernerfolg bei den Analysen.

Es wird außerdem geprüft, welche Zielarten sich in Bezug auf den Lernerfolg bei den Erklärungen unterscheiden. Die durchgeführten Einzelvergleiche ergeben, dass Teilnehmer mit lernschrittorientierter Zielsetzung ($M=0{,}10$, $SE=0{,}01$) einen höheren Lernerfolg in Bezug auf die Erklärungen haben als Teilnehmer der Vergleichsgruppe ohne explizite Zielsetzung ($M=0{,}04$, $SE=0{,}01$; $p<.05$). Unterschiede zwischen den beiden Zielsetzungstreatments und nützlichkeitsorientierter Zielsetzung ($M=0{,}07$, $SE=0{,}01$) werden im paarweisen Vergleich nicht signifikant.

Die Effekte von Zielsetzung in Bezug auf den Lernerfolg bei den Analysen und den Lernerfolg bei den Erklärungen zeigt Abbildung 10.

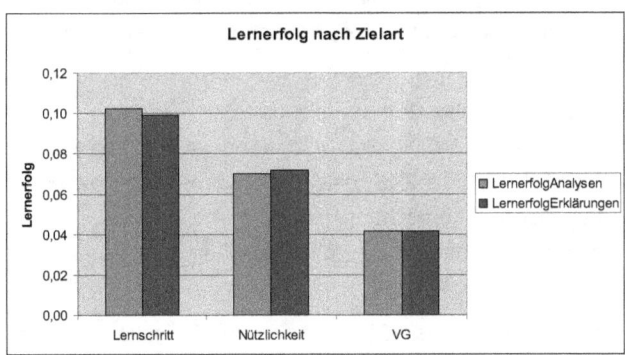

Abbildung 10: Säulendiagramm–Lernerfolg nach Zielart

Der Lernerfolg hängt also mit dem Zielsetzungstreatment zusammen. Bei Teilnehmern mit lernschrittorientierter Zielsetzung ist der Lernerfolg am höchsten, bei Teilnehmern der Vergleichsgruppe (VG) ist er am geringsten. Der Unterschied zwischen lernschrittorientierter Zielsetzung und der Vergleichsgruppe ist dabei statistisch bedeutsam.

Dementsprechend wird die Hypothese H2a bestätigt. Die Hypothesen H2b und H2c werden verworfen.

Salienztreatment

Hinsichtlich der Effekte vom Salienztreatment auf den Lernerfolg werden die folgenden Hypothesen geprüft:

H2d: Ein Salienztreatment führt bei Teilnehmern mit lernschrittorientierter Zielsetzung zu einem höheren objektiven Lernerfolg als kein Salienztreatment.

H2e: Ein Salienztreatment führt bei Teilnehmern mit nützlichkeitsorientierter Zielsetzung zu einem höheren objektiven Lernerfolg als kein Salienztreatment.

H2f: Ein Salienztreatment führt bei Teilnehmern ohne explizite Zielsetzung zu einem höheren objektiven Lernerfolg als kein Salienztreatment.

Die Tests der Zwischensubjekteffekte zeigen einen signifikanten Haupteffekt des Salienztreatments auf den Lernerfolg in Bezug auf die Analysen ($F(1; 159)=4{,}91$, $p<.05$, $MSE=0{,}01$, $\eta^2=.031$), hinsichtlich des Lernerfolgs in Bezug auf die Erklärungen ergeben die Tests der Zwischensubjekteffekte keinen Effekt des Salienztreatments ($F(1; 159)<1$).

Ein T-Test für unabhängige Stichproben zeigt, dass der Lernerfolg bei den Analysen mit Salienztreatment ($M=0{,}09$, $SD=0{,}12$) höher ist als ohne Salienztreatment ($M=0{,}05$, $SD=0{,}12$; $t(157)=2{,}18$, $p<.05$). Dieses Ergebnis ist jedoch im Kontext der vorliegenden Untersuchung nicht für sich zu interpretieren, sondern nur in Verbindung mit dem entsprechenden Zielsetzungstreatment, für das Salienz erzeugt wurde.

Zur Prüfung der Hypothesen H2d bis H2f wird daher mit T-Tests untersucht, in welchen Bedingungen sich die Teilnehmer mit und ohne Salienztreatment hinsichtlich ihres Lernerfolgs bei den Analysen unterscheiden. Zwischen Teilnehmern mit bzw. ohne Salienztreatment ergeben die Tests nur bei lernschrittorientierter Zielsetzung Unterschiede hinsichtlich des Lernerfolgs bei den Analysen. Teilnehmer mit lernschrittorientierter Zielsetzung und Salienztreatment haben tendenziell einen höheren Lernerfolg ($M=0{,}14$, $SD=0{,}14$) als Teilnehmer mit lernschrittorientierter Zielsetzung ohne Salienztreatment

($M=0{,}06$, $SD=0{,}09$). Nach einer Alpha-Korrektur ist der Unterschied allerdings nicht mehr signifikant ($t(52)=2{,}41$, n.s.).[81] Bei Teilnehmern der beiden Salienz-Bedingungen ergeben sich bei nützlichkeitsorientierter Zielsetzung ($t(50)=0{,}40$, n.s.) bzw. bei der Vergleichsgruppe ($t(51)=1{,}016$, n.s.) keine signifikanten Unterschiede.

Abbildung 11 stellt den, allerdings nach der Korrektur nicht mehr signifikanten, Effekt des Salienztreatments bei lernschrittorientierter Zielsetzung grafisch dar.

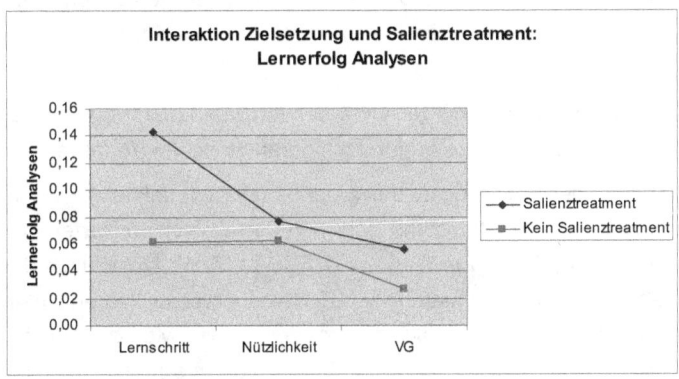

Abbildung 11: Profilplot - Interaktion von Zielsetzung und Salienztreatment auf den Lernerfolg bei den Analysen

Abbildung 11 zeigt, dass das Salienztreatment für alle drei Bedingungen tendenziell mit einem höheren Lernerfolg bezüglich der Analysen zusammenhängt. Bei Teilnehmern mit lernschrittorientierter Zielsetzung ist dieser Zusammenhang besonders stark.

Da die Interaktion zwischen Zielart und Salienztreatment jedoch nicht signifikant wird, und der Haupteffekt des Salienztreatments für sich nicht zu interpretieren ist, werden die Hypothesen H2d bis H2f verworfen.

Auswertung mit nonparametrischen Verfahren

---

[81] α^*: $p<0.017$ (Alpha-Korrektur nach Bonferroni). Der Testwert liegt bei $p=.020$.

Die Hypothesen werden zusätzlich mit nonparametrischen Verfahren geprüft. Ein H-Test ergibt zwischen den drei Zielsetzungsarten keine signifikanten Unterschiede hinsichtlich der Güte der Analyse zu den beiden Messzeitpunkten (T1: $H(2)=2,43$, $p=.297$, n.s.; T2: $H(2)=5,43$, $p=.066$, n.s.). Der durchgeführte U-Test ergibt zudem keinen signifikanten Effekt des Salienztreatments auf die Güte der Analyse zu den beiden Messzeitpunkten (T1: $U=3132,00$; $p=.952$, n.s.; $U=2659,00$, $p=.082$, n.s.). Der Wilcoxon Rangtest zeigt, dass sich die Güte der Analyse der Teilnehmer vom ersten zum zweiten Messzeitpunkt signifikant verändert ($T=-6,54$, $p<.001$). Die Teilnehmer verbessern sich unabhängig vom Zielsetzungs- oder Salienztreatment hinsichtlich der Güte der Analyse.

Die nonparametrische Auswertung zur Güte der Analyse kommt insofern zu ähnlichen Ergebnissen wie die Auswertung mit parametrischen Verfahren.

Hinsichtlich der Güte der Erklärung zu den beiden Messzeitpunkten ergibt der H-Test keinen signifikanten Unterschied zwischen den Zielsetzungsarten (T1: $H(2)=1,83$, $p=.400$, n.s.; T2: $H(2)=5,16$, $p=.076$, n.s.). Auch hinsichtlich des Salienztreatments zeigt ein durchgeführter U-Test keinen signifikanten Unterschied in Bezug auf die Güte der Erklärung zu den beiden Messzeitpunkten (T1: $U=3137,50$; $p=.938$, n.s.; T2: $U=3080,00$, $p=.782$, n.s.). Der Wilcoxon Rangtest ergibt, dass sich die Güte der Erklärung der Teilnehmer vom ersten zum zweiten Messzeitpunkt signifikant verändert ($T=-7,87$, $p<.001$). Von der ersten Testaufgabe zur zweiten Testaufgabe verbessern sich die Teilnehmer unabhängig von Zielsetzungs- oder Salienztreatment hinsichtlich der Güte der Erklärung.

Die nonparametrische Auswertung zur Güte der Erklärung kommt insofern zu ähnlichen Ergebnissen wie die Auswertung mit parametrischen Verfahren.

9.3.2.2 Fragestellung 3 - Wirkung von Zielsetzung auf den subjektiven Lernerfolg beim Training

In der vorliegenden Untersuchung sollen auch Effekte von Zielsetzung auf die subjektive Einschätzung der Leistung betrachtet werden. Hierzu wird die folgende Hypothese geprüft:

H3: *Variationen von Zielsetzungstreatment und Salienztreatment haben unterschiedliche Effekte auf die subjektive Einschätzung der eigenen Leistung beim Training sprachrezeptiven Handelns.*

Die objektive Leistung der Teilnehmer wurde im vorherigen Abschnitt (9.3.2.1) operationalisiert als Güte der Analyse bzw. als Güte der Erklärung betrachtet. Mittels Fragebögen wurde von den Teilnehmern zudem eine Einschätzung der Höhe der eigenen Leistung beim Training sprachrezeptiven Handelns erhoben. Hinsichtlich der Einschätzung der Leistung sind die Daten nicht normal verteilt. Mittelwerte und Standardabweichungen sind dem Anhang C.1 zu entnehmen.

Zunächst wird für jede Bedingung separat untersucht, inwiefern subjektive und objektive Leistung korrelieren.

Realistische Einschätzung der eigenen Leistung

Zur realistischen Einschätzung des Lernerfolgs werden die folgenden Hypothesen getestet:

H3a: Lernschrittorientierte Zielsetzung führt zu einer realistischeren Einschätzung der eigenen Leistung beim Training sprachrezeptiven Handelns als keine explizite Zielsetzung.

H3b: Nützlichkeitsorientierte Zielsetzung führt zu einer realistischeren Einschätzung der eigenen Leistung beim Training sprachrezeptiven Handelns als keine explizite Zielsetzung.

H3c: Lernschrittorientierte Zielsetzung führt zu einer realistischeren Einschätzung der eigenen Leistung beim Training sprachrezeptiven Handelns als nützlichkeitsorientierte Zielsetzung.

Eine Rangkorrelation nach Spearman (Spearman's rho) zwischen den Variablen *Güte der Analyse*[82] und subjektiver Leistung bei der Analyse ergibt, dass lediglich bei Teilnehmern mit lernschrittorientierter Zielsetzung ohne Salienztreatment subjektive und objektive Leistungswerte zum zweiten Messzeitpunkt signifikant miteinander korrelieren ($r_s=.50$, $p<.01$). Es schätzen sich

---

[82] Zur realistischen Einschätzung der eigenen Leistung bei der Analyse werden die objektiven Leistungsdaten der Variable *Güte der Analyse* entnommen. Die Güte der Erklärungen spielt im Hinblick auf die *Leistung bei der Analyse* eine untergeordnete Rolle.

dementsprechend nur Teilnehmer mit lernschrittorientierter Zielsetzung ohne Salienztreatment hinsichtlich ihrer Leistung realistisch ein. Da für die anderen Bedingungen keine signifikanten Korrelationen vorhanden sind, die auf ihre Stärke hin verglichen werden könnten, wird die Prüfung der Hypothesen H3a, H3b und H3e an dieser Stelle abgebrochen.

9.3.2.3 Zusammenfassung der Ergebnisse zu den Fragestellungen 2 und 3

Fragestellung 2

Die zweite Fragestellung fokussierte die Wirkung von Zielsetzungs- und Salienztreatment auf den objektiv messbaren Lernerfolg beim Training sprachrezeptiven Handelns. Dazu wurde zum einen der Effekt von Zielsetzungs- und Salienztreatment auf die Güte der Analyse bzw. auf die Güte der Erklärung betrachtet, zum anderen wurde ihr Effekt auf den Lernerfolg untersucht.

Bezüglich der Güte der Analyse und der Güte der Erklärung zeigte sich, dass wiederum der Faktor *Zeit* unabhängig vom Treatment ein wichtiger Faktor zur Erklärung von Varianzen ist, denn die Güte der Analysewie auch die Güte der Erklärung stiegen ungeachtet des Treatments vom ersten Messzeitpunkt zum zweiten Messzeitpunkt signifikant. Zielsetzungstreatment und Salienztreatment hatten keinen signifikanten direkten Effekt auf die Güte der Analyse oder auf die Güte der Erklärung. Allerdings zeigten sich Interaktionseffekte zwischen dem Messwiederholungsfaktor *Güte der Analyse* und dem Zielsetzungstreatment bzw. dem Salienztreatment sowie Interaktionseffekte zwischen dem Messwiederholungsfaktor *Güte der Erklärung* und dem Zielsetzungstreatment. Hinsichtlich beider abhängiger Variablen hatte lernschrittorientierte Zielsetzung tendenziell den stärksten Effekt auf Veränderungen im Verlauf des Trainings.

Bei der Betrachtung des Lernerfolgs (Delta) zeigte sich ein signifikanter Haupteffekt der Zielart sowohl auf den Lernerfolg bei den Analysen als auch bei den Erklärungen. Teilnehmer mit lernschrittorientierter Zielsetzung hatten einen höheren Lernerfolg als Teilnehmer der Vergleichsgruppe. Die anderen Vergleiche ergaben keine signifikanten Unterschiede.

Das Salienztreatment hatte einen positiven Effekt auf die Güte der Analyse von Teilnehmern mit lernschrittorientierter Zielsetzung zum zweiten Messzeitpunkt. Außerdem hatte es einen positiven Effekt auf den Lernerfolg bei den Analysen. Einzelvergleiche zeigten, dass Teilnehmer mit lernschrittorientierter Zielsetzung in Verbindung mit Salienztreatment einen tendenziell, nach Alpha-Korrektur allerdings nicht mehr signifikant höheren Lernerfolg bei den Analysen hatten als ohne ein Salienztreatment. Ansonsten trug das Salienztreatment weder hinsichtlich Güte der Analyse und Güte der Erklärung noch in Bezug auf den Lernerfolg zur Varianzaufklärung bei.

Fragestellung 3

Fragestellung 3 fokussierte eine realistischere Einschätzung der eigenen Leistung als Resultat von Zielsetzungs- und Salienztreatment. Zur Prüfung der Hypothesen wurden im ersten Schritt für alle sechs Bedingungen objektive Leistung und subjektive Leistungsdaten korreliert. Dabei zeigte sich, dass subjektive und objektive Leistungsdaten lediglich für Teilnehmer mit lernschrittorientierter Zielsetzung ohne Salienztreatment signifikant miteinander korrelieren. Da in den anderen Bedingungen subjektive und objektive Leistungsdaten nicht signifikant miteinander korrelierten, und insofern ein Vergleich der Stärke der Korrelationen (vgl. Kapitel 9.2.2) nicht möglich war, wurde die Prüfung der Hypothesen abgebrochen.

9.3.3 Weitergehende Fragestellungen zu den kontrastierten Zielsetzungen

Für das Training sprachrezeptiven Handelns wurden zwei Zielsetzungsinstruktionen entwickelt, die über unterschiedliche Wege Ausdauer, Anstrengung und Ausrichtung des Handelns fördern und den Lernerfolg beim Training unterstützen sollen. Die in diesem Abschnitt dargestellten Ergebnisse beziehen sich primär auf die beiden kontrastierten Zielsetzungen (vgl. Kapitel 7.3.1). Zunächst steht die Wirkung von Zielsetzungs- und Salienztreatment auf unterschiedliche motivationale Variablen im Fokus (9.3.3.1), im Anschluss wird betrachtet, welche Wirkung unterschiedliche Zielsetzungs- und Salienztreatments auf die empfundene Nützlichkeit der Aufgabe haben (Kapitel 9.3.3.2).

9.3.3.1 Fragestellung 4 - Wirkung von Zielsetzung auf motivationale Variablen

Im Folgenden wird die Wirkung von Zielsetzungstreatment und Salienztreatment auf unterschiedliche motivationale Variablen untersucht. Dabei wird zunächst die Freude an der Aufgabe betrachtet.

Freude an der Aufgabe

Zur Freude an der Aufgabe wird die folgende Hypothese untersucht:

H4: *Variationen von Zielsetzungstreatment und Salienztreatment haben unterschiedliche Effekte auf die Freude an der Aufgabe.*

Die Freude an der Aufgabe wurde im Anschluss an jede Test- und Lernaufgabe erhoben. Die deskriptive Statistik zur Freude an der Aufgabe ist dem Anhang C.3 zu entnehmen. Die Skala Freude an der Aufgabeist zu allen Messzeitpunkten normal verteilt.

Die Hypothesen werden mit einer dreifaktoriellen Varianzanalyse mit Messwiederholung auf dem Faktor Freude geprüft ($N=150$). In die Varianzanalyse gehen Zielsetzungstreatment (dreistufig: lernschrittorientiert, nützlichkeitsorientiert, Vergleichsgruppe) und Salienztreatment (zweistufig: vorhanden, nicht vorhanden) als Faktoren sowie die Freude an der Aufgabe mit Messwiederholung (fünfstufig) als abhängige Variable ein.

Zunächst werden nun die Ergebnisse der Varianzanalyse in Bezug auf die Effekte des Zielsetzungstreatments (Hypothesen H4a bis H4c) beschrieben, anschließend werden die Ergebnisse zu den Effekten des Salienztreatments (Hypothesen H4d bis H4f) vorgestellt.

Zielsetzungstreatment

Zu den Effekten des Zielsetzungstreatments auf die Freude an der Aufgabe waren die folgenden Hypothesen zu prüfen:

H4a: Lernschrittorientierte Zielsetzung führt zu weniger Freude an der Aufgabe als keine explizite Zielsetzung.

H4b: Nützlichkeitsorientierte Zielsetzung führt zu weniger Freude an der Aufgabe als keine explizite Zielsetzung.

H4c: Nützlichkeitsorientierte Zielsetzung führt zu weniger Freude an der Aufgabe als lernschrittorientierte Zielsetzung.

Bezüglich der Freude an der Aufgabe zeigen die Tests der Zwischensubjekteffekte keinen Haupteffekt der Zielart ($F(2, 144)=1,76$, $p=.175$, n.s.).

Die Tests der Innersubjekteffekte ergeben einen Haupteffekt des Messwiederholungsfaktors ($F(2,93; 421,21)=9,25$, $p<.001$, $MSE=0,35$, $\eta^2=.060$)[83], allerdings keine Interaktionseffekte zwischen Messwiederholungsfaktor und Zielsetzungstreatment ($F(5,85; 421,21)<1$).

Mit paarweisen Vergleichen wird untersucht, welche Messzeitpunkte sich hinsichtlich der Freude an der Aufgabe unterscheiden. In der ersten Aufgabe (Testaufgabe 1) ist die Freude an der Aufgabe bei den Teilnehmern ($M=4,86$, $SE=0,09$) höher als in der zweiten Aufgabe (Lernaufgabe 1; $M=4,66$, $SE=1,00$; $p<.01$) und auch höher als in den folgenden Aufgaben (T3: $M=4,54$, $SE=0,11$, $p<.001$; T4: $M=4,59$, $SE=0,11$, $p<.01$; T5: $M=4,60$, $SE=0,11$, $p<.01$). Die anderen Vergleiche werden nicht signifikant.

Unabhängig vom Zielsetzungstreatment sinkt die Freude an der Aufgabe also zu Beginn des Trainings signifikant und steigt auch während des Trainings nicht wieder erheblich. Das Zielsetzungstreatment hat hingegen keinen signifikanten Effekt auf die Freude an der Aufgabe.

Dementsprechend werden die Hypothesen H4a bis H4c verworfen.

Salienztreatment

Zum Salienztreatment werden in Bezug auf die Freude an der Aufgabe die folgenden Hypothesen geprüft:

---

[83] Aufgrund einer Verletzung der Zirkularitätsannahme (Mauchly-Test auf Sphärizität: $p=.000*$) werden die Freiheitsgrade mittels Greenhouse-Geisser adjustiert.

H4d Ein Salienztreatment führt bei Teilnehmern mit lernschrittorientierter Zielsetzung zu weniger Freude an der Aufgabe als kein Salienztreatment.

H4e Ein Salienztreatment führt bei Teilnehmern mit nützlichkeitsorientierter Zielsetzung zu weniger Freude an der Aufgabe als kein Salienztreatment.

H4f Ein Salienztreatment führt bei Teilnehmern ohne explizite Zielsetzung zu weniger Freude an der Aufgabe als kein Salienztreatment.

Bezüglich der Freude an der Aufgabe ergeben die Tests der Zwischensubjekteffekte keinen Haupteffekt des Salienztreatments ($F(1; 144)<1$). Auch die Interaktion zwischen Zielart und Salienztreatment hat keinen signifikanten Effekt auf die Freude an der Aufgabe in den Lernaufgaben ($F(2; 144)<1$).

Die Tests der Innersubjekteffekte ergeben zudem keine Interaktionseffekte zwischen Messwiederholungsfaktor und Salienztreatment ($F(2,93; 421,21)<1$).

Das Salienztreatment hat also keinen signifikanten Effekt auf die Freude an der Aufgabe. Dementsprechend werden die Hypothesen H4d bis H4f verworfen.

Aktuelles Interesse an der Aufgabe

Ein zweiter motivationaler Faktor, für den Effekte von Zielsetzungs- und Salienztreatment zu erwarten sind, ist das Interesse an der Aufgabe. Zum aktuellen Interesse an der Aufgabe wird die folgende Hypothese geprüft:

H5: *Variationen von Zielsetzungstreatment und Salienztreatment haben unterschiedliche Effekte auf das aktuelle Interesse an der Aufgabe.*

Das aktuelle Interesse an der Trainingsaufgabe wurde zu vier Messzeitpunkten erhoben. Die Mittelwerte und Standardabweichungen zum Interesse an der Aufgabe sind dem Anhang C.3 zu entnehmen. Hinsichtlich der Skala *Interesse* sind die Daten normal verteilt. Aus diesem Grund können für die folgenden Tests parametrische Messverfahren herangezogen werden.

Die Hypothesen werden mit einer dreifaktoriellen Varianzanalyse mit Messwiederholung auf dem Faktor Interesse geprüft ($N=153$). In die Varianzanalyse gehen Zielsetzungstreatment (dreistufig: lernschrittorientiert, nützlichkeitsorientiert, Vergleichsgruppe) und Salienztreatment (zweistufig: vorhanden, nicht vorhanden) sowie das aktuelle Interesse an der Aufgabe mit Messwiederholung (vierstufig) ein.

Es werden zuerst die Ergebnisse der Varianzanalyse in Bezug auf die Effekte des Zielsetzungstreatments (Hypothesen H5a bis H5c) beschrieben, anschließend werden die Ergebnisse zu den Effekten des Salienztreatments (Hypothesen H5d bis H5f) vorgestellt.

Zielsetzungstreatment

Zum Effekt von Zielsetzung auf das Interesse an der Aufgabe wurden die folgenden Hypothesen geprüft:

H5a: Lernschrittorientierte Zielsetzung führt zu einem höheren aktuellen Interesse an der Trainingsaufgabe als keine explizite Zielsetzung.

H5b: Nützlichkeitsorientierte Zielsetzung führt zu einem höheren aktuellen Interesse an der Trainingsaufgabe als keine explizite Zielsetzung.

H5c: Nützlichkeitsorientierte Zielsetzung führt zu einem höheren aktuellen Interesse an der Trainingsaufgabe als lernschrittorientierte Zielsetzung.

Bezüglich des aktuellen Interesses an der Aufgabe ergeben die Tests der Zwischensubjekteffekte keinen Haupteffekt der Zielart ($F(2; 147)<1$).

Die Tests der Innersubjekteffekte ergeben einen Haupteffekt der Messwiederholung ($F(2,15; 315,82)=15,80$, $p<.001$, $MSE=0,40$, $\eta^2=.097$)[84], jedoch keine Interaktionseffekte zwischen dem Messwiederholungsfaktor *Interesse an der Aufgabe* und dem Zielsetzungstreatment ($F(4,30; 315,82)=1,08$ $p=.370$, n.s.). Mit paarweisen Vergleichen wird betrachtet, zwischen welchen Messzeitpunkten Unterschiede bezüglich des aktuellen Interesses an der Aufgabe existieren.

In der ersten Aufgabe (Testaufgabe 1) ist das Interesse an der Aufgabe bei den Teilnehmern höher ($M=4,57$, $SE=0,09$) als in der zweiten Aufgabe (Lernaufgabe 1; $M=4,29$, $SE=0,10$; $p<.001$) sowie höher als in den folgenden Auf-

---

[84] Aufgrund einer Verletzung der Zirkularitätsannahme (Mauchly-Test auf Sphärizität: $p=.000^*$) Adjustierung der Freiheitsgrade mittels Greenhouse-Geisser.

gaben (T3: $M=4{,}20$, $SE=0{,}10$, $p<.001$; T4: $M=4{,}22$, $SE=0{,}11$, $p<.001$). Die anderen Vergleiche werden nicht signifikant. Das Interesse an der Aufgabe sinkt also unabhängig vom Zielsetzungs- oder Salienztreatment vom ersten Messzeitpunkt zum zweiten Messzeitpunkt signifikant. Im Anschluss an den zweiten Messzeitpunkt steigt das Interesse nicht wieder, so dass auch die Vergleiche des Interesses an der Aufgabe zum ersten Messzeitpunkt mit dem Interesse an der Aufgabe zu den anderen Messzeitpunkten signifikant werden.

Da die Tests der Zwischensubjekteffekte gezeigt haben, dass das Zielsetzungstreatment keinen signifikanten Effekt auf das aktuelle Interesse an der Aufgabe hat, werden die Hypothesen H5a bis H5c verworfen.

<u>Salienztreatment</u>

Zum Effekt des Salienztreatments auf das Interesse an der Trainingsaufgabe wurden die folgenden Hypothesen geprüft:

> H5d: Ein Salienztreatment führt bei Teilnehmern mit lernschrittorientierter Zielsetzung zu einem höheren aktuellen Interesse an der Trainingsaufgabe als kein Salienztreatment.
>
> H5e: Ein Salienztreatment führt bei Teilnehmern mit nützlichkeitsorientierter Zielsetzung zu einem höheren aktuellen Interesse an der Trainingsaufgabe als kein Salienztreatment.
>
> H5r: Ein Salienztreatment führt bei Teilnehmern ohne explizite Zielsetzung zu einem höheren aktuellen Interesse an der Trainingsaufgabe als kein Salienztreatment.

Bezüglich des aktuellen Interesses an der Aufgabe zeigen die Tests der Zwischensubjekteffekte keinen Haupteffekt des Salienztreatments ($F(1; 147)<1$), und auch keine signifikanten Effekte der Interaktion zwischen Zielart und Salienztreatment auf das aktuelles Interesse an der Aufgabe in den Lernaufgaben ($F(2; 147)=1{,}50$, $p=.226$, n.s.).

Die Tests der Innersubjekteffekte ergeben zudem keine Interaktionseffekte zwischen Messwiederholungsfaktor und Salienztreatment ($F(2{,}15; 315{,}82)<1$).

Das Salienztreatment hat demnach keinen Effekt auf das aktuelle Interesse an der Aufgabe. Aus diesem Grund werden die Hypothesen H5d bis H5f verworfen.

Leistungsthematische Interpretation der Aufgabe

Für das Training sprachrezeptiven Handelns wird zudem untersucht, ob Zielsetzungstreatment und Salienztreatment Auswirkungen darauf haben, inwieweit die Teilnehmer das Training leistungsthematisch interpretieren. Zur leistungsbezogenen Interpretation der Aufgabe wird die folgende Hypothese untersucht:

H6: *Variationen von Zielsetzungstreatment und Salienztreatment haben unterschiedliche Effekte auf eine leistungsbezogene Interpretation der Aufgabe.*

Die Skala *Herausforderung* hat im aktuellen Datensatz keine ausreichende Reliabilität (Cronbach $\alpha=.580$, $\alpha=.591$, $\alpha=.654$ und $\alpha=.644$ zu den vier Messzeitpunkten), insofern sind die Ergebnisse der Hypothesenprüfung zur leistungsthematischen Interpretation der Aufgabe grundsätzlich eher zurückhaltend zu beurteilen. Die Daten sind bezüglich der Skala *Herausforderung* zudem nicht durchgängig normalverteilt. Die Mittelwerte und Standardabweichungen sowie die Ergebnisse des K-S-Tests sind im Anhang C.3 aufgeführt.

Um zu klären, welche Effekte die unterschiedlichen Zielsetzungstreatments auf eine leistungsbezogene Interpretation der Aufgabe haben, wird eine dreifaktoriellen Varianzanalyse mit Messwiederholung auf dem leistungsthematischen Verständnis der Aufgabe durchgeführt ($N=155$). Im Anschluss an diese Prüfung werden die Hypothesen zusätzlich mit nonparametrischen Verfahren ausgewertet, um eventuelle Messungenauigkeiten aufgrund einer Verletzung der Normalverteilungsannahme kontrollieren zu können.

In die Varianzanalyse gehen Zielsetzungstreatment (lernschrittorientiert, nützlichkeitsorientiert, Vergleichsgruppe) und Salienztreatment (vorhanden, nicht vorhanden) als unabhängige Variablen sowie das leistungsthematische Verständnis der Aufgabe mit Messwiederholung (vierstufig) als abhängige Variable ein.

Es werden zuerst die Ergebnisse der Varianzanalyse in Bezug auf die Effekte des Zielsetzungstreatments (Hypothesen H6a bis H6c) beschrieben, anschließend werden die Ergebnisse zu den Effekten des Salienztreatments (Hypothesen H6d bis H6f) vorgestellt.

Zielsetzungstreatment

Zum Zielsetzungstreatment werden die folgenden Hypothesen geprüft:

> H6a: Lernschrittorientierte Zielsetzung führt zu einem stärker leistungsthematischen Verständnis der Aufgabe als keine explizite Zielsetzung.
>
> H6b: Nützlichkeitsorientierte Zielsetzung führt zu einem stärker leistungsthematischen Verständnis der Aufgabe als keine explizite Zielsetzung.
>
> H6c: Lernschrittorientierte Zielsetzung führt zu einem stärker leistungsthematischen Verständnis der Aufgabe als nützlichkeitsorientierte Zielsetzung.

Die Tests der Zwischensubjekteffekte ergeben, dass das Zielsetzungstreatment keinen signifikanten Effekt auf das leistungsthematische Verständnis der Aufgabe hat ($F(2; 149)<1$).

Die Tests der Innersubjekteffekte zeigen einen Haupteffekt der Messwiederholung ($F(2,48; 369,47)=5,04$, $p<.01$, $MSE=0,29$, $\eta^2=.033$)[85], Interaktionseffekte zwischen dem Messwiederholungsfaktor und dem Zielsetzungstreatment ($F(2,48; 369,47)=1,78$, $p=.117$, n.s.) sind allerdings nicht messbar.

Mit paarweisen Vergleichen wird betrachtet, zwischen welchen Messzeitpunkten Unterschiede bezüglich des leistungsthematischen Verständnisses der Aufgabe bestehen.

In der ersten Aufgabe (Testaufgabe 1) wurde ein geringeres leistungsthematisches Verständnis der Aufgabe gemessen ($M=4,83$, $SE=0,08$) als in der zweiten Aufgabe (Lernaufgabe 1; $M=5,02$, $SE=0,08$; $p<.01$). In den folgenden Aufgaben wird das leistungsthematische Verständnis der Aufgabe sukzessive geringer (T3: $M=4,96$, $SE=0,09$; T4: $M=4,85$, $SE=0,09$), in Einzelvergleichen

---

[85] Aufgrund einer Verletzung der Zirkularitätsannahme (Mauchly-Test auf Sphärizität: $p=.000*$) werden die Freiheitsgrade mittels Greenhouse-Geisser adjustiert.

wird jedoch nur der Vergleich von Lernaufgabe 1 (T2) und Lernaufgabe 3 (T4) signifikant ($p<.05$). Das leistungsthematische Verständnis der Aufgabe steigt also unabhängig vom Zielsetzungs- oder Salienztreatment von der ersten Testaufgabe zur ersten Lernaufgabe signifikant. Im Verlauf der Lernaufgaben sinkt es tendenziell wieder, so dass auch der Vergleich zwischen der ersten und der dritten Lernaufgabe signifikant wird.

Da die Tests der Zwischensubjekteffekte gezeigt haben, dass das Zielsetzungstreatment keinen signifikanten Effekt auf das leistungsthematische Verständnis der Aufgabe hat, werden die Hypothesen H6a bis H6c verworfen.

Salienztreatment

Zum Effekt das Salienztreatments auf ein leistungsthematisches Verständnis der Trainingsaufgabe werden die folgenden Hypothesen geprüft:

H6d: Ein Salienztreatment führt bei Teilnehmern mit lernschrittorientierter Zielsetzung zu einem stärker leistungsthematischen Verständnis der Trainingsaufgabe als kein Salienztreatment.

H6e: Ein Salienztreatment führt bei Teilnehmern mit nützlichkeitsorientierter Zielsetzung zu einem stärker leistungsthematischen Verständnis der Trainingsaufgabe als kein Salienztreatment.

H6f: Ein Salienztreatment führt bei Teilnehmern ohne explizite Zielsetzung zu einem stärker leistungsthematischen Verständnis der Trainingsaufgabe als kein Salienztreatment.

Bezüglich des leistungsthematischen Verständnisses der Aufgabe ergeben die Tests der Zwischensubjekteffekte keinen Haupteffekt des Salienztreatments ($F(1; 149)<1$), und auch keine signifikanten Effekte der Interaktion zwischen Zielart und Salienztreatment auf das leistungsthematische Verständnis der Aufgabe in den Lernaufgaben ($F(2; 149)<1$).

Die Tests der Innersubjekteffekte ergeben zudem keine Interaktionseffekte zwischen Messwiederholungsfaktor und Salienztreatment ($F(2,48; 369,47)<1$).

Das Salienztreatment hat demnach keinen Effekt auf das leistungsthematische Verständnis der Aufgabe. Aus diesem Grund werden die Hypothesen H6d bis H6f verworfen.

Auswertung mit nonparametrischen Verfahren

Es wird zudem untersucht, inwiefern nonparametrische Verfahren zu demselben Ergebnis kommen wie die parametrischen Testverfahren. Ein H-Test ergibt keinen signifikanten Unterschied zwischen den drei Zielsetzungsarten in Bezug auf ein leistungsthematisches Verständnis der Aufgabe (T1: $H(2)=1{,}30$, $p=.522$, n.s.; T2: $H(2)=0{,}07$, $p=.966$, n.s.; T3: $H(2)=0{,}98$; $p=.613$, n.s.; T4: $H(2)=1{,}71$, $p=.426$, n.s.).

Der Friedman-Test ergibt, dass sich das leistungsthematische Verständnis der Aufgabe der Teilnehmer über die Messzeitpunkte signifikant verändert ($\chi^2(3, N=155)=14{,}66$, $p<.01$). Mit Wilcoxon-Tests wird geprüft, zwischen welchen Lernaufgaben Unterschiede in Bezug auf das leistungsthematische Verständnis der Aufgabe bestehen. Wie auch die varianzanalytische Auswertung gezeigt hat, steigt das leistungsthematische Verständnis der Aufgabe vom ersten zum zweiten Messzeitpunkt ($Z=-3{,}32$, $p<.01$) und sinkt auch vom zweiten zum vierten Messzeitpunkt ($Z=-2{,}85$, $p<.01$) signifikant. Die anderen Vergleiche werden nicht signifikant. Die nonparametrische Auswertung kommt insofern zu demselben Ergebnis wie die Auswertung mit parametrischen Verfahren.

9.3.3.2 Fragestellung 5 - Wirkung von Zielsetzung auf die empfundene Nützlichkeit der Aufgabe

Fragestellung 5: *Wie wirken Variationen von Zielsetzungstreatment und Salienztreatment auf die empfundene Nützlichkeit der Aufgabe?*

Das nützlichkeitsorientierte Ziel soll darüber wirken, dass es die Aufgabe (Training sprachrezeptiven Handelns) und dessen Ergebnis (verbessertes Sprachverstehen) als besonders nützlich dafür herausstellt, künftige kritische Gespräche zu meistern. Im Folgenden wird ein entsprechender Effekt der Zielsetzungsinstruktion auf die empfundene Nützlichkeit der Aufgabe, als Kontrollvariable, untersucht. Der Datensatz ist bezüglich der empfundenen Nützlichkeit nicht durchgängig normal verteilt. Die Mittelwerte und Standardabweichungen der Bedingungen sowie die Ergebnisse der K-S-Tests sind im Anhang C.3 aufgeführt.

Zur empfundenen Nützlichkeit der Aufgabe wird die folgende Hypothese geprüft:

H7: *Variationen von Zielsetzungstreatment und Salienztreatment haben unterschiedliche Effekte auf die empfundene Nützlichkeit der Aufgabe.*

Mit einer dreifaktoriellen Varianzanalyse mit Messwiederholung wird untersucht, welche Effekte Zielsetzungs- und Salienztreatment auf die empfundene Nützlichkeit der Aufgabe haben (N=152). Im Anschluss an diese Prüfung werden die Hypothesen zusätzlich mit nonparametrischen Verfahren ausgewertet, um eventuelle Messungenauigkeiten aufgrund der Verletzung der Voraussetzung der Normalverteilung kontrollieren zu können.

In die dreifaktorielle Varianzanalyse gehen Zielsetzungstreatment (dreistufig: lernschrittorientiert, nützlichkeitsorientiert, Vergleichsgruppe) und Salienztreatment (zweistufig: vorhanden, nicht vorhanden) als Faktoren sowie die empfundene Nützlichkeit der Aufgabe mit Messwiederholung (vierstufig) als abhängige Variable ein.

Zunächst werden nun die Ergebnisse der Varianzanalyse in Bezug auf die Effekte des Zielsetzungstreatments (Hypothesen H7a und H7b) beschrieben, anschließend werden die Ergebnisse zu den Effekten des Salienztreatments (Hypothese H7c) vorgestellt.

Zielsetzungstreatment

Zu den Effekten des Zielsetzungstreatments auf die empfundene Nützlichkeit der Aufgabe werden die folgenden Hypothesen geprüft:

H7a: Nützlichkeitsorientierte Zielsetzung führt dazu, dass die Teilnehmer die Aufgabe als nützlicher bewerten als Teilnehmer mit lernschrittorientierter Zielsetzung.

H7b: Nützlichkeitsorientierte Zielsetzung führt dazu, dass die Teilnehmer die Aufgabe als nützlicher bewerten als Teilnehmer ohne explizite Zielsetzung.

Die Tests der Zwischensubjekteffekte ergeben keine signifikanten Effekte des Zielsetzungstreatments auf die empfundene Nützlichkeit der Trainingsaufgabe ($F(2; 146)$=1,19, p=.307, n.s.).

Die Tests der Innersubjekteffekte ergeben einen Haupteffekt des Messwiederholungsfaktors ($F(1,76; 257,33)=4,13$, $p<.05$, $MSE=0,57$, $\eta^2=.027$)[86], allerdings keine Interaktionseffekte von Messwiederholungsfaktor und Zielsetzungstreatment ($F(3,53; 257,33)=1,30$, $p=.274$, n.s.).

Mit paarweisen Vergleichen wird untersucht, zwischen welchen Messzeitpunkten Unterschiede hinsichtlich der empfundenen Nützlichkeit der Aufgabe bestehen. Dabei zeigt sich, dass die empfundene Nützlichkeit bei den Teilnehmern von der ersten ($M=5,20$, $SE=0,08$) bis zur dritten Aufgabe ($M=5,00$, $SE=0,11$) tendenziell sinkt, in der vierten Aufgabe ($M=5,01$, $SE=0,12$) steigt sie tendenziell wieder etwas. Diese Tendenzen werden jedoch im paarweisen Vergleich mit Bonferroni-Korrektur nicht signifikant.

Da die Tests der Zwischensubjekteffekte gezeigt haben, dass das Zielsetzungstreatment keinen signifikanten Effekt auf die empfundene Nützlichkeit der Aufgabe hat, werden die Hypothesen H7a und H7b verworfen.

<u>Salienztreatment</u>

Außerdem wird untersucht, welchen Effekt das Salienztreatment auf die empfundene Nützlichkeit der Aufgabe hat. Hierzu wird die folgende Hypothese geprüft:

> H7c: Ein Salienztreatment führt bei nützlichkeitsorientierter Zielsetzung dazu, dass die Teilnehmer die Aufgabe als nützlicher bewerten als Teilnehmer ohne Salienztreatment.

Die Varianzanalyse ergibt keine signifikanten Haupteffekte des Salienztreatments auf die empfundene Nützlichkeit der Trainingsaufgabe ($F(1; 146)<1$). Auch die Interaktion zwischen Zielsetzung und Salienztreatment hat keinen signifikanten Effekt auf die empfundene Nützlichkeit der Aufgabe ($F(2, 146)=1,03$, $p=.361$, n.s.).

Die Tests der Innersubjekteffekte ergeben zudem keine signifikanten Interaktionseffekte zwischen Messwiederholungsfaktor und Salienztreatment ($F(3,53; 257,33)=1,30$, $p=.274$, n.s.).

---

[86] Aufgrund einer Verletzung der Zirkularitätsannahme (Mauchly-Test auf Sphärizität: p=.000*) werden die Freiheitsgrade mittels Greenhouse-Geisser adjustiert.

Die Hypothese H7c wird dementsprechend verworfen.

Auswertung mit nonparametrischen Verfahren

Es wird außerdem untersucht, inwiefern nonparametrische Verfahren zu demselben Ergebnis kommen wie die varianzanalytische Auswertung. Ein H-Test ergibt keinen signifikanten Unterschied zwischen den drei Zielsetzungsarten in Bezug auf die empfundene Nützlichkeit der Aufgabe (T1: $H(2)=0{,}95$, $p=.621$, n.s.; T2: $H(2)=1{,}70$, $p=.427$, n.s.; T3: $H(2)=4{,}97$; $p=.084$, n.s.; T4: $H(2)=3{,}94$, $p=.140$, n.s.). Ein U-Test ergibt zudem keinen signifikanten Effekt des Salienztreatments auf die empfundene Nützlichkeit der Aufgabe (T1: $U=2844{,}50$; $p=.278$, n.s.; T2: $U=2976{,}00$, $p=.821$, n.s.; T3: $U=3066{,}50$, $p=.853$, n.s.; T4: $U=3038{,}00$, $p=.991$, n.s.). Der Friedman-Test zeigt im Gegensatz zur varianzanalytischen Auswertung keine signifikante Veränderung der empfundenen Nützlichkeit der Aufgabe über die Zeit ($\chi^2(3, N=152)=1{,}23$, $p=.746$, n.s.).

Bezüglich der Effekte der beiden Treatments kommt die Auswertung mit nonparametrischen Verfahren also zu einem ähnlichen Ergebnis wie die Auswertung mit parametrischen Verfahren. Allerdings ergibt der Friedman-Test, im Gegensatz zur Varianzanalyse mit Messwiederholung, keine signifikante Veränderung der empfundenen Nützlichkeit der Aufgabe über den Zeitverlauf.

9.3.3.3 Zusammenfassung der Ergebnisse zu den Fragestellungen 4 und 5

Fragestellung 4

Fragestellung 4 fokussierte die Effekte von Variationen von Zielsetzungstreatment und Salienztreatment auf unterschiedliche motivationale Variablen.

Zusammengefasst zeigte die Hypothesenprüfung, dass das Zielsetzungstreatment keinen signifikanten Effekt auf die Freude an der Aufgabe, auf das aktuelle Interesse an der Aufgabe oder auf eine leistungsthematische Interpretation der Aufgabe hat.

Wie schon in Bezug auf die Mediatorvariablen (vgl. Kapitel 9.3.1) ist hinsichtlich der motivationalen Ergebnisvariablen (Kontrollvariablen) der Faktor *Zeit* relevant. So zeigte sich, dass Freude an der Aufgabe und Interesse an der Aufgabe im Verlauf des Trainings sinken. Hingegen wird die Aufgabe unabhängig vom Zielsetzungs- oder Salienztreatment im Verlauf des Trainings stärker leistungsthematisch interpretiert.

Fragestellung 5

Fragestellung 5 beinhaltete die Kontrolle, inwiefern Teilnehmer mit nützlichkeitsorientierter Zielsetzung das Training sprachrezeptiven Handelns auch tatsächlich als nützlicher empfinden als Teilnehmer mit lernschrittorientierter Zielsetzung oder Teilnehmer der Vergleichsgruppe. Auch hier hatte das Zielsetzungstreatment keinen signifikanten Effekt.

9.3.4 Fragestellung 6 – Wirkung der Moderatoren auf die Effekte von Zielsetzung

Eine weitere Fragestellung betrifft die Rolle verschiedener Moderatorvariablen im Zielsetzungsprozess. Im Fokus steht die Frage, ob die Wirkung von Zielsetzung auch beim Training sprachrezeptiven Handelns von Moderatorvariablen beeinflusst wird. Zu möglichen moderierenden Effekte der potenziellen Moderatoren Fähigkeit, Selbstwirksamkeitserwartung, Aufgabenschwierigkeit, Zielschwierigkeit und Zielbindung wird die folgende Hypothese geprüft:

H8: Die Wirkung unterschiedlicher Zielarten auf den Lernerfolg wird von verschiedenen Moderatorvariablen moderiert.

Es wird zunächst nacheinander die Wirkung der Moderatoren Fähigkeit, Selbstwirksamkeitserwartung, Aufgabenschwierigkeit, Zielschwierigkeit und Zielbindung auf die Effekte unterschiedlicher Zielarten geprüft (Kapitel 9.3.4.1). Anschließend werden die Ergebnisse zusammengefasst (Kapitel 9.3.4.2).

9.3.4.1 Wirkung von Fähigkeit auf die Effekte unterschiedlicher Zielarten

Die Fähigkeit wurde einerseits als allgemeine Fähigkeit in Bezug auf Sprachanalyse erhoben und andererseits präziser als aufgabenbezogene Fähigkeit, das heißt als Fähigkeit, Sprachäußerungen nach den drei Aspekten der Sprache nach Bühler zu analysieren. Für beide Variablen werden die Teilnehmer mittels Mediansplit den Bedingungen hohe Fähigkeit und geringe Fähigkeit zugeordnet. Es wird zunächst die allgemeine Fähigkeit in Bezug auf Sprachanalyse betrachtet.

Allgemeine Fähigkeit in Bezug auf Sprachanalyse

Zur Wirkung der Fähigkeit der Teilnehmer auf die Effekte der unterschiedlichen Zielartenwird die folgende Hypothese geprüft:

> H8a: Die allgemeine Fähigkeit der Teilnehmer in Bezug auf Sprachanalyse moderiert die Effekte der Zielart auf den Lernerfolg.

Zur Prüfung der Hypothese H8a wird eine dreifaktorielle multivariate Varianzanalyse über die Teilnehmer mit expliziter Zielsetzung durchgeführt ($N=104$). In die Varianzanalyse gehen als Faktoren die Zielart (zweistufig: Lernschrittorientierte Zielsetzung, nützlichkeitsorientierte Zielsetzung), die allgemeine Fähigkeit in Bezug auf die Sprachanalyse (nach Mediansplit zweistufig: hoch, niedrig) sowie zur Kontrolle das Salienztreatment (zweistufig: vorhanden, nicht vorhanden) ein. Abhängige Variablen sind der Lernerfolg in Bezug auf die Analysen und der Lernerfolg in Bezug auf die Erklärungen.

Die Tests der Zwischensubjekteffekte ergeben für den Lernerfolg bei den Analysen keinen Haupteffekt der allgemeinen Fähigkeit in Bezug auf die Sprachanalyse ($F(1; 96)<1$) und keinen signifikanten Interaktionseffekt von allgemeiner Fähigkeit und Zielart ($F(1; 96)<1$). Im Hinblick auf den Lernerfolg bei den Erklärungen zeigen die Tests der Zwischensubjekteffekte einen Haupteffekt der allgemeinen Fähigkeit ($F(1; 96)=3,99$, $p<.05$, $MSE=0,01$, $\eta^2=.040$) sowie einen signifikanten Interaktionseffekt von Zielart und Fähigkeit ($F(1; 96)=4,83$, $p<.05$, $MSE=0,01$, $\eta^2=.048$).

Mit T-Tests wird der Interaktionseffekt von Zielart und Fähigkeit weitergehend betrachtet, um zu klären, bei welcher Zielart sich Teilnehmer mit hoher und

Teilnehmer mit geringer allgemeiner Fähigkeit zur Sprachanalyse hinsichtlich ihres Lernerfolgs bei den Erklärungen unterscheiden. Die Tests zeigen, dass für Teilnehmer mit lernschrittorientierter Zielsetzung und hoher allgemeiner Fähigkeit der Lernerfolg bei den Erklärungen ($M=0{,}13$, $SD=0{,}10$, $N=31$) höher ist als für Teilnehmer mit lernschrittorientierter Zielsetzung und eher geringen allgemeinen Fähigkeiten zur Sprachanalyse ($M=0{,}05$, $SD=0{,}10$, $N=23$; $t(52)=2{,}85$, $p<.01$). Bei Teilnehmern mit nützlichkeitsorientierter Zielsetzung ergibt ein entsprechender T-Test keine signifikanten Unterschiede zwischen Teilnehmern mit hoher allgemeiner Fähigkeit ($M=0{,}07$, $SD=0{,}08$, $N=25$) und Teilnehmern mit geringer allgemeiner Fähigkeit ($M=0{,}07$, $SD=0{,}09$, $N=25$; $t(48)=-0{,}14$, n.s.).

Abbildung 12 stellt den Interaktionseffekt der allgemeinen Fähigkeit in Bezug auf die Sprachanalyse auf den Lernerfolg bei den Erklärungen dar.

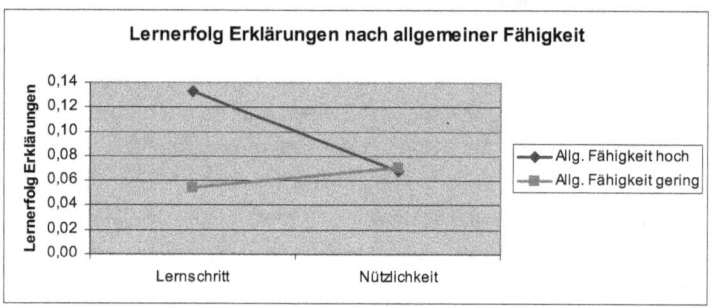

Abbildung 12: Profilplot – Lernerfolg Erklärungen nach Höhe der allgemeinen Fähigkeit

Die allgemeine Fähigkeit in Bezug auf die Sprachanalyse moderiert also nicht den Effekt der Zielart auf den Lernerfolg bei den Analysen, jedoch moderiert sie den Effekt der Zielart auf den Lernerfolg bei den Erklärungen.

Daher ist die Hypothese H8a im Hinblick auf den Lernerfolg bei den Erklärungen beizubehalten. In Bezug auf den Lernerfolg bei den Analysen ist sie allerdings zu verwerfen.

Aufgabenbezogene Fähigkeit in Bezug auf Sprachanalyse

Zur Wirkung der aufgabenbezogenen Fähigkeit der Teilnehmer auf die Effekte der unterschiedlichen Zielarten wird die folgende Hypothese geprüft:

> H8b: Die aufgabenbezogene Fähigkeit der Teilnehmer moderiert die Effekte der Zielart auf den Lernerfolg.

Auch zur aufgabenbezogenen Fähigkeit wird eine dreifaktorielle multivariate Varianzanalyseüber die Teilnehmer mit expliziter Zielsetzung durchgeführt (N=106). In die Varianzanalyse gehen als Faktoren die Zielart (zweistufig: Lernschrittorientierte Zielsetzung, nützlichkeitsorientierte Zielsetzung), die aufgabenbezogene Fähigkeit in Bezug auf die Sprachanalyse (nach Mediansplit zweistufig: hoch, niedrig) und zur Kontrolle das Salienztreatment (zweistufig: vorhanden, nicht vorhanden) ein. Abhängige Variablensind der Lernerfolg in Bezug auf die Analysen und der Lernerfolg in Bezug auf die Erklärungen.

Die Tests der Zwischensubjekteffekte ergeben zum Lernerfolg in Bezug auf die Analysen einen Haupteffekt der aufgabenbezogenen Fähigkeit ($F(1; 98)=14,10$, $p<.001$, $MSE=0,02$, $\eta^2=.126$), jedoch keinen signifikanten Effekt der Interaktion zwischen Zielart und Fähigkeit ($F(1; 98)<1$). Ein T-Test zeigt, dass unabhängig von der Zielart der Lernerfolg von Teilnehmern mit hohen aufgabenbezogenen Fähigkeiten ($M=0,14$, $SD=0,12$, $N=46$) höher ist als der Lernerfolg von Teilnehmern mit geringen Fähigkeiten in Bezug auf die Sprachanalyse ($M=0,05$, $SD=0,12$, $N=60$; $t(104)=3,98$, $p<.001$).

Abbildung 13 stellt den Haupteffekt der aufgabenbezogenen Fähigkeit in Bezug auf die Sprachanalyse auf den Lernerfolg bei den Analysen dar.

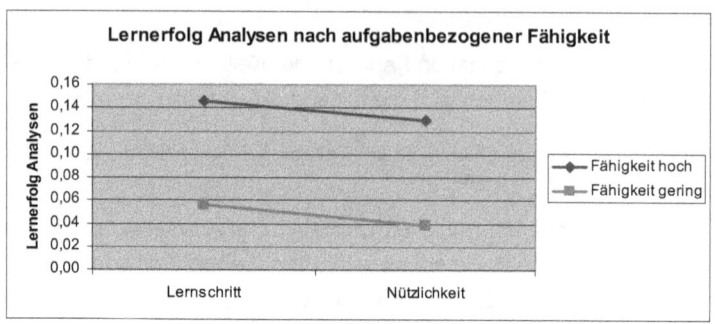

Abbildung 13: Profilplot – Lernerfolg Analysen nach Höhe der aufgabenbezogenen Fähigkeit

Zum Lernerfolg bei den Erklärungen zeigen die Tests der Zwischensubjekteffekte einen Haupteffekt der aufgabenbezogenen Fähigkeit ($F(1; 98)=6,61$, $p<.05$, $MSE=0,01$, $\eta^2=.063$), jedoch keinen signifikanten Effekt der Interaktion zwischen Zielart und Fähigkeit ($F(1; 98)=1,71$, $p=.194$, n.s.). Ein T-Test zeigt, dass unabhängig von der Art des Zielsetzungstreatments der Lernerfolg in Bezug auf die Erklärungen von Teilnehmern mit hohen aufgabenbezogenen Fähigkeiten ($M=0,12$, $SD=0,10$, $N=46$) höher ist als der Lernerfolg von Teilnehmern mit geringen Fähigkeiten in Bezug auf die Sprachanalyse ($M=0,06$, $SD=0,09$, $N=60$; $t(104)=3,06$, $p<.01$).

Abbildung 14 zeigt den Haupteffekt der aufgabenbezogenen Fähigkeit auf den Lernerfolg bei den Erklärungen.

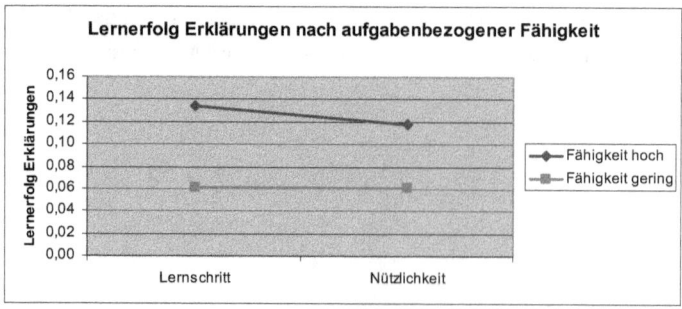

Abbildung 14: Profilplot – Lernerfolg Erklärungen nach Höhe der aufgabenbezogenen Fähigkeit

Die aufgabenbezogene Fähigkeit moderiert also weder die Effekte von Zielsetzung auf den Lernerfolg bei den Analysen noch den Lernerfolg bei den Erklärungen. Die Hypothese 8b ist daher zu verwerfen.

9.3.4.2 Wirkung von Selbstwirksamkeitserwartung auf die Effekte unterschiedlicher Zielarten

Auch in Bezug auf die Selbstwirksamkeitserwartung werden mögliche Moderatoreffekte der unterschiedlichen Zielarten auf den Lernerfolg untersucht. Die folgende Hypothese wird dabei geprüft:

> H8c: Die aufgabenbezogene Selbstwirksamkeitserwartung der Teilnehmer moderiert die Effekte der Zielart auf den Lernerfolg.

Zur Prüfung der Hypothese H8c wird eine dreifaktorielle multivariate Varianzanalyse durchgeführt (N=106). In die Varianzanalyse gehen als Faktoren die Zielart (zweistufig: Lernschrittorientierte Zielsetzung, nützlichkeitsorientierte Zielsetzung), Selbstwirksamkeitserwartung (nach Mediansplit zweistufig: hoch, niedrig) sowie zur Kontrolle das Salienztreatment (zweistufig: vorhanden, nicht vorhanden) ein. Abhängige Variablen sind der Lernerfolg in Bezug auf die Analysen und der Lernerfolg in Bezug auf die Erklärungen.

Die Tests der Zwischensubjekteffekte ergeben keinen Haupteffekt der Selbstwirksamkeitserwartung ($F(1; 98)<1$) und keinen signifikanten Effekt der Interaktion von Selbstwirksamkeitserwartung und Zielart ($F(1; 98)<1$) auf den Lernerfolg bei den Analysen. Hinsichtlich der Erklärungen zeigen die Test der Zwischensubjekteffekte ebenfalls keinen Haupteffekt der Selbstwirksamkeitserwartung ($F(1; 98)<1$), jedoch einen Haupteffekt der Interaktion von Selbstwirksamkeitserwartung und Zielart ($F=1; 98)=5,57$, $p<.05$, $MSE=0,01$, $\eta^2=.054$).

Ein T-Test zeigt, dass bei lernschrittorientierter Zielsetzung der Lernerfolg in Bezug auf die Erklärungen von Teilnehmern mit hoher Selbstwirksamkeitserwartung ($M=0,13$, $SD=0,11$, $N=28$) tendenziell höher ist als der Lernerfolg von Teilnehmern mit niedriger Selbstwirksamkeitserwartung in Bezug auf die

Sprachanalyse (*M*=0,07, *SD*=0,10, *N*=26). Nach Korrektur des Alpha-Fehlers ist der Unterschied allerdings nicht mehr signifikant (*t*(52)=2,12, n.s.)[87]. Bei nützlichkeitsorientierter Zielsetzung unterscheiden sich Teilnehmer mit hoher Selbstwirksamkeitserwartung (*M*=0,06, *SD*=0,09, *N*=24) und Teilnehmer mit niedriger Selbstwirksamkeitserwartung (*M*=0,08, *SD*=0,08, *N*=28) nicht signifikant hinsichtlich ihres Lernerfolges bei den Erklärungen (*t*(50)=-1,16, n.s).

Abbildung 15 zeigt den Interaktionseffekt von Selbstwirksamkeitserwartung und Zielart auf den Lernerfolg bei den Erklärungen.

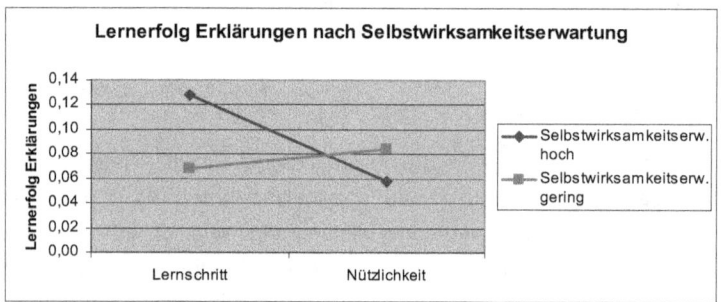

Abbildung 15: Profilplot – Lernerfolg Erklärungen nach Höhe der Selbstwirksamkeitserwartung

Insgesamt wird die Hypothese H8c entsprechend teilweise (für den Lernerfolg bei den Erklärungen) von den Ergebnissen der Untersuchung gestützt. In Bezug auf den Lernerfolg bei den Analysen ergab sich jedoch kein Moderatoreffekt der Selbstwirksamkeitserwartung. Daher wird die Hypothese H8c verworfen.

9.3.4.3 Wirkung von Aufgabenschwierigkeit auf die Effekte unterschiedlicher Zielarten

Ein weiterer potenzieller Moderator von Zielsetzung auf die subjektive Leistung ist die Aufgabenschwierigkeit. Zur Aufgabenschwierigkeit wird die folgende Hypothese geprüft:

---

[87] α*: *p*<0.025 (Alpha-Korrektur nach Bonferroni). Der Testwert liegt bei *p*=.039.

H8d: Die Aufgabenschwierigkeit moderiert die Effekte der Zielart auf den Lernerfolg.

Zur Prüfung der Hypothese wird eine dreifaktorielle multivariate Varianzanalyse durchgeführt (N=106). In die Varianzanalyse gehen als Faktoren Zielart (zweistufig: Lernschrittorientierte Zielsetzung, nützlichkeitsorientierte Zielsetzung) und Aufgabenschwierigkeit (nach Mediansplit zweistufig: hoch, niedrig) sowie zur Kontrolle das Salienztreatment (zweistufig: vorhanden, nicht vorhanden) ein. Abhängige Variablen sind der Lernerfolg in Bezug auf die Analysen und der Lernerfolg in Bezug auf die Erklärungen.

Die Tests der Zwischensubjekteffekte ergeben keinen Haupteffekt der Aufgabenschwierigkeit ($F(1; 98)=2,21$, $p=.140$, n.s.) und keinen signifikanten Effekt der Interaktion von Aufgabenschwierigkeit und Zielart ($F(1; 98)<1$) auf den Lernerfolg bei den Analysen. Hinsichtlich des Lernerfolgs bei den Erklärungen zeigen die Tests der Zwischensubjekteffekte einen Haupteffekt der Aufgabenschwierigkeit ($F(1; 98)=6,56$, $p<.05$, $MSE=0,01$, $\eta^2=.063$) sowie einen Haupteffekt der Interaktion von Aufgabenschwierigkeit und Zielart ($F=1; 98)=5,36$, $p<.05$, $\eta^2=.052$).

Mit einem T-Test wird zunächst betrachtet, wie sich die erlebte Aufgabenschwierigkeit unabhängig vom Zielsetzungstreatment auf den Lernerfolg bei den Erklärungen auswirkt. Es zeigt sich, dass Teilnehmer, die die Aufgabenschwierigkeit als hoch bewerten, einen höheren Lernerfolg in Bezug auf die Erklärungen haben ($M=0,11$, $SD=0,09$, $N=56$) als Teilnehmer, die die Aufgabenschwierigkeit als eher gering bewerten ($M=0,06$, $SD=0,09$, $N=50$; $t(104)=2,65$, $p<.01$).

Weitere T-Tests sollen Hinweise darüber geben, wie Zielart und Höhe der subjektiv empfundenen Aufgabenschwierigkeit in Bezug auf den Lernerfolg miteinander interagieren. Dabei zeigt sich, dass Teilnehmer mit lernschrittorientierter Zielsetzung bei hoher subjektiver Aufgabenschwierigkeit einen höheren Lernerfolg in Bezug auf die Erklärungen ($M=0,14$, $SD=0,10$, $N=30$) haben als Teilnehmer mit lernschrittorientierter Zielsetzung und niedriger subjektiver Aufgabenschwierigkeit ($M=0,05$, $SD=0,10$, $N=24$) ($t(52)=3,27$,

$p^{88}<.005$). Bei Teilnehmern mit nützlichkeitsorientierter Zielsetzung ergibt ein entsprechender T-Test keine signifikanten Unterschiede zwischen Teilnehmern, die die Aufgabe als schwierig empfanden (M=0,07, SD=0,07, N=26) und Teilnehmern, die die Aufgabe nicht als schwierig empfanden (M=0,07, SD=0,10, N=26) (t(50)=0,25, n.s.). Abbildung 16 zeigt den Haupteffekt der Interaktion zwischen Aufgabenschwierigkeit und Zielart auf den Lernerfolg bei den Erklärungen.

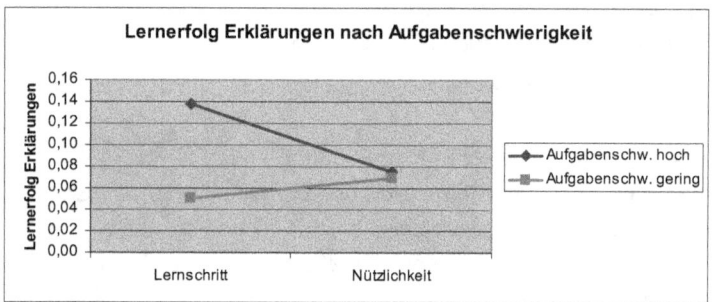

Abbildung 16: Profilplot – Lernerfolg Erklärungen nach Höhe der Aufgabenschwierigkeit

Insgesamt wäre die Hypothese H8d für den Lernerfolg bei den Erklärungen beizubehalten. In Bezug auf den Lernerfolg bei den Analysen ist sie jedoch nicht zu bestätigen.

Daher wird die Hypothese H8d verworfen.

9.3.4.4 Wirkung von Zielschwierigkeit auf die Effekte unterschiedlicher Zielarten

Zur Wirkung der Zielschwierigkeit auf die Effekte der unterschiedlichen Zielartenwird die folgende Hypothese untersucht:

> H8e: Die Zielschwierigkeit moderiert die Effekte der Zielart auf den Lernerfolg.

---

[88] Alpha-Korrektur nach Bonferroni: α*: $p<0.025$, bzw. α** $p<0.005$.

Für die Zielschwierigkeit ist anzunehmen, dass sie mit der Leistung in einer linearen Beziehung steht. Aus diesem Grund kann die Hypothese H8e mit einer moderierten Regressionsanalyse geprüft werden.

Die Zielschwierigkeit wurde mit drei Items erhoben. Eine Faktoranalyse zeigt, dass zu beiden Messzeitpunkten alle Items auf einen Faktor laden. Allerdings sind die Faktorladungen größtenteils nicht akzeptabel (Faktorladungen T1: .551, .622 und .413; Faktorladungen T2: .286, .470 und .485). Eine Reliabilitätsanalyse ergibt für keinen der beiden Messzeitpunkte eine zufrieden stellende interne Konsistenz einer möglichen Skala (Cronbach α T1: .537; T2: .290). Insbesondere für den zweiten Messzeitpunkt wird die Reliabilität einer möglichen Skala als nicht ausreichend bewertet, um eine Skala zur Zielschwierigkeit zu bilden.

Aus diesem Grund wird auch von einer Prüfung der Hypothese H8e abgesehen.

9.3.4.5 Wirkung von Zielbindung auf die Effekte unterschiedlicher Zielarten

Zuletzt wird untersucht, inwiefern die Zielbindung der Teilnehmer die Effekte der unterschiedlichen Zielarten auf den Lernerfolg moderiert. Hierzu wird die folgende Hypothese geprüft:

H8f: Die Zielbindung moderiert die Effekte der Zielart auf den Lernerfolg.

Zur Prüfung der Hypothese wird eine dreifaktorielle multivariate Varianzanalyse durchgeführt ($N=104$). In die Varianzanalyse gehen als Faktoren die Zielart (zweistufig: Lernschrittorientierte Zielsetzung, nützlichkeitsorientierte Zielsetzung), die Zielbindung (nach Mediansplit zweistufig: hoch, niedrig) und zur Kontrolle das Salienztreatment (zweistufig: vorhanden, nicht vorhanden) ein. Abhängige Variablen sind der Lernerfolg in Bezug auf die Analysen und der Lernerfolg in Bezug auf die Erklärungen.

Die Tests der Zwischensubjekteffekte ergeben keinen Haupteffekt der Zielbindung ($F(1; 96)=1{,}53$, $p=0{,}219$, n.s.) und keinen signifikanten Effekt der Interaktion zwischen der Zielbindung und Zielart ($F(1; 96)<1$) auf den Lernerfolg bei den Analysen. Hinsichtlich des Lernerfolgs bei den Erklärungen ergeben die Tests der Zwischensubjekteffekte weder einen Haupteffekt der Zielbindung ($F(1; 96)<1$) noch einen Effekt der Interaktion von Zielbindung und Zielart ($F(1; 96)=2,45$, $p=.121$, n.s.).

Die Hypothese H8f wird aus diesem Grund verworfen.

9.3.4.6 Zusammenfassung der Ergebnisse zur Fragestellung 6

Die Fragestellung 6 betraf die Effekte unterschiedlicher potenzieller Moderatoren auf die Effekte von Zielsetzung auf den Lernerfolg beim Training sprachrezeptiven Handelns. Nach einem Mediansplit wurden die Effekte von Fähigkeit (allgemeine Fähigkeit in Bezug auf Sprachanalyse sowie aufgabenbezogene Fähigkeit), Selbstwirksamkeitserwartung, Aufgabenschwierigkeit und Zielbindung mit Varianzanalysen geprüft.

Dabei zeigte sich, dass die *allgemeine Fähigkeit* in Bezug auf die Sprachanalyse die Effekte der Zielart auf den Lernerfolg nur hinsichtlich der Erklärungen moderiert. Eine hohe Fähigkeit geht für Teilnehmer mit lernschrittorientierter Zielsetzung auch mit einem hohen Lernerfolg einher, bei nützlichkeitsorientierter Zielsetzung unterscheiden sich Teilnehmer mit hohen und geringen Fähigkeiten nicht signifikant hinsichtlich ihres Lernerfolgs bei den Erklärungen. Die *aufgabenbezogene Fähigkeit* der Teilnehmer beeinflusst den Lernerfolg hingegen direkt, moderiert jedoch nicht die Wirkung der Zielart auf den Lernerfolg.

Für die *Selbstwirksamkeitserwartung* ergab sich ein Moderatoreffekt in Bezug auf die Erklärungen. Teilnehmer mit lernschrittorientierter Zielsetzung hatten tendenziell bei hoher Selbstwirksamkeitserwartung auch einen hohen Lernerfolg, bei niedriger Selbstwirksamkeitserwartung einen geringeren Lernerfolg hinsichtlich der Erklärungen. Der Unterschied wurde jedoch nicht signifikant. Bei nützlichkeitsorientierter Zielsetzung unterschieden sich Teilnehmer mit hoher Selbstwirksamkeitserwartung und Teilnehmer mit geringer Selbstwirksamkeitserwartung nicht signifikant hinsichtlich ihres Lernerfolgs. Die Effekte der Zielart auf den Lernerfolg hinsichtlich der Analysen wurden nicht von der Selbstwirksamkeitserwartung moderiert.

Im Hinblick auf die *Aufgabenschwierigkeit* ergab sich wiederum ein Moderatoreffekt auf die Wirkung der Zielart auf den Lernerfolg im Hinblick auf die Erklärungen. Für Teilnehmer mit lernschrittorientierter Zielsetzung ging eine als hoch bewertete Aufgabenschwierigkeit mit einem höheren Lernerfolg bei den Erklärungen einher als eine als gering bewertete Aufgabenschwierigkeit. Teilnehmer mit nützlichkeitsorientierter Zielsetzung hatten bei als hoch bzw. als gering bewerteter Aufgabenschwierigkeit keinen unterschiedlich hohen Lernerfolg. Der Lernerfolg bezüglich der Analysen wurde nicht durch die Aufgabenschwierigkeit moderiert.

Für die *Zielschwierigkeit* wurden aufgrund der geringen Reliabilität der zu bildenden Skala keine Moderatoreffekte geprüft, und für die *Zielbindung* ergab die durchgeführte Varianzanalyse keine signifikanten Effekte oder Interaktionen.

9.4 Weitere Befunde

Die Auswertung der sechs Fragestellungen hat gezeigt, dass Zielsetzung nur teilweise Effekte auf die Mediatoren von Zielsetzung (Fragestellung 1), auf den objektiven (Fragestellung 2) oder subjektiven Lernerfolg (Fragestellung 3) hat. Gleichsam ist auch bei signifikanten Effekten von Zielsetzung der Anteil aufgeklärter Varianz gering.

In diesem Kapitel werden zunächst die Ziele betrachtet, die von den Teilnehmern auf das Salienztreatment hin gesetzt werden, um Hinweise auf die Zielinhalte zu erhalten (Kapitel 9.4.1). Anschließend werden mögliche Störvariablen untersucht, deren Kontrolle möglicherweise zur Reduktion der Fehlervarianz in der Auswertung beiträgt (Kapitel 9.4.2).

9.4.1 Kategorien der Ziele in der Untersuchung

In der vorliegenden Arbeit waren drei Arten von Zielen von Bedeutung, lernschrittorientierte Ziele, nützlichkeitsorientierte Ziele sowie die selbst gesetzten Ziele der Teilnehmer der Vergleichsgruppe ohne explizite Zielsetzung. Das Salienztreatment gründete in den drei entsprechenden Versuchsbedingungen auf der Instruktion für die Teilnehmer, ihr Ziel schriftlich festzuhalten bzw. es zu explizieren. Teilnehmer mit lernschrittorientierter Zielsetzung sollten die Lernschritte wiedergeben, Teilnehmer mit nützlichkeitsorientierter Zielsetzung eine Anwendungsmöglichkeit für die Trainingsinhalte finden und Teilnehmer ohne explizite Zielsetzung sollten ihr eigenes Ziel aufschreiben (vgl. Kapitel 8.1.1). Der Fokus war jeweils ein anderer, denn es sollten einerseits im Gedächtnis gespeicherte Informationen wiedergegeben werden, andererseits sollten eine Geschichte erzählt bzw. eigene Lernziele beschrieben werden. Aus diesem Grund sind die wiedergegebenen *Ziele* der Teilnehmer nicht unmittelbar miteinander vergleichbar und werden nun separat betrachtet.

Teilnehmer mit lernschrittorientierter Zielsetzung waren dazu aufgefordert, die fünf Lernschritte des Trainings entweder aus der Erinnerung hervorzurufen oder sie nachzulesen und aufzuschreiben. Die von den Teilnehmern aufgeschriebenen Lernschritte wurden mit den Lernschritten aus der Instruktion verglichen. Dabei ist zu beachten, dass die Teilnehmer mit lernschrittorientierter Zielsetzung die Möglichkeit hatten, die Lernschritte auf der letzten Seite ihres Handbuches nachzulesen, und über diese Option auch zeitgleich informiert wurden. *Richtige* Antworten können in diesem Sinne entweder bedeuten, dass ein Teilnehmer die Lernschritte verinnerlicht hatte, oder, dass er sie nachgelesen hat. Von Interesse sind aus diesem Grund vor allem diejenigen Teilnehmer, die die fünf Lernziele nicht richtig wiedergegeben haben. 16 der 27 Teilnehmer mit lernschrittorientierter Zielsetzung gaben die fünf Lernschritte richtig und vollständig wieder. Zwei Teilnehmer reduzierten ihre Auflistung der Lernziele auf die entsprechenden Verben. Zwei Teilnehmer *vergaßen* einzelne Lernschritte und vier Teilnehmer *erfanden* zudem einen weiteren Lernschritt. Ein Teilnehmer vertauschte die Reihenfolge der fünf Schritte. Nur ein Teilnehmer bezog sich überhaupt nicht auf die Lernziele.[89]

Insgesamt ist allerdings davon auszugehen, dass die Teilnehmer sich nach dem Salienztreatment wieder ihrer Ziele bewusst waren.

Teilnehmer mit nützlichkeitsorientierter Zielsetzung und Salienztreatment waren dazu aufgefordert, sich eine konkrete Gesprächssituation vorzustellen,

---

[89] „1. Ich nehm das Ziel ernst / 2. Ich finde es erstrebenswert das Ziel ernst zu nehmen / 3. Ich will das Ziel gut erreichen."

in der es wichtig sein dürfte, den Gesprächspartner gut zu verstehen, und für die das Training insofern nützlich sein könnte. Ihre Aufgabe war es, diese Situation zu schildern.

In Bezug auf die Ziele der Teilnehmer mit nützlichkeitsorientierter Zielsetzung ist vor allem relevant, ob die Teilnehmer sich eine Situation vorstellen konnten, bei der sprachrezeptives Handeln von Bedeutung ist. Die meisten Teilnehmer (24) nannten eine solche Situation, die meisten von ihnen begründeten oder erläuterten die von ihnen genannte Situation zudem mehr oder weniger ausführlich (14). Lediglich zwei Teilnehmer gaben keine spezifische Situation an, bei der sprachrezeptives Handeln wichtig ist. Die anderen Teilnehmer nannten ein Lehrer-Eltern-Gespräch als besondere Kommunikationssituation (12)[90], aber auch ein Gespräch zwischen Lehrer und Schüler (2). Auch wurde von einigen Teilnehmern ein Bewerbungsgespräch (3) oder auch ein Streitgespräch (2) bzw. eine Diskussion (1) beschrieben. Andere Teilnehmer sahen den Nutzen des Trainings in privaten Gesprächen (1), in Fachgesprächen (1), bei der Zusammenarbeit mit anderen (1) oder in vielfältigen Gesprächen (1).

Die Teilnehmer mit nützlichkeitsorientierter Zielsetzung und Salienztreatment konnten sich also Situationen vorstellen, in denen das von ihnen trainierte sprachrezeptive Handeln von Nutzen sein könnte. Die genannten Situationen der Teilnehmer sind allerdings ziemlich heterogen, sowohl in der Art der beschriebenen Situation als auch in Bezug auf die Präzision der Situation bzw. deren Beschreibung.[91]

Teilnehmer ohne explizite Zielsetzung erhielten als Salienztreatment die Instruktion, eigene Ziele, die sie (mittlerweile) mit dem Training verfolgten, aufzuschreiben. Die genannten Ziele sind wiederum ziemlich heterogen, können jedoch in erster Instanz aufgeteilt werden in Ziele, die sich auf das Training sprachrezeptiven Handelns beziehen (15) und Ziele, die sich auf das eigene Kommunikationsverhalten beziehen (11). Hinsichtlich des Trainings des

---

[90] In Klammern ist jeweils die Anzahl der Nennungen / Kategorie angegeben.
[91] Die Ziele der Teilnehmer wurden nicht weitergehend qualitativ oder quantitativ ausgewertet, da sie vordergründig als Element bzw. Mechanismus des Salienztreatments und nicht zur Kontrolle erhoben wurden.

sprachrezeptiven Handelns streben einige Teilnehmer an, im Training besser auf bestimmte Aspekte zu achten (5), andere möchten allgemein im Training besser werden (4). Mehrere Teilnehmer beziehen ihr Ziel auch auf die drei Aspekte der Sprache im Bühler-Modell (6), die sie besser auseinander halten möchten. Hinsichtlich des eigenen Kommunikationsverhaltens nennen einige Teilnehmer als Ziel, Andere besser zu verstehen (8), andere Teilnehmer möchten in künftigen Gesprächen mehr auf bestimmte Aspekte achten (3).

Auch die Ziele der Teilnehmer der Vergleichsgruppe ohne explizite Zielsetzung sind also recht heterogen, wie das Salienztreatment zeigt. Es ist folglich anzunehmen, dass auch Teilnehmer der Vergleichsgruppe ohne Salienztreatment ähnlich heterogene Ziele verfolgen.

9.4.2 Einfluss von möglichen Störvariablen auf die Wirksamkeit von Zielsetzungs- und Salienztreatment

Personengebundenen Faktoren, wie beispielsweise das vorhandene Vorwissen der Teilnehmer in Bezug auf die Analyse von Sprache oder in Bezug auf das Organonmodell nach Bühler, könnten ihrerseits Einfluss auf den Lernerfolg nehmen. Einige solcher möglichen Störvariablen wurden in der vorliegenden Untersuchung mit erhoben. Im Folgenden soll untersucht werden, inwiefern die vorherige Erfahrung der Teilnehmer hinsichtlich Sprachanalyse einen Einfluss auf ihren Lernerfolg hat (Kapitel 9.4.2.1), anschließend soll betrachtet werden, inwiefern Alter oder Semesteranzahl der Teilnehmer die Wirksamkeit von Zielsetzungs- und Salienztreatment bezüglich des Lernerfolgs beeinflusst haben (Kapitel 9.4.2.2).

9.4.2.1 Einfluss der Erfahrung auf den Lernerfolg

Wie im Kapitel 9.1 beschrieben, sind die Teilnehmer in der Stichprobe hinsichtlich ihres Vorwissens über die Versuchsbedingungen hinweg ziemlich gleichmäßig verteilt. Eine heterogene Verteilung der Teilnehmer mit und ohne Vorwissen über die Zellen ist insofern nicht für ausbleibende Effekte des Zielsetzungstreatments verantwortlich. Jedoch ist ein individueller Einfluss der Erfahrung auf den Lernerfolg nicht auszuschließen. Vorhandene Erfahrungen mit der Unterscheidung der drei Aspekte der Sprache nach Bühler könnten es einem Teilnehmer beispielsweise erleichtern, im Training die Aspekte der Sprache richtig zuzuordnen.

Daher wird nun untersucht, inwiefern die Erfahrung als Kovariate die Effekte von Zielsetzung beeinflusst. Hierbei ist zunächst die Erfahrung der Teilnehmer in Bezug auf die drei Aspekte von Sprachäußerungen nach Bühler relevant. Außerdem könnte auch die Erfahrung der Teilnehmer mit der Quadratur der Nachricht von Schulz von Thun sich positiv oder negativ auf Prozessvariablen und Ergebnisse des Trainings sprachrezeptiven Handelns auswirken. Einerseits könnten derartige Erfahrungen mit Sprachanalyse das Erlernen des Modells von Bühler erleichtern, andererseits aber auch Verwirrung stiften.

Auf der Grundlage der im Kapitel 9.3.2.1 durchgeführten Varianzanalysen soll deshalb untersucht werden, inwiefern die Erfahrung der Teilnehmer in Bezug auf das Organonmodell nach Bühler sowie die Quadratur der Nachricht nach Schulz von Thun einen Einfluss auf den objektiven Lernerfolg beim Training sprachrezeptiven Handelns haben. Hierzu wird eine mehrfaktorielle Varianzanalyse mit Zielsetzungs- und Salienztreatment, den beiden Variablen zur Erfahrung als Kovariaten sowie dem objektiven Lernerfolg hinsichtlich Analysen und Erklärungen als abhängigen Variablen durchgeführt (N=158).

Nach Kontrolle der Erfahrung zeigen die Tests der Zwischensubjekteffekte einen signifikanten Haupteffekt der Zielart auf sowohl den Lernerfolg in Bezug auf die Analysen ($F(2; 150)$=3,23, p<.05, MSE=0,01, η^2=.041) als auch den Lernerfolg in Bezug auf die Erklärungen ($F(2; 150)$=4,48, p<.05, MSE=0,01, η^2=.056).[92] Außerdem ergibt der Test der Zwischensubjekteffekte einen signifikanten Haupteffekt des Salienztreatments auf den Lernerfolg in Bezug auf die Analysen ($F(1; 150)$=4,12, p<.05, η^2=.027), hinsichtlich des Lernerfolgs in Bezug auf die Erklärungen hat das Salienztreatment keinen signifikanten Effekt ($F(1; 150)$<1). Die Erfahrung selbst hat keinen signifikanten Einfluss auf den Lernerfolg bei den Analysen (Bühler: $F(1; 150)$<1; S. v. Thun: $F(1;$

---

[92] Diese Effekte wurden bereits im Kapitel 9.3.2.1 dargestellt. Da hier in Bezug auf den Lernerfolg nur Effekte der Erfahrung von Interesse sind, werden bei signifikanten Effekten des Zielsetzungs- oder Salienztreatments keine Einzelvergleiche durchgeführt.

150)<1) oder auf den Lernerfolg bei den Erklärungen (Bühler: $F(1; 150)=3{,}70$, $p=.056$, n.s.; S. v. Thun: $F(1; 150)<1$).

9.4.2.2 Einfluss von Alter und Fachsemester auf den Lernerfolg

Sprachrezeptives Handeln ist grundsätzlich ein wichtiges Element von Alltags- und Berufsleben. Vielleicht gewinnen jedoch mit einem höheren Studiensemester und dem damit einhergehenden näher bevorstehenden Einstieg in das Berufsleben das Sprachverstehen und dessen Training an Bedeutung, und ein Zielsetzungstreatment gewinnt oder verliert damit an Einfluss. Aus diesem Grund wird auch ein möglicher Einfluss von Alter und Fachsemester der Teilnehmer auf den Lernerfolg beim Training sprachrezeptiven Handelns untersucht. Hierzu wird eine zweifaktorielle Kovarianzanalyse mit Zielsetzungs- und Salienztreatment als Faktoren, Alter und Semester als Kovariaten sowie dem Lernerfolg hinsichtlich Analysen und Erklärungen als abhängigen Variablen durchgeführt ($N=159$).

Wie bereits bei der Auswertung der zweiten Fragestellung (vgl. Kapitel 9.3.2.1) hat die Zielart einen signifikanten Effekt auf den Lernerfolg in Bezug auf die Analysen ($F(2; 151)=3{,}80$, $p<.05$, $MSE=0{,}01$, $\eta^2=.048$)[93] und die Erklärungen ($F(2; 151)=4{,}54$, $p<.05$, $MSE=0{,}01$, $\eta^2=.057$), das Salienztreatment hat einen signifikanten Effekt auf den Lernerfolg in Hinsicht auf die Analysen ($F(1; 151)=4{,}93$, $p<.05$, $MSE=0{,}01$, $\eta^2=.032$). Die Tests der Zwischensubjekteffekte ergeben bezüglich des Lernerfolgs bei den Analysen keinen signifikanten Einfluss von Alter ($F(1; 151)<1$) oder Semester ($F(1; 151)<1$), und auch hinsichtlich des Lernerfolgs bei den Erklärungen ist kein Effekt des Alters ($F(1; 151)=1{,}47$, $p=.227$, n.s.) oder des Semesters ($F(1; 151)<1$) messbar.

---

[93] Diese Effekte wurden bereits im Kapitel 9.3.2.1 dargestellt. Da hier in Bezug auf den Lernerfolg nur Effekte der Erfahrung von Interesse sind, werden bei signifikanten Effekten des Zielsetzungs- oder Salienztreatments keine Einzelvergleiche durchgeführt.

10 Diskussion

Das Ziel der vorliegenden Arbeit war es, zu prüfen, inwieweit Zielsetzung von Relevanz für ein Training mit einer komplexen medialen Lernumgebung ist. Am Beginn der Arbeit stand die Frage, ob das Setzen von Zielen das Training sprachrezeptiven Handelns mit der Lernumgebung CaiMan verbessern kann. Wie sich gezeigt hat, ist dies durchaus möglich. Allerdings ist ein entscheidender Faktor für die Wirksamkeit von Zielsetzung der Inhalt des gesetzten Ziels.

Hinsichtlich dieses Inhalts wurden in der experimentellen Untersuchung für das Training sprachrezeptiven Handelns zwei Ziele getestet, ein lernschrittorientiertes und ein nützlichkeitsorientiertes Ziel (vgl. Kapitel 6.3). Mit lernschrittorientierter Zielsetzung konnte das Training sprachrezeptiven Handelns erwartungsgemäß unterstützt werden, was sich insbesondere in dem gegenüber Teilnehmern ohne explizite Zielsetzung vergleichsweise hohen Lernerfolg der Teilnehmer mit lernschrittorientierter Zielsetzung, aber auch in einer hohen Ausrichtung des Handelns ausdrückte. Das nützlichkeitsorientierte Ziel führte hingegen im Vergleich zu keiner expliziten Zielsetzung zu keinem höheren Lernerfolg, und hatte auch keine weiteren Effekte auf trainingsgebundene Variablen.

Die Effekte von Zielsetzung in der experimentellen Untersuchung resultierten daher nicht aus dem *Vorgang* des Zielsetzens. Stattdessen ist der Grund für die tendenzielle Wirksamkeit des lernschrittorientierten Ziels in dessen Ziel*inhalt* zu suchen. In einer komplexen Lernumgebung (vgl. Kapitel 4.2.1) konnte besonders ein lernschrittorientiertes Ziel das Lernen fördern. Dieses Ergebnis deutet darauf hin, dass eine instruktionale Unterstützung, so wie sie das lernschrittorientierte Ziel bot, beim Training sprachrezeptiven Handelns durchaus sinnvoll sein kann.

Dieses Ergebnis und die weiteren Ergebnisse der Untersuchung zur Wirkung von Zielsetzung auf das Training sprachrezeptiven Handelns werden im Folgenden diskutiert.

10.1 Wirkung von Zielsetzung auf ihre Mediatoren

Gruppenunterschiede

In der experimentellen Untersuchung zeigte sich, dass das Zielsetzungstreatment lediglich auf die Ausrichtung des Handelns einen signifikanten Effekt hat, und zwar insofern, als Teilnehmer mit lernschrittorientierter Zielsetzung ihr Handeln stärker auf die Verbesserung ihres Sprachverstehens ausrichteten als Teilnehmer ohne explizite Zielsetzung. Unterschiede zwischen den anderen Zielsetzungsbedingungen wurden nicht signifikant. Erkennbar wird hier also nicht ein Effekt des Zielsetzungstreatments per se, sondern explizit ein Effekt des lernschrittorientierten Ziels. Dieser Effekt ist mit dem instruktionalen Inhalt dieses Ziels erklärbar.

Das lernschrittorientierte Ziel sollte den Teilnehmer dazu anregen, das Training in kleinen Lernschritten respektive in Teilzielen abzuarbeiten. Damit sollte es einerseits, wie beschrieben, eine Strukturierung des Trainings unterstützen (vgl. Kapitel 6.2.2). Andererseits lenkte das lernschrittorientierte Ziel die Aufmerksamkeit der Teilnehmer so auch auf bestimmte aufgabenrelevante Handlungen. Unter anderem wies es den Lernenden explizit auf die Verwendung der Expertenlösung hin. In Anlehnung an die Rolle des Experten im Cognitive Apprenticeship-Ansatz haben der Button *Experte* bzw. die dahinter liegende Expertenanalyse und Expertenerklärung eine zentrale Funktion im Training sprachrezeptiven Handelns (vgl. Kapitel 3.3 und 3.4). Im Cognitive Apprenticeship ist für den Erwerb bestimmter Fähigkeiten die Beobachtung eines Experten notwendig, der eine entsprechende Handlung ausführt. Über den reflektierenden Vergleich der Handlungsprozesse des Experten mit den eigenen Handlungen kann der Lernende sukzessive Expertenstrategien ausbilden. Im Training sprachrezeptiven Handelns kann der Lerner mit dem Button Experte eine Expertenanalyse aufrufen, mit der Expertenerklärung die Analyse des Experten nachvollziehen und sie mit seiner eigenen vergleichen, um auf diese Weise auf mögliche Mängel bei seinem eigenen sprachrezeptiven Handeln aufmerksam zu werden und diese zu beheben.

Durch die lernschrittorientierte Zielinstruktion wurde der Teilnehmer nach der audiovisuellen Einführung in das Training nun während des Trainings zum zweiten Mal auf den Button aufmerksam gemacht, mit dem er eine *Expertenanalyse* für die von ihm analysierten Gesprächsäußerungen aufrufen konnte. Der Vergleich der Expertenlösung mit seinen eigenen Analysen und Erklärungen war einer der von ihm zu absolvierenden Lernschritte. Es ist insofern nicht verwunderlich, dass die Expertenlösung von Teilnehmern mit lernschrittorientierter Zielsetzung stärker frequentiert wurde als von Teilnehmern ohne explizite Zielsetzung, war doch die Nutzung der Expertenlösung eine intendierte und direkte Konsequenz aus dem lernschrittorientierten Ziel.

Teilnehmer mit nützlichkeitsorientierter Zielsetzung hingegen haben die Expertenlösung möglicherweise als instrumentell für ihr Trainingsziel bewertet und aus diesem Grund tendenziell öfter und länger konsultiert als Teilnehmer ohne explizites Trainingsziel. Dies würde erklären, warum Unterschiede zwischen lernschrittorientierter Zielsetzung und nützlichkeitsorientierter Zielsetzung in Bezug auf die Ausrichtung des Handelns nicht signifikant wurden. Allerdings wurden zu den Gründen der Nutzung der Expertenlösung keine Daten erhoben.

Auch geht aus den Daten nicht hervor, inwiefern das lernschrittorientierte Ziel, wie beabsichtigt, die Aufgabeninstruktion ergänzt hat, oder ob es vielmehr einen Ersatz für eine Aufgabeninstruktion bot. In der vorliegenden Untersuchung wurde das computerbasierte Training sprachrezeptiven Handelns, das normalerweise in ein umfassendes Trainingskonzept eingebettet ist, von diesem Training losgelöst. Wenngleich den Teilnehmern alle für das Training notwendigen Informationen und Hinweise bereitgestellt wurden, fehlte in der experimentellen Untersuchung die typische Einbettung des Trainings sprachrezeptiven Handelns in das KVT (vgl. zu Überlegungen zum Training sprachrezeptiven Handelns als Anwendungskontext von Zielsetzung Kapitel 5.1, zum Konzept des Trainings vgl. Kapitel 3), das für eine erste Orientierung im Training gesorgt hätte. Einige Teilnehmer erhielten in der experimentellen Untersuchung nun ein lernschrittorientiertes Ziel, das sie darin unterstützte, strukturiert zu arbeiten und zielgerichtet mit der Lernumgebung ihr Sprachverstehen zu trainieren. Möglicherweise erlaubte diesen Teilnehmern erst das lernschrittorientierte Ziel, sich im Training zu orientieren, und fungierte somit eher als Aufgabeninstruktion denn als Ziel. Um diese Frage zu klären, wäre allerdings eine weitere Versuchsbedingung mit Zielsetzungsinstruktion aber ohne Aufgabeninstruktion erforderlich gewesen. Eine solche weitere Bedingung wurde in die vorliegende Untersuchung nicht integriert, da die lernschrittorientierte Zielsetzung als Ergänzung zur bestehenden Aufgabeninstruktion konzipiert war.

Die Effekte des lernschrittorientierten Ziels auf die Ausrichtung des Handelns sind also primär auf dessen Inhalt zurückzuführen. Effekte des Zielsetzungstreatments auf die anderen Mediatorvariablen wurden nicht gefunden. Diesbezüglich sind der Zielsetzungsliteratur vor allem deswegen keine Erklärungen zu entnehmen, weil sich eine Wirkung von Zielsetzung theoretisch zunächst in zielgerichtetem Handeln manifestiert, da überhaupt erst durch Ausdauer, Anstrengung und Ausrichtung des Handelns ein Ziel potentiell erreichbar wird (vgl. zur Rolle der Mediatoren Kapitel 2.2 sowie zur entsprechenden Fragestellung Kapitel 7.1). Außerdem ist die praktische Relevanz der Mediatorvariablen in experimentellen Untersuchungen häufig eher gering, da Zeit und Handlungsoptionen versuchsbedingt eingeschränkt sind und dem Teilnehmer folglich wenig Möglichkeiten dazu gegeben sind, eine hohe Ausdauer, Anstrengung oder Ausrichtung des Handelns zu demonstrieren (vgl. Kapitel 2.2.1). Daher sind der Forschungsliteratur zu Zielsetzung keine konkreten Erklärungen für nicht messbare Effekte des Zielsetzungstreatments auf Ausdauer und Anstrengung zu entnehmen.

Eine plausible Erklärung dafür, dass Zielsetzung nicht in messbaren Veränderungen von Ausdauer und Anstrengung resultiert, liegt in der *Definition* der Mediatorvariablen in der vorliegenden Untersuchung. Die Ausdauer wurde operationalisiert als Time on Task in den Lernaufgaben, die Anstrengung entspricht dem Zeitrahmen, den ein Teilnehmer der Expertenlösung einräumt. Eine hohe Lernzeit resultiert darum in einem hohen messbaren Wert hinsichtlich der Ausdauer; eine Expertenlösung, die lange geöffnet ist, ist als Anstrengung des Teilnehmers zu werten. Es ist insofern möglich, dass ein Teilnehmer am Training sprachrezeptiven Handelns sich *anstrengt*, eine hohe *Ausdauer* aufbringt und sein Handeln stark *ausrichtet*, weil er, konform mit der entsprechenden Hypothese, sein (lernschrittorientiertes) Ziel erreichen möchte und Zeit und Mühe darin investiert, die Lernschritte zu absolvieren, respektive daraus, dass er das Training als nützlich ansieht und aus diesem Grund bereitwillig mehr Zeit und Mühe darin investiert, zu trainieren (nützlichkeitsorientiertes Ziel). Eine hohe Lernzeit und eine lange geöffnete Expertenlösung können jedoch auch andere Ursachen haben. Es ist beispielsweise denkbar, dass ein Teilnehmer eine höhere *Lernzeit* hat, weil er Schwierigkeiten damit hat, sich in der medialen Lernumgebung zurechtzufinden oder einfach, weil er sehr langsam tippt. Die Expertenlösung hat er vielleicht deshalb lange geöffnet, weil er nicht genau weiß, was er damit anfangen soll. Mögliche Unterschiede zwischen den drei Zielsetzungsbedingungen in Bezug auf Anstrengung und Ausdauer könnten insofern auch dadurch relativiert worden sein, dass Teilnehmer ohne Zielsetzungstreatment ein weniger spezifisches Verständnis dafür hatten, wie genau das Training zu absolvieren ist. Zu dieser Frage geben die vorliegenden Daten jedoch keine Antwort.

Veränderungen über die Messzeitpunkte

Mit anfänglichen Unsicherheiten oder Schwierigkeiten mit der Lernumgebung sind auch sukzessive Veränderungen von Ausdauer, Anstrengung und Ausrichtung des Handelns zu erklären. In der vorliegenden Arbeit wurde bereits darauf hingewiesen, dass mediale Lernumgebungen bei Lernenden zur Desorientierung beitragen können (vgl. Kapitel 2.4.2). Es ist insofern denkbar, dass die Teilnehmer sich nicht sofort in der Lernumgebung orientieren konnten und deshalb zunächst mehr Zeit für das Training benötigten, was unter anderem eine anfängliche hohe gemessene Ausdauer erklären würde. Ähnliches gilt auch für die Expertenlösung, die von den Teilnehmern erst in der ersten Lernaufgabe *ausprobiert* werden konnte, in der vorliegenden Untersuchung aber auch als Indikator für die Anstrengung der Teilnehmer galt. Der Befund, dass sich unabhängig von dem Zielsetzungstreatment die Ausrichtung des Handelns sukzessive verringerte, könnte, analog zu den anderen Mediatoren, daraus resultieren, dass den Teilnehmern der Vergleich ihrer Eingaben mit der Expertenlösung zu Beginn des Trainings noch sehr schwer fiel und sie viel Zeit darauf verwenden mussten. Für die Teilnehmer, denen die Expertenlösung nicht als nützlich für ihr Training erschien, verlor sie im Verlauf des Trainings sicher auch zeitlich an Bedeutung. Dies kann aber mit Hilfe der vorliegenden Daten nicht belegt werden.

10.2 Wirkung von Zielsetzung auf den Lernerfolg

Objektiver Lernerfolg

Es wurde außerdem die Wirkung des Zielsetzungstreatments auf den Lernerfolg untersucht. Im Hinblick auf die Güte der Analyse wie auch die Güte der Erklärung zeigten sich Messwiederholungseffekte, das heißt, die Teilnehmer verbesserten sich unabhängig vom Zielsetzungstreatment im Verlauf des Trainings im Hinblick auf die Güte der Analyse und die Güte der Erklärung ihrer Sprachanalysen. Diese Effekte entsprechen bisherigen Studien zu CaiMan, in denen die Teilnehmer, wie bereits beschrieben, im Allgemeinen Lerneffekte zu verzeichnen hatten (vgl. Kapitel 6.2.1). Im Fokus der vorliegenden Arbeit stehen allerdings die Effekte vom Zielsetzungstreatment auf den Lernerfolg. Diesbezüglich erwies sich in der Untersuchung nur das lernschrittorientierte Ziel gegenüber der Vergleichsgruppe ohne explizite Zielsetzung als wirksam.

Die Effektivität des lernschrittorientierten Ziels ist damit zu erklären, dass dieses Ziel ein strukturiertes Arbeiten mit CaiMan anregte. Ähnliche Effekte hatten bei medialen Trainings auch metakognitive Lernhilfen (Bannert, 2003) oder Lerntipps (Bednall & Kehoe, 2009), die das Lernen strukturieren sollten (vgl. Kapitel 6.2.2). Über eine höhere Ausrichtung des Handelns als Folge von Zielsetzung ist nach der Zielsetzungstheorie ohnedies ein Effekt auf den Lernerfolg zu erwarten (vgl. Kapitel 2.1). In der aktuellen Untersuchung nutzten, wie bereits ausgeführt, Teilnehmer mit lernschrittorientierter Zielsetzung die Expertenlösung intensiver als Teilnehmer ohne explizite Zielsetzung (vgl. Kapitel 10.1). Die Reflexion des eigenen Sprachverstehens mithilfe der Expertenlösung wiederum ist, wie in Kapitel 3.4 dieser Arbeit ausgeführt, ein zentrales Element des Trainings sprachrezeptiven Handelns, da sie es ermöglicht, das eigene Sprachverstehen zu verbessern. Verschiedene Aspekte legen insofern die Annahme nahe, dass lernschrittorientierte Zielsetzung vermittelt über die Ausrichtung des Handelns bzw. die Reflexion des eigenen Sprachverstehens den Lernerfolg beim Training sprachrezeptiven Handelns fördern kann. Diese Annahme, einschließlich möglicher weiterer vermittelnder Variablen auf den Effekt von lernschrittorientierter Zielsetzung auf den Lernerfolg, wäre allerdings mit anderen Verfahren wie z.B. Pfadanalysen zu prüfen.

Warum in der vorliegenden Untersuchung das nützlichkeitsorientierte Ziel gegenüber keiner expliziten Zielsetzung nicht zu einem höheren Lernerfolg beitrug, ist nicht definitiv zu klären. Eine retrospektive Betrachtung der dem Ziel zugrunde liegenden Theorien legt jedoch eine Erklärung nahe.

Dem nützlichkeitsorientierten Ziel lag die Annahme zugrunde, dass sich jeder Teilnehmer am Training sprachrezeptiven Handelns Gesprächssituationen vorstellen kann, für die es essentiell ist, ausgezeichnete sprachrezeptive Fähigkeiten zu besitzen (vgl. Kapitel 6.2.3). Mit einem angemessenen Maß an investierter Anstrengung und Ausdauer, sowie einer entsprechenden Ausrichtung des Handelns wären im Training die Fähigkeiten zu trainieren, mit denen diese Gesprächssituationen zu meistern wären. Die theoretisch recht homogene Stichprobe von Lehramtsstudierenden ließ die Annahme zu, dass die Teilnehmer auch ähnliche kritische Gesprächssituationen antizipieren würden, für die diese sprachrezeptiven Fähigkeiten wichtig sein könnten. Im Zusammenhang mit dem Salienztreatment zeigte sich allerdings, dass die Teilnehmer unterschiedlich präzise Situationen antizipierten, für die sie die im Training erworbenen Fähigkeiten benötigen könnten (vgl. zu den von den Teilnehmern formulierten Situationen Kapitel 9.4.1). Die präzise Antizipation einer solchen kritischen Gesprächssituation war wiederum die Basis des nützlichkeitsorientierten Ziels, das eine Instrumentalität des Trainings für diese bestimmte definierbare Gesprächssituation bzw. für vergleichbare Gespräche erzeugen sollte (vgl. Kapitel 6.1.3 bzw. Kapitel 6.1.3.4). Entsprechend dieser individuellen Zukunftsvorstellung einer Gesprächssituation wird der jeweilige Teilnehmer auch die Nützlichkeit des Trainings bewerten.

In der Untersuchung beschrieben die Teilnehmer sehr unterschiedliche Gesprächssituationen, für die sie in der Zukunft gute sprachrezeptive Fähigkeiten benötigen könnten. Vielleicht war die Stichprobe bezüglich personengebundener Variablen wie Alter oderStudienfach, aber auch hinsichtlich Faktoren wie der Erfahrung mit schwierigen Gesprächen zu heterogen, als dass die Teilnehmer ähnlich stark von einem nützlichkeitsorientierten Ziel profitieren konnten. Inwiefern nützlichkeitsorientierte Zielsetzung bei einer in Bezug auf antizipierte kritische Gesprächssituationen homogeneren Stichprobe einen stärkeren Effekt hätte, wäre in einer anderen Untersuchung zu klären. In der vorliegenden Untersuchung erwies sich das nützlichkeitsorientierte Ziel jedenfalls als nicht ausreichend, um im Vergleich zur Vergleichsgruppe ohne explizite Zielsetzung höhere Effekte auf den Lernerfolg erzeugen zu können.

Subjektiver Lernerfolg

Subjektiv resultierte keins der beiden Ziele im Vergleich zu keiner expliziten Zielsetzung in einer realistischen Einschätzung der eigenen Leistung. Nur das lernschrittorientierte Ziel ohne Salienztreatment ging überhaupt mit einer realistischen Einschätzung der Leistung zum zweiten Messzeitpunkt einher. Es ist auffallend, dass lediglich bei dieser Bedingung subjektive und objektive Leistungsdaten signifikant korrelierten. Wenngleich die Hypothese getestet wurde, dass ein Zielsetzungstreatment zu einer realistischeren Einschätzung der eigenen Leistung führt (vgl. Kapitel 7.2.2), so lag der Hypothese doch die Annahme zu Grunde, dass sich als Effekt des Zielsetzungstreatments zum zweiten Messzeitpunkt zumindest für die Bedingungen mit lernschrittorientierten und nützlichkeitsorientierten Zielen subjektive und objektive Leistungsdaten einander angenähert haben müssten. Diese Annahme war augenscheinlich nicht richtig, denn die subjektive Bewertung der eigenen Leistung hing bei fünf der sechs Bedingungen gar nicht mit der objektiv messbaren Güte der Analyse zusammen.

Diese fehlende Kongruenz zwischen objektiven und subjektiven Lernerfolgen deckt sich mit den im Kapitel 6.2.1 skizzierten Ergebnissen einer quasiexperimentellen Studie von Barth et al. (2007), bei dem nur eine von zwei Experimentalgruppen subjektive Lernerfolge verzeichnen konnte, obwohl beide Gruppen im Training objektiv einen signifikanten Lernerfolg hatten. Auch in der aktuellen Untersuchung hatten die Teilnehmer offenkundig Schwierigkeiten damit, ihren eigenen Lernerfolg einzuschätzen. Im Experiment haben sich die Teilnehmer aller Bedingungen von der ersten zur zweiten Testaufgabe hinsichtlich der Güte der Analyse und der Güte der Erklärung verbessert. Offenbar haben die Teilnehmer ihre Verbesserung jedoch nicht in einem Maße wahrgenommen, das es ihnen erlaubt hätte, ihren Lernerfolg realistisch einzuschätzen. Dieses Ergebnis ist besonders deshalb überraschend, da einer der zentralen Wirkmechanismen von Zielsetzung ja die Reduktion von Diskrepanzen zur aktuellen Performanz ist (vgl. Kapitel 2.1), und es insofern für die Zielerreichung zentral ist, dass Ziel und aktuelle Performanz kontinuierlich gegeneinander abgewogen werden. Den vorliegenden Daten ist nicht zu entnehmen, warum die Teilnehmer ihren Lernerfolg nicht realistisch einschätzen konnten. Allerdings hat eine frühere Untersuchung auch gezeigt, dass das Training sprachrezeptiven Handelns im Hinblick auf eine Rückmeldung zur eigenen Leistung noch ausbaufähig ist (vgl. Kapitel 2.2.2.5). Eine realistische Einschätzung der eigenen Leistung beim Training sprachrezeptiven Handelns wäre demgemäß vielleicht eher mit Feedback als mit Zielsetzung zu unterstützen, oder bedürfte zumindest eines expliziten Feedbacks als Ergänzung zum Zielsetzungstreatment.

Wirkung vom Salienztreatment auf den Lernerfolg

Das Salienztreatment hatte in Verbindung mit der Messwiederholung einen positiven Effekt auf die Güte der Analyse. Da jedoch keine Interaktionseffekte zwischen Zielart und Salienztreatment messbar waren, ist dieses Ergebnis vor dem Hintergrund der zielbezogenen Inhalte des Salienztreatments nicht zu interpretieren. Das Salienztreatment bezog sich in den unterschiedlichen Bedingungen auf verschiedene Zielarten, die es salient werden lassen sollte (vgl. Kapitel 9.4.2). Ein vom primären Ziel unabhängiger Effekt des Salienztreatments war damit unwahrscheinlich, und ist auf der vorliegenden Datenbasis nicht erklärbar. Auf andere Ergebnisvariablen des Trainings hatte das Salienztreatment weder direkte Effekte, noch waren Interaktionseffekte messbar.

10.3 Wirkung von Zielsetzung auf motivationale Variablen

In der vorliegenden Untersuchung wurde die Motivation der Teilnehmer als Kontrollvariable des Zielsetzungstreatments erhoben. Ein lernschrittorientiertes respektive ein nützlichkeitsorientiertes Ziel heben bestimmte Aspekte des Trainings hervor, die wichtig sind, *um* ein bestimmtes Ziel *zu* erreichen, und so nehmen sie theoretisch auch Einfluss auf motivationale Variablen (vgl. zur entsprechenden Fragestellung Kapitel 7.3.1). Entsprechende Annahmen bestätigten sich in der experimentellen Untersuchung jedoch nicht (vgl. Kapitel 9.3.3.1). Die Teilnehmer der drei Zielsetzungsbedingungen unterschieden sich zu keinem Messzeitpunkt signifikant hinsichtlich ihres Interesses oder ihrer Freude an der Aufgabe, und Zielsetzung hatte in der vorliegenden Untersuchung auch keine Effekte, die sich an der leistungsbezogenen Interpretation der Aufgabe messen ließen.

Es war nicht zu erwarten, dass sogar direkt im Anschluss an das Zielsetzungstreatment, also noch zu Beginn des Trainings, im Hinblick auf die aufgabenbezogene Motivation keine Unterschiede zwischen den Teilnehmern der Zielsetzungsbedingungen messbar sein würden. Auf der Grundlage der vorliegenden Daten ist dieses Ergebnis nicht definitiv zu klären. Es weist jedoch darauf hin, dass weder durch eine stark instruktionale Zielsetzung noch durch ein Ziel, das den Nützlichkeitsaspekt der Aufgabe sehr stark betont, die Freude am Training sprachrezeptiven Handelns im Trainingsverlauf stärker beeinträchtigt wird als ohne Zielsetzungstreatment.

Indes sanken für alle Teilnehmer im Verlauf des Trainings sowohl die Freude als auch das Interesse an der Aufgabe. Einen ähnlichen Verlauf der Motivation über den Trainingsverlauf ergab auch die bereits beschriebene Untersuchung von Lewalter und Scholta (2009) im Kontext eines CBT (vgl. Kapitel 6.1.3.3). In der Untersuchung sanken im Verlauf des Trainings sowohl die selbstbestimmte Motivation als auch das situative Interesse der Teilnehmer. In der Untersuchung von Lewalter und Scholta konnte Zielsetzung diesen Prozess etwas abschwächen. Die Autoren bewerteten ihren Trainingsgegenstand, *Korrelationen*, als eher unattraktiv für die Trainingteilnehmer, geben jedoch keine Erklärung für das Sinken der Motivation während des Trainings. Für das Training sprachrezeptiven Handelns ist denkbar, dass viele Teilnehmer das Training mit einer hohen Motivation begannen, die im Verlauf des Trainings abebbte. Ähnliche Mechanismen könnten dafür verantwortlich sein, dass die Teilnehmer in allen Versuchsbedingungen das Training im Verlauf der Zeit leistungsthematischer bewerten. Diese Fragen sind jedoch mit den vorliegenden Daten nicht zu klären.

Es erscheint allerdings plausibel, dass während eines zeitlich intensiven Trainings wie dem Training sprachrezeptiven Handelns, in dem die Teilnehmer in bis zu vier Stunden trainierten, die Motivation grundsätzlich sinkt. Ohnehin wird unter Berücksichtigung der bereits genannten Überlegungen von Heckhausen und Gollwitzer (1987) bei einer Aufgabe die Motivation der Teilnehmer vor allem zu Beginn der Aufgabenbearbeitung eine tragende Rolle spielen (vgl. zum Rubikonmodell Kapitel 6.1.1.1). Während der Aufgabenbearbeitung wird die Bedeutung volitionaler Prozesse zunehmen und damit die Bedeutung der Motivation abnehmen. Aus diesem Grund ist es plausibel, dass sich die Motivation der Teilnehmer unabhängig vom Treatment im Verlauf des Trainings veränderte. Künftige Untersuchungen könnten Erkenntnisse dazu bringen, welchen Einfluss Motivation und Volition beim Training sprachrezeptiven Handelns haben und wie die beiden Variablen interagieren.

10.4 Wirkung von Zielsetzung auf die empfundene Nützlichkeit der Aufgabe

Zielsetzung hatte in der Untersuchung keinen Effekt darauf, wie nützlich die Teilnehmer die Trainingsaufgabe empfanden. Da die empfundene Nützlichkeit in der vorliegenden Studie primär als Kontrollvariable des nützlichkeitsorientierten Ziels erhoben wurde (vgl. Kap. 7.3.2), ist dieses Ergebnis im Hinblick auf die nützlichkeitsorientierte Zielsetzung zu diskutieren.

Eine Grundannahme zur nützlichkeitsorientierten Zielsetzung war es, dass ein entsprechendes Ziel in einer höheren subjektiv empfundenen Nützlichkeit der Aufgabe resultieren würde. In der vorliegenden Untersuchung konnte ein nützlichkeitsorientiertes Ziel diesen Effekt jedoch nicht auslösen. Da das nützlichkeitsorientierte Ziel nicht zu einer höheren subjektiv empfundenen Nützlichkeit des Trainings führte, ist es auch nachvollziehbar, dass mit nützlichkeitsorientierter Zielsetzung keine Effekte auf die Mediatoren (vgl. Kapitel 10.1) und im Vergleich zur Vergleichsgruppe keine höheren Effekte auf den Lernerfolg (vgl. Kapitel 10.2) ausgelöst werden konnten.

In diesem Kontext ist allerdings zu diskutieren, warum Teilnehmer mit einem nützlichkeitsorientierten Ziel nicht theoriegemäß das Training als nützlicher empfanden als die anderen Trainingsteilnehmer. Hierfür könnte einerseits verantwortlich sein, dass sich nicht alle Teilnehmer eine bestimmte präzise

Anwendungssituation die Trainingsinhalte vorstellen konnten, über die ein Nutzen für das Training erzeugt werden sollte (vgl. Kapitel 10.2). Eine andere plausible Erklärung hierfür liefert der Kontext des Trainings. In der aktuellen Untersuchung war das Training Teil eines Experiments. Während Teilnehmer am Training sprachrezeptiven Handelns bzw. am KVT sich aus an sprachlichem Handeln interessierten Studierenden rekrutieren, beinhaltete die aktuelle Stichprobe sicherlich auch Studierende, die das Training nicht aus Interesse an den Trainingsinhalten, sondern z.B. primär in Aussicht auf Versuchspersonengelder absolvierten. Das nützlichkeitsorientierte Ziel verlangte von den Teilnehmern, sich besonders intensiv mit den Trainingsinhalten zu beschäftigen, und speziell Teilnehmer mit nützlichkeitsorientierter Zielsetzung und Salienztreatment waren dazu aufgefordert, eine Situation zu erdenken, für die die Trainingsinhalte relevant sein würden. Diese Aufgabe fiel Teilnehmern, die aus Interesse an den Trainingsinhalten heraus am Training sprachrezeptiven Handelns teilnahmen, sicher leichter, als denen, die von äußeren Umständen dazu bewegt worden waren. Eine entsprechende Frage wäre allerdings in einer anderen Untersuchung zu klären. In der aktuellen Untersuchung wurden die Beweggründe der Teilnehmer zur Teilnahme am Training sprachrezeptiven Handelns nicht erhoben.

10.5 Einfluss der Moderatoren auf die Wirkung von Zielsetzung

In der Untersuchung wurden auch Moderatoreffekte verschiedener Variablen auf die Wirkung von Zielsetzung auf den Lernerfolg untersucht. Dabei zeigte sich für die Fähigkeit der Teilnehmer in Bezug auf die Aufgabe *Sprachanalyse mit CaiMan* ein direkter Effekt auf den Lernerfolg bezüglich der Analysen bzw. bezüglich der Erklärungen. Teilnehmer mit hohen Fähigkeiten profitierten stärker von dem Training als Teilnehmer mit geringen Fähigkeiten, was sich in höheren Lernerfolgen in Bezug auf die Analysen und Erklärungen ausdrückte. Die aufgabenbezogene Fähigkeit moderierte jedoch nicht die Effekte der Zielart auf den Lernerfolg. Hohe *allgemeine Fähigkeiten* hinsichtlich des sprachrezeptiven Handelns moderierten hingegen die Effekte der Zielart auf den Lernerfolg hinsichtlich der Erklärungen. Teilnehmer mit einem lernschrittorientierten Ziel hatten mit hohen allgemeinen Fähigkeiten einen höheren Lernerfolg als mit geringen allgemeinen Fähigkeiten. Für Teilnehmer mit nützlichkeitsorientiertem Ziel hing der Lernerfolg in Bezug auf die Erklärungen nicht mit der Höhe ihrer allgemeinen Fähigkeit in Bezug auf Sprachanalyse zusammen. Insgesamt *lohnt* sich entsprechend dieser Ergebnisse Zielsetzung am meisten für Teilnehmer, die bereitsaufgabenbezogene Fähigkeiten in das Training mitbringen, für ein lernschrittorientiertes Ziel sind auch hohe allgemeine Fähigkeiten in Bezug auf das sprachrezeptive Handeln günstig.

Dieses Ergebnis widerspricht zunächst den Ergebnissen der im Kapitel 2.2.2.3 geschilderten Zielsetzungsstudien von Latham et al. (2008b) oder Seijts und Crim (2009), bei denen mit Lernzielen gerade bei Personen mit geringen kognitiven Fähigkeiten eine starke Wirkung auf die Performanz erzielt werden konnte. Allerdings handelt es sich bei den in der vorliegenden Untersuchung verwendeten Zielen keineswegs um *typische Lernziele*, die den Erwerb (einer bestimmten Anzahl) von Strategien zur Aufgabenbearbeitung fokussieren. Und das Training sprachrezeptiven Handelns ist keineswegs ein typischer Kontext von Zielsetzung (vgl. Kapitel 5.1 sowie Kapitel 4.3). Eine Unterstützung zur Erklärung des Ergebnisses gibt allerdings das in Kapitel 2.2.2.3 beschriebene Modell von Kanfer und Ackerman (1989), das für ressourcenabhängige Aufgaben als Voraussetzung beschreibt, dass die sie bearbeitende Person hohe Fähigkeiten mitbringt. Das Training mit CaiMan ist als eine solche ressourcenabhängige Aufgabe einzuordnen, da zusätzlich investierte Aufmerksamkeit oder Anstrengung entscheidend zu den Trainingserfolgen beitragen können. Dem Modell entsprechend gehen hohe Fähigkeiten mit erweiterten Ressourcen einher, die zur Aufgabenbearbeitung genutzt werden können, und da das Training sprachrezeptiven Handelns, wie beschrieben, von den investierten Ressourcen abhängt, wären mit hohen Fähigkeiten der Teilnehmer auch hohe Lernerfolge zu erklären.

Auffallend ist in diesem Kontext, dass hohe *allgemeine Fähigkeiten* als Moderator nur den Lernerfolg in Bezug auf die Erklärungen fördern konnten, nicht jedoch den Lernerfolg hinsichtlich der Analysen. Dieser Befund lässt sich damit erklären, dass Analysen und Erklärungen verschiedene kognitive Anforderungen an den Trainingsteilnehmer stellen. Während eine Analyse für eine Sprachäußerung auch intuitiv zu formulieren ist, erfordert das Verfassen einer Erklärung zu dieser Analyse als reflexionsförderndes Element beim Training sprachrezeptiven Handelns (vgl. Kapitel 6.2.1) vom Teilnehmer mehr Ressourcen. Dementsprechend sind die Fähigkeiten der Teilnehmer besonders für das Verfassen der Erklärungen von Bedeutung, und haben vor allem im Hinblick auf die Erklärungen einen Einfluss auf den Lernerfolg.

Zu beachten ist hierbei allerdings, dass die Fähigkeit, sowohl *aufgabenbezogen* als auch *allgemein*, als Selbsteinschätzung der Teilnehmer erhoben wurde. Bei der Fähigkeit der Teilnehmer handelt es sich insofern nicht um eine Konstante, sondern sie ist ihrerseits von vorherigen subjektiven Leistungseinschätzungen geprägt. Aus diesem Grund sind wechselseitige Effekte von Fähigkeit und Leistung besonders wahrscheinlich.

Ähnliches gilt auch für die Selbstwirksamkeitserwartung, die sich in der vorliegenden Untersuchung als Moderator der Effekte der Zielart auf den Lernerfolg bei den Erklärungen erwies, jedoch keinen Effekt auf den Lernerfolg hinsichtlich der Analysen hatte. Bei Teilnehmern mit lernschrittorientierter Zielsetzung ging eine hohe Selbstwirksamkeitserwartung in Bezug auf die Sprachanalyse mit CaiMan tendenziell mit einem höheren Lernerfolg einher als eine geringe Selbstwirksamkeitserwartung. Diese Tendenz wurde nicht signifikant, ist als Tendenz jedoch damit zu erklären, dass die Selbstwirksamkeitserwartung im Allgemeinen positiv auf die Leistung wirkt (vgl. Kap. 2.2.2).

Auch die subjektive Aufgabenschwierigkeit moderierte den Effekt von lernschrittorientierter Zielsetzung auf den Lernerfolg, wiederum nur in Bezug auf die Erklärungen. In der vorliegenden Untersuchung maß die Aufgabenschwierigkeit, in Abgrenzung zu der Zielschwierigkeit, die sich auf multiple Ziele bezog, die subjektive Schwierigkeit der Trainingsaufgabe. Bei Teilnehmern mit einem lernschrittorientierten Ziel hing eine hohe Aufgabenschwierigkeit mit einemhohen Lernerfolg in Bezug auf die Erklärungen zusammen. Dieser Effekt ist konsistent mit den Annahmen der Zielsetzungstheorie, dass Aufgabenschwierigkeit die Effekte von Zielsetzung auf die Leistung moderiert (vgl. Kapitel 2.2.2). Die Tatsache, dass die Aufgabenschwierigkeit nur die Effekte der Zielart auf die Güte der Erklärungen, nicht jedoch auf die Güte der Analysen moderierte, ist mit qualitativen Unterschieden zwischen Analysen und Erklärungen zu erklären. Diese Unterschiede wurden bereits im Kontext der Fähigkeit diskutiert, und sind möglicherweise dafür verantwortlich, dass die empfundene Aufgabenschwierigkeit bei Erklärungen, als dem komplexeren Teil der Aufgabe, eine größere Bedeutung hat als bei den Analysen.

Die Moderatoreffekte von sowohl allgemeiner Fähigkeit als auch Selbstwirksamkeitserwartung und Aufgabenschwierigkeit auf die Wirkung der Zielart auf den Lernerfolg in Bezug auf die Erklärungen sind konsistent mit anderen Ergebnissen der vorliegenden Untersuchung. Das lernschrittorientierte Ziel war in der vorliegenden Untersuchung auch das einzige Ziel, das sich als wirksam im Hinblick auf die Ausrichtung des Handelns erwies (vgl. Kapitel 10.1) und im Vergleich zur Bedingung ohne explizite Zielsetzung den Lernerfolg stärker fördern konnte (vgl. Kapitel 10.2). Effekte von lernschrittorientierte Zielsetzung hängen demgemäß nicht nur mit der Ausrichtung des Handelns zusammen, sondern sie hängen auch von der Höhe der allgemeinen Fähigkeit in Bezug auf die Sprachanalyse, von der Selbstwirksamkeitserwartung der Teilnehmer sowie von deren Einschätzung der Aufgabenschwierigkeit ab. Es ist zu bedenken, dass sich Effekte nur bei der kleinen Stichprobe der Teilnehmer mit lernschrittorientierter Zielsetzung ergaben. Der Zusammenhang zwischen Zielart, Mediatorvariablen und dem Lernerfolg unter Berücksichtigung personengebundener Variablen wie Fähigkeit oder Selbstwirksamkeitserwartung wäre in einer Folgestudie mit einer größeren Stichprobe von Teilnehmern mit lernschrittorientierten Zielen weitergehender zu untersuchen.

Grundsätzlich ist in Bezug auf die Moderatoreffekte zu beachten, dass diese Effekte in der vorliegenden Untersuchung bei künstlich per Mediansplit erzeugten dichotomen Variablen untersucht wurden. Die Kategorie *hoch* schließt immer auch die Fälle ein, die sich genau auf dem Median befinden (vgl. Kapitel 9.2.3), sodass Fälle mit einer mittleren Ausprägung auf einer Variablen nach dem Mediansplit der extremen Ausprägung *hoch* zugeordnet werden, wenngleich sie sich eigentlich nicht durch eine besonders hohe Ausprägung auszeichnen. Dadurch ist es denkbar, dass die Ergebnisse der Moderatoranalysen verzerrt wurden.

In der vorliegenden Untersuchung hatte die Stärke der Zielbindung keinen Effekt auf die Wirkung der Zielart auf den Lernerfolg. Eine Erklärung hierfür könnte darin liegen, dass auch Teilnehmer mit nützlichkeitsorientierten Zielen stark an ihr Ziel gebunden waren. Andererseits ist es auch denkbar, dass die Teilnehmer mit lernschrittorientiertem Ziel keine besonders starke Bindung an ihr Ziel hatten. Letzteres wäre, auch für künftige experimentelle Untersuchungen zu Zielsetzung beim Training sprachrezeptiven Handelns ein wichtiger Hinweis, der nahe legt, dass das lernschrittorientierte Ziel auch dann wirken kann, wenn die Teilnehmer nicht sehr stark an das Ziel gebunden sind. Welche Rolle die Zielbindung bei lernschrittorientierter Zielsetzung spielt, bleibt zu klären, ebenso wie die Frage, ob die Ergebnisse der aktuellen experimentellen Untersuchung im *natürlichen*, nicht experimentellen Kontext des Trainings sprachrezeptiven Handelns zu replizieren sind.

11 Ausblick

In der vorliegenden Arbeit zeigte sich, dass eine Intervention nach den Maßgaben der Zielsetzungstheorie für die Förderung von Motivation und Lernerfolg in einer komplexen Lernumgebung, dem Training sprachrezeptiven Handelns, nicht ausreicht. In der Lernumgebung konnte ein lernschrittorientiertes Ziel allerdings Effekte auf trainingsgebundene Variablen und den Lernerfolg auszulösen.

Die vorliegende Untersuchung hat gezeigt, dass dieses lernschrittorientiertes Ziel ein strukturiertes Training zu unterstützen und den Lernerfolg zu fördern vermag. Dabei hatte das lernschrittorientierte Ziel im Vergleich zu einem nützlichkeitsorientierten Ziel oder keiner expliziten Zielsetzung keine negativen Effekte auf Aufgabeninteresse oder Freude an der Aufgabe. In künftigen Untersuchungen zum Training sprachrezeptiven Handelns wäre zu prüfen, ob ein solches lernschrittorientiertes Ziel auch dann zweckdienlich ist, wenn das Training nicht als Gegenstand eines Experiments absolviert wird, sondern als Element des KVTs, in das es normalerweise eingebettet ist. In diesem Fall wäre eine lernschrittorientierte Zielintervention sicher ein guter Ansatz zur Förderung des Trainings sprachrezeptiven Handelns.

Weitere künftig zu untersuchende Fragen ergeben sich aus dem Ergebnis der vorliegenden Untersuchung, dass Zielsetzung beim Training sprachrezeptiven Handelns nur in Form einer instruktionalen Zielsetzung Effekte auf den Lernprozess und das Lernergebnis hatte. Einerseits sollte in zukünftigen Untersuchungen daher geprüft werden, ob ein anderes *transferorientiertes* Ziel, im Gegensatz zum nützlichkeitsorientierten Ziel der vorliegenden Arbeit, eine Wirkung auf das Training sprachrezeptiven Handelns hat. Hierzu wurde als ein möglicher Ansatz z.B. ein durch Priming erzeugtes Ziel diskutiert. Andererseits wäre auch die Frage näher zu untersuchen, welche Merkmale des Trainings bzw. welche personengebundenen Merkmale dafür verantwortlich sind, dass *nützlichkeitsorientierte* Zielsetzung keine Effekte auf das Training sprachrezeptiven Handelns hat. Dabei wäre z.B. zu untersuchen, ob sich nützlichkeitsorientierte Zielsetzung nur oder besonders für Lernende mit bestimmten Eigenschaften eignet. Da in der vorliegenden Untersuchung gerade ein sehr instruktionales Ziel den Lernprozess und das Lernergebnis fördern konnte, wäre eine weitere interessante Frage in diesem Kontext, ob bestimmte Merkmale zu bestimmen sind, die die Lernumgebung zu komplex für *traditionelle Zielsetzung* werden lassen. In diesem Kontext wäre zu erforschen, inwiefern eine bestimmte Schnittstelle auszumachen ist, an der eine Lernumgebung grundsätzlich zu komplex für Zielsetzung ist, und ein instruktionaler Förderansatz das geeignete Mittel zur Förderung von Motivation und Lernerfolg ist.

Mit Bezug auf das lernschrittorientierte Ziel wäre in künftigen Forschungen zu klären, ob eine andere Art der Darbietung der Lernschritte möglicherweise einen größeren Effekt auf trainingsgebundene Variablen hat. Das lernschrittorientierte Ziel hatte zwar Effekte auf die Ausrichtung des Handelns, jedoch nicht auf andere Variablen wie die Anstrengung. In der vorliegenden Untersuchung wurde das lernschrittorientierte Ziel mit allen enthaltenen Lernschritten einmalig gesetzt. Ein Salienztreatment zu dem lernschrittorientierten Ziel hatte insgesamt keinen ausschlaggebenden Effekt auf Mediatoren, Lernerfolg oder andere motivationale Variablen. Allerdings wäre es ein interessanter Ansatz, den Teilnehmern die Lernschritte nicht als *Liste von Lernschritten* sondern sukzessive darzubieten. Damit würde möglicherweise die Strukturierung des Trainings durch die Lernziele noch erhöht, und die Effekte des lernschrittorientierten Ziels verstärkt.

Die vorliegende Arbeit hat insgesamt verdeutlicht, dass ein aussichtsreicher Ansatz zur Förderung von Motivation und Lernerfolg beim Training sprachrezeptiven Handelns das Setzen eines mit instruktionalen Elementen angereicherten Ziels ist, das den Teilnehmern eine Strukturierung des Trainings bietet, und relevante Lernschritte hervorhebt. Für die Anwendung in künftigen Trainings wäre eine Möglichkeit zu suchen, eine derartige Förderung durch ein lernschrittorientiertes Ziel fest in die Lernumgebung CaiMan zu integrieren. Denkbar wären in diesem Zusammenhang z.B. Popup-Fenster mit den Lernschritten oder auch eine Art *pädagogischer Agent*, der als Assistent durch das Training führt.

Literaturverzeichnis

Aguinis, H. (2004). *Regression analysis for categorical moderators.* New York: Guilford.

Ames, C. (1992). Classrooms: Goals, structures, and student motivation. *Journal of Educational Psychology, 84*(3), 261-271.

Atkinson, J.W. (1957). Motivational determinants of risk-taking behavior. *Psychological Review, 64*(6), 359-372.

Attenweiler, W.J. & Moore, D. (2006). Goal orientations: Two, three, or more factors? *Educational and Psychological Measurement, 66*(2), 342-352.

Austin, J.T. & Vancouver, J.B. (1996). Goal constructs in psychology. Structure, process, and content. *Psychological Bulletin, 19*(3), 338-375.

Backhaus, K., Erichson, B., Plinke, W. & Weiber, R. (2000). *Multivariate Analysemethoden: Eine anwendungsorientierte Einführung* (9., überarbeitete und erweiterte Aufl.), Berlin: Springer.

Bandura, A. (1986). *Social foundations of thought and action: A social cognitive theory.* Englewood Cliffs, NJ: Prentice Hall.

Bandura, A. (1997). *Self-efficacy: The exercise of control.* New York: Freeman.

Bandura, A. (2001). Social cognitive theory: An agentic perspective. *Annual Review of Psychology, 52*, 1-26.

Bandura, A. (2006). Guide for Constructing Self-Efficacy Scales. In F. Pajares & T. Urdan (Eds.), *Self-Efficacy Beliefs of Adolescents* (pp. 307-337). Greenwich, CT: Information Age Publishing.

Bandura, A. & Cervone, D. (1986). Differential engagement of self-reactive influences in cognitive motivation. *Organizational Behavior and Human Decision Processes, 38*, 92-113.

Bandura, A. & Locke, E.A. (2003). Negative self-efficacy and goal effects revisited. *Journal of Applied Psychology, 88*(1), 87-99.

Bandura, A. & Wood, R. (1989). Effect of perceived controllability and performance standards on self-regulation of complex decision-making. *Journal of Personality and Social Psychology, 56*(5), 805-814.

Bannert, M. (2003). Effekte metakognitiver Lernhilfen auf den Wissenserwerb in vernetzten Lernumgebungen. *Zeitschrift für Pädagogische Psychologie, 17*(1), 13-25.

Bargh, J.A. & Ferguson, M.J. (2000). Beyond Behaviorism: On the Automaticity of Higher Mental Processes. *Psychological Bulletin, 126*(6), 925-945.

Bargh, J.A., Gollwitzer, P.M., Lee-Chai, A., Barndollar, K. & Trötschel, R. (2001). The automated will: Nonconscious activation and pursuit of behavioural goals. *Journal of Personality and Social Psychology, 81*(6), 1014-1027.

Baron, R.M. & Kenny, D.A. (1986). The moderator-mediator variable distinction in social psychological research: Conceptual, strategic, and statistical considerations. *Journal of Personality and Social Psychology, 51*(6), 1173-1182.

Barth, C., Hauck, G., Hörmann, C. & Henninger, M. (2007, März). *Professionalität von Lehrkräften diagnostizieren und fördern. Videos als Ressource für die Diagnostik und Förderung der Kompetenzen von Lehramtsstudierenden.* Arbeitsgruppenbeitrag auf der AEPF Frühjahrstagung, Wuppertal.

Bednall, T.C. & Kehoe, E.J. (2009). Effects of self-regulatory instructional aids on self-directed study. *Instructional Science, 39*(2), S. 205-226.

Bell, B.S. & Kozlowski, S.W.J. (2002). Goal orientation and ability: Interactive effects on self-efficacy, performance, and knowledge. *Journal of Applied Psychology, 87*, 497-505.

Bortz, J. (2005). *Statistik für Human- und Sozialwissenschaftler* (6., vollständig überarbeitete und aktualisierte Aufl.). Heidelberg: Springer Medizin Verlag.

Brandstätter, V., Heimbeck, D., Malzacher, J.T. & Frese, M. (2003). Goals need implementation intentions: The model of action phases tested in the applied setting of continuing education. *European Journal of Work and Organizational Psychology, 12*(1), 37-59.

Brandstätter, V., Lengfelder, A. & Gollwitzer, P.M. (2001). Implementation intentions and efficient action initiation. *Journal of Personality and Social Psychology, 81*, 946-960.

Brett, J.F. & VandeWalle, D. (1999). Goal orientation and goal content as predictors of performance in a training program. *Journal of Applied Psychology, 84*(6), 863-873.

Brown, T.C. & Latham, G.P. (2006). The effect of training in verbal self-guidance on performance effectiveness in a MBA program. *Canadian Journal of Behavioural Science, 38* (1), 1-11.

Bühler, K. (1965). *Sprachtheorie. Die Darstellungsfunktion der Sprache* (2. unveränderte Aufl.). Stuttgart: Gustav Fischer Verlag.

Burke, L.A. & Hutchins, H.M. (2007). Training transfer: An integrative literature review. *Human Resource Development Review, 6* (3), 263-296.

Button, S.B., Mathieu, J.E. & Zajac, D.M. (1996). Goal orientation in organizational research: A conceptual and empirical foundation. *Organizational Behavior and Human Decision Processes, 67*(1), 26-48.

Chartrand, T. L, & Bargh, J. A. (2002). Nonconscious motivations: Their activation, operation, and consequences. In A. Tesser, D. A. Stapel, & J. V. Wood (Eds.), *Self and motivation: Emerging psychological perspectives* (pp. 13-41). Washington, DC: American Psychological Association.

Collins, A., Brown, S.E. & Newman, S.E. (1989). Cognitive apprenticeship: Teaching the crafts of reading, writing, and mathematics. In L. B. Resnick (Ed.), *Knowing, learning, and instruction: Essays in honor of Robert Glaser* (pp. 453-494). Hillsdale, NJ: Erlbaum.

Colquitt, J.A. & Simmering, M.J. (1998). Conscientiousness, goal orientation, and motivation to learn during the learning process: A longitudinal study. *Journal of Applied Psychology,* 83(4), 654-665.

Cron, W.L., Slocum, J.W., VandeWalle, D. & Fu, Q. (2005). The role of goal orientation on negative emotions and goal setting when initial performance falls short of one's performance goal. *Human Performance, 18*(1), 55-80.

Custers, R. & Aarts, H. (2007). Goal-discrepant situations prime goal-directed actions if goals are temporarily or chronically accessible. *Personality and Social Psychology Bulletin, 33*(5), 623-633.

Darnon, C., Butera, F. & Harackiewicz, J.M. (2007). Achievement goals in social interactions: Learning with mastery vs. performance goals. *Motivation and Emotion, 61*, 61-70.

Deci, E.L. & Ryan, R.M. (2003). *Intrinsic Motivation Inventory (IMI)*. Im Internet unter: http://www.psych.rochester.edu/SDT/measures/intrins.html. (Abruf: April 2009).

Diehl, J. M. & Arbinger, R. (1990). *Einführung in die Inferenzstatistik*. Eschborn: Klotz.

Donovan, J.J. (2008). Work motivation. In N. Anderson, D.S. Ones, H.K. Sinangil & C. Viswesvaran (Eds.), *Handbook of Industrial, Work and Organizational Psychology, Vol. 2: Organizational Psychology* (pp. 53-76). London: Sage.

Drach-Zahavy, A. & Erez, M. (2002). Challenge versus threat effects on the goal-performance relationship. *Organizational Behavior and Human Decision Processes, 88*, 667-682.

Dweck, C.S. (1986). Motivational processes affecting learning. *American Psychologist, 41*(10), 1040-1048.

Dweck, C.S. & Leggett, E.L. (1988). A social-cognitive approach to motivation and personality. *Psychological Review, 95*(2), 256-273.

Earley, P.C. (1988). Computer-Generated Performance Feedback in the Magazine-Subscription Industry. *Organizational Behavior and Human Decision Processes, 41*, 50-64.

Earley, P.C., Connolly, T. & Lee, C. (1989). Task strategy interventions in goal setting: The importance of search in strategy development. *Journal of Management, 15*(4), 589-602.

Earley, P.C., Northcraft, G.B., Lee, C. & Lituchy, T.R. (1990). Impact of process and outcome feedback on the relation of goal setting to task performance. *Academy of Management Journal, 33*(1), 87-105.

Eccles, J. S., Adler, T. F., Futterman, R., Goff, S. B., Kaczala, C. M., Meece, J. L., & Midgley, C. (1983). Expectancies, values, and academic behaviors. In J. T. Spence (Ed.), *Achievement and achievement motives* (pp. 75–146). San Francisco: Freeman.

Eccles, J.S. & Wigfield, A. (2002). Motivational beliefs, values, and goals. *Annual Review of Psychology, 53*, 109–132.

Eid, M., Gollwitzer, M. & Schmitt, M. (2010). *Statistik und Forschungsmethoden*. Weinheim: Beltz.

Elliot, A.J. & Harackiewicz, J.M. (1996). Approach and avoidance achievement goals and intrinsic motivation: A mediational analysis. *Journal of Personality and Social Psychology, 70*(3), 461-475.

Elliot, A.J. & Sheldon, K.M. (1997). Avoidance achievement motivation: A personal goal analysis. *Journal of Personality and Social Psychology, 73*(1), 171-185.

Elliot, A.J., Shell, M.M., Bouas Henry, K. & Maier, M.A. (2005). Achievement goals, performance contingencies, and performance attainment: An experimental test. *Journal of Educational Psychology, 97*(4), 630-640.

Elliott, E.S. & Dweck, C.S. (1988). Goals: An approach to motivation and achievement. *Journal of Personality and Social Psychology, 54*(1), 5-12.

Erez, M. (1977). Short notes. Feedback: A necessary condition for the goal setting-performance relationship. *Journal of Applied Psychology, 62*(5), 624-627.

Ewert, O. & Thomas, J. (1996). Das Verhältnis von Theorie und Praxis in der Instruktionspsychologie. In F.E. Weinert (Hrsg.), *Psychologie des Lernens und der Instruktion. Enzyklopädie der Psychologie, Serie Pädagogische Psychologie* (Bd. 2, S. 89-118). Göttingen: Hogrefe.

Fischer, F., Mandl, H. & Todorova, A. (2010). Lehren und Lernen mit neuen Medien. In R. Tippelt & B. Schmidt (Hrsg.), *Handbuch Bildungsforschung* (3., durchgesehene Aufl., 753-771). Wiesbaden: VS.

Fisher, S.L. & Ford, J. (1998). Differential effects of learner effort and goal orientation on two learning outcomes. *Personnel Psychology, 51*, 397-420.

Förster, J., Liberman, N. & Friedman, R.S. (2007). Seven principles of goal activation: A systematic approach to distinguishing goal priming from priming of non-goal constructs. *Personality and Social Psychology Review, 11*(3), 211-233.

Ford, J.K., Smith, E.M., Weissbein, D.A., Gully, S.M. & Salas, E. (1998). Relationships of goal orientation, metacognitive activity, and practice strategies with learning outcomes and transfer. *Journal of Applied Psychology, 83*(2), 218-233.

Gegenfurtner, A., Veermans, K., Festner, D. & Gruber, H. (2009). Motivation to transfer training: An integrative literature review. *Human Resource Development Review, 8*(3), 403-423.

Gollwitzer, P.M. (1999). Implementation intentions. Strong effects of simple plans. *American Psychologist, 54*(7), 493-503.

Gollwitzer, P.M. & Brandstätter, V. (1997). Implementation intentions and effective goal pursuit. *Journal of Personality and Social Psychology, 73*, 186-199.

Gollwitzer, P.M. & Schaal, B. (1998). Metacognition in action: The importance of implementation intentions. *Personality and Social Psychology Review, 2*(2), 124-136

Hafsteinsson, L.G., Donovan, J.J. & Breland, B.T. (2007). An Item Response Theory Examination of Two Popular Goal Orientation Measures. *Educational and Psychological Measurement, 67*(4), 719-739.

Harackiewicz, J.M., Barron, K.E., Pintrich, P.R., Elliot, A.J. & Thrash, T.M. (2002). Revision of achievement goal theory: Necessary and illuminating. *Journal of Educational Psychology, 94*(3), 638-645.

Harackiewicz, J.M., Durik, A.M., Barron, K.E., Linnenbrink-Garcia, L. & Tauer, J.M. (2008). The role of achievement goals in the development of interest: Reciprocal relations between achievement goals, interest, and performance. *Journal of Educational Psychology, 100*(1), 105-122.

Harackiewicz, J.M. & Elliot, A.J. (1993). Achievement goals and intrinsic motivation. *Journal of Personality and Social Psychology, 65*(3), 904-915.

Hasselhorn, M. & Gold, A. (2009). *Pädagogische Psychologie. Erfolgreiches Lernen und Lehren* (2. durchgesehene Aufl.). Stuttgart: Kohlhammer.

Hattie, J.A. & Jaeger, R. (1998). Assessment and classroom learning: A deductive approach. *Assessment in Education, 5*(1), 111-122.

Hattie, J. & Timperley, H. (2007). The power of feedback. *Review of Educational Research, 77*(1), 81-112.

Heckhausen, H. (1977). Motivation: Kognitionspsychologische Aufspaltung eines summarischen Konstrukts. *Psychologische Rundschau, 28*, 175-189.

Heckhausen, H. & Gollwitzer, P.M. (1987). Thought content and cognitive functioning in motivational versus volitional states of mind. *Motivation and Emotion, 11*(2), 101-120.

Heckhausen, H. & Rheinberg, F. (1980). Lernmotivation im Unterricht, erneut betrachtet. *Unterrichtswissenschaft, 1*, 7-47.

Henninger, M. (1999). *Die Förderung sprachlich-kommunikativen Handelns. Konzeption und Untersuchung einer konstruktivistischen Lernumgebung*. Unveröffentlichte Habilitationsschrift. LMU München.

Henninger, M., Barth, C. & Hörmann, C. (2007, September). *Beratendes Feedback zur Reflexionsunterstützung bei medial gestützter Förderung sprachrezeptiver Fähigkeiten*. Posterpräsentation auf der 11. Tagung der Fachgruppe Pädagogische Psychologie, Berlin.

Henninger, M. & Hörmann, C. (2007, Oktober). *The role of self explanations in fostering reflection. A multimedia communication training for preservice teachers.* 10th International Conference on Computers and Advanced Technology in Education (CATE 2007), Peking (China).

Henninger, M. & Mandl, H. (2000). Vom Wissen zum Handeln - ein Ansatz zur Förderung kommunikativen Handelns. In H. Mandl & J. Gerstenmaier (Hrsg.), *Die Kluft zwischen Wissen und Handeln* (S. 197-219). Göttingen: Hogrefe.

Henninger, M. & Mandl, H. (2003). *Zuhören – verstehen – miteinander reden: Ein multimediales Kommunikations- und Ausbildungskonzept*. Bern: Verlag Hans Huber.

Henninger, M. & Mandl, H. (2006). Training soft skills with software - Fostering reflection in the training of speech-receptive action. In D. Frey, L. v. Rosenstiel & H. Mandl (Eds.), *Knowledge and Action* (pp. 53-80). New York: Springer.

Henninger, M., Mandl, H. & Hörfurter, A. (2003). *Fostering reflection in the training of speech-receptive action* (Research report No. 157). München: Universität, Institut für Pädagogische Psychologie und Empirische Pädagogik.

Henninger, M., Mandl, H. & Law, L.-C. (2001). Training der Reflexion. In K. J. Klauer (Hrsg.), *Handbuch Kognitives Training* (S. 235-260). Göttingen: Hogrefe.

Henninger, M., Mandl, H., Pommer, M. & Linz, M. (1999). Die Förderung sprachrezeptiven Handelns: Einfluss des instruktionalen Gestaltungsprinzips Authentizität auf die Güte der Analyse sprachlicher Äußerungen. *Zeitschrift für Entwicklungspsychologie und Pädagogische Psychologie, 31*(1), 1-10.

Herrmann, T. (1992). Sprechen und Sprachverstehen. In H. Spada (Hrsg.), *Lehrbuch Allgemeine Psychologie* (2. korrigierte Aufl., S. 281-322). Bern: Verlag Hans Huber.

Hidi, S. (1990). Interest and its contribution as a mental resource for learning. *Review of Educational Research, 60*(4), 549-571.

Hidi, S. & Harackiewicz, J.M. (2000). Motivating the academically unmotivated: A critical issue for the 21st century. *Review of Educational Research, 70*(2), 151-179.

Horvath, M., Herleman, H.A. & McKie, R.L. (2006). Goal orientation, task difficulty, and task interest: A multilevel analysis. *Motivation and Emotion, 30*(2), 171-178.

Husman, J., Derryberry, W. P., Crowson, H. M., & Lomax, R. (2004). Instrumentality, task value, and intrinsic motivation: Making sense of their independent interdependence. *Contemporary Educational Psychology, 29*, 63-76.

Husman, J., & Lens, W. (1999). The role of the future in student motivation. *Educational Psychologist, 34*, 113–125.

Jaschniok, M., Barth, C., Amann, E. & Henninger, M. (2008, August). *Lernen für die Praxis oder Lernen in der Praxis? Einfluss von Kontextvariablen auf das Training von Sprachrezeption*. Vortrag auf der 71. Tagung der Arbeitsgruppe für Empirische Pädagogische Forschung, Kiel.

Kanfer, R. & Ackerman, P.L. (1989). Motivation and cognitive abilities: an integrative approach to skill acquisition. *Journal of Applied Psychology – Monograph, 74*(4), 657-690.

Karakowsky, L. & Mann, S.L. (2008). Setting goals and taking ownership. Understanding the implications of participatively set goals from a causal attribution perspective. *Journal of Leadership and Organizational Studies, 14*, 260-270.

Keller, J.M. (1983), Motivational design of instruction. In C.M. Reigeluth (Ed.), *Instructional-design theories and models: An overview of their current status* (pp. 383-434). Hilldale, New Jersey: Erlbaum.

Kernan, M.C. & Lord, R.G. (1988). Effects of participative vs assigned goals and feedback in a multitrial task. *Motivation and Emotion, 12*(1), 75-86.

Klauer, K.J. & Leutner, D. (2007), *Lehren und Lernen. Einführung in die Instruktionspsychologie*. Weinheim: Beltz.

Klein, H.J., Wesson, M.J., Hollenbeck, J.R. & Alge, B.J. (1999). Goal commitment and the goal-setting process: Conceptual clarification and empirical synthesis. *Journal of Applied Psychology, 84* (6), 885-896.

Klein, H.J., Wesson, M.J., Hollenbeck, J.R., Wright, P.M. & DeShon, R.P. (2001). The assessment of goal commitment: A measurement model meta-analysis. *Organizational Behavior and Human Decision Processes, 85*(1), 32-55.

Koestner, R. (2008). Reaching one's personal goals: A motivational perspective focused on autonomy. *Canadian Psychology, 49*(1), 60-67.

Koestner, R., Lekes, N., Powers, T.A. & Chicoine, E. (2002). Attaining personal goals: Self-concordance plus implementation intentions equals success. *Journal of Personality and Social Personality, 83*(2), 231-244.

Kolić-Vehovec, S., Rončević, B. & Bajšanski, I. (2008). Motivational components of self-regulated learning and reading strategy use in university students: The role of goal orientation patterns. *Learning and Individual Differences, 18*, 108-113.

Kozlowski, S.W.J., Gully, S.M., Brown, K.G., Salas, E., Smith, E.M. & Nason, E.R. (2001). Effects of training goals and goal orientation traits on multidimensional training outcomes and performance adaptability. *Organizational Behavior and Human Decision Processes, 85*(1), 1-31.

Künstling, J. (2007). *Effekte von Zielqualität und Zielspezifität auf selbstreguliert-entdeckendes Lernen durch Experimentieren*. Unveröffentlichte Dissertation, Universität Duisburg-Essen.

Lane, A.M. & Streeter, B. (2003). The effectiveness of goal setting as a strategy to improve basketball performance in adolescent club players. *International Journal of Sport Psychology, 34*, 138-150.

Latham, G.P. (2007). *Work motivation. History, theory, research, and practice*. Thousand Oaks: SAGE.

Latham, G.P. (2001). The reciprocal effects of science on practice: Insights from the practice and science of goal setting. *Canadian Psychology, 42* (1), 1-8.

Latham, G.P., Borgogni, L. & Petitta, L. (2008(a)). Goal setting and performance management in the public sector. *International Public Management Journal, 11*(4), 385-403.

Latham, G.P. & Brown, T.C. (2006). The effect of learning vs. outcome goals on self-efficacy, satisfaction and performance in an MBA program. *Applied Psychology: An International Review, 55*(4), 606-623.

Latham, G.P. & Locke, E.A. (1991). Self-regulation through goal setting. *Organizational Behavior and Human Decision Processes, 50*, 212-247.

Latham, G.P. & Locke, E.A. (2006). Enhancing the benefits and overcoming the pitfalls of goal setting. *Organizational Dynamics, 35*(4), 332-340.

Latham, G.P. & Locke, E.A. (2007). New developments in and directions for goal setting research. *European Psychologist, 12*(4), 290-300.

Latham, G.P., Mitchell, T.R. & Dossett, D.L. (1978). Importance of participative goal setting and anticipated rewards on goal difficulty and job performance. *Journal of Applied Psychology, 63*, 163-171.

Latham, G.P. & Saari, L.M. (1979). The Importance of supportive relationships in goal setting. *Journal of Applied Psychology, 64*, 151-156.

Latham, G.P. & Seijts, G.H. (1999). The effects of proximal and distal goals on performance on a moderately complex task. *Journal of Organizational Behavior, 20*, 421-429.

Latham, G.P., Seijts, G. & Crim, D. (2008(b)). The Effects of Learning Goal Difficulty Level and Cognitive Ability on Performance. *Canadian Journal of Behavioural Science, 40*(4), 220-229.

Latham, G.P., Stajkovic, A.D. & Locke, E.A. (2010). The relevance and viability of subconscious goals in the workplace. *Journal of Management, 36*(1), 234-255.

Latham, G.P., Winters, D.C. & Locke, E.A. (1994). Cognitive and motivational effects of participation: A mediator study. *Journal of Organizational Behavior, 15*, 49-63.

Latham, G.P. & Yukl, G.A. (1975). Assigned versus participative goal setting with educated and uneducated woods workers. *Journal of Applied Psychology, 60*(3), 299-302.

Lee, C. & Bobko, P. (1994). Self-efficacy beliefs: Comparison of five measures. *Journal of Applied Psychology, 79*(3), 364-369.

Légal, J-B., Meyer, T. & Delouvée, S. (2007). Effect of compatibility between conscious goal and nonconscious priming on performance. *Current Research in Social Psychology, 12*(6), 80-90.

Lench, H.C. & Levine, L.J. (2008). Goals and responses to failure: Knowing when to hold them and when to fold them. *Motivation and Emotion, 32*(2), 127-140.

Lens, W. (1986). Future time perspective: A cognitive-motivational concept. In D.R. Brown & J. Veroff (Eds.), *Frontiers of motivational psychology. Essays in honor of John W. Atkinson* (pp. 173-190). Berlin: Springer.

Lewalter, D. & Scholta, K. (2009). The impact of goal and feedback treatments on self-determined motivation and situational interest in a computer-based learning context. In M. Wosnitza, S.A. Karabenick, A. Efklides & P. Nenniger (Eds.), *Contemporary motivation research. From Global to Local Perspectives* (pp.229-248), Göttingen: Hogrefe.

Li, W., Lee, A. & Solmon, M. (2007). The role of perceptions of task difficulty in relation to self-perceptions of ability, intrinsic value, attainment value, and performance. *European Physical Education Review, 13*(3), 301-318.

Linz, M. (2001). *Die Erklärungskraft des Motivations-Prozess-Modells von Dweck und Leggett bei der Veränderung sprachrezeptiven Handelns.* Unveröffentlichte Dissertation, LMU München.

Locke, E.A. (1996). Motivation through conscious goal setting. *Applied and Preventive Psychology, 5*, 117-124.

Locke, E.A. (1997). The Motivation to Work: What We Know. In M.L. Maehr & P.R. Pintrich (Eds.), *Advances in motivation and achievement* (Vol. 10, pp. 375-412). Greenwich, CT: JAI Press.

Locke, E.A. & Bryan, J. (1969). The directing function of goals in task performance. *Organizational Behavior and Human Performance, 4*, 35-42.

Locke, E.A., Frederick, E., Lee, C. & Bobko, P. (1984). Effect of self-efficacy, goals, and task strategies on task performance. *Journal of Applied Psychology, 69*(2), 241-251.

Locke, E.A. & Latham, G.P. (1990). *A theory of goal setting and task performance.* Englewood Cliffs, NJ: Prentice Hall.

Locke, E.A. & Latham, G.P. (2002). Building a practically useful theory of goal setting and task motivation: A 35-year odyssey. *American Psychologist, 57*, 705-717.

Manderlink, G. & Harackiewicz, J.M. (1984). Proximal versus distal goal setting and intrinsic motivation. *Journal of Personality and Social Psychology, 47*(4), 918-928.

Mangos, P.M. & Steele-Johnson, D. (2001). The role of subjective task complexity in goal orientation, self-efficacy, and performance relations. *Human Performance, 14*(2), 169-186.

Mesmer-Magnus, J. & Viswesvaran, C. (2007). Inducing maximal versus typical learning through the provision of a pretraining goal orientation. *Human Performance, 20*(3), 205-222.

Miller, R. B., DeBacker, T. K., & Greene, B. A. (1999). Perceived instrumentality and academics: The links to task valuing. *Journal of Instructional Psychology, 26*(4), 250–260.

Morin, L. & Latham, G.P. (2000). The effect of mental practice and goal setting as a transfer of training intervention on supervisors´ self-efficacy and communication skills: An exploratory study. *Applied Psychology: An international Review, 49*(3), 566-578.

Morrison, K.R., Wheeler, S.C. & Smeesters, D. (2007). Significant other primes and behavior: Motivation to respond to social cues moderates pursuit of prime-induced goals. *Personality and Social Psychology Bulletin, 33*(12), 1661-1674.

Moskowitz, G.B., Li, P. & Kirk, E.R. (2004). The implicit volition model: On the preconscious regulation of temporarily adopted goals. *Advances in Experimental Social Psychology, 36*, 317-413.

Nachtigall, C. & Wirtz, M. (2009). *Wahrscheinlichkeitsrechnung und Inferenzstatistik. Statistische Methoden für Psychologen Teil 2* (5. Aufl.). Weinheim: Juventa.

Oettingen, G. & Gollwitzer, P.M. (2000). Das Setzen und Verwirklichen von Zielen, *Zeitschrift für Psychologie, 208*(3-4), 406-430.

Pintrich, P. R. (2000). An achievement goal theory perspective on issues in motivation terminology, theory, and research. *Contemporary Educational Psychology, 25*, 92-104.

Pommer, M. (2000). *Die Förderung sprachrezeptiven Handelns durch informative Rückmeldung.* Unveröffentlichte Dissertation, LMU München.

Radosevich, D.J., Allyn, M.R. & Yun, S. (2007). Goal orientation and goal setting: Predicting performance by integrating four-factor goal orientation theory with goal setting processes. *Seoul Journal of Business, 11*(1), 21-47.

Rasch, B., Friese, W., Hofmann, W. & Naumann, E. (2010a). *Quantitative Methoden Band 1. Einführung in die Statistik für Psychologen und Sozialwissenschaftler* (3. erweiterte Aufl.). Berlin: Springer.

Rasch, B., Friese, W., Hofmann, W. & Naumann, E. (2010b). *Quantitative Methoden Band 2. Einführung in die Statistik für Psychologen und Sozialwissenschaftler* (3. erweiterte Aufl.). Berlin: Springer.

Rawsthorne, L.J. & Elliot, A.J. (1999). Achievement goals and intrinsic motivation: A meta-analytic review. *Personality and Social Psychology Review, 3*(4), 326-344.

Raynor, J.O. (1969). Future orientation and motivation of immediate activity: An elaboration of the theory of achievement motivation. *Psychological Review, 76*(6), 606-610.

Raynor, J.O. (1970). Relationships between achievement-related motives, future orientation, and academic performance. *Journal of Personality and Social Psychology, 15*(1), 28-33.

Raynor, J. O. (1981). Future orientation and achievement motivation: Toward a theory of personality functioning and change. In G. d'Ydewalle & W. Lens (Eds.), *Cognition in human motivation and learning* (pp. 199–231).Leuven: Leuven University Press, und Hillsdale, NJ: Erlbaum.

Reinmann, G. & Mandl, H. (2006). Unterrichten und Lernumgebungen gestalten. In A. Krapp & B. Weidenmann (Hrsg.), *Pädagogische Psychologie. Ein Lehrbuch* (5., vollständig überarbeitete Aufl., S. 613-658). Weinheim: Beltz.

Rheinberg, F. (2000). *Motivation* (3. überarbeitete und erweiterte Aufl.). Stuttgart: Kohlhammer.

Rheinberg, F., Vollmeier, R. & Burns, B.D. (2001). FAM: Ein Fragebogen zur Erfassung aktueller Motivation in Lern- und Leistungssituationen (Langfassung, 2001). *Diagnostica, 47*, 57-66.

Ryan, R. M., & Deci, E. L. (2000). Self-determination theory and the facilitation of intrinsic motivation, social development, and well-being. *American Psychologist, 55*(1), 68–78.

Schiefele, U. & Pekrun, R. (1996). Psychologische Modelle des fremdgesteuerten und selbstgesteuerten Lernens. In F.E. Weinert (Hrsg.), *Psychologie des Lernens und der Instruktion. Enzyklopädie der Psychologie, Serie Pädagogische Psychologie* (Bd. 2, S. 249-278). Göttingen: Hogrefe.

Schulz von Thun, F. (2002). *Miteinander reden 1. Störungen und Klärungen. Allgemeine Psychologie der Kommunikation* (36. Aufl.). Reinbek: Rowohlt.

Schunk, D.H. (1990). Goal setting and self-efficacy during self-regulated learning. *Educational Psychologist, 25*(1), 71-86.

Seijts, G. & Crim, D. (2009). The combined effects of goal type and cognitive ability on performance. *Motivation and Emotion, 33*, 343-352.

Seijts, G.H. & Latham, G.P. (2001). The effect of distal learning, outcome, and proximal goals on a moderately complex task. *Journal of Organizational Behavior, 22*, 291-307.

Seijts, G.H., Latham, G.P., Tasa, K. & Latham, B.W. (2004). Goal setting and goal orientation: An integration of two different yet related literatures. *Academy of Management Journal, 47*, 227-239.

Senko, C. & Harackiewicz, J.M. (2005a). Achievement goals, task performance, and interest: Why perceived goal difficulty matters. *Personality and Social Psychology Bulletin, 31*, 1739-1753.

Senko, C. & Harackiewicz, J.M. (2005b). Regulation of achievement goals: The role of competence feedback. *Journal of Educational Psychology, 97*(3), 320-336.

Shah, J.Y. (2005). The automatic pursuit and management of goals. *Current Directions in Psychological Science, 14*, 10-13.

Shantz, A. & Latham, G.P. (2009). An exploratory field experiment of the effect of subconscious and conscious goals on employee performance. *Organizational Behavior and Human Decision Processes, 109*, 9-17.

Sheldon, K.M. & Elliot, A.J. (1998). Not all personal goals are personal: Comparing autonomous and controlled reasons for goals as predictors of effort and attainment. *Personality and Social Psychology Bulletin, 24*, 546-557.

Simons, J., Dewitte, S. & Lens, W. (2003). "Don't do it for me. Do it for yourself!" Stressing the personal relevance enhances motivation in physical education. *Journal of Sport and Exercise Psychology, 25*, 145–160.

Stajkovic, A.D., Locke, E.A. & Blair, E.S. (2006). A first examination of the relationships between primed subconscious goals, assigned conscious goals, and task performance. *Journal of Applied Psychology, 91*(5), 1172-1180.

Steele-Johnson, D., Beauregard, R.S., Hoover, P. & Schmidt, A.M. (2000). Goal orientation and task demand effects on motivation, affect, and performance. *Journal of Applied Psychology, 85*(5), 724-738.

Strahan, E.J., Spencer, S.J. & Zanna, M.P. (2002). Subliminal priming and persuasion: Striking while the iron is hot. *Journal of Experimental Psychology, 38*, 556-568.

Strube, G. & Herrmann, T. (2006). Sprechen und Sprachverstehen. In H. Spada (Hrsg.). *Lehrbuch allgemeine Psychologie* (3. vollständig überarbeitete und erweiterte Aufl., S. 277-342). Bern: Verlag Hans Huber.

Studierendensekretariat PH Weingarten (2010). *Studierendenstatistik Sommersemester 2010* (07.05.2010). Unveröffentlichtes Dokument. Pädagogische Hochschule Weingarten.

Thompson, L.F., Meriac, J.P. & Cope, J.G. (2002). Motivating online performance. The influences of goal setting and internet self-efficacy. *Social Science Computer Review, 20*, 149-160.

Urban, D. & Mayerl, J. (2008). *Regressionsanalyse: Theorie, Technik und Anwendung* (3., überarbeitete und erweiterte Aufl.). Wiesbaden: VS Verlag.

Valle, A., Cabanach, R.G., Núñez, J.C., González-Pienda, J., Rodriguez, S. & Piñeiro, I. (2003). Multiple goals, motivation and academic learning. *British Journal of Educational Psychology, 73*, 71-87.

VandeWalle D., Brown, S.P., Cron, W.L. & Slocum, J.W. (1999). The influence of goal orientation and self-regulation tactics on sales performance: A longitudinal field test. *Journal of Applied Psychology, 84*(2), 249-259.

Vansteenkiste, M., Simons, J., Lens, W., Soenens, B., Matos, L. & Lacante, M. (2004). Less is sometimes more: Goal content matters. *Journal of Educational Psychology, 96*(4), 755–64.

Vansteenkiste, M., Soenens, B., Verstuyf, J. & Lens, W. (2009). 'What is the usefulness of your schoolwork?' The differential effects of intrinsic and extrinsic goal framing on optimal learning. *Theory and Research in Education, 7*, 155-163.

Vroom, V.H. (1964). *Work and Motivation*. New York: Wiley.

Weber, R. (2005). Anhang E. Statistik mit SPSS. In J. Bortz, *Statistik für Human- und Sozialwissenschaftler* (6., vollständig überarbeitete und aktualisierte Aufl., S. 727-779). Heidelberg: Springer Medizin Verlag.

Weldon, E. & Yun, S. (2000). The effects of proximal and distal goals on goal level, strategy development, and group performance. *Journal of Applied Behavioral Science, 36*, 336-344.

White, P.H., Kjelgaard, M.M. & Harkins, S.G. (1995). Testing the contribution of self-evaluation to goal-setting effects. *Journal of Personality and Social Psychology, 69*(1), 69-79.

Wiese, B.S. & Freund, A.M. (2005). Goal progress makes one happy, or does it? Longitudinal findings from the work domain. *Journal of Occupational and Organizational Psychology, 78*, 287-304.

Winters, D. & Latham, G.P. (1996). The effect of learning versus outcome goals on a simple versus a complex task. *Group and Organization Management, 21*, 236-250.

Wirtz, M. & Caspar, F. (2002). *Beurteilerübereinstimmung und Beurteilerreliabilität*. Göttingen: Hogrefe

Abbildungsverzeichnis

Abbildung 1: Mediator- und Moderatorvariablen von Zielsetzung 9
Abbildung 2: Die Lernumgebung CaiMan 69
Abbildung 3: Metakognitive Lernhilfen zum netzbasierten Lernen, nach ....
Bannert, 2003, S. 16. 159
Abbildung 4: Design der Untersuchung 194
Abbildung 5: Ablauf des Trainings sprachrezeptiven Handelns 194
Abbildung 6: Ausrichtung nach Zielart und Zeitpunkt 241
Abbildung 7: Säulendiagramm - Interaktion von Zielsetzung und
MW der Güte der Analyse 247
Abbildung 8: Profilplot - Interaktion Güte der Analysen T2 nach
Salienztreatment 249
Abbildung 9: Säulendiagramm – Interaktion von Zielsetzung und
MW der Güte der Erklärung 250
Abbildung 10: Säulendiagramm – Lernerfolg nach Zielart 253
Abbildung 11: Profilplot - Interaktion von Zielsetzung und Salienz-
treatment auf denLernerfolg bei den Analysen 255
Abbildung 12: Profilplot – Lernerfolg Erklärungen nach Höhe der
allgemeinen Fähigkeit 274
Abbildung 13: Profilplot – Lernerfolg Analysen nach Höhe der
aufgabenbezogenen Fähigkeit 276
Abbildung 14: Profilplot – Lernerfolg Erklärungen nach Höhe der
aufgabenbezogenen Fähigkeit 276
Abbildung 15: Profilplot – Lernerfolg Erklärungen Höhe der
Selbstwirksamkeitserwartung 278
Abbildung 16: Profilplot – Lernerfolg Erklärungen nach Höhe der
Aufgabenschwierigkeit 280

Tabellenverzeichnis

Tabelle 1: Kriterien von möglichen Zielen für das Training sprachrezeptiven Handelns 108

Tabelle 2: Kriterien von möglichen Zielen für das Training sprachrezeptiven Handelns – Durchführungsintentionen 121

Tabelle 3: Kriterien von möglichen Zielen für das Training sprachrezeptiven Handelns - Priming 136

Tabelle 4: Kriterien von möglichen Zielen für das Training sprachrezeptiven Handelns - nützlichkeitsorientierte Zielsetzung 149

Tabelle 5: Vorstudie Weingarten WS08/09 Häufigkeit Aufruf Expertenlösung 155

Tabelle 6: Vorstudie Weingarten WS08/09 Aufruf Expertenlösung in Sekunden 156

Tabelle 7: Lernschritte beim Training mit CaiMan 162

Tabelle 8: Kriterien von möglichen Zielen für das Training sprachrezeptiven Handelns - Lernschrittorientierte Zielsetzung........... 166

Tabelle 9: Merkmale der in der Untersuchung zu kontrastierenden Ansätze für Zielsetzung 167

Tabelle 10: Verteilung der personengebundenen Variablen über die Zellen 219

Tabelle 11: Ergebnis paarweise Vergleiche – Anstrengung obj. MW 234

Tabelle 12: Ergebnis U-Tests – Anstrengung obj. 236

Tabelle 13: Ergebnis paarweise Vergleiche – Anstrengung subj. MW 238

Anhang

Übersicht über die Anhänge in dieser Arbeit:

<u>Anhang A: Ziele der Vorstudien</u>

Anhang A.1 Selbst gesetzte Ziele der Vorstudien 1 und 2 (Weingarten und München)

Anhang A.2 Ex-Post erfasste Ziele, Vorstudien 1 und 2 (Weingarten und München)

Anhang A.3 Kategorien selbst gesetzter Ziele Vorstudie 3 (1. Messzeitpunkt)

Anhang A.4 Kategorien selbst gesetzter Ziele Vorstudie 3 (2. Messzeitpunkt)

<u>Anhang B: Untersuchungsmaterial und Messinstrumente der Hauptstudie</u>

Anhang B.1 In der Untersuchung verwendete Fragebögen und Item

Anhang B.2 Messinstrumente und Erhebungszeitpunkt

Anhang B.3 Skalen und Reliabilität

<u>Anhang C: Mittelwerte und Standardabweichungen</u>

Anhang C.1 Deskriptive Statistik der in den Testaufgaben erhobenen Variablen

Anhang C.2 Deskriptive Statistik der in den Lernaufgaben erhobenen Variablen

Anhang C.3 Deskriptive Statistik der in Lern- und Testaufgaben erhobenen Variablen

Anhang A

Ziele der Vorstudien

# Anhang A.1

Selbst gesetzte Ziele der Vorstudien 1 und 2 (Weingarten und München)

1. Lernsitzung	2. Lernsitzung	3. Lernsitzung
Der Instruktion entsprechende Ziele		
B1 Zu verstehen was der Experte analysiert und was ich vergessen habe.		D3 Präzise analysieren, möglichst nah an der Expertenlösung.
		J3 Heute möchte ich an dem Apspekt Inhalt arbeiten und dann den Abgleich zwischen d. Experten nutzen
Allgemeine Lernziele (mit Aufgabenbezug)		
A1 Analyse und Erklärung besser zu differenzieren	A2 besser analysieren - auf mehr Dinge achten!	A3 genauer analysieren
C1 Ich möchte mich in Sachen Kommunikation und Sprachanalyse im Vergleich zum letzten mal verbessern.	C2 Ich will den Appell besser analysieren u. erklären	C3 Ich will wieder meine Appell-Analyse verbessern
D1 besser in Analysieren von Gesprächen werden	D2 Etwas ausführlicher und präziser bei der Erklärung sein	
E1 dass ich besser als letztes Mal bin, weil ich nun weiß was mich erwartet. Das ich sicherer in den Erklärungen werde	E2 Darstellung: ausführlicher widergeben; Ausdruck: mehr hinein interpretieren; Appell: mehr in das Gesagte hinein interpretieren; Erklärungen: verbessern; in der Zeit einhalten	
F1 alle 3 Aspekte so genau wie möglich zu analysieren	F2 Ich möchte alles gut analysieren, wenn möglich besser als letztes mal.	F3 Die Analyse des Ausdrucks noch genauer beschreiben als in der vorherigen Sitzung
G1 Genau Zuhören und gut analysieren, nicht zu lange brauchen.	J2 Wie letzte Woche anhand des Experten gesehen, möchte ich gerne mehr nonverbale Kommunikationsaspekte in der Erklärung aufführen	
H1 bessere Darsteööimh der Darstellung, mehr nonverbales erkennen, bessere Trennung zwischen den drei Konzepten	H2 alle wichtigen Punkte und neue erkennen	H3 alle wichtigen Punkte
Der Aufgabe nicht entsprechende / ihr widersprechende Ziele		
J1 Die Aufgaben innerhalb 1h abschließen, da es klingt, als wären es doppelt so viele Afuageb bei der selben Zeit im Vergleich zur letzten Sitzung	B2 Schneller zu analysieren, um in der vorgegebenen Zeit fertig zu werden	E3 in der vorgegebenen Zeit alles schaffen -> schneller werden
Unspezifische Ziele / keine Ziele		
		B3 Schon beim ersten "Videodurchgang" so viel Aspekte wie möglich zu erkennen und zu notieren.
		G3 Ich habe kein konkretes Ziel
Über die Aufgabe hinausgehende Ziele / Ziele bezüglich Transfer in den Alltag		
I1 Ausdruck, Appell und Inhalt der Aussage eines Gesprächspartners korrekt und schnell erkennen können. Meine eigenen Aussagen so formulieren können, dass mein Gesprächspartner Ausdruck, Appell und Inhalt in der von mir gewünschten Weise interpretiert	I2 wie bisher	I3 wie immer

Anhang A.2

Ex-Post erfasste Ziele der Vorstudien 1 und 2 (Weingarten und München)

Nach der 3. Lernsitzung

Allgemeine Lernziele (mit Aufgabenbezug)

A Ausdruck + Apell + Darstellung richtig zuzuordnen.

D Mein Zeil war es, in jeder Sitzung besser zu werden, was die Analyse und Erklärung der 3 Aspekte betrifft. Den Ausdruck von Personen zu erkennen und richtig zu denken, oder den Appell und die Darstellung

F Ich habe immer versucht, genau den Wortlaut und die Gestik der Person zu erlassen und diese dann wieder zu geben.

G Meine spontanen Eindrücke und Wahrnehmungen von Ausdruck, Appell und Darstellung mit der Expertenmeinung zu vergleichen; der Doktorandin bei der Datenbeschaffung helfen; Blick für Signale schärfen, die mir frpher nicht so stark bewusst auffielen

I Von Sitzung zu Sitzung besser zu werden, Kleinigkeiten wie Gesten, Mimik besser wahrzunehmen und diese formulieren zu können

Ziele bezüglich Transfer in den Alltag

C meine Kommunikationsfähigkeit zu verbessern; genauer auf Details beim Reden einer Person zu achten; zu üben zu verstehen, was mein Gegenüber mir sagen will (Appell)

E besonders auf Mimik u. Gestik zu achten; in kommenden, realen Gesprächssituation au fdas Verhalten meines Gegenübers zu achten; etwas amüsantes aus dem Gespräch zu entnehmen

H Menschen in Konfliktsituaitonen besser zu verstehen. Sehen, ob es mir im Alltag was bringt zwischen den Übungen

J bessere Fähigkeiten beim Zuhören. Verstehen, was der andere wirklich sagen will

unspezifische Ziele

B Ich habe mich voll angestrengt und versucht die Aufgaben gut zu bewältigen

Anhang A.3
Kategorien selbst gesetzter Ziele Vorstudie 3 (1. Messzeitpunkt)

Besser verstehen im Gespräch

n3 Ich möchte lernen bzw. mich darin verbessern, Kommunikation schnell zu verstehen bzw. zu deuten, was der Gegenüber mir "eigentlich" sagen will! Auch bei Gruppengesprächen oder in der Beobachterrolle Kommunikation+Verhalten im Einklang sozusagen verstehen

n9 Besseres Sprachverständnis in Gesprächs-/Konfliktsituationen

n13 Mein Ziel ist es, durch die Sprache einen anderen Menschen zu verstehen und zwar so, dass das, was ich verstehe von der anderen Person auch so gemeint ist

n15 zu lernen, was einem der Gesprächspartner durch seine Wortwahl, Gestik & so mitteilen will

n16 Es gibt mir die Möglichkeit, meine Kommunikation zu verbessern, ich möchte lernen, den anderen (gegenüber) besser zu verstehen & gegebenenfalls Missverständnissen aus dem Weg gehen

n22 Besseres Verstehen von dem, was mein Gegenüber ausdrückt und an mich zu appellieren versucht.

n23 Sprachverstehen bedeutet für mich das ich verstehen lerne, was eine Person wirklich sagen will und von dem zu unterscheiden was sie sagt;

n17 Kommunikation & Sprachfähigkeiten verbessern, besser verstehen, was ein Gesprächspartner mir sagt!

n25 Bessere Kommunikation mit Anderen. Richtiges Verstehen der Information, die mir mein Gesprächspartner geben will.

n28 den Anderen bei einem Gespräch besser verstehen / besser zu verstehen was eine andere Person mir wirklich sagen möchte

n35 Ich versuche mich bei zukünftigen Kommunikationen zu verbessern. Durch das Training erhoffe ich mir meinen Gesprächspartner besser zu verstehen.

Besser kommunizieren im Konfliktgespräch

n4 Dadurch erhoffe ich mir, dass ich mich besser in andere hineinversetzen kann, um somit z.B. Konflikte besser lösen zu können

n7 vorallem Kompetenz in Konfliktsituation verbessern

n34 Konfliktlösung im Gespräch / Konflikterkennen

Aufgabe gut bearbeiten

n10 Ich möchte die Aufgabe lösen und dabei versuchen, alles korrekt auszufüllen

n19 Toninterpretation, erkennen richtigen Pausensetzung, Interpretation und Mimik, Gestik u. Stimme richtig zu verstehen

Besser verstehen als Beobachter

n8 Analyse von Gesprächen, Konfliktsituationen besser beurteilen, verschiedene Arten der Kommunikation besser deuten

n18 Gespräche besser beurteilen und einschätzen können

n20 bessere Analyse eines Gesprächs

n21 Das Training soll mir helfen, Gespräche besser zu analysieren, bzw. meinen Gesprächspartner besser zu verstehen

n26 Systematisches erfassen von Kommunikation

n36 Mein Ziel ist es die zwischenmenschliche Kommunikation besser verstehen und analysieren zu können und diese Kompetenzen zu trainieren

Besser kommunizieren im Gespräch

n11 bessere Kommunikationsstrategie im Umgang mit anderen zu erwerben

n31 Ich würde gerne meine kommunikativen Fähigkeiten verbessern zB in Konfliktsituationen

n37 Um Sprachkompetenz zu erwerben beziehungsweise zu verbessern. / Den Gesprächspartner besser zu verstehen, sich in ihn hineinversetzen zu können. Seine Wünsche zu erfassen.

n39 mein Kommunikationsverhalten verbessern, die Sicherheit im Umgang

Kein Ziel angegeben

n5 999
n12 999
n32 999

Sonstige Ziele

n6 Erhöhtes Sprachverständnis durch Bewusstheit im Bereich von Metaprozessen der Kommunikation

n24 Die verschiedenen Facetten der Sprach zu erkennen und zu deuten

n29 Ich würde gerne besser umgehen können mit Wasserfallrednern, d.h. diese sollen von mir zu verstehen bekommen dass sie auch wieder einen Punkt sehen müssen und nicht pausenlos reden können. Außerdem möchte ich wissen wie ich bei anderen Menschen ankomme; o

n38 Mir bewusster über meine Kommunikation zu werden- wie ich mich ausdrücke und warum oder wieso mein Gesprächspartner reagiert- um die Gesprächsverläufe besser einschätzen zu können.

Anhang A.4
Kategorien selbst gesetzter Ziele Vorstudie 3 (2. Messzeitpunkt)

Besser verstehen im Gespräch

n13 Personen, mit denen ich kommuniziere, möchte ich vorallem im Punkt "Appell" besser verstehen. Dadurch, denke ich, wird die gegenseitige Kommunikation erleichtert

n21 Gespräche besser analysieren, den Gesprächspartner besser verstehen

n23 Damit ich lerne bei Gesprächssituationen zu verstehen, was mein Gegenüber wirklich sagen will

n35 Ich möchte in Zukunft bei Kommunikationen besser darauf achten können, was mein Gegenüber ausdrückt und wünscht (besseres Verstehen)

n37 Sprachkompetenz: Training zum Sprachverstehen, das bedeutet für mich den Gegenüber wahrzunehmen und ihn zu verstehen

Besser kommunizieren im Konfliktgespräch

n4 Besser mit Konfliktsituationen umgehen können

n7 Mein Ziel ist es mich in Konfliktsituationen besser durchsetzen zu können

n34 Konflikterkennung und Lösung

Aufgabe gut bearbeiten

n10 Mein Ziel ist es, mich der Analyse von Sprache, Mimik und Gestik zu verbessern

n19 Verständnis von Ausdrucksweisen, Richtige Interpretation von Tonlagen

n20 eigentlich würde ich das Ziele verfolgen, mich im Vergleich zu den letzten drei Sitzungen zu verbessern. Da man aber keinerlei Rückmeldung bekommt, wie man da überhaupt abgeschnitten hat, hat sich das Ganze schon erledigt

n22 auf die Gestik/Mimik achten / die verschiedenen Ebenen besser auseinanderhalten zu können

n28 Subtext besser herausfiltern zu können, Appell heraushören üben/ Erkennen des Appells, Ausdruck besser verstehen

Sonstige Ziele

n6 Gesteigerte Kommunikationsbewusstheit. Verstehen und Berücksichtigen von Metaprozessen in der Kommunikation

n29 Wasserfallrednern höflich zu verstehen geben dass sie zum Ende kommen sollen.

n31 Verschiedene Arten der Kommunikation kennenlernen und Konfliktsituation

Besser verstehen als Beobachter

n8 Kommunikation analysieren können, Sprachverstehen verbessern

n15 Routine in die Analyse von Gesprächen zu bekommen

n18 Kommunikationssituation besser einschätzen können

n25 Analysieren von Gesprächen / Bei einem Gespräch den Gegenüber richtig verstehen

n26 Meine Fähigkeit zur Analyse von Kommunikation zu verbessern

Besser kommunizieren im Gespräch

n16 bessere Kommunikation, weniger Missverständnisse, Verstehen des Gegenübers

n17 Meine Kommunikation in Gesprächen zu verbessern. Noch sicherer auftreten!

n39 mein Kommunikationsverhalten verbessern, erleichtern; Umgang mit Mitmenschen erleichtern durch verbesserte Kommunikation

n38 mein Kommunikationsverhalten zu verbessern und sich über die eigene Kommunikation bewußter zu werden

Sprachverstehen trainieren

n9 Sprachverstehen noch mehr vertiefen, Grundlagen verfestigen

n24 mein Sprachverstehen verbessern, obwohl ich nicht weiß, ob ich es überhaupt richtig mache. Hier bekommt man ja keinerlei Rückmeldung

n36 Mein Ziel ist es, mein Sprachverstehen zu verbessern und die Kompetenzen in der Kommunikation und in der Analyse von Kommunikation auszubauen

Kein Ziel angegeben

n3 hab ich letztes Mal schon geschrieben

n5 999

n11 999

n12 999

n32 999

Anhang B

Untersuchungsmaterial und Messinstrumente der Hauptstudie

Anhang B.1
In der Untersuchung verwendete Fragebögen und Items

Im Folgenden sind die Items der Fragebögen aus den Handbüchern der Teilnehmer aufgeführt. Die vollständigen Handbücher können bei der Autorin angefordert werden.

Anstrengung (subjektiv)

Items zu Effort/Importance aus dem Intrinsic Motivation Inventory (Deci & Ryan, 2003) [Übersetzung v. Verf.].

Sie haben gerade eine Aufgabe zur Sprachanalyse mit CaiMan bearbeitet. Bitte bewerten Sie nun einige Aussagen zu dieser Aufgabe.
- Ich habe mich bei der Sprachanalyse sehr angestrengt.
- Ich habe mich nicht besonders angestrengt, bei der Sprachanalyse gut zu sein. (R)
- Es war mir wichtig, in der Sprachanalyse gut zu sein.
- Ich habe mich bei der Sprachanalyse nicht besonders angestrengt. (R)
- Ich habe viel Energie in die Sprachanalyse gesteckt.

Trifft überhaupt nicht zu, Trifft vollkommen zu (Skala von 1-7).

Subjektiver Lernerfolg

Items zur subjektiven Einschätzung der Leistung beim Training sprachrezeptiven Handelns (Arbeitsgruppe Henninger, PH Weingarten).

Bitte schätzen Sie im Folgenden Ihre Leistung bei der ersten Testaufgabe ein.
- Wie schlecht/gut würden Sie Ihre Leistung bei der Analyse von Gesprächsinhalten nach den 3 Funktionen der Sprache (Ausdruck, Appell, Darstellung) einschätzen?
- Wie schlecht/gut würden Sie Ihre Leistung in Bezug auf Präzision (bzw. Genauigkeit) bei der Analyse von Gesprächsäußerungen nach den 3 Aspekten (Ausdruck, Appell, Darstellung) einschätzen?

Schlecht, gut (Skala von 1-7).

Interesse an der Aufgabe

Items zum Interesse aus dem Fragebogen zur Erfassung aktueller Motivation, abgedruckt in Rheinberg, Vollmeier & Bruns (2000).

Anhang

Freude an der Aufgabe

Items zu Interest/Enjoyment aus dem Intrinsic Motivation Inventory (Deci & Ryan, 2003) [Übersetzung v. Verf.].

Bitte machen Sie im Folgenden noch einige Angaben zur Ihrer Einstellung zu der Trainingsaufgabe.
- Es hat mir sehr viel Spaß gemacht, Sprache zu analysieren.
- Ich fand die Sprachanalyse langweilig. (R)
- Ich würde Sprachanalyse als sehr interessant beschreiben.
- Das Sprachanalysetraining konnte meine Aufmerksamkeit überhaupt nicht aufrecht erhalten. (R)
- Die Sprachanalyse hat Spaß gemacht.
- Ich denke, das Sprachanalysetraining war ganz nett.
- Während ich Sprache analysiert habe, dachte ich daran, dass mir das Spaß macht.

Trifft überhaupt nicht zu, Trifft vollkommen zu (Skala von 1-7).

Leistungsbezogene Interpretation der Aufgabe

Items zur Herausforderung aus dem Fragebogen zur Erfassung aktueller Motivation, abgedruckt in Rheinberg, Vollmeier & Bruns (2000).

Nützlichkeit der Aufgabe

Items zu Value/Usefulness aus dem Intrinsic Motivation Inventory (Deci & Ryan, 2003) [Übersetzung v. Verf.].

Die folgenden Fragen beziehen sich auf das Training von Sprachanalyse, das Sie gleich absolvieren werden. Bitte schätzen Sie das Training hinsichtlich der folgenden Fragen ein.
- Ich glaube, das Training von Sprachanalyse könnte recht wertvoll für mich sein.
- Ich denke, das Training von Sprachanalyse ist wichtig, weil es mir helfen kann, Andere besser zu verstehen.
- Ich denke, das Training von Sprachanalyse kann mir dabei helfen, besser zu kommunizieren.
- Ich wäre dazu bereit, das Sprachanalysetraining noch mal zu machen, weil es für mich wertvoll ist.
- Ich glaube, das Training von Sprachanalyse könnte nützlich für mich sein.
- Ich denke, das Training von Sprachanalyse ist nützlich für meinen Umgang mit Anderen.
- Ich denke, das Sprachanalysetraining ist wichtig.

Trifft gar nicht zu, Trifft vollkommen zu (Skala von 1-7).

Fähigkeit (allgemein)

Items zu Perceived Competence aus dem Intrinsic Motivation Inventory (Deci & Ryan, 2003) [Übersetzung v. Verf.].

Sie haben nun schon erste Erfahrungen mit der Analyse von Sprachäußerungen gemacht. Bitte schätzen Sie im Folgenden Ihre Fähigkeit zur Sprachanalyse ein.

- Ich war bei der Sprachanalyse ziemlich geschickt.
- Nachdem ich eine Weile Sprachanalyse trainiert hatte, fühlte ich mich ziemlich kompetent.
- Ich denke, ich bin bei der Sprachanalyse ziemlich gut.
- Sprachanalyse ist etwas, das ich nicht besonders gut konnte.
- Ich denke, im Vergleich zu anderen Teilnehmern habe ich mich bei der Sprachanalyse gut angestellt.
- Ich bin zufrieden mit meiner Leistung bei der Sprachanalyse.

Trifft überhaupt nicht zu, Trifft vollkommen zu (Skala von 1-7).

Fähigkeit (aufgabenbezogen)

Items zur aufgabenbezogenen Fähigkeit beim Training sprachrezeptiven Handelns (Arbeitsgruppe Henninger, PH Weingarten).

Sie haben nun schon erste Erfahrungen mit der Analyse von Sprachäußerungen gemacht. Bitte schätzen Sie im Folgenden Ihre Fähigkeit zur Sprachanalyse ein.

- Wie schlecht/gut würden Sie Ihre Fähigkeit zur Analyse von Gesprächsäußerungen nach den 3 Funktionen der Sprache (Ausdruck, Appell, Darstellung) einschätzen?

Schlecht, gut (Skala von 1-7).

Selbstwirksamkeitserwartung

Items in Anlehnung an den Guide for Constructing Self-Efficacy Scales (Bandura, 2006).

Im Folgenden sollen Sie Ihr Vertrauen in Ihre eigenen Fähigkeiten zur Sprachanalyse einschätzen. Bitte bewerten Sie Ihren Grad an Sicherheit durch das Eintragen einer Nummer zwischen 0 und 100 nach der folgenden Skala.

- Den Ausdruck einer Person sehr gut analysieren (alle Aspekte richtig erkennen)
- Den Appell einer Person sehr gut analysieren (alle Aspekte richtig erkennen)
- Die Darstellung einer Person sehr gut analysieren (alle Aspekte richtig erkennen)
- Meine Analyse des Ausdrucks sehr gut erklären (alle Aspekte richtig belegen)
- Meine Analyse des Appells sehr gut erklären (alle Aspekte richtig belegen)
- Meine Analyse der Darstellung sehr gut erklären (alle Aspekte richtig belegen)

Skala Sicherheit: Könnte ich gar nicht (0), Könnte ich mehr oder weniger (50), Könnte ich auf jeden Fall (100).

Aufgabenschwierigkeit

Items zur Aufgabenschwierigkeit (in Anlehnung an Henninger, 1999).

Im Folgenden möchten wir gerne Ihre Einschätzung der Schwierigkeit der Trainingsaufgabe (Analyse von Sprachäußerungen) erfahren.

- Wie schwer/leicht sind Ihnen die Analysen der einzelnen Aspekte der Sprache gefallen? (Ausdruck, Appell, Darstelllung)
- Wie schwer/leicht sind Ihnen die Erklärungen zu den Analysen der einzelnen Aspekte der Sprache gefallen? (Ausdruck, Appell, Darstellung)

Schwer, leicht (Skala von 1-7).

Zielschwierigkeit

Items zur Zielschwierigkeit (in Anlehnung an Lane und Streeter, 2003) [Übersetzung v. Verf.].

Bitte beurteilen Sie außerdem die Schwierigkeit dieses Ziels.

- Das Ziel wird schwer zu erreichen sein.
- Ich bin zuversichtlich, dass ich das Ziel erreichen werde. (R)
- Verglichen mit den Zielen, die ich sonst im Studium verfolge, ist dieses Ziel sehr leicht. (R)

Trifft überhaupt nicht zu, Trifft vollkommen zu (Skala von 1-7).

Zielbindung

Items zur Zielbindung (entsprechend der Revisionsvorschläge von Klein et al., 2001) [Übersetzung v. Verf.].

Die folgenden Fragen beziehen sich auf das Ziel des Trainings.

- Es ist schwer, das Ziel ernst zu nehmen. (R)
- Wenn ich ehrlich bin, ist es mir egal, ob ich das Ziel erreiche oder nicht. (R)
- Ich fühle mich stark daran gebunden, das Ziel zu erreichen.
- Es wäre nicht viel nötig, damit ich das Ziel aufgebe. (R)
- Ich denke, das ist ein gutes Ziel, um es anzustreben.

Trifft nicht zu, Trifft zu (Skala von 1-7).

Erfahrung

Items zur Erfahrung Sprachanalyse (selbst verfasst).

Im Folgenden bitten wir Sie um einige persönliche Angaben.

- Haben Sie zuvor bereits an einem Training mit CaiMan teilgenommen? (Wenn ja: Wann

und in welchem Kontext?)
- Waren Ihnen die 3 Aspekte von Sprachäußerungen bereits zuvor bekannt? (Wenn ja: Seit wann und aus welchem Kontext?)
- Kennen Sie bereits das Kommunikationsmodell von Schulz von Thun (Quadratur der Nachricht / 4-Ohren-Modell)? (Wenn ja: Seit wann und aus welchem Kontext?)

Skala: Ja / Nein (Wenn ja: Offene Antwort)

Anhang B.2
Messinstrumente und Erhebungszeitpunkte

Messinstrument	Bedingung						FB
	1a	1b	2a	2b	3a	3b	
Einführung Sprachanalyse (Funktionen Bühler)	X	X	X	X	X	X	---
Verständnis Funktionen	X	X	X	X	X	X	---
Einführung Sprachanalyse (CaiMan)	X	X	X	X	X	X	---
FB (6 Items) Selbstwirksamkeitserwartung (CaiMan) T1	X	X	X	X	X	X	1
FB (7 Items) Nützlichkeit der Aufgabe (Value/Usefulness) T1	X	X	X	X	X	X	1
FB (18 Items) Motivation (Interesse/Leistungsbezug) T1	X	X	X	X	X	X	1
Soziodemographische Daten (Alter, etc.)	X	X	X	X	X	X	1
FB (4 Items) Erfahrung Sprachanalyse	X	X	X	X	X	X	1
[Testaufgabe 1]							
FB (6 Items) Leistung Sprachanalyse (subjektiv) T1	X	X	X	X	X	X	2
FB (6 Items) Aufgabenschwierigkeit T1	X	X	X	X	X	X	2
FB (6 Items) Allgemeine Fähigkeit Sprachanalyse T1	X	X	X	X	X	X	2
FB (3 Items) Aufgabenbezogene Fähigkeit Sprachanalyse T1	X	X	X	X	X	X	2
FB (7 Items) Freude an der Aufgabe (Interest/Enjoyment) T1	X	X	X	X	X	X	2
Zielsetzung lernschrittorientiert	X	X					3
Zielsetzung nützlichkeitsorientiert			X	X			3
FB (5 Items) Zielbindung T1	X	X	X	X			3
FB (3 Items) Zielschwierigkeit T1	X	X	X	X			3
FB (6 Items) Selbstwirksamkeitserwartung (CaiMan) T2	X	X	X	X	X	X	3
FB (18 Items) Motivation (Interesse/Leistungsbezug) T2	X	X	X	X	X	X	3
[Lernaufgabe 1]							
FB (5 Items) Anstrengung (Effort/Importance) T1	X	X	X	X	X	X	4
FB (7 Items) Nützlichkeit der Aufgabe (Value/Usefulness) T2	X	X	X	X	X	X	4
FB (7 Items) Freude an der Aufgabe (Interest/Enjoyment) T2	X	X	X	X	X	X	4
Erzeugen von Salienz	X		X		X		5
FB (5 Items) Zielbindung T2	X		X		X		5
FB (3 Items) Zielschwierigkeit T2	X		X		X		5
FB (6 Items) Selbstwirksamkeitserwartung CaiMan T3	X	X	X	X	X	X	5
FB (18 Items) Motivation (Interesse/Leistungsbezug) T3	X	X	X	X	X	X	5
[Lernaufgabe 2]							
FB (5 Items) Anstrengung (Effort/Importance) T2	X	X	X	X	X	X	6
FB (7 Items) Nützlichkeit der Aufgabe (Value/Usefulness) T3	X	X	X	X	X	X	6
FB (7 Items) Freude an der Aufgabe (Interest/Enjoyment) T3	X	X	X	X	X	X	6
FB (6 Items) Selbstwirksamkeitserwartung CaiMan T4	X	X	X	X	X	X	7
FB (18 Items) Motivation (Interesse/Leistungsbezug) T4	X	X	X	X	X	X	7
[Lernaufgabe 3]							
FB (5 Items) Anstrengung (Effort/Importance) T3	X	X	X	X	X	X	8
FB (7 Items) Nützlichkeit der Aufgabe (Value/Usefulness) T4	X	X	X	X	X	X	8
FB (7 Items) Freude an der Aufgabe (Interest/Enjoyment) T4	X	X	X	X	X	X	8
[Testaufgabe 3]							
FB (6 Items) Leistung Sprachanalyse (subjektiv) T2	X	X	X	X	X	X	9
FB (6 Items) Aufgabenschwierigkeit T2	X	X	X	X	X	X	9
FB (6 Items) Allgemeine Fähigkeit Sprachanalyse T2	X	X	X	X	X	X	9
FB (3 Items) Aufgabenbezogene Fähigkeit Sprachanalyse T2	X	X	X	X	X	X	9
FB (7 Items) Freude an der Aufgabe (Interest/Enjoyment) T5	X	X	X	X	X	X	9

Anhang B.3
Skalen und Reliabilität

Variable		Mittelwert der Skala	Standard-abweichung	Anzahl Items	Cronbach α
Selbstwirksamkeitserwartung					
Beispiel-Item: Den Ausdruck einer Person sehr gut analysieren (Aspekte richtig beschreiben)	T1	361,09	84,528	6	.895
	T2	328,46	94,005	6	.891
	T3	340,57	93,866	6	.897
	T4	345,52	104,547	6	.918
Zielbindung					
Beispiel-Item: Ich denke, das ist ein gutes Ziel, um es anzustreben.	T1	19,91	3,388	5	.710
	T2	19,47	3,426	5	.739
Zielschwierigkeit					
Beispiel-Item: Das Ziel wird schwer zu erreichen sein.	T1	10,73	2,863	3	.537
	T2	10,41	2,854	3	.290
Aufgabenbezogene Fähigkeit					
Beispiel-Item: Wie schlecht/gut würden Sie Ihre Fähigkeit zur Analyse von Gesprächsäußerungen nach den 3 Funktionen der Sprache (Appell, Ausdruck, Darstellung) beurteilen? Ausdruck.	T1	12,74	3,357	3	.753
	T2	13,09	3,600	3	.828
Allgemeine Fähigkeit zur Sprachanalyse					
Beispiel-Item: Ich denke, ich bin bei der Sprachanalyse ziemlich gut.	T1	21,43	6,117	6	.868
	T2	22,78	6,464	6	.871
Aufgabenschwierigkeit					
Beispiel-Item: Wie schwer/leicht sind Ihnen die Analysen der einzelnen Aspekte der Sprache gefallen? Ausdruck.	T1	22,61	6,683	6	.828
	T2	23,25	46,769	6	.842
Subjektive Leistung Sprachanalyse					
Beispiel-Item: Wie schlecht/gut würden Sie Ihre Leistung bei der Analyse von Gesprächsinhalten nach den 3 Funktionen der Sprache (Appell, Ausdruck, Darstellung) beurteilen? Ausdruck.	T1	12,42	3,266	3	.696
	T2	13,49	3,540	3	.842
Subjektive Präzision Sprachanalyse					
Beispiel-Item: Wie schlecht/gut würden Sie Ihre Leistung in Bezug auf Präzision (bzw. Genauigkeit) bei der Analyse von Gesprächsäußerungen nach den 3 Aspekten (Ausdruck, Appell, Darstellung) beurteilen? Appell.	T1	10,99	3,384	3	.846
	T2	11,85	3,501	3	.879

Anhang B.3
Skalen und Reliabilität (Fortsetzung)

Variable		Mittelwert der Skala	Standardabweichung	Anzahl Items	Cronbach α
Freude an der Aufgabe					
	T1	33,92	7,580	7	.871
	T2	32,65	8,303	7	.897
Beispiel-Item: Die Sprachanalyse hat Spaß gemacht.	T3	31,87	9,026	7	.911
	T4	32,22	9,272	7	.916
	T5	32,28	9,053	7	.910
Aktuelles Interesse an der Aufgabe					
	T1	22,84	5,199	5	.781
Beispiel-Item: Eine solche Aufgabe würde ich auch in meiner Freizeit bearbeiten.	T2	21,41	6,299	5	.870
	T3	21,04	6,332	5	.870
	T4	21,07	6,821	5	.885
Leistungsthematische Interpretation der Aufgabe					
Beispiel-Item: Ich bin gespannt darauf, wie gut ich hier abschneiden werde.	T1	19,41	3,698	4	.580
	T2	20,08	4,073	4	.591
	T3	19,85	4,252	4	.654
	T4	19,42	4,514	4	.644
Nützlichkeit der Aufgabe					
Beispiel-Item: Ich glaube, das Training von Sprachanalyse könnte recht wertvoll für mich sein.	T1	38,45	6,560	7	.870
	T2	35,54	8,507	7	.942
	T3	34,99	9,715	7	.958
	T4	35,10	10,116	7	.964

Anhang C

Mittelwerte und Standardabweichungen

Anhang C.1
Deskriptive Statistik der in den Testaufgaben erhobenen Variablen

Lernerfolg	$1a_{LS}$	$1b_L$	$2a_{NS}$	$2b_N$	$3a_{KS}$	$3b_K$	K-S
Güte der Analyse T1 (%)	M=0,12 SD=0,09 (N=27)	M=0,10 SD=0,08 (N=27)	M=0,12 SD=0,08 (N=26)	M=0,14 SD=0,09 (N=26)	M=0,12 SD=0,09 (N=27)	M=0,12 SD=0,08 (N=26)	$p=.000*$
Güte der Analyse T2 (%)	M=0,26 SD=0,17 (N=27)	M=0,16 SD=0,12 (N=27)	M=0,20 SD=0,11 (N=26)	M=0,20 SD=0,14 (N=26)	M=0,17 SD=0,14 (N=27)	M=0,15 SD=0,11 (N=26)	$p=.000*$
Güte der Erklärung T1 (%)	M=0,07 SD=0,56 (N=27)	M=0,08 SD=0,06 (N=27)	M=0,07 SD=0,07 (N=26)	M=0,08 SD=0,07 (N=26)	M=0,10 SD=0,07 (N=27)	M=0,08 SD=0,06 (N=26)	$p=.001*$
Güte der Erklärung T2 (%)	M=0,17 SD=0,12 (N=27)	M=0,18 SD=0,11 (N=27)	M=0,15 SD=0,10 (N=26)	M=0,15 SD=0,09 (N=26)	M=0,14 SD=0,12 (N=27)	M=0,13 SD=0,07 (N=26)	$p=.035*$
Lernerfolg Analysen	M=0,14 SD=0,14 (N=27)	M=0,06 SD=0,11 (N=27)	M=0,08 SD=0,10 (N=26)	M=0,06 SD=0,14 (N=26)	M=0,06 SD=0,09 (N=27)	M=0,03 SD=0,11 (N=26)	$p=.260$
Lernerfolg Erklärungen	M=0,10 SD=0,11 (N=27)	M=0,10 SD=0,11 (N=27)	M=0,08 SD=0,09 (N=26)	M=0,07 SD=0,08 (N=26)	M=0,04 SD=0,12 (N=27)	M=0,04 SD=0,08 (N=26)	$p=.223$
Leistung bei der Analyse T1	M=4,78 SD=0,88 (N=27)	M=4,23 SD=1,09 (N=27)	M=4,16 SD=0,95 (N=25)	M=4,05 SD=1,21 (N=26)	M=3,83 SD=1,13 (N=27)	M=3,78 SD=1,04 (N=26)	$p=.033$
Leistung bei der Analyse T2	M=4,91 SD=1,10 (N=27)	M=4,67 SD=1,10 (N=27)	M=4,64 SD=1,09 (N=26)	M=4,44 SD=1,07 (N=26)	M=3,99 SD=1,53 (N=27)	M=4,33 SD=0,98 (N=26)	$p=.035*$
Präzision der Analyse T1	M=4,17 SD=1,12 (N=27)	M=3,63 SD=1,12 (N=27)	M=3,79 SD=1,04 (N=25)	M=3,65 SD=1,13 (N=26)	M=3,04 SD=0,99 (N=27)	M=3,71 SD=1,15 (N=26)	$p=.014*$
Präzision der Analyse T2	M=4,30 SD=1,20 (N=27)	M=3,86 SD=1,08 (N=27)	M=4,13 SD=1,13 (N=26)	M=3,83 SD=1,03 (N=26)	M=3,84 SD=1,47 (N=27)	M=3,73 SD=1,04 (N=26)	$p=.004*$
Moderatoren	$1a_{LS}$	$1b_L$	$2a_{NS}$	$2b_N$	$3a_{KS}$	$3b_K$	
Fähigkeit IMI T1	M=3,93 SD=1,05 (N=27)	M=3,44 SD=1,02 (N=27)	M=3,65 SD=0,89 (N=25)	M=3,56 SD=1,07 (N=26)	M=3,35 SD=1,03 (N=26)	M=3,49 SD=1,04 (N=26)	$p=.113$
Fähigkeit IMI T2	M=4,12 SD=1,19 (N=27)	M=3,87 SD=1,05 (N=27)	M=4,01 SD=0,96 (N=24)	M=3,65 SD=1,08 (N=26)	M=3,48 SD=1,17 (N=27)	M=3,66 SD=0,95 (N=26)	$p=.277$
Fähigkeit Analyse T1	M=4,67 SD=1,07 (N=27)	M=4,30 SD=0,95 (N=27)	M=4,45 SD=0,95 (N=25)	M=4,31 SD=1,12 (N=27)	M=3,62 SD=1,30 (N=26)	M=4,17 SD=1,08 (N=26)	$p=.012*$
Fähigkeit Analyse T2	M=4,67 SD=1,15 (N=27)	M=4,52 SD=1,16 (N=27)	M=4,47 SD=1,11 (N=26)	M=4,22 SD=1,04 (N=26)	M=4,10 SD=1,52 (N=27)	M=4,21 SD=1,16 (N=26)	$p=.005*$

Anmerkungen: *$p<0.05$. Die Messzeitpunkte für Güte der Analyse und Fehler bei der Analyse liegen in der ersten Testaufgabe (T1) und in der zweiten Testaufgabe (T5). Fähigkeit, Fähigkeit bei den Analysen und Aufgabenschwierigkeit wurden jeweils im Anschluss an die erste (T1) und zweite (T2) Testaufgabe erhoben. K-S-Test: Exakte Signifikanz.

Anhang C.1 (Fortsetzung)

Deskriptive Statistik der in den Testaufgaben erhobenen Variablen

Moderatoren	1a$_{LS}$	1b$_L$	2a$_{NS}$	2b$_N$	3a$_{KS}$	3b$_K$	
Aufgabenschwierigkeit T1	**M=4,08**	**M=3,70**	**M=3,99**	**M=3,67**	**M=3,49**	**M=3,67**	$p=.658$
	SD=1,03	SD=1,09	SD=0,97	SD=1,01	SD=1,37	SD=1,15	
	(N=27)	(N=27)	(N=25)	(N=26)	(N=27)	(N=26)	
Aufgabenschwierigkeit T2	**M=4,28**	**M=3,94**	**M=3,92**	**M=3,72**	**M=3,70**	**M=3,67**	$p=.713$
	SD=1,28	SD=1,06	SD=0,89	SD=1,19	SD=1,36	SD=0,95	
	(N=27)	(N=27)	(N=26)	(N=26)	(N=27)	(N=26)	

Anmerkungen: *$p<0.05$. Die Messzeitpunkte für Güte der Analyse und Fehler bei der Analyse liegen in der ersten Testaufgabe (T1) und in der zweiten Testaufgabe (T5). Fähigkeit, Fähigkeit bei den Analysen und Aufgabenschwierigkeit wurden jeweils im Anschluss an die erste (T1) und zweite (T2) Testaufgabe erhoben. K-S-Test: Exakte Signifikanz.

Anhang C.2
Deskriptive Statistik der in den Lernaufgaben erhobenen Variablen

Mediatoren	$1a_{LS}$	$1b_L$	$2a_{NS}$	$2b_N$	$3a_{KS}$	$3b_K$	K-S
AusdauerT1	M=16,06	M=17,19	M=17,77	M=16,36	M=15,24	M=18,21	$p=.009^*$
(DauerLern1Min)	SD=7,93	SD=6,68	SD=10.25	SD=7,12	SD=8,39	SD=6,86	
	(N=27)	(N=27)	(N=26)	(N=26)	(N=27)	(N=26)	
AusdauerT2	M=13,70	M=14,57	M=13,80	M=15,41	M=16,30	M=14,26	$p=.008^*$
(DauerLern2Min)	SD=4,37	SD=5,39	SD=5,23	SD=6,62	SD=13,33	SD=3,26	
	(N=27)	(N=27)	(N=26)	(N=25)	(N=27)	(N=26)	
AusdauerT3	M=15,13	M=15,33	M=16,56	M=16,72	M=16,94	M=14,66	$p=.002^*$
(DauerLern3Min)	SD=4,29	SD=5,76	SD=12,94	SD=6,86	SD=12,24	SD=3,27	
	(N=27)	(N=27)	(N=25)	(N=24)	(N=27)	(N=26)	
AnstrengungT1	M=95,41	M=69,67	M=68,73	M=60,46	M=67,89	M=57,92	$p=.000^*$
(DauerExperteL2)	SD=80,70	SD=69,51	SD=70,60	SD=84,71	SD=89,46	SD=72,32	
	(N=27)	(N=27)	(N=26)	(N=26)	(N=27)	(N=26)	
AnstrengungT2	M=90,59	M=84,67	M=60,12	M=67,32	M=64,30	M=42,04	$p=.000^*$
(DauerExperteL2)	SD=69,33	SD=73,65	SD=59,02	SD=70,71	SD=84,49	SD=47,65	
	(N=27)	(N=27)	(N=26)	(N=25)	(N=27)	(N=26)	
AnstrengungT3	M=74,74	M=64,96	M=47,16	M=57,16	M=58,22	M=40,27	$p=.000^*$
(DauerExperteL3)	SD=55,23	SD=45,29	SD=52,90	SD=67,37	SD=79,82	SD=39,45	
	(N=27)	(N=27)	(N=25)	(N=25)	(N=27)	(N=26)	
Anstrengung subj.T1	M=5,64	M=5,34	M=5,58	M=5,56	M=5,12	M=5,33	$p=.091$
	SD=.90	SD=.88	SD=1,04	SD=.95	SD=.90	SD=.96	
	(N=27)	(N=27)	(N=26)	(N=25)	(N=27)	(N=26)	
Anstrengung subj.T2	M=5,20	M=4,79	M=4,93	M=5,07	M=4,89	M=5,04	$p=.541$
	SD=.99	SD=1,12	SD=1,24	SD=1,15	SD=0,98	SD=.82	
	(N=27)	(N=27)	(N=26)	(N=26)	(N=27)	(N=25)	
Anstrengung subj.T3	M=5,28	M=4,79	M=5,06	M=5,16	M=5,02	M=5,07	$p=.155$
	SD=1,03	SD=1,16	SD=1,20	SD=1,24	SD=1,27	SD=.92	
	(N=27)	(N=27)	(N=26)	(N=26)	(N=26)	(N=23)	
ProzentExperteT1	M=10,87	M=7,40	M=7,78	M=6,43	M=7,50	M=5,64	$p=.000^*$
	SD=10,69	SD=7,83	SD=8,69	SD=8,21	SD=9,96	SD=7,27	
	(N=27)	(N=27)	(N=26)	(N=26)	(N=27)	(N=26)	
ProzentExperteT2	M=11,03	M=10,90	M=8,19	M=8,00	M=5,57	M=4,74	$p=.000^*$
	SD=7,97	SD=9,28	SD=9,07	SD=8,02	SD=7,01	SD=4,98	
	(N=27)	(N=27)	(N=26)	(N=25)	(N=27)	(N=26)	
ProzentExperteT3	M=8,58	M=8,17	M=5,53	M=6,31	M=6,14	M=4,54	$p=.000^*$
	SD=6,50	SD=7,98	SD=6,05	SD=7,05	SD=8,10	SD=4,44	
	(N=27)	(N=27)	(N=25)	(N=24)	(N=27)	(N=26)	
Zielbindung T1	M=4,06	M=3,84	M=3,97	M=4,07			$p=.267$
	SD=0,56	SD=0,71	SD=0,83	SD=0,61			
	(N=27)	(N=27)	(N=24)	(N=26)			
Zielbindung T2	M=3,96		M=4,10		M=3,64		$p=.348$
	SD=0,60		SD=0,70		SD=0,70		
	(N=27)		(N=27)		(N=27)		

Anmerkungen: Die objektiven Maße für Ausdauer, Anstrengung und Ausrichtung des Handelns wurden während der Lernaufgaben den Videoaufzeichnungen der Computerbildschirme entnommen. Die subjektive Einschätzung der aufgewendeten Anstrengung wurde zu den Lernaufgaben jeweils direkt im Anschluss an die Lernaufgaben mittels eines Fragebogens erhoben. Wertebereich zwischen 1 und 7. Zielbindung wurde unmittelbar nach der Zielsetzungsinstruktion (T1) und unmittelbar nach dem Erzeugen von Salienz (T2) gemessen. Wertebereich zwischen 1 und 5. K-S-Test: Exakte Signifikanz.

Anhang C.3

Deskriptive Statistik der in Lernaufgaben und Testaufgaben erhobenen Variablen

Motivation	1a$_{LS}$	1b$_L$	2a$_{NS}$	2b$_N$	3a$_{KS}$	3b$_K$	K-S
Freude an der Aufgabe T1	M=5,15 SD=1,06 (N=27)	M=4,84 SD=1,13 (N=27)	M=4,84 SD=1,02 (N=25)	M=4,92 SD=1,12 (N=26)	M=4,48 SD=1,14 (N=27)	M=4,85 SD=1,01 (N=26)	p=.629
Freude an der Aufgabe T2	M=4,83 SD=1,31 (N=27)	M=4,71 SD=1,27 (N=25)	M=4,91 SD=1,08 (N=26)	M=4,85 SD=1,06 (N=24)	M=4,22 SD=1,32 (N=27)	M=4,50 SD=0,97 (N=26)	p=.318
Freude an der Aufgabe T3	M=4,76 SD=1,39 (N=27)	M=4,52 SD=1,34 (N=27)	M=4,77 SD=1,17 (N=26)	M=4,58 SD=1,29 (N=26)	M=4,20 SD=1,48 (N=27)	M=4,50 SD=1,04 (N=25)	p=.474
Freude an der Aufgabe T4	M=4,88 SD=1,41 (N=27)	M=4,47 SD=1,36 (N=27)	M=4,87 SD=1,11 (N=26)	M=4,73 SD=1,24 (N=26)	M=4,09 SD=1,59 (N=26)	M=4,57 SD=1,08 (N=24)	p=.187
Freude an der Aufgabe T5	M=4,81 SD=1,35 (N=27)	M=4,52 SD=1,29 (N=27)	M=4,90 SD=1,20 (N=26)	M=4,74 SD=1,18 (N=26)	M=4,22 SD=1,46 (N=27)	M=4,50 SD=1,25 (N=26)	p=.154
Interesse T1	M=4,76 SD=0,95 (N=27)	M=4,50 SD=1,07 (N=27)	M=4,65 SD=1,20 (N=26)	M=4,37 SD=1,05 (N=26)	M=4,41 SD=1,02 (N=27)	M=4,70 SD=0,96 (N=25)	p=.306
Interesse T2	M=4,64 SD=1,07 (N=27)	M=4,09 SD=1,36 (N=27)	M=4,38 SD=1,49 (N=25)	M=4,23 SD=1,34 (N=26)	M=3,93 SD=1,10 (N=27)	M=4,43 SD=1,14 (N=26)	p=.261
Interesse T3	M=4,55 SD=1,13 (N=27)	M=4,12 SD=1,51 (N=26)	M=4,35 SD=1,40 (N=26)	M=4,26 SD=1,24 (N=25)	M=3,79 SD=1,25 (N=27)	M=4,19 SD=1,00 (N=26)	p=.502
Interesse T4	M=4,53 SD=1,19 (N=27)	M=4,09 SD=1,57 (N=27)	M=4,38 SD=1,38 (N=26)	M=4,25 SD=1,47 (N=26)	M=3,83 SD=1,37 (N=27)	M=4,21 SD=1,16 (N=25)	p=.581
Herausforderung T1	M=4,74 SD=0,77 (N=27)	M=4,79 SD=0,95 (N=27)	M=5,03 SD=1,12 (N=26)	M=4,75 SD=0,75 (N=26)	M=4,86 SD=0,94 (N=27)	M=4,95 SD=1,01 (N=26)	p=.257
Herausforderung T2	M=5,15 SD=0,92 (N=27)	M=4,92 SD=1,03 (N=27)	M=5,02 SD=1,28 (N=25)	M=5,08 SD=0,84 (N=26)	M=4,86 SD=1,04 (N=27)	M=5,11 SD=1,03 (N=26)	p=.054
Herausforderung T3	M=4,95 SD=1,03 (N=27)	M=4,97 SD=1,08 (N=26)	M=5,12 SD=1,13 (N=26)	M=5,07 SD=0,85 (N=25)	M=4,69 SD=1,16 (N=27)	M=4,98 SD=1,13 (N=26)	p=.003*
Herausforderung T4	M=4,85 SD=1,11 (N=27)	M=4,81 SD=1,19 (N=27)	M=5,06 SD=1,06 (N=26)	M=5,02 SD=0,89 (N=26)	M=4,58 SD=1,31 (N=27)	M=4,82 SD=1,21 (N=25)	p=.014*

Anmerkungen: Die Freude an der Aufgabe wurde jeweils im Anschluss an die beiden Testaufgabe (T1 und T5) sowie im Anschluss an die drei Lernaufgaben (T2, T3 und T4) mit Fragebögen erhoben. Wertebereich zwischen 1 und 7. Das Interesse der Teilnehmer sowie die Herausforderung wurden vor der ersten Testaufgabe (T1), vor der ersten Lernaufgabe im Anschluss an das Zielsetzungstreatment (T2), vor der zweiten Lernaufgabe im Anschluss an das Salienztreatment (T3) und vor der dritten Lernaufgabe (T4) erhoben. K-S-Test: Exakte Signifikanz.

Anhang C.3 (Fortsetzung)

Deskriptive Statistik der in Lernaufgaben und Testaufgaben erhobenen Variablen

Nützlichkeit	1a$_{LS}$	1b$_L$	2a$_{NS}$	2b$_N$	3a$_{KS}$	3b$_K$	K-S
Nützlichkeit T1	M=5,33	M=5,06	M=5,35	M=5,23	M=5,15	M=5,13	p=.185
	SD=0,80	SD=1,05	SD=1,11	SD=0,90	SD=1,02	SD=0,75	
	(N=27)	(N=27)	(N=26)	(N=26)	(N=27)	(N=26)	
Nützlichkeit T2	M=5,19	M=4,87	M=5,12	M=4,45	M=4,88	M=5,00	p=.034*
	SD=1,30	SD=1,49	SD=1,06	SD=1,03	SD=1,15	SD=1,21	
	(N=27)	(N=26)	(N=26)	(N=24)	(N=27)	(N=26)	
Nützlichkeit T3	M=5,03	M=4,64	M=5,20	M=5,47	M=4,64	M=5,04	p=.067
	SD=1,47	SD=1,63	SD=1,37	SD=1,19	SD=1,38	SD=1,14	
	(N=27)	(N=27)	(N=26)	(N=26)	(N=27)	(N=25)	
Nützlichkeit T4	M=5,08	M=4,82	M=5,27	M=5,35	M=4,53	M=5,04	p=.058
	SD=1,61	SD=1,53	SD=1,46	SD=1,19	SD=1,57	SD=1,22	
	(N=27)	(N=27)	(N=26)	(N=26)	(N=26)	(N=24)	
Moderatoren	1a$_{LS}$	1b$_L$	2a$_{NS}$	2b$_N$	3a$_{KS}$	3b$_K$	
Selbstwirksamkeits- erwartung T1	M=64,78	M=60,25	M=57,94	M=60,29	M=57,76	M=59,90	p=.396
	SD=16,38	SD=12,41	SD=14,70	SD=15,03	SD=14,87	SD=10,47	
	(N=27)	(N=27)	(N=26)	(N=26)	(N=26)	(N=26)	
Selbstwirksamkeits- erwartung T2	M=61,54	M=55,70	M=52,70	M=55,29	M=47,31	M=55,54	p=.683
	SD=16,35	SD=12,70	SD=15,80	SD=16,79	SD=15,01	SD=15,01	
	(N=27)	(N=27)	(N=25)	(N=26)	(N=26)	(N=26)	
Selbstwirksamkeits- erwartung T3	M=61,27	M=58,72	M=56,28	M=57,67	M=48,61	M=58,30	p=.365
	SD=13,60	SD=14,10	SD=14,79	SD=16,73	SD=18,61	SD=13,71	
	(N=26)	(N=27)	(N=26)	(N=25)	(N=27)	(N=26)	
Selbstwirksamkeits- erwartung T4	M=62,78	M=58,36	M=55,80	M=56,70	M=52,79	M=59,10	p=.175
	SD=15,11	SD=17,12	SD=15,91	SD=19,08	SD=12,91	SD=13,95	
	(N=27)	(N=27)	(N=26)	(N=26)	(N=27)	(N=25)	

Anmerkungen: Die Nützlichkeit der Aufgabe wurde vor der ersten Testaufgabe (T1) sowie im Anschluss an jede der drei Lernaufgaben (T2, T3 und T4) erhoben. Wertebereich zwischen 1 und 7. Die Messzeitpunkte für die Selbstwirksamkeitserwartung lagen vor der ersten Testaufgabe (T1), vor der ersten Lernaufgabe im Anschluss an die Zielsetzung (T2), vor der zweiten Lernaufgabe im Anschluss an die Zielsetzung (T3) und vor der dritten Lernaufgabe (T4). Wertebereich zwischen 0 und 100. K-S-Test: Exakte Signifikanz.

Zusammenfassung

In der vorliegenden Arbeit wurde die Relevanz von Zielsetzung zur Förderung von Motivation und Lernerfolg beim Training sprachrezeptiven Handelns untersucht. Die Goal Setting Theory geht von einer Wirkung von Zielsetzung auf die Performanz aus, die sich über erzeugte Diskrepanz und vermittelt über Mediator- und Moderatorvariablen einstellt. Zielsetzung erwies sich als erfolgreicher Ansatz bei vielfältigen Aufgaben, die allerdings meist nur bedingt mit dem Training sprachrezeptiven Handelns vergleichbar waren, das mit einer multimedialen Lernumgebung stattfindet und als zentralen Wirkmechanismus die Reflexion des eigenen sprachrezeptiven Handelns enthält. Die Zielsetzungstheorie erwies sich daher als Ansatz für Zielsetzung beim Training sprachrezeptiven Handelns als grundsätzlich geeigneter, jedoch nicht hinreichender theoretischer Rahmen zur Konzeption von Zielen. Auf der Basis einiger explorativer Vorstudien und unter Berücksichtigung verschiedener Theorieansätze begab sich die vorliegende Arbeit auf die Suche nach geeigneten Zielen für das Training, die entweder die Aufgabeninstruktion konkretisieren oder sie um einen Transferaspekt erweitern sollten. Dabei erwiesen sich ein *lernschrittorientiertes Ziel* und ein *nützlichkeitsorientiertes Ziel* auf der Basis von Instruktion bzw. auf der Grundlage von *VIE-Theorien*, dem *Concept of contingent paths* und der *Future Time Perspective* als geeignet für das Training.

In einem Experiment wurde geprüft, inwiefern diese beiden konzipierten Ziele das Training sprachrezeptiven Handelns fördern können. Ein Salienztreatment, mit dem die Teilnehmer während des Trainings an ihr Ziel erinnert wurden, sollte die Effekte von Zielsetzung verstärken. An der Untersuchung nahmen 166 Lehramtsstudierende teil. Die Teilnehmer trainierten individuell mit der multimedialen Lernumgebung CaiMan ihr sprachrezeptives Handeln. Sie wurden dabei zufällig einer von drei Zielsetzungsbedingungen (lernschrittorientiert, nützlichkeitsorientiert oder Vergleichsgruppe ohne explizite Zielsetzung) und einer von zwei Salienz-Bedingungen (Salienztreatment oder kein Salienztreatment) zugeordnet. Im Fokus der Untersuchung stand die Wirkung der Ziele einerseits auf den Lernerfolg, andererseits auf Prozessvariablen des Trainings. In Bezug auf den *Lernprozess* hatte nur das lernschrittorientierte Ziel einen Effekt auf die Ausrichtung des Handelns, die anderen Prozessvariablen blieben von der Zielsetzung unberührt. Zudem zeigten sich Effekte des lernschrittorientierten Zielsetzungstreatments, die sich in einem höheren *Lernerfolg* im Gegensatz zur Vergleichsbedingung manifestierten und teilweise von der allgemeinen Fähigkeit der Teilnehmer hinsichtlich Sprachanalyse sowie der Aufgabenschwierigkeit moderiert wurden.

Zielsetzung vermochte das Training sprachrezeptiven Handelns demzufolge zu fördern, allerdings war der Inhalt des gesetzten Ziels der entscheidende Faktor für seine Wirksamkeit im Training. Die Ergebnisse wurden im Hinblick auf die beiden kontrastierten Ziele diskutiert.

ibidem-Verlag

Melchiorstr. 15

D-70439 Stuttgart

info@ibidem-verlag.de

www.ibidem-verlag.de
www.ibidem.eu
www.edition-noema.de
www.autorenbetreuung.de

www.ingramcontent.com/pod-product-compliance
Lightning Source LLC
Chambersburg PA
CBHW071758300426
44116CB00009B/1126